Was
Wollen
Die
Deutschen?

———

21 ZEITGENOSSEN

21

ZEITGENOSSEN

Königsberg

UNTER
SOWJETISCHER
VERWALTUNG

UNTER POLNISCHER
VERWALTUNG

OSTPREUSSEN

Danzig

Stettin

POMMERN

POLEN

Posen

BERLIN

Pankow**

WEST   OST

Schöneberg*

*Sitz des Westberliner Senats
Regierung des Landes West-Berlin

**Sitz der Regierung der DDR

Neisse

SCHLESIEN

Breslau

Prag

DEUTSCHLAND

Bundesrepublik Deutschland (Westdeutschland) BRD

Deutsche Demokratische Republik (Ostdeutschland) DDR

Ehemalige deutsche Gebiete, seit 1946 unter polnischer
oder sowjetischer Verwaltung

| 0 | 50 | 100 MILES |

| 0 | 75 | 150 KM |

VIOLA
HERMS
DRATH

Was Wollen Die Deutschen?

THE MACMILLAN COMPANY

COLLIER-MACMILLAN LIMITED, LONDON

First printing

Library of Congress catalog card number 79-110462

The Macmillan Company
866 Third Avenue, New York, N.Y. 10022
Collier-Macmillan Canada, Ltd., Toronto, Ontario

Printed in the United States of America

CREDITS

Pages 10, 11: Courtesy Bundesbildstelle *Page 44:* Courtesy USIS *Page 89:* Courtesy IN:Bild *Page 98:* Courtesy German Information Center *Page 147:* Courtesy Suhrkamp Verlag, photo by Hugo Jesk *Page 169:* Courtesy Suhrkamp Verlag, photo by Roger Welis *Page 195:* Photo by Mottke Weissman *Pages 216, 217, bottom:* Courtesy Norbert Kricke *Page 217, top:* Courtesy Norbert Kricke, photo by Jürgen Retzlaff *Pages 230, 231:* Courtesy Heinz Mack and Howard Wise Gallery, New York *Pages 244, 245:* Courtesy Günter Uecker *Pages 255, 258, 259:* Courtesy Schamoni-Film *Pages 266, top, 267:* Courtesy George Moorse *Page 266, bottom:* Courtesy George Moorse, photo by Cinetelepress *Pages 276, 277:* Courtesy Johannes Wasmuth, photos by Rudolf Lichtsteiner, Karl-Heinz Bast, and H. Wolf *Page 287:* Courtesy AGIP, photo by Robert Cohen *Page 298:* Courtesy Max Dietl, photo by Grein *Page 309:* Courtesy German Information Center *Back Jacket:* Courtesy Bundesbildstelle.

Vorwort

WEST GERMANY's parliamentary democracy has survived more than two decades. With the help of American capital it has emerged from Hitler's Third Reich and the ruins of World War II as an affluent society of the first order. With their renowned industriousness the Germans have worked themselves up to second place in world trade, and third in industrial output. Their *Bundeswehr*, as well as their social system, is formidable. The German *Mark* is stable. And if the *Bundesbürger* have failed to reunify their country, they have gained a place of respect in Western Europe.

Yet an uneasy feeling about the *Bundesrepublik* remains in East and West. In spite of Bonn's repeated pledges to peace and democracy, some raise doubts about its political reliability. Its polished image is being tarnished by those politicians who no longer want to be "economic giants and political dwarfs." Their demands for a voice in world affairs, with a finger on the atomic trigger, have been shrill. Angry debates about negotiations with the East and recognition of the Oder-Neisse Line[1] abound. Notwithstanding the shift of power on the Rhine, the development of a nationalist party and the beating of nationalistic drums by leaders of the opposition, some of them former Nazis, are being soberly observed by Germany-watchers here and abroad.

The voices of Germany's liberal writers and poets reverberate throughout the land. Students have staged their massive protests in the best of democratic traditions.

Germany seems to remain an enigma.

[1] Boundary between Germany (East) and Poland established at the end of World War II. Not recognized by the West German government.

"What do the Germans want?" is the apprehensive question so often heard.

In search of an answer to that vital question, the author decided on the direct approach by means of personal confrontations with some of the leaders and other thinking Germans, primarily of the younger generation. In numerous trips to Germany a handful of the most dynamic and influential personalities and public opinion makers were tracked down, quizzed, observed, read, listened to, and talked to. This is how the book was born.

In its inchoate stages the book was to be devoted to emerging politicians with ideas and to young writers; an off-beat *Dichter und Denker* version. But it soon became obvious that Bonn's most powerful figures — such as Franz Josef Strauß, Willy Brandt and Karl Schiller — are in their fifties. And it did not take long to learn that the younger politicians, with few exceptions, sounded precisely like their older party leaders. Concentrating only on people with imagination led to meeting creative people in various fields: young filmmakers, publishers, sculptors, a tailor, and even a playboy. What all these Germans have in common is the spirit of pioneers, the thinking of unthinkable thoughts. Some of them are innovators; a few are men of great vision; others may be fools. All of them are creative: *Dichter und Denker* in the widest sense of the term.

Since there is not a dull German among them, one might conclude that they could hardly be called "representative." Oddly enough, their ideas, ideals, dreams, and attitudes are as representative as those of any twenty-one individuals one might select from a nation of 60 million.

The selection of the subjects for the profiles was not always an objective one. While most of the encounters were painstakingly planned months ahead, others came about in a casual manner; a few happened by accident. The original list was changed and amended several times, not necessarily by choice. The saga of negotiations, set and broken appointments, scheduling and rescheduling of dates, missed opportunities, and rebuffs would make quite an interesting book in itself. Physicist and Nobel prize winner Rudolf Mößbauer was simply never in Germany when the author visited there. Composers Stockhausen, Henze, and a number of other young luminaries were always "busy." (A young theologian, once mentioned in *Time*, was so impressed with his new fame that he would talk only to people from "important" publications; lesser callers were simply directed to his assistant.) At a literary party in Frankfurt the author had an amiable conversation with *Der Spiegel* publisher, Rudolf Augstein, which was to be concluded at his Hamburg office a couple of days later; that meeting never took place. On the other hand, there were a number of conversations which went into the wastebasket because they were intellectually disappointing.

The author's observations in the field of politics are expressed in Part I. Profiles range from right wing leader Adolf von Thadden to the student movement of the New Left.

The writers included in Part II are representative of the younger generation. One of them, playwright Peter Hacks, chose to move from West Germany to East Berlin. Uwe Johnson made the same trip in reverse. West Berlin publisher Dr. Klaus Wagenbach, in contrast, publishes East German writers.

Part III is devoted to several ingenious young people who "do their own thing." Some of the stories, such as the one about a moviemaker in Munich or that of the wheeling-and-dealing of an imaginative young window trimmer who converted a nineteenth-century railroad station into a thriving cultural center, read more like modern fairy tales. Since German painters presently tend to follow the American avant-garde, the author focused on a group of sculptors, notably Düsseldorf's "Zero" artists, who dazzled the art world with their "light and movement" contribution.

The last chapter pays homage to one of the greatest contemporary thinkers and philosophers, the late Karl Jaspers. A man of keen vision, by no means liked by the establishment, he was adored by the intellectual youth of the nation with whom the octogenarian — nimbly bridging the generation gap — shared a mounting concern about the state of democracy in his beloved country.

If the author's observations fall short of giving *the* answer to the paramount question "What do the Germans want?" they nevertheless attempt to provide the student with a comprehensive insight into the complexities of the pluralistic society between the Elbe and Rhine.

The twenty-one profiles are written in conversational German. The idioms are as contemporary as the subjects. In unsimplified content and language, the text makes mature reading material for a generation of students who are vitally concerned about the world in which we live and who no longer identify with juvenile adventure stories and romantic novellas of doubtful literary merit.

A generous supply of footnotes brings the text within the range of ability of advanced second-year students. A comprehensive end-vocabulary is provided.

As a controversial socio-political and cultural commentary of present-day Germany, the text can be used as a stimulating third-year reader and a substantive contribution to German civilization classes, as well as a unique study source for political science and literature classes in general.

Diskussionsthemen for class discussions, reports and compositions have been supplied. The topics are designed to encourage the student to express his own ideas and to encourage independent research in the pursuit of his chosen subject.

The author expresses sincere thanks to Jobst Freiherr von Buddenbrock, Cultural Counselor of the German Embassy in Washington, for his support of the project. Thanks are also due Dr. Schlagintweit, of the Bundespresse- und Informationsamt, Frau Ramroth, Fräulein Hete Hünermann, and Frau Spielvogel, of Inter Nationes, for their help in arranging dates and contacts with busy notables.

Viola Herms Drath
Washington, D.C.

INHALT

DRITTER TEIL: AVANTGARDISTEN UND ANDERE
DYNAMISCHE ZEITGENOSSEN

Was
Wollen
Die
Deutschen?

21 ZEITGENOSSEN

Erster
Teil:

Politiker

Studenten:
Die außerparlamentarische[1]
Opposition

NIEMAND weiß, ob die als außerparlamentarische Opposition (APO) etablierte Neue Linke[2] in der Zukunft positiv oder negativ beurteilt werden wird. Eins steht jedoch fest,[3] sie ist das bedeutendste politische Phänomen der Nachkriegsgeschichte[4] Westdeutschlands. Selbst diejenigen, die ihre Form des Protests und die dadurch ausgelösten gewalttätigen[5] Reaktionen und Gegenreaktionen kritisieren, geben zu, daß die Studentenrevolte frischen Wind in die muffige,[6] selbstzufriedene Atmosphäre Bonns gebracht hat. Von Grund auf rüttelte sie zumindest die Politiker auf, die seit Jahrzehnten denselben Trott gingen[7] und in erster Linie an die Förderung ihrer Karrieren dachten.

Bonns sterile, oppositionslose Große Koalition[8] fand plötzlich in der Studentenbewegung eine wirksame Opposition. Von außen her sorgte sie für ein intellektuelles demokratisches Ferment, als Regierung und Parlament sich auf ein Einparteiensystem[9] geeinigt hatten.

In Zwölferreihen[10] marschierten sie durch romantische Universitätsstädchen und neonerhellte[11] Großstadtstraßen. Sie hatten ihre

---

[1] **außerparlamentarisch** extraparliamentary
[2] **die Neue Linke** New Left
[3] **eins steht jedoch fest** one thing, however, is certain
[4] **die Nachkriegsgeschichte** postwar history
[5] **gewalttätig** violent
[6] **muffig** stuffy
[7] **denselben Trott gehen** follow the same routine
[8] *Dec. 1966–Oct. 1969.*
[9] **das Einparteiensystem** one-party system
[10] **in Zwölferreihen** in rows of twelve
[11] **neonerhellt** neon-bright

Teach-ins, Sit-ins und Go-ins. Bald gab es keine Zeitung, keine Zeitschrift, die nicht voll war von Bildern und Artikeln über die demonstrierenden, protestierenden, steinwerfenden, mit Polizisten kämpfenden und vor Wasserwerfern[12] flüchtenden Studenten.

ZIELSCHEIBEN DER PROTESTE

Sie protestierten gegen den Krieg in Vietnam und gegen die Notstandsgesetze,[13] die ihrer Meinung nach in Händen eines „starken Mannes" der Diktatur Vorschub leisten[14] können. Sie demonstrierten gegen den Schah von Iran und seine Diktatur — zum Teil mit Eiern und Tomaten! Zum Empfang von Hubert H. Humphrey präparierte die Berliner „Kommune I"[15] mit Pudding gefüllte Plastikbeutel, die aber vorher von der Polizei als „hochexplosives Material" beschlagnahmt[16] wurden.

Nach dem Attentat auf Rudi Dutschke, Student der Soziologie und einer der Ideologen des aktiven Sozialistischen Deutschen Studentenbundes (SDS), demonstrierten die Studenten im ganzen Lande vor den Bürohäusern des Springer-Zeitungsimperiums. Monatelang[17] hatte Axel Springers Presse Dutschke als „roten Rudi" in einer besonders bösartigen antistudentischen Haßkampagne angegriffen. Bei dem Versuch der Studenten, die Auslieferung von Springers Zeitungen zu verhindern, wurde der Ruf „enteignet[18] Springer" von München bis Hamburg laut.[19] Der Kreuzzug gegen das Zeitungsmonopol, das mit einseitigen[20] Informationen die öffentliche Meinung[21] bewußt manipuliert, endete in blutigen Zusammenstößen[22] mit der Polizei, zwei Toten in München, zahllosen Verhaftungen und viel Sachschaden.

Als „reaktionär" wird die Springer-Presse selbst von der konservativen *Neuen Zürcher Zeitung* charakterisiert. Springers ungeheurer Einfluß auf die öffentliche Meinung ist leicht aus den Statistiken abzulesen: ihm gehören 85,8 Prozent aller Sonntagszeitungen, 81,7

---

[12] **der Wasserwerfer** water thrower
[13] **die Notstandsgesetze** emergency laws
[14] **Vorschub leisten** advance aid
[15] **Kommune I** *Students who practice communal living; their form of protest is the put-on, the practical joke; they are no longer part of the SDS.*

[16] **beschlagnahmen** confiscate
[17] **monatelang** for months
[18] **enteignen** disown
[19] **laut werden** be heard
[20] **einseitig** biased
[21] **die öffentliche Meinung** public opinion
[22] **blutige Zusammenstöße** bloody clashes

Prozent aller auf der Straße verkauften Blätter, über 70 Prozent der Presse in Hamburg und Berlin und 44,8 Prozent der Jugendzeitschriften. Unter westdeutschen Journalisten war es ein offenes Geheimnis, daß Springer außerdem die Illustrierten *Quick* und *Neue Revue* kontrollierte. Es besteht kein Zweifel, daß diese Art von Pressekonzentration im Konflikt mit den Absichten der deutschen Pressegesetze steht, die neben der Pressefreiheit auch auf die Verantwortung der meinungsbildenden[23] Organe verweisen.[24] In einer öffentlichen Erklärung äußerten sich dreiundzwanzig Berliner Professoren über die Aufgabe der Presse und den Fall[25] Springer: ,,Demokratie ist auf Aufklärung und damit auf Freiheit und Wahrheit der Information angewiesen.[26] Presseorgane, die durch einseitige Manipulation und Deutung der Nachrichten[27] systematisch zur Aufhetzung[28] ihrer Leser mißbraucht werden, dienen dieser Aufgabe nicht.''

Dennoch wagte es kein Politiker, die stete Ausbreitung des mächtigen Monopols zu kritisieren. Ein solcher Angriff wurde als politischer Selbstmord[29] betrachtet. Und es ist wahrscheinlich auf die Demonstrationen der Studenten zurückzuführen, daß Vorschläge zur Entflechtung[30] des Monopols, wie sie unter anderen auch Professor Ralf Dahrendorf von der FDP (Freie Demokratische Partei) befürwortete, gemacht werden konnten. Unter dem Druck der öffentlichen Meinung verkaufte Springer später vier seiner Zeitschriften.

Die Neue Linke ging aber auch für die Mitbestimmung der Arbeiter in den Betrieben auf die Straße. Sie marschierte für die Anerkennung[31] der Oder-Neiße-Linie und die Anerkennung der Deutschen Demokratischen Republik (DDR), also Ostdeutschlands, und fand sich damit im Einvernehmen[32] mit der ,,Evangelischen Kirche in Deutschland'' und dem einflußreichen katholischen ,,Bensberger Kreis''. Sie demonstrierte für Hochschulreformen, gegen hohe Mieten,[33] die Große

---

[23] **meinungsbildend** opinion-forming
[24] **verweisen** refer to
[25] **der Fall** case
[26] **angewiesen sein** be dependent on for support
[27] **die Deutung der Nachrichten** interpretation of the news
[28] **die Aufhetzung** incitement
[29] **der Selbstmord** suicide
[30] **Vorschläge zur Entflechtung** proposals for breaking up
[31] **die Anerkennung** recognition
[32] **im Einvernehmen** in agreement
[33] **hohe Mieten** high rents

Koalition, Atomwaffen, Griechenlands Militärdiktatur und manches andere. In ihrer Rolle als außerparlamentarische Opposition protestierte sie gegen politische oder soziale Entscheidungen und Ziele, wie sie sich aus der Situation heraus ergaben.[34] Mit ihrer öffentlichen Kritik wollte sie die Bevölkerung auf die Mißstände[35] im Staat aufmerksam machen.

Nach der Lehre von Karl Marx soll die Kritik an der alten Welt zur Grundlage einer neuen Gesellschaft werden. „Die Philosophen haben lange genug die Welt interpretiert, es kommt darauf an,[36] sie zu verändern", war Marxens Forderung.[37]

REVOLUTIONÄRE IN VOLKSWAGEN — UND DAS ESTABLISHMENT

Diese selbstsicheren ungeduldigen jungen Akademiker mit ihren Bärten, Kordhosen, Stahlbrillen, verknautschten Hemden und langhaarigen Mädchen sind ein ungewohnter Anblick in Westdeutschlands ordentlicher, chromglänzender[38] Wirtschaftswunderlandschaft. Nichts könnte deutsche Hausfrauen und Politiker mehr provozieren als Mao-Knöpfe, Ho-Ho-Ho-Chi-Minh-Rufe und mit Vietcongflaggen bemalte Einkaufstüten.[39]

Die Bonner Politiker, stolz auf ihre antikommunistische Haltung, die seit Jahrzehnten als Ersatz einer Außenpolitik diente, waren zutiefst schockiert. Freilich[40] die Rechtsradikalen wußten es genau: das Ganze ist eine kommunistische Verschwörung![41]

„Was wollen sie eigentlich?" fragen die besorgten Eltern, die Ruhe haben wollen. Sie haben ihre Autos, ihren Monatsscheck von zu Hause oder ein Stipendium vom Staat. Wenn sie ihr Studium beenden, warten hochbezahlte Stellungen[42] auf sie. Sämtliche materiellen Güter, die die Wohlstandsgesellschaft zu bieten hat, sind ihnen dann zugänglich.[43]

Wollen sie Reform oder Revolution?

---

[34] **sich aus der Situation heraus ergeben** grow out of a situation
[35] **der Mißstand** grievance, things that are wrong
[36] **es kommt darauf an** what matters is...
[37] **die Forderung** demand, challenge
[38] **chromglänzend** chrome-gleaming
[39] **die Einkaufstüte** paper shopping bag
[40] **freilich** of course
[41] **die Verschwörung** plot
[42] **hochbezahlte Stellungen** highly paid jobs
[43] **zugänglich** accessible

„Warum arbeiten sie nicht innerhalb des parlamentarischen Systems?" fragen die Leitartikler.[44]

„Sie haben keine Ideologie!" kritisieren konservative Politiker und Professoren, abgestoßen[45] vom soziologisch-psychologischen Jargon der Studenten.

Und jeder prominente Politiker fühlte sich berufen,[46] seine Meinung über die Studentenbewegung zu geben. Exinnenminister Ernst Benda von der CDU (Christlich Demokratische Union) wollte den aktiven SDS einfach verbieten.[47] Helmut Schmidt, der ehrgeizige Verteidigungsminister und Kanzleraspirant der Sozialdemokraten, früher selbst einmal Führer im SDS, ärgerte sich über die „elitäre Arroganz" der Studenten, die noch „nichts geleistet"[48] haben. Schmidt vertrat offensichtlich den Standpunkt, daß die Regierung nur von Leuten mit Stellungen kritisiert werden darf. Ralf Dahrendorf, einer der wenigen Politiker, die den Mut zur öffentlichen Diskussion mit Rudi Dutschke und anderen Vertretern der Neuen Linken hatten, bemerkte orakelhaft abstrus, daß Dutschkes „Intelligenz nicht größer ist als seine Humanität". „Seht euch diese Typen an", höhnte Berlins sozialdemokratischer Bürgermeister Klaus Schütz. Die Nationaldemokraten (NPD) stempelten die Demonstranten schlicht zu „Staatsfeinden" und „roten Mördern". Und der *Bayernkurier*, Hausorgan des CSU (Christlich Soziale Union)-Chefs und damaligen Finanzministers Franz Josef Strauß, kommentierte kriegerisch:[49]„Die Demokratie muß zurückschlagen!"

Dagegen beantragten[50] Walter Scheel, Vorsitzender der Freien Demokraten, und Rainer Barzel, parlamentarischer Fraktionsvorsitzender[51] der CDU, eine Sondersitzung[52] des Bundestags, um den Studenten und ihren Forderungen Gehör zu verschaffen.[53]

Nach Monaten, ja Jahren des Ignorierens studentischer Bittschriften und Proteste nahm das Establishment in Bonn das Anliegen der kritischen Generation endlich ernst genug, eine Diskussion zu erlauben.

---

[44] **der Leitartikler** editorial writer
[45] **abgestoßen** repulsed
[46] **sich berufen fühlen** feel called upon
[47] **verbieten** ban
[48] **leisten** achieve, accomplish
[49] **kriegerisch** militantly

[50] **beantragen** propose
[51] **der parlamentarische Fraktionsvorsitzender** parliamentary party chairman
[52] **die Sondersitzung** special session
[53] **Gehör verschaffen** provide a hearing

MÄRTYRER GEBEN NEUEN AUFTRIEB[54]

Hätte die Regierung diese Entscheidung vor dem 2. Juni 1967 getroffen, bevor die Studentenbewegung ihre Märtyrer und Helden fand, wäre ein solcher Schritt als Zeichen des Fortschritts begrüßt worden. Inzwischen war Blut geflossen. Verhaftungen, brutale Polizistenhiebe[55] und drei Tote hatten die Bitterkeit auf beiden Seiten gesteigert. Am 2. Juni 1967 wurde Benno Ohnesorg, 26, Student der Germanistik, während der Demonstrationen gegen den Schah von Iran kaltblütig von einem Polizisten erschossen. Zehn Monate danach, am 11. April 1968, schoß der dreiundzwanzigjährige Anstreicher[56] Josef Bachmann, dessen Zimmer ein von ihm selbst gezeichnetes Hitler-Porträt schmückt, auf Rudi Dutschke. Die Schüsse, die Dutschke schwer verwundeten, lösten Revolten gegen die Springer-Presse und ihre Hetzkampagne[57] aus,[58] bei denen in München der Student Rüdiger Schreck, 27, und der Pressephotograph der Associated Press, Klaus Frings, 32, durch Steinwürfe tödlich verletzt[59] wurden.

Die Kluft zwischen Studenten und Regierung vertiefte sich. Bonns Establishment machte die Studenten für den Stimmenzuwachs der Neonazis und ihren Einzug in den Landtag Baden-Württemberg „als Reaktion gegen die Unruhen auf der Straße" verantwortlich. Aber die Studenten führten den Aufstieg der Rechten auf die Große Koalition und ihre Toleranz gegenüber Exnazis wie Kanzler Kurt Georg Kiesinger und Rechtsradikale vom Schlage des Freiherrn von und zu Guttenberg (Kiesingers rechte Hand) zurück. Auch hatten die Studenten nicht vergessen, daß der uniformierte Mörder des unbewaffneten Benno Ohnesorg ohne Strafe davonkam.[60] Und das Establishment — besonders die Sozialdemokraten — wird noch lange an den Protestmarsch der Studenten aufs Berliner Rathaus in Schöneberg denken. Denn ihr stürmisches Verlangen nach Gerechtigkeit, nach einer

---

[54] **der Auftrieb** boost
[55] **Polizistenhiebe** beatings by the police
[56] **der Anstreicher** house painter
[57] **die Hetzkampagne** inflammatory campaign
[58] **auslösen** trigger
[59] **tödlich verletzt** fatally wounded
[60] **ohne Strafe davonkommen** get off free

Justiz ohne zweierlei Maß, brachte nicht nur den Berliner Senat ins Wanken, sondern resultierte zudem im Rücktritt des Bürgermeisters und Polizeipräsidenten.

STUDENTENFÜHRER

Mit den ersten Märtyrern bekam die Bewegung neuen Auftrieb. Über Nacht wurden die Studentenführer im ganzen Land bekannte Persönlichkeiten. Presse und Fernsehen rissen sich darum,[61] dem neugierigen Publikum die kritischen Rebellen und ihre Ideen vorzustellen. Der rhetorisch begabte Rudi Dutschke wurde nicht als einziger von Einladungen zu Vorträgen überflutet. Interviews und Diskussionen, Artikel und Bilder gab es auch mit und über den asketischen Wolfgang Lefèvre, den dynamischen Dr. Klaus Meschkat, den gelehrtenhaft wirkenden[62] Bernd Rabehl, den langjährigen[63] Vorsitzenden des AStA (Allgemeiner Studenten-Ausschuß) und Hamburger Bürgermeisterssohn Knut Nevermann und die Brüder Wolff, um nur einige zu nennen.[64]

Die außerparlamentarische Prominenz konnte sich sehen lassen.[65] Zumeist Studenten der philosophischen Fakultät — Philosophie, Politologie, Soziologie und Psychologie — erwiesen sie sich als intelligente Redner und dialektisch geschulte Diskutanten. In ihrer totalen Gesellschaftsanalyse brachten sie die komplexen Probleme zusammen mit ihren Konzepten zur Verbesserung zum Ausdruck. Ihre Betonung lag auf der These, daß in einer modernen kapitalistischen Gesellschaft das Profitmotiv nicht als einzige repressive Kraft anzusehen ist. In den Massendemokratien ist inzwischen die autoritäre Bürokratie als zweites repressives Element aufgetaucht, das den Menschen von heute genauso versklavt.

Diese studentischen Rebellen sind keine weltfremden,[66] kleinbürgerlichen Spießer und Streber,[67] sondern aufgeweckte Intellektuelle

---

[61] **sich darum reißen** scramble for, tear oneself to pieces for
[62] **gelehrtenhaft wirkend** scholarly appearing
[63] **langjährig** longtime
[64] **um nur einige zu nennen** just to name a few

[65] **sich sehen lassen können** be able to show off
[66] **weltfremd** unworldly
[67] **kleinbürgerliche Spießer und Streber** narrow-minded bigots and pushy careerists

mit einem kosmopolitischen Flair. Es ist eine von der Westdeutschen Rektorenkonferenz[68] bestätigte Tatsache, daß die Studentenführer zur intellektuellen Elite gehören. So kommt es, daß über die Hälfte von ihnen an berühmten amerikanischen Universitäten studiert hat, viele als Stipendiaten in anderen Ländern waren und einige in Moskau. Da die meisten aus gutbürgerlichen[69] Familien stammen, sind sie gesellschaftlich gewandter[70] und weiter gereist als ihre Kommilitonen.

[68] **die Rektorenkonferenz** conference of university chancellors
[69] **gutbürgerlich** middle class

[70] **gesellschaftlich gewandter** socially more adroit

Studenten protestieren . . .

vor der Russischen Botschaft nach dem Einmarsch sowjetischer Truppen in Prag.

Manche sind aus Ostdeutschland nach dem Westen geflohen. Unter ihnen Bernd Rabehl, Autor der Monographie *Von der anti-autoritären Bewegung zur sozialistischen Opposition*, eine Abhandlung,[71] die eine Art Aktionsplan darstellt. Aus der DDR kam auch Doktorand[72] Dutschke, der mit einer amerikanischen Theologiestudentin verheiratet ist und mit Schriften wie *Die Widersprüche des Spätkapitalismus* und *Die antiautoritären Studenten und ihr Verhältnis zur Dritten Welt* hervortrat.

In diesem Zusammenhang[73] ist erwähnenswert, daß nahezu 60 Prozent der ersten Semester der Philosophischen Fakultät aus nicht mehr existierenden Familien kommen. Es darf daher angenommen werden,[74] daß manche dieser Studenten ihren missionarischen Drang nach Umwandlung und Veränderung der Welt einer als Frustration erlebten Umwelt verdanken.

So individualistisch und verschieden wie die Studentenführer sind auch die Gruppen, Vereine, Organisationen und Klubs, aus denen sich die Studentenbewegung zusammensetzt. Vom relativ konservativen Ring Christlich Demokratischer Studenten (RCDS) bis zur extremen Kommune I, die mehr mit Sex und dem Verulken von Behörden und Beamten beschäftigt[75] ist als mit ideologischen Fragen, reicht die Skala. Dazwischen findet man Gruppen aller möglichen politischen und religiösen Schattierungen. Am prominentesten sind der AStA, der Sozialdemokratische Hochschulbund (SHB), der der SPD angeschlossen ist, und der Republikanische Club, zu dessen Mitgliedern eine erstaunliche Zahl von Professoren und Geistlichen[76] gehören. Aber Dynamo und Motor ist der antiautoritäre, antikapitalistische SDS, der 1960 wegen seiner Opposition gegen die Wiederaufrüstung[77] aus der SPD ausgeschlossen wurde.

Die Studentenbewegung, pluralistisch in Struktur und Ideen wie sie ist, stimmt in einem völlig überein: sie will nicht Partei werden!

---

[71] **die Abhandlung** treatise
[72] **der Doktorand** Ph.D. candidate
[73] **in diesem Zusammenhang** in this context
[74] **es darf daher angenommen werden** it therefore may be assumed

[75] **mehr mit . . . dem Verulken . . . beschäftigt** more occupied with ridiculing *or* putting on
[76] **der Geistliche** clergyman
[77] **die Wiederaufrüstung** rearmament

„Uns gefällt die lose organisierte Struktur. Sie ist zugleich unsere Stärke und Schwäche", erklärte ein Mitglied des Republikanischen Clubs. „Sie erlaubt uns die größtmögliche[78] Mobilität und Flexibilität. Wenn wir eine Partei wären, würden wir einen großen Teil unserer Zeit und Energie darauf verwenden, unsere ideologischen Meinungsverschiedenheiten auszutragen. Wir glauben, daß unsere lockere Form am besten geeignet ist, unser antiautoritäres und antikapitalistisches Lager zu stärken."

Es ist nicht schwer, die stete Sorge der antiautoritären Studenten zu erraten: selbst autoritär zu werden!

„Es liegt auf der Hand,[79] warum sie sich scheuen, eine Partei zu werden", bemerken die Kritiker. „Es würde sich dann offenbaren, was bisher verborgen blieb, daß sie eine radikale Minderheit sind, ein paar tausend Krawallmacher!"[80]

Wie viele Studenten der Bewegung angehören, weiß keiner genau. Auch spielt die Zahl der eigentlichen Mitglieder[81] keine besonders wichtige Rolle. An die fünfzigtausend marschierten am 1. Mai 1968 in Berlin, obwohl der Bürgermeister zur gleichen Stunde eine offizielle Parade anführte. In anderen Städten zogen sie zu Zehntausenden über die Marktplätze.

VON WEST-BERLINS FREIER ZUR KRITISCHEN UNIVERSITÄT

Will man etwas über die äußeren Ursachen, inneren Beweggründe[82] und den ideologischen Inhalt der antiautoritären Revolte wissen, muß man zur Quelle pilgern — nach West-Berlin. In dieser geteilten Stadt mit der originellsten Touristenattraktion der Welt, der Mauer — „der Schandmauer" würde die Springer-Presse sagen — liegt der antiautoritäre Kern.

Hier, an der durch die Ford-Stiftung finanzierten Freien Universität[83] (1,3 Millionen Dollar), einst im Protest gegen Ost-Berlins autoritäre, keine Kritik duldende Universität Unter den Linden errichtet, sprühte der erste Funke des Protests. Nur richteten sich die antiautoritären

---

[78] **größtmöglich** greatest possible
[79] **es liegt auf der Hand** it is obvious
[80] **der Krawallmacher** rabble-rouser, noisemaker
[81] **eigentliche Mitglieder** actual members
[82] **der Beweggrund** motivation
[83] *FU was founded in December 1949.*

Studentenproteste diesmal gegen den „repressiven kapitalistischen Imperialismus" des Westens, gegen die IBM-Gesellschaft, Mutter der eigenen Alma mater.

Während der fünfziger Jahre war alles ruhig an der Freien Universität. Die mit knappen Mitteln ausgestatteten Studenten, die die Universität in der Zeit des Wiederaufbaus[84] besuchten, machten ihre Examen so schnell wie möglich, um am wirtschaftlichen Aufschwung[85] teilzuhaben. Trotzdem war damals schon die Rede von einer „politischen Universität". Lehrende und Lernende wollten sich nicht von der Gesellschaft in akademischen Elfenbeintürmen isolieren, sondern ihre wissenschaftlichen Studien als gesellschaftspolitische Aufgabe betrachten.

Gleich nach der Gründung der FU gab es Diskussionen über Reformen, die zu einer völligen Demokratisierung der Hochschule führen sollten. Tatsächlich wurde die Stimme der Studenten eine kurze Weile in den wichtigsten Gremien[86] gehört. Aber schon 1951 schloß die juristische Fakultät die Studierenden bei Berufungsverfahren[87] aus. Ein Jahr danach verloren sie ihren Sitz im Rechts- und Verfassungsausschuß.[88] Die zwischen 1948 und 1951 konzipierten Reformen folgten nie.

Die mit dem Wirtschaftswunder aufgewachsenen Studenten der sechziger Jahre zeigten sich weniger beeindruckt von der Wohlstandsgesellschaft. Materialistische Erfolgssymbole waren ihnen weder wichtig noch interessant. Sie waren die erste Generation von Intellektuellen, die genug Zeit und Geld hatten, die Welt um sie herum mit kühlen, kritischen Blicken zu analysieren.

Was ihnen besonders auffiel, war die Diskrepanz zwischen der zur Formalie erstarrten Demokratie in Bonn, mit ihrem undurchsichtigen[89] bürokratischen Apparat, und der Demokratie im Grundgesetz. Es ärgerte sie, daß die versprochenen Universitätsreformen im Schreibtisch der Verwaltung verstaubten.[90] Echte Zweifel an der Moral von Regierung

---

[84] **der Wiederaufbau** reconstruction
[85] **wirtschaftlicher Aufschwung** economic boom
[86] **das Gremium** committee
[87] **das Berufungsverfahren** appeal proceedings

[88] **der Rechts- und Verfassungsausschuß** legal and constitutional committee
[89] **undurchsichtig** nontransparent
[90] **verstauben** gather dust

und Gesellschaft bekamen sie, als Bonns Politiker fünfzehn Jahre nach der totalen Niederlage[91] schon wieder nach Aufrüstung und Atomwaffen verlangten. Als Geste des Protests bildeten sie den „Anti-Atomkongreß" und den „Argumentclub". Andere Zwischenfälle, darunter die Weigerung[92] des Rektors, den Philosophen Karl Jaspers und den Schriftsteller Erich Kuby — beide scharfe Kritiker der Politik der Bundesrepublik — an der Universität sprechen zu lassen und das Verbot eines Vietnam-Forums, überzeugten die Studenten davon, daß Freiheit an der FU eine fragwürdige Sache sei und Demokratie eher in der Theorie zu finden ist als in der Wirklichkeit.

So kam die kritische Generation zu dem Schluß,[93] daß keine sogenannte „freie" Universität gebraucht wurde, wohl aber eine kritische.

Eine Studie der politischen Elite Bonns, von der nicht wenige dem Hitler-Regime treu gedient[94] hatten, raubte den Studenten allen Optimismus. Es war unmöglich, an eine Reform der Universität ohne die Reform der Gesellschaft zu denken.

Mit den Kiesingers, Lübkes und Straußens konnten keine Kompromisse geschlossen werden. Mit einem Präsidenten, der sich nicht daran erinnern konnte, Baupläne für Konzentrationslager unterzeichnet zu haben und erst unter Druck sein Gedächtnis wiedergewann,[95] war kein Gespräch möglich. (Heinrich Lübke mußte 1969 vom Amt zurücktreten.) Was aber konnte Freiheit und Demokratie für einen Mann wie Strauß bedeuten, der aus Adenauers Kabinett zurücktreten mußte, weil er ein liberales Magazin mit polizeistaatlichen Methoden zum Schweigen bringen wollte![96]

GEBURT DER AUSSERPARLAMENTARISCHEN OPPOSITION

Wo die Glaubhaftigkeit[97] in Frage gestellt ist, wird die *protestas* an Stelle der *auctoritas* treten. Die Studenten lernten bald, daß

---

[91] **die Niederlage** defeat
[92] **darunter die Weigerung** among them the refusal
[93] **zu dem Schluß kommen** come to the conclusion
[94] **treu dienen** serve faithfully
[95] **sein Gedächtnis wiedergewann** regained his memory
[96] **zum Schweigen bringen wollen** try to silence
[97] **die Glaubhaftigkeit** credibility

Bittschriften, Diskussionen, Dissent und Proteste innerhalb der Universität die Fakultät höchstens dazu bewegte, sie zur Geduld und zum Studieren zu ermahnen. Ihr Protest gegen Wiederbewaffnung resultierte im Ausschluß von der Sozialdemokratischen Partei. Die Partei verlangte Gehorsam.[98]

Nach und nach wurde es ihnen klar, daß die Qualität der politischen Führung nicht zu verbessern oder zu reformieren war, solange die enorme bürokratische Maschinerie als Bollwerk zwischen Bürgern und der etablierten, den demokratischen Prozeß lähmenden Macht stand.

„Wir müssen durch den Apparat marschieren," verkündete Rudi Dutschke. Die Große Koalition vernichtete die Möglichkeit, die autoritäre Entwicklung innerhalb des parlamentarischen Systems zu bekämpfen. Um gehört zu werden, mußten die Studenten außerhalb der parlamentarischen Tradition arbeiten. In einem Interview des Fernsehmagazins *Panorama* erklärte Klaus Meschkat die Position der Studenten: „Wir glauben, daß das Parlament nicht mehr im Mittelpunkt des politischen Entscheidungsprozesses[99] steht, sondern daß die Entscheidungen woanders fallen, dort, wo die Zentren der wirtschaftlichen Macht in der Bundesrepublik liegen."

So wurde die außerparlamentarische Opposition geboren. Nicht länger würden sich die Studenten mit passiver Resistenz begnügen.[100] Sie waren entschlossen, ihre Kritik als offenen Protest auf die Straße zu tragen. Es war gegen ein System zu rebellieren, in dem Politik und Geld verzahnt[101] sind. Die antiautoritären Impulse gegen Normen, Manipulation, Computer, Manager, Gewerkschaften, Parteifunktionäre und all die anderen Tabus mußten belebt werden. Der undemokratische Charakter der Autorität sollte mittels Provokation in aller Öffentlichkeit entlarvt[102] werden!

Für die APO ergab sich daraus die Notwendigkeit, ihr Unbehagen,[103] ihre moralische und politische Haltung zu ideologisieren.

---

[98] **der Gehorsam** obedience
[99] **der Entscheidungsprozeß** decision-making process
[100] **begnügen** be content
[101] **verzahnt** enmeshed
[102] **entlarven** unmask
[103] **das Unbehagen** uneasiness, feeling of anxiety

MAO, MARX, MARCUSE: EIN INTERNATIONALES NETZ

Das Zentrum der Westberliner außerparlamentarischen Opposition ist der SDS. Zufällig stimmen die Initialen mit denen der amerikanischen Organisation „Students for a Democratic Society" überein. Aber die Ähnlichkeit der antiautoritären Grundeinstellung[104] ist kein Zufall.

Hauptquartier des Berliner SDS ist in einem baufälligen[105] Haus am Kurfürstendamm. Ich hätte den SDS kaum gefunden, wenn nicht zur selben Zeit eine Gruppe dunkelhaariger italienischer Studenten den Bau betreten hätte. Blind folgte ich durch ein Labyrinth von dunklen Gängen und morschen Treppen,[106] bis wir in einem trostlosen, mit Zeitungen und Flugblättern[107] gefüllten Raum standen. Um einen wackligen Tisch mit einer Schreibmaschine und einem Gurkenglas,[108] das als Aschenbecher Dienst tat, scharten sich eifrig diskutierende junge Leute. Andere spazierten zwischen Bergen von Zeitungen herum, die aus allen Ecken der Welt kamen. Neben den Berichten polnischer Studenten stapelten sich Exemplare der britischen Hippie-Zeitung *IT*. Unzählige Broschüren und Pamphlete berichteten über die revolutionären Aktivitäten von Studenten in Amsterdam, Tokio, Paris, Prag, Oslo, Madrid und Amerika.

Die Italiener, so erfuhr man, drehten gerade einen Film über die europäische Studentenbewegung. Eine englische Filmgesellschaft hatte ein ähnliches Projekt bereits beendet. Später traf ich einen jungen Amerikaner aus Glens Falls, New York, der einen Dokumentarfilm mit dem gleichen Thema vorbereitete.

Während ich auf den jungen Mann am Telefon wartete, hatte ich Zeit, die mit bunter Kreide beschriebenen Wände zu studieren. „Das höchste Wesen ist der Mensch, folglich muß man alle Bindungen vernichten[109] . . . " der Rest war durch einen Berg von Flugblättern verdeckt. Die Wand gegenüber, mit ihren gigantischen ungeschickten roten Lettern war genauso aufschlußreich: „Mao: unsere Dogmatiker sind faule Kerle, die jede mühselige Forschungsarbeit an konkreten

---

[104] **die Grundeinstellung** basic attitude
[105] **baufällig** decrepit
[106] **morsche Treppen** crumbling stairs
[107] **das Flugblatt** handbill

[108] **das Gurkenglas** pickle jar
[109] **alle Bindungen vernichten** destroy all ties

Dingen ablehnen; sie betrachten die allgemeinen Wahrheiten als etwas vom Himmel Gefallenes, verwandeln sie in abstrakte, dem menschlichen Verstand[110] unzugängliche . . ." Ein junger Mann war lächelnd in die Mitte des Satzes getreten. Er fragte den Menschen am Telefon, ob er Helme für seine Gruppe haben könnte. Er sprach mit einem amerikanischen Akzent. Nachdem er ein Dutzend weiße Plastikhelme in Empfang genommen[111] hatte, stellte er sich als einer der Vorsitzenden der „U.S. Campaign Against the American War in Vietnam" vor.[112] Fran Fuller, ehemaliger Hauptmann in der amerikanischen Armee, G.I. Literaturstudent an der FU, war der Sohn eines Obersten aus Maine.

DIE AMERIKANISCHEN STUDENTEN

Mao an der Wand und Studenten aus aller Welt. Was hatte sie zusammengebracht? Frans Antwort war die eines Mannes, der sich sorgfältig das Für und Wider überlegt,[113] bis er sich für eine Sache engagiert.

Das grundlegende Ereignis,[114] das Europäer und Amerikaner zusammenbrachte, erklärte Fran, war der Krieg in Vietnam. Außer der totalen Ablehnung des autoritären Establishments im Westen und im Osten teilen sie ein Interesse an den Entwicklungsländern,[115] von ihnen die „Dritte Welt" genannt. Im Gegensatz zu den Hippies, die aus der von ihnen abgelehnten Gesellschaft austreten, kämpfen sie für eine Regeneration. Sie alle fühlen sich bedroht, nicht von einer roten oder gelben Gefahr, sondern von den modernen Vernichtungswaffen[116] und dem anonymen Apparat, der einer Gesellschaft dient, die mit den eigenen Problemen nicht fertig wird und dennoch ihre Version der Demokratie und ihren Materialismus militant in Dschungeln ferner Länder[117] propagiert.

---

[110] **der menschliche Verstand** human mind
[111] **in Empfang nehmen** receive
[112] **sich vorstellen** introduce oneself
[113] **sich sorgfältig das Für und Wider überlegen** think carefully about the pros and cons

[114] **das grundlegende Ereignis** fundamental event
[115] **die Entwicklungsländer** developing nations
[116] **die Vernichtungswaffen** weapons of destruction
[117] **in Dschungeln ferner Länder** in the jungles of faraway countries

An die vierzig amerikanische Studenten beteiligen sich aktiv an der Antikriegskampagne. Dreimal so viel sind zahlende Mitglieder. Fran betonte, daß nie ein Versuch gemacht wurde, neue Mitglieder zu rekrutieren.

„Haben Sie die Demokratie ganz abgeschrieben?" fragte ich mit einem Blick auf den Slogan „Mao, Mao, Mau Mau Mau" an der Wand vor uns.

„Sie meinen, sind wir Kommunisten?" lachte Fran. „Bestimmt nicht. Die kommunistische Bürokratie ist genauso unflexibel und versteinert, genauso entmenschlichend[118] wie andere Formen der Institutionalisierung."

„Und Mao?"

„Mao hat uns gezeigt, daß eine Kulturrevolution von innen heraus möglich ist. Unsere Bewegung hat Maos Konzept der permanenten Revolution geborgt."

„Wollen die Studenten selbst an die Macht?"

Fran lächelte geduldig. „Permanente Revolution hat nichts mit einem Coup d'état zu tun. Mit der Übernahme der alten Institutionen wäre nichts gelöst. Um die Gesellschaft von Grund auf zu ändern, müssen wir die Einstellung[119] des Bürgers und das soziale und moralische Klima ändern. Das heißt, es muß gegen Repression und Gehorsam von Kindheit an vorgegangen werden. Die Bevölkerung muß aus ihrer Gleichgültigkeit[120] gerüttelt werden. Sie muß aufgeweckt und auf die Probleme der ökonomischen Gesellschaftsformation aufmerksam gemacht werden. Professor Ernst Bloch, der 1967 den Friedenspreis des Deutschen Buchhandels[121] erhielt, definiert permanente Revolution als ‚ein Oszillieren von ruhender Probe'."[122]

„Wofür brauchen Sie die Helme? Denken Sie an Gewalt?"

„Wir befürworten Gewalttätigkeit[123] nicht. Aber die Berliner Polizei ist grob. Sollte es zu Zwischenfällen kommen, und die Möglichkeit

---

[118] **entmenschlichend** dehumanizing
[119] **die Einstellung** mental attitude
[120] **die Gleichgültigkeit** inertia, indifference
[121] **der Friedenspreis des Deutschen Buchhandels** Peace Prize of the German book trade
[122] **ein Oszillieren von ruhender Probe** oscillation of an experiment's equilibrium
[123] **die Gewalttätigkeit** act of violence

besteht bei Massendemonstrationen immer, weil unkontrollierbare Außenseiter dazukommen, schlagen sie mit ihren Knüppeln[124] brutal auf die Köpfe. Sie prügeln und verfolgen Demonstranten sogar noch, wenn sie schon auf der Flucht sind."

Fran stapelte seine Helme in einen Pappkarton und schlug vor, mich am Abend zu einer Studentenversammlung an der FU mitzunehmen.

Der „Max", so nennen die Studenten das Auditorium maximum, war voll. Studiosi hockten[125] auf der Bühne und in den Gängen. Kopf an Kopf standen sie in den Hallen. Es ging dabei ebenso fröhlich wie ordentlich zu. Unter den jungen Gesichtern entdeckte man manche gefurchte Professorenstirn.

Bonns Politiker bezeichnen die rebellierenden Studenten als eine radikale Minorität von 3 bis 5 Prozent. Ich sah mich um. In Saal und Hallen mußten 3000 bis 4000 Studenten versammelt sein, die ein Minimum von 10 bis 15 Prozent repräsentierten.

MARCUSES REVOLUTIONSFORMEL

Fast alle der bekannten Studentenführer waren da. Nüchterne junge Männer und Mädchen Ende zwanzig, also wesentlich älter als der amerikanische „undergraduate". Lefèvre, dünn, blaß, intensiv, vor dem Mikrophon. Dr. Klaus Meschkat, klein, fix und freundlich, im Kreise debattierender Studenten. Bernd Rabehl mit seinem feinen russischen Revolutionärsbart sinnend an ein Fenster gelehnt.[126] Jemand schwenkte ein Plakat von Rudi Dutschke durch die Luft. Und über allem lag der Geist[127] des wiederentdeckten Karl Marx, der allerdings wenig an Großvaters Marx erinnerte. Denn Marx ist wie die Bibel oder Goethe: Man kann alles mit ihm beweisen!

Auch dabei (im Geist) war Professor Herbert Marcuse, der McLuhan der Studentenrevolution. Der in Berlin geborene Philosoph, einst Assistent Martin Heideggers,[128] ist eine Entdeckung kalifornischer Hippies. Es dauerte lange, bis der Autor von *Kultur und Gesellschaft*,

---

[124] **der Knüppel** night stick
[125] **hocken** squat
[126] **sinnend an ein Fenster gelehnt** pensively leaning against a window

[127] **der Geist** spirit
[128] *Martin Heidegger (1889–), German existentialist philosopher.*

Die *Gesellschaftslehre*[129] des sowjetischen Marxismus, *One-dimensional Man* und anderen Büchern Berühmtheit erlangte.[130] Fast siebzigjährig akklamierte ihn die Jugend des Landes, das er 1933 verlassen mußte. Als Prophet und Vater der Revolution gegen die repressive materialistische Wohlstandsgesellschaft gab er ihnen das Leitmotiv. „In der totalitären technologischen Gesellschaft ist Freiheit nur noch denkbar[131] als Autonomie über das Ganze des Apparats, und dazu gehört die Freiheit, ihn zu reduzieren oder als Ganzes zu rekonstruieren", postuliert Marcuse im Oktober 1964. An anderer Stelle spekuliert er, „daß Freiheit nur denkbar ist als Realisierung dessen, was man heute noch Utopie nennt."

Während der folgenden Wochen ging ich zu vielen Studentenversammlungen und hörte mancher Diskussion ihrer Führer zu. Was sich schließlich als Inhalt und Konzept abzeichnete,[132] war das Anstreben eines weltweiten Sozialismus, der aber wenig mit dem osteuropäischen Muster gemeinsam hat. Eine radikale Demokratie nannten manche das System, das dem Individuum möglichst viel Freiheit garantiert und möglichst wenig Herrschaft[133] und staatliche Autorität. Das Ideal ist eine herrschaftsfreie[134] Gesellschaft, in der die Macht von Menschen über Menschen auf ein Minimum beschränkt ist. Da der Mensch in diesem neuen System nicht länger als Produzent, als Teil eines riesigen Arbeitsprozesses bewertet würde, der seine Leistung, sein Know-how auf dem Arbeitsmarkt verkauft, würde er weder sich selbst noch seinen Produkten entfremdet sein.[135]

Die Verantwortung für den demokratischen Prozeß soll von jedem Einzelnen getragen werden. Die Macht ist nicht von oben nach unten, sondern von unten nach oben strukturiert. Jeder Bürger soll das Bewußtsein haben, für den Staat mitverantwortlich zu sein. Diese total demokratisierte Gesellschaft, die eine Selbstverwaltung[136] der

---

[129] **die Gesellschaftslehre** sociology
[130] **Berühmtheit erlangen** gain fame
[131] **denkbar** thinkable
[132] **sich abzeichnen** delineate, show up as, outline

[133] **möglichst wenig Herrschaft** as little domination *or* government as possible
[134] **herrschaftsfrei** ruler-free
[135] **entfremdet sein** be alienated
[136] **die Selbstverwaltung** self-administration, autonomy

Produzierenden auf allen Sektoren plant, würde als Rätedemokratie funktionieren.

Im Rätesystem ist die Bevölkerung durch Räte vertreten, die jederzeit abwählbar[137] sind, damit sich nicht wieder eine Bürokratie festsetzen kann. Zur Debatte steht, ob die gleichen Resultate auch mit einer Reform des bestehenden parlamentarischen Systems erreicht werden können.

Alles ist sich darüber einig, daß die Studenten nicht an Macht und Umsturz,[138] sondern an einer Bewußtseinsänderung[139] interessiert sind. Wie einst Marx, scheint der Neuen Linken weniger an Reform als an Veränderung der Gesellschaft gelegen zu sein.[140]

Das aber soll nach Marcuses Revolutionsrezept bewirkt werden: Negation! Negation der bestehenden Herrschaftssysteme mit ihren manipulierbaren Werten und Bedürfnissen.[141] Negation des Existenz-kampfes mit seinem Leistungsprinzip.[142] Negation der Konkurrenz und Konformität, der „verschwendenden und zerstörenden[143] Produktivität und Massenbefriedigung", die zum ununterbrochenen Massenkonsum führt, und der „verlogenen Triebunterdrückung."[144]

Spricht Marcuse von der Unterdrückung der Massen durch den bürokratischen Apparat, „der methodisch kontrolliert wird von den Herrschenden", so hatte Marx bereits vor hundert Jahren eine Vision, die eine gleichermaßen entscheidende Rolle in der Studentenrevolte spielt. Marx prophezeite damals schon, daß sich „unser eigenes Produkt zu einer sachlichen Gewalt[145] über uns erheben" wird. Diese sachliche Gewalt, die „unserer Kontrolle entwächst,[146] unsere Erwartungen durchkreuzt, unsere Berechnungen zunichte macht",[147] hat inzwischen

---

137 **abwählbar** subject to recall
138 **der Umsturz** overthrowing of the government
139 **die Bewußtseinsänderung** change of consciousness
140 **scheint . . . gelegen zu sein** seems to be concerned
141 **Werte und Bedürfnisse** values and needs
142 **das Leistungsprinzip** achievement system

143 **verschwendend und zerstörend** wasteful and destructive
144 **die verlogene Triebunterdrückung** hypocritical suppression of sex
145 **die sachliche Gewalt** objective force
146 **der Kontrolle entwachsen** grow out of control
147 **Berechnungen zunichte machen** cancel out calculations

tatsächlich als Atombombe, Überbevölkerung und totale Verwaltung Gestalt bekommen.

STUDENTEN UND ARBEITER

Marx war überzeugt, daß das Proletariat, das heißt die Arbeiter, als Klasse der Unzufriedenen die Revolution in Bewegung setzen wird. Anders Marcuse! In den hochindustrialisierten kapitalistischen Ländern, meint er, kann nur die noch nicht etablierte und daher revolutionswillige[148] Jugend die Revolte führen.

Da es aber für die Studenten unmöglich ist, diese Aufgabe allein zu bewältigen,[149] müssen die Arbeiter aktiviert werden. Die repressive Eigenschaft der Automatisierung, die irrationale Herrschaft der Fabriken und des kapitalistischen Apparats muß ihnen zu Bewußtsein gebracht werden. Zusammen mit den Unterdrückten der Dritten Welt soll Störung und Unsicherheit[150] in die Industriemetropolen getragen und die „Situation verunsichert"[151] werden (Marcuse). Auf diese Weise läßt sich die Intoleranz des autoritären Systems am leichtesten bloßstellen;[152] denn der Staat ist nur „repressiv tolerant." Die Opposition wird sich der Redefreiheit, Meinungsfreiheit und anderer in der Verfassung garantierten Freiheiten nur so lange erfreuen, wie sie keine Gefahr für das System bedeutet. „Vietnam", schreibt Marcuse, „enthüllt das Wesen[153] eines Systems, das imperialistisch ist."

Von Rußland und Ostdeutschland haben die Studenten gelernt, daß Aufhebung des Privateigentums[154] und Vergesellschaftung[155] der Industrien nicht notwendigerweise Freiheit und Demokratie garantieren. Andererseits aber scheinen sie zu der Überzeugung gelangt zu sein, daß nur eine sozialistische Gesellschaft die inhärenten Probleme der Technologie meistern kann. „Trotzdem bleibt bestehen, daß die Chance

---

[148] **revolutionswillig** revolutionary-minded
[149] **bewältigen** cope with
[150] **Störung und Unsicherheit** disturbance and insecurity, instability
[151] **verunsichern** make insecure, unstable
[152] **bloßstellen** expose
[153] **enthüllt das Wesen** discloses the nature of
[154] **die Aufhebung des Privateigentums** abolition of private property
[155] **die Vergesellschaftung** nationalization

der Befreiung dort liegt, wo die Produktionsmittel vergesellschaftet sind", theoretisiert Marcuse.

Wie eine so ungenaue, romantische Revolutionstheorie aktionsfähig gemacht[156] werden kann, ist vielen ein Rätsel. Dutschke gibt zu, daß eine „konkrete Utopie" noch nicht existiert. Er spricht von einer Übergangsperiode,[157] die durch den „Kampf gegen die bestehende Ordnung" bestimmt wird.

Missionaren gleich, oder in ihrem Jargon, wie der Guerillakämpfer Che Guevara mit seinen Mannen, schwärmen die Studenten durch die Straßen der Städte, um den Arbeitern ihre revolutionäre Botschaft zu bringen. In Berlin organisierten die Außerparlamentarier dreizehn zumeist in leeren Läden untergebrachte Basisgruppen. Hier schenkten sie Bier und Bewußtseinsänderung aus,[158] also Kritik am kapitalistischen System. Zunächst hatten sie wenig Glück. Die Arbeiter, die in „komfortabler Unfreiheit" (Marcuse) mit ihren Waschmaschinen, Fernsehapparaten und Volkswagen leben, fühlen sich weder unterdrückt noch ausgebeutet.[159] Erst als die Studenten von Mitbestimmung im Betrieb sprachen, horchten einige auf.[160] Daß sie als Produzierende ein moralisches Recht haben, an den sozialen und wirtschaftlichen Entscheidungen ihres Betriebs beteiligt zu sein, das verstanden manche unter ihnen sofort!

UNTERSTÜTZUNG[161] DURCH DIE KIRCHE

Dürfte es nicht leicht sein, die Arbeiter für die Sache der Studenten zu begeistern, so kam die Unterstützung durch Theologie-Professoren und Geistliche überraschend schnell. Sie werden der APO loyal zur Seite stehen, soweit sie moralische und gerechte Ziele verfolgt. Viele der jüngeren Theologen, darunter der Jesuit Karl Rahner, sind heute der Ansicht, daß die Kirche im letzten Jahrhundert ihren historischen Augenblick zur Beteiligung an gesellschaftlichen Reformen verpaßt hat,

---

[156] **aktionsfähig machen** get ready for action
[157] **die Übergangsperiode** interim period
[158] **ausschenken** dispense

[159] **ausgebeutet** exploited
[160] **aufhorchen** begin to listen
[161] **die Unterstützung** support

weil ihr Blick aufs Jenseits gerichtet[162] war. Sie sind nun entschlossen, eine zweite Chance, die Geschichte der Menschheit handelnd zu planen, nicht wieder ungenützt vorübergehen zu lassen. Angesichts der menschheitszerstörenden[163] Bombe und der Überbevölkerung vertreten die Geistlichen, inspiriert von Papst Johannes XXIII. *Pacem in terris* Botschaft, den Standpunkt, daß die Christenheit auch an der Veränderung des Lebens auf dieser Erde mitwirken muß. Ein „revolutionäres Christentum" wird gleichfalls von Theologie-Professoren wie Jürgen Moltmann in Tübingen und Wolfhart Pannenberg in München gepredigt.

Nahezu ein Viertel der Bremer Pastoren, 31 an der Zahl, haben ihre Solidarität mit den Studenten erklärt. „Der Studenten Sorge über den Krieg in Vietnam ist auch die Sorge unserer Kirche. Ihre Leidenschaft sollte die Leidenschaft unserer Kirche werden. Auch Jesus hat schließlich die Ordnung des Tempels um der Sache willen[164] gestört. Es geht nicht an,[165] daß die Sache der Elenden und Entrechteten[166] von Studenten vorgetragen wird", stellten die Pastoren in einem Telegram im Dezember 1967 fest, und sie dafür nur „Feindseligkeiten" ernten.

Pfarrer Kanitz von Berlins Zehlendorfer Kirche zählt auch zu den öffentlichen Verteidigern der Studenten. In einer berühmt gewordenen Morgenandacht[167] (27. November 1967) beklagte er, daß die deutsche Regierung immer noch nicht die Folgen des Zweiten Weltkriegs in der „Anerkennung der DDR und ihrer Grenzen" (die Oder-Neiße-Linie) als Tatsache akzeptiert hat. Zugleich entrüstete er sich darüber, „daß wir in West-Berlin eine Justiz haben, die mit doppeltem Maß mißt,[168] einen Todesschützen freispricht[169] und einen Studenten, dessen einziges Vergehen[170] in der Teilnahme an einer Demonstration liegt, monatelang in Untersuchungshaft hält."[171] Als Bürger Berlins versprach der

---

[162] **aufs Jenseits gerichtet** directed to the life hereafter
[163] **angesichts der menschheitszerstörenden** in the face of the humanity-destroying
[164] **um der Sache willen** for the cause
[165] **es geht nicht an** it will not do
[166] **die Elenden und Entrechteten** miserable and disfranchized persons

[167] **die Morgenandacht** morning service
[168] **messen** measure
[169] **einen Todesschützen freisprechen** acquit a sniper
[170] **das Vergehen** offense
[171] **in Untersuchungshaft halten** detain in prison pending investigation

Pfarrer, „mit allen Kräften gegen Unrecht, Lüge und Beschwichtigungspolitik[172] in Staat und Kirche zu kämpfen", und sich auf die
Seite derer zu stellen, „die sich nicht weiterhin manipulieren lassen."

GEFAHREN UND AUSSICHTEN

Gewiß ist die antiautoritäre Revolution nicht ohne gefährliche
anarchistische Elemente. Die Forderung der Studenten nach Freiheit
und immer mehr Freiheit kann durchaus zur Unfreiheit führen. Platon,
der sich schon vor 2000 Jahren Gedanken über die Freiheit gemacht
hatte, kam zu dem Ergebnis, daß eine Überdosis die Ordnung zerstört
und deshalb in Tyrannei ausartet.[173]

Eines Tages werden die jungen Revolutionäre zu der Erkenntnis
gelangen, daß jede Gesellschaft, selbst eine utopische, einen Grad von
Ordnung braucht und jede Art von Ordnung repressive Eigenschaften
hat.

Westdeutschlands Neue Linke hat zwar eine Idee, aber keine
systematische Ideologie. Ihr utopischer Grundriß ist verwischt,[174] ihre
theoretische Landschaft im Nebel. Vielleicht könnte sie ohne eine profuse
ideologische Definition auskommen,[175] wenn sie sich mit der Kritik der
jeweiligen Situation zu begnügen wüßte!

In der kurzen Spanne ihrer Existenz war die außerparlamentarische
Opposition überaus erfolgreich im Aufrütteln des Apparats. Wenn sie
versagt, wird nicht das Fehlen einer Ideologie daran Schuld tragen,
sondern ein Mangel an Integrität. Doch selbst dann werden Bundesrepublik und Bundesbürger nicht dieselben sein. Die studentische
Kritik am System wird zumindest im Bewußtsein der denkenden
Bevölkerung verankert[176] bleiben.

Betrachtet man die deutsche Studentenbewegung vom amerikanischen Gesichtspunkt, muß mit tiefer Sorge festgestellt werden, welchen
einschneidenden Eindruck der Krieg in Vietnam auf die Jugend des
Landes gemacht hat. Nichts hat ihre Illusionen über die Demokratie

---

[172] **die Beschwichtigungspolitik** appease-
ment policy
[173] **ausarten** degenerate

[174] **ihr . . . Grundriß ist verwischt** its . . .
blueprint is blurred
[175] **auskommen** get along
[176] **verankern** anchor

schneller abgekühlt als Vietnam. Der Krieg zwang sie, sich mit der Idee der Demokratie im allgemeinen und der Moral der amerikanischen im besonderen bewußt auseinanderzusetzen.[177]

Daß dieses Land, vor nicht zu langer Zeit in der Welt als Bastion demokratischer Freiheit bewundert, für diese Ernüchterung mitverantwortlich ist, überschattet fast eine andere Tatsache von historischer Bedeutung: den Aufstand,[178] den die internationale antiautoritäre Jugend zu proben[179] begonnen hat.

---

[177] **bewußt auseinandersetzen** consciously examine and come to terms

[178] **der Aufstand** rebellion

[179] **proben** rehearse

1. Franz Josef Strauß: Der kontroversielle „starke Mann"

―――――――

„ICH BIN FÜR NIXON", sagt mir Strauß auf der Fahrt zum Frankfurter Flughafen im September 1968. Er macht kein Geheimnis daraus, daß er für den demokratischen Präsidentschaftskandidaten Hubert Horatio Humphrey, von ihm der „Gartenzwerg"[1] genannt, keine Sympathien hat. Vor uns fährt ein Polizeiwagen mit heulenden Sirenen, der der Limousine des Finanzministers Franz Josef Strauß Platz macht und ihn vor Demonstranten schützt.

Strauß hatte die Frankfurter Buchmesse[2] besucht. Als Autor des Buches *Herausforderung und Antwort*[3] hatte er am Stand seines Verlegers, Heinrich Seewald, Autogramme gegeben. Es war ein turbulenter Nachmittag. Hunderte von Studenten belagerten den Stand, um den ehrgeizigen Finanzminister, der gern Kanzler werden möchte, mit den Worten „Strauß raus" zu begrüßen. Zu seinem Ärger mußte der Minister den Gang durch die Messehallen aufgeben. Ungesehen von Publikum und Fernsehkameras trottete er durch unterirdische[4] Gänge. Unzeremoniell tauchte er durch eine Verladeluke[5] am Verlegerstand auf.

―――――――

[1] **der Gartenzwerg** garden dwarf. *A plaster statuette seen in gardens.*
[2] **die Buchmesse** book fair. *This annual book fair is the largest of its kind.*

[3] ***Herausforderung und Antwort*** *Challenge and Response*, Stuttgart: Seewald Verlag, 1968.
[4] **unterirdisch** underground
[5] **die Verladeluke** loading hatch

„Protestierende SDSler[6] gehören ins Zuchthaus",[7] murrt er grimmig. „Wie diese Leute schon aussehen", fügt er bitter hinzu. Wie ich entgegne, daß es schließlich nicht aufs Aussehen ankommt, sieht er mich verächtlich von der Seite an.

KÖNIGSMACHER

Als ich Strauß im Oktober 1966 in seinem Bonner Büro im Bundeshaus besuchte, war der rotunde Parteichef der CSU viel besserer Laune. Stolz erzählte er mir, daß er sechzehn Pfund abgenommen hat und alle seine Anzüge ändern lassen mußte. „Das hat mich ein Vermögen gekostet", lachte Strauß, der als Millionär gilt, vergnügt.

Er war gerade von einer Reise nach Südafrika zurückgekommen. Sarkastisch äußerte er sich zu Bobby Kennedys kritischen Bemerkungen über die Südafrikanische Republik. „Bobby hat sich dort Stimmen für seinen nächsten Wahlkampf[8] geholt! Man muß die Situation ohne romantische Verkleidung[9] sehen. Apartheid ist ein möglicher Weg. Es gibt keine echte Alternative. Uns scheinen die Ausdrucksformen der Integration fremd. Man kann das nur beurteilen, wenn man dort gewesen ist und die zugrunde liegenden[10] Verhältnisse studiert hat. Warum regt sich niemand über die Morde in von Schwarzen regierten Staaten auf? 250 000 freie Neger suchen jedes Jahr die Sklaverei der Apartheid. In Südafrika finden sie Arbeit und gute Löhne, bessere soziale Bedingungen und Sicherheit."

Strauß war aber nicht nur wegen seiner schlankeren Linie in so guter Stimmung. Sah es doch in jenen Tagen bereits so aus, als ob der einst von ihm gegen Dr. Konrad Adenauer[11] ausgespielte[12] Kanzler Dr. Ludwig Erhard durch die Wirtschaftskrise zum Rücktritt[13] bewegt worden war. Strauß, der Erhard 1963 in den Sattel geholfen hatte, spielte dabei keine unbedeutende Rolle. Den nächsten Kanzler, Kurt

---

[6] **SDSler** members of the SDS (*Sozialistischer Deutscher Studentenbund*)
[7] **das Zuchthaus** penitentiary
[8] **der Wahlkampf** election campaign
[9] **die Verkleidung** dressing
[10] **zugrunde liegend** underlying

[11] *Konrad Adenauer (1876–1967) was Chancellor of the Federal Republic of Germany from 1949 to 1963.*
[12] **ausspielen** play off one person against another
[13] **der Rücktritt** resignation

Georg Kiesinger, Ministerpräsident von Baden-Württemberg, hatte er auch schon gefunden. Es fragte sich nur, ob Strauß genug Bundestagsmitglieder[14] auf seine Seite bekommen konnte. Kiesinger hatte einen Schönheitsfehler:[15] seine politische Vergangenheit. Mit 33 Jahren war er der Nationalsozialistischen Partei beigetreten und hatte in Hitlers Auswärtigem Amt[16] eine nicht unwichtige Position. Mit der Opposition der Sozialdemokraten war daher auf jeden Fall zu rechnen. Aber die Sozis, so spekulierte Strauß richtig, würden wahrscheinlich auf das Angebot der Großen Koalition fliegen.

Nicht umsonst wird der ehemalige Verteidigungsminister, der seinen Posten 1962 wegen der berühmten *Spiegel*-Affäre[17] niederlegen mußte, der starke Mann genannt. Längst hatte Strauß die so selten in einem Politiker vereinten Eigenschaften exhibiert: die Fähigkeit als Stimmenfänger, als Demagoge, und die Fähigkeit, hinter den Kulissen[18] zu manipulieren.

Im Dezember 1966 kam es zur Großen Koalition von CDU/CSU und SPD (Christlich Demokratische Union/Christlich Soziale Union und Sozialdemokratische Partei Deutschlands). Straußens Pläne waren programmgemäß verlaufen. Die Sozialdemokraten, die laut verkündet hatten, daß in einer mit ihnen geformten Regierung kein Platz für einen Strauß sei, akzeptierten nicht nur Kiesinger als Kanzler, sondern auch Strauß als Finanzminister.

Strauß verdiente als Königsmacher allen Respekt. Von nun an hatte er ein Prestige wie nie zuvor.

Gewiß fehlte es nicht an warnenden Stimmen. Nicht als einziger erklärte ein prominenter Sozialdemokrat mit Bezug auf[19] Strauß, „daß es außenpolitisch nicht gleichgültig ist, wenn — wie etwa in der *Spiegel*-Affäre — Zweifel an unserer rechtsstaatlichen[20] Ordnung entstehen." Und am 17. September 1966 schrieb die *Neue Ruhr-Zeitung*: „Ein Strauß ohne Macht ist annehmbar. Aber ein Strauß mit Macht

---

[14] **das Bundestagsmitglied** member of the **Bundestag** (parliament)
[15] **der Schönheitsfehler** (beauty) flaw
[16] **das Auswärtige Amt** state department

[17] **die *Spiegel*-Affäre** *Der Spiegel* is a liberal weekly magazine.
[18] **hinter den Kulissen** behind the scene
[19] **mit Bezug auf** in regard to
[20] **rechtsstaatlich** constitutional

würde sich nicht anders benehmen als zuvor ... als er gegen den Geist und die Gesetze der Demokratie verstieß.[21] ... Soll der Staat von einem Mann gerettet werden, vor dem er sich selber retten mußte?"

IN DEN WAHLKAMPF MIT STRAUSS

Zum erstenmal kam ich mit diesem außerordentlichen Politiker im Herbst 1965 in Kontakt. Mit seinem persönlichen Referenten[22] traf ich mich im Hauptquartier seiner Partei in München. Die Christlich Soziale Union ist in einem großen, eleganten Gebäude in der Lazarettstraße zu Hause. Da die Wahlen bevorstanden, türmte sich[23] das Wahlmaterial in den Gängen: 500000 Plakate mit der Parole „Unsere Sicherheit — CSU", 70000 Filmvorführungs- und Versammlungsplakate,[24] 1700000 Wahlillustrierten und 30000 Sonderdrucke[25] des *Bayernkurier*, der von Strauß herausgegebenen Parteizeitung. Dazu kamen komplette Pläne für Fernseh- und Rundfunksendungen, Anzeigenwerbung[26] und den Einsatz von fünfzehn Werbemobilen.[27] Nachdem man die Kartenspiele mit dem Slogan „CSU sticht[28] immer" entdeckt hatte, die 50000 Kochbücher für die Hausfrauen, 50000 Sportkalender und 200000 Ferienprospekte mit den passenden CSU-Parolen, war man bald überzeugt, daß Madison Avenue einiges von den Bayern lernen kann.

Nicht, daß die CSU einen Augenblick an der Wiederwahl ihres kontroversiellen Vorsitzenden zum Bundestagsabgeordneten zweifelte. Sein Comeback stand in Bayern immer außer Frage. Straußens von Adenauer protegierte Karriere war nur kurz durch den *Spiegel*-Skandal zum Stillstand gekommen. Die liberale Wochenzeitschrift *Der Spiegel* hatte es gewagt, den Verteidigungsminister[29] und seine Politik zu

---

21 **verstoßen** violate
22 **der Referent** assistant
23 **sich türmen** pile up
24 **das Filmvorführungs- und Versammlungsplakat** movie-presentation and rally poster
25 **der Sonderdruck** special edition

26 **die Anzeigenwerbung** newspaper advertising
27 **das Werbemobil** campaign truck equipped with loudspeakers
28 **stechen** trump
29 **der Verteidigungsminister** minister of defense

kritisieren. Außer sich vor Wut schrie Strauß „Landesverrat".[30] Er
ließ Redakteure verhaften und den Verlag durchsuchen. Eine Handlungsweise, die peinlich an polizeistaatliche Methoden erinnerte. Strauß,
der sich außerdem vor dem Bundestag in Widersprüche verwickelte,[31]
mußte gehen. Wer aber gehofft hatte, daß der damals 46 Jahre alte
Exminister politisch ruiniert war, irrte sich.

Die gerichtlichen Verfahren[32] gegen ihn, bei denen es um Verstoß
gegen das Grundgesetz,[33] Freiheitsberaubung und Amtsanmaßung[34]
ging, wurden eingestellt. Auch von den Prozessen, die in die Rubrik
„Korruptionsverdacht" fielen, hörte man bald nichts mehr. Obendrein
wählten die Bayern den in Bonn zu Fall gekommenen Landsmann
zum CSU-Vorsitzenden. Als Parteichef spielte Strauß im Bundestag
in kurzer Zeit wieder eine führende Rolle. Mangels[35] einer einfallsreichen Opposition der SPD, wurde er zum innerparteilichen Oppositionsführer der CDU/CSU. Im offenen Gegensatz zu Kanzler Erhard
plädierte er für die Große Koalition mit der SPD. (Das hinderte ihn
jedoch später nicht daran, sie als „Schreckbündnis auf Zeit"[36] zu
bezeichnen.)

Aus diesem Grunde war die Zielscheibe[37] seines energiegeladenen
Wahlkampfes schon 1965 weniger die SPD als die FDP, die bisherige
Koalitionspartei der CDU/CSU. Strauß hatte es den Freien Demokraten
nicht verziehen, daß es ihre fünf Minister waren, die ihn 1962 zum
Rücktritt zwangen.

WAHLSCHLACHT MIT BIER, BACKHENDELN[38] UND BUH-RUFEN

Mit Straußens Referenten fahre ich nach Wertingen, um selbst
zu sehen, was es mit dem politischen Talent, der merkwürdigen Magie

---

[30] **der Landesverrat** treason
[31] **sich in Widersprüche verwickeln** entangle oneself in contradictions
[32] **gerichtliches Verfahren** legal proceedings
[33] **das Grundgesetz** basic law, constitution

[34] **die Amtsanmaßung** unauthorized
assumption of jurisdiction
[35] **mangels** for want of, lacking
[36] **das Schreckbündnis auf Zeit** temporary union of horror
[37] **die Zielscheibe** target
[38] **das Backhendel = Backhühnchen**
roast chicken

des Münchner Metzgerssohns[39] und Musterschülers auf sich hat. Wie würde dieser ehemalige Studienrat, den die Amerikaner wegen seiner englischen Sprachkenntnisse zum Landrat[40] von Schongau und damit zum Politiker machten, auf mich wirken?

Bei unserer Ankunft ist das riesige weiß-blau gestreifte Bierzelt bis auf den letzten Platz gefüllt. An die dreitausend, zumeist Männer, sitzen vor vollen Bierkrügen an langen Holztischen. Würstchen und Backhendeln verbreiten den unverkennbaren Festwiesengeruch.[41] Eine hemdsärmelige Blaskapelle,[42] fünfundzwanzig Mann stark, spielt forsche, fast preußisch militärische Marschmusik. Dr. h.c.[43] Strauß läßt auf sich warten. Nach einer Stunde sind Repertoire der Kapelle und Gesprächsthemen erschöpft. Buh-Rufe lassen sich hören. Eine Ansage,[44] der Herr Landesvorsitzende sei auf einer Pressekonferenz, wird vom Publikum wütend als Lüge quittiert. Denn jeder weiß, daß die Presseleute am Tisch vor der blumengeschmückten Tribüne sitzen und genauso warten. In diese geladene, nicht besonders freundliche Stimmung schreitet Franz Josef Strauß in elegantem Anzug; robust, dick, vital, aber nicht unförmig. (Später sagt er mir, daß er zweihundert Pfund wiegt). Er wirkt weniger grob und viel beweglicher und um vieles angenehmer und sympathischer als auf den Fotos. Strauß erfaßt die Situation sofort und nimmt ihr mit einer sarkastischen Bemerkung über die getreulich wartenden Störenfriede[45] die Spitze.[46] Auf weitere Zwischenrufe reagiert er wie einer, mit dem nicht gut Kirschen essen[47] ist. Dann erst gibt er — halb vertraulich, halb Abstand wahrend[48] — den Grund seines Zuspätkommens[49]: er war beim Kanzler! Damit schwingt er die Stimmung zu seinen Gunsten[50] um. Nur als er von der harten Arbeit des Politikers spricht, gibt es nochmals einen Zwischenruf: „Wir arbeiten auch!" Dann hat er seine Zuhörer in der Hand, eine Stunde und vierzig Minuten lang.

[39] **der Metzger** butcher
[40] **der Landrat** county commissioner
[41] **der Festwiesengeruch** odor of a fair
[42] **die Blaskapelle** brass band
[43] **Dr. h.c.** = **Doktor honoris causa** honorary doctorate
[44] **die Ansage** announcement
[45] **der Störenfried** heckler, troublemaker

[46] **die Spitze nehmen** take the edge off
[47] **nicht gut Kirschen essen** no fun to tangle
[48] **Abstand wahrend** keeping one's distance
[49] **das Zuspätkommen** being late
[50] **zu seinen Gunsten** in his favor

EIN HEMINGWAY UNTER VERFASSERN VON BÖRSENBERICHTEN[51]

Er kennt alle rednerischen Tricks und beherrscht sie virtuosenhaft. Mit dem Wirtschaftswunder[52] appelliert er an den Nationalstolz und mit dem Konzept vom vereinten Europa an die Weltoffenheit. Er macht die SPD als Neinsager zur Bundeswehr,[53] Sozialen Marktwirtschaft und Privatisierung der Industrie verächtlich. Er donnert gegen ihre Lüge, daß Schwedens Sozialleistungen[54] höher sind als die der Bundesrepublik, die mit 67 Milliarden an der Spitze steht. Er gibt bescheiden zu, daß auf dem Gebiet der Bildung Reformen nötig sind, um darauf mit der Tatsache aufzutrumpfen, daß die Bundesrepublik als einer der größten internationalen Kreditgeber eine der stabilsten Währungen[55] besitzt. Mit dem Bild von Krieg und Trümmern und dem Ruf, daß „das deutsche Volk teuer gebüßt[56] und geopfert hat und nun geläutert ist",[57] spricht er mit bayrisch gefärbter Stimme die Gefühle an. Sein Lohn ist minutenlanger Applaus. Mit Statistiken der Prosperität, der Bannung des Gespenstes der Arbeitslosigkeit, die alle Kreml-Pläne durchkreuzen, wendet er sich an den Verstand. Er besänftigt,[58] droht, warnt, überredet und überzeugt, wenn nötig, mit Ironie.

Je länger man dem Mann da oben zuhört, der nach einer Stunde zu schwitzen beginnt, desto klarer wird es: hier ist ein Professioneller am Werk, ein Wahlredner sondergleichen. Und man versteht, warum er von seinen Gegnern als Demagoge bezeichnet wird.

Was er da vorträgt, das sagen im Grunde auch die anderen Redner der Unionsparteien. Das sagt auch der CDU/CSU Fraktionsvorsitzende Rainer Barzel. Aber wenn Strauß von Steuersenkungen und Handelsmissionen in den Ostblockstaaten spricht, dann beschwört er Image und Sprache eines Hemingway herauf,[59] wo die anderen an das Verlesen[60] von Börsenberichten erinnern.

---

[51] **der Börsenbericht** stock-market report
[52] **das Wirtschaftswunder** economic miracle
[53] **die Bundeswehr** federal armed forces
[54] **die Sozialleistung** social expenditure
[55] **die Währung** currency

[56] **büßen** pay for, do penance
[57] **geläutert sein** be purified, purged
[58] **besänftigen** soothe
[59] **heraufbeschwören** conjure up
[60] **das Verlesen** reading out loud

DIE EUROPÄISIERUNG DER DEUTSCHEN FRAGE

Mit einem Tadel[61] für Amerika kommt Strauß auf sein Lieblingsthema, das „integrierte Europa", zu sprechen. Früher Gaullist, dann Integrationist, propagiert er die Vereinigten Staaten von Europa als gleichwertigen Partner Washingtons und Gegengewicht[62] zu Moskau. Wie der französische Politiker-Autor Arthur Comte, hält er die Beschlüsse[63] von Jalta für die Teilung der Welt und damit auch für den Krieg in Vietnam verantwortlich. Dramatisch warnt er, daß „mit dem Abzug amerikanischer Truppen aus Vietnam die westliche Position zusammenbrechen und der Atomschatten Chinas sich über ganz Ostasien legen wird."

Nur wenn die Russen sich aus dem Konflikt heraushalten, ist die Lage für Amerika tragbar, meint er ernst. Dann macht er mit theatralischem Bedauern[64] darauf aufmerksam, daß Europa leider kein Funktions- und Entscheidungsvermögen[65] hat. Von der Prämisse ausgehend, daß es in Deutschland keinen Gaullismus gibt und de Gaulle[66] ein „Mann von vorgestern und übermorgen" ist, bringt er sein Europa-Konzept vor. Mit großer Dringlichkeit stellt er fest, daß Europa angesichts des Engagements der Amerikaner in der Lage sein muß, sich selbst zu verteidigen. Ein unabhängiges Europa muß auf den Sockeln Paris, London und Bonn ruhen. Dieser europäische Pfeiler von der Größe des amerikanischen Pfeilers wird mit ihm gemeinsam die Brücke der atlantischen Allianz tragen. Im Rahmen dieses Bündnisses können und sollen amerikanische Truppen in Europa bleiben, solange dies aus militärischen und politischen Gründen erforderlich ist. Fundament der europäischen Föderation soll die Europäische Wirtschaftsgemeinschaft[67]

---

[61] **der Tadel** reprimand
[62] **das Gegengewicht** counterbalance
[63] **der Beschluß** agreement
[64] **das Bedauern** regretfulness
[65] **das Entscheidungsvermögen** capacity for making decisions
[66] *Charles de Gaulle, born 1890 in Lille, French general and statesman who organized the French resistance against Germany in England where he founded the French National Committee after*

1940. After World War II the general entered the political arena and served as President of France from 1959 to 1969.
[67] **die Europäische Wirtschaftsgemeinschaft** European Economic Community, Common Market. *Member countries are: Belgium, Luxemburg, Netherlands, West Germany, France, Italy.*

(EWG) sein. Eine gemeinsame Außen- und Handelspolitik erscheint ihm aber nur dann durchführbar, wenn eine europäische Verteidigungsgemeinschaft besteht. Gemeinsam mit den anderen europäischen Partnern soll die Bundesrepublik dafür Pläne zur Reorganisation der NATO in eine Partnerschaft zwischen Nordamerika und einer europäischen Verteidigungsgemeinschaft ausarbeiten. Dazu ist zu bemerken, daß Strauß stets ein Gegner des Atomsperrvertrags[68] war. Besitz und Verfügungsgewalt[69] von Atomwaffen interpretiert er als Zeichen der staatlichen Souveränität. Nichtbesitz sieht er als Diskriminierung an.

Die Wiedervereinigung[70] Deutschlands will er durch die Überwindung[71] der Teilung Europas herbeiführen. Er nennt das die Europäisierung der deutschen Frage. Die europäische Union soll sich in einer Deutschlanderklärung verpflichten,[72] den Anspruch auf die deutsche Wiedervereinigung mitzutragen. Die Vier-Mächte-Verantwortung für die Wiedervereinigung bleibt jedoch bestehen. Darüber hinaus will er die Unionsländer zur Annahme der Hallsteindoktrin[73] verpflichten. Diese Union soll Nationen, die die DDR als zweiten deutschen Staat anerkennen wollen oder die Freiheit West-Berlins bedrohen, mit schärfsten politischen und wirtschaftlichen Maßnahmen begegnen. Eine koordinierte Außen- und Ostpolitik hat außerdem den Zweck, Alleingänge[74] nach Moskau und Verhandlungen ,,über unseren Kopf hinweg" zu verhindern. Von einer gemeinsamen Osthandelspolitik verspricht sich Strauß nicht nur eine intensivierte wirtschaftliche Abhängigkeit der Ostblockstaaten und der DDR, von ihm ,,Sowjetzone" genannt, sondern auch die Attraktion eines starken, geeinten Europas. Die Attraktion, so hofft er, wird im Laufe der Jahre zu einer graduellen Loslösung[75] dieser Staaten aus dem kommunistischen Block führen und Grundstein der Wiedervereinigung sein.

---

[68] der **Atomsperrvertrag** nuclear-non-proliferation treaty
[69] die **Verfügungsgewalt** power of disposal
[70] die **Wiedervereinigung** reunification
[71] die **Überwindung** overcoming
[72] **verpflichten** pledge, commit

[73] die **Hallsteindoktrin** *Bonn's refusal to have diplomatic relations with nations who recognize East Germany, formulated by Walter Hallstein in the fifties.*
[74] der **Alleingang** individual approach
[75] die **Loslösung** detachment

Mit einem Vergleich der Fähigkeiten Erhards (den er ein Jahr danach entthront) und Willy Brandts beendet Strauß seine Rede. Als er den Schluß zieht,[76] daß Brandt zwar eine Vergangenheit[77] hat, aber keine Zukunft (Brandt wird mit Hilfe der Großen Koalition ein Jahr darauf Außenminister), gibt es langen, frenetischen Applaus. Straußens Zuhörer toben vor Begeisterung. Zu Hunderten scharen sie sich um ihn und bitten um Autogramme. Das Klatschen und Pfeifen will und will kein Ende nehmen. Inzwischen tauchen bei mir einige Fragen auf.

DE GAULLES ABSAGE[78] AN EIN INTEGRIERTES EUROPA

Wie zum Beispiel stellt sich Strauß eine europäische Föderation oder Union ohne die Hilfe Frankreichs vor? In seiner Pressekonferenz vom 2. Juli 1964 hatte General de Gaulle die Idee eines europäischen Bundesstaates klar und deutlich abgeschrieben. Seine Begründung war (und das ist auch die Ansicht seiner Nachfolger), daß es nicht *ein* europäisches Volk gibt, sondern mehrere. Wie können politische Aktionen, die oft Risiken bedeuten und die Unterstützung des Volkes haben müssen, exekutiert werden, solange die europäischen Nationen keine Homogenität haben? Wie stellt er sich die Mitgliedschaft Englands vor, dem Frankreich bisher den Beitritt in die EWG verweigerte? Strauß hält wenig von der „Öffnung nach dem Osten" und der Entspannungspolitik[79] der Sozialdemokraten. Glaubt er wirklich, daß sich die Franzosen mit ihren guten Beziehungen zu Rot-China, Moskau und den Ostblockstaaten auch nur eine Sekunde für eine Diskussion der Hallsteindoktrin interessieren würden? Wäre die europäische Verteidigungsgemeinschaft, der auch kein gemeinsamer Volkswille zugrunde liegt, nicht von der gleichen Frage der Prioritäten geplagt wie die NATO?

Strauß sieht in den EWG-Staaten das Fundament seiner europäischen Union. Es ist aber kein Geheimnis, daß die Sechs höchstens eine

---

[76] **den Schluß ziehen** draw the conclusion
[77] *This innuendo refers to Brandt's illegitimate birth (Lübeck 1913) and his temporary Norwegian citizenship (1940–1947). Under Nazi threats Brandt fled to Norway in 1933, where he worked as a journalist and a member of the Norwegian resistance movement.*
[78] **die Absage** renunciation
[79] **die Entspannungspolitik** policy of détente

wirtschaftliche Interessengemeinschaft sind. Eine echte Föderation aber setzt das Interventionsrecht gegen andere Mitgliedstaaten voraus.[80] Das gibt es bei der EWG nicht.

Könnte Straußens europäische Union und seine Europäisierung der deutschen Frage nicht ebensogut als geschickter Umweg zur Verfügungsgewalt von Atomwaffen und zu einer Vormachtstellung[81] Deutschlands interpretiert werden?

Indessen hat Strauß zwei grüne und einen schwarzen Filzstift beim Autogrammgeben aufgebraucht. Auf Fotos, Zeitungsfetzen und Papptellern stehen seine Unterschriften. Die Stimmung im Zelt ist so ausgelassen,[82] daß einige junge Leute sogar mein Autogramm wollen. „Warum?" frage ich freudig meinen Namen kritzelnd. „Weil Sie aus Amerika kommen", ist die Antwort.

Es ist nach Mitternacht als Strauß und seine Begleiter das Zelt verlassen. Mit einigen Journalisten trifft er sich in einem Restaurant, ißt belegte Brote[83] und bestellt Sekt.

A MUHAKEL IS A HILLBILLY!

Offen zeigt er seine Unzufriedenheit über die Art wie seine Parteifreunde die Versammlung gehandhabt[84] haben. Man hätte die Wartezeit mit der Rede des Landrats ausfüllen müssen, kritisiert er heftig. Er behandelt seine Mitarbeiter nicht sanft. Autoritär gibt er seine Direktiven. Selbst der Landrat wird von ihm wie ein Schuljunge getadelt. Irgendwann gebrauchte Strauß den bayrischen Ausdruck „Muhakel" im Argument, an dem kaum einer in der Runde teilnimmt. Ich erkundige mich nach der hochdeutschen Übersetzung. Sie kommt prompt und zwar in bestem Englisch: „A Muhakel is a hillbilly!" Bis drei Uhr früh fließt das Gespräch, oder besser gesagt, der laute Strauß-Monolog. Wie so viele gute Redner ist er ein schlechter Zuhörer. Ich versuche einige Fragen zu stellen und bekomme nur heraus, daß Strauß über seine Europa-These nie mit de Gaulle persönlich gesprochen hatte.

Es ist nicht der Redner, der die Runde aufbricht. Wie mancher

---

[80] **voraussetzen** presuppose
[81] **die Vormachtstellung** hegemony
[82] **ausgelassen** exuberant

[83] **belegte Brote** open-faced sandwiches
[84] **handhaben** handle

langjährige Junggeselle — Strauß war über vierzig als er eine reiche Brauereibesitzerstochter[85] heiratete — findet er schwer den Weg nach Hause. Auf der Rückfahrt nach München erzählt er mir von seinen Amerika-Reisen, seiner Achtung vor Robert McNamara und seinen Gesprächen mit General Maxwell D. Taylor. Um vier Uhr morgens verabschieden wir uns in meiner Hotelhalle. Strauß will mit mir noch einen Whisky trinken. Aber die Hotelbar ist zu.

Wenige.Stunden danach sehe ich den Unverwüstlichen[86] bei einer Pressekonferenz wieder. Ich kann vor Müdigkeit kaum die Fernsehkameras sehen. Strauß sprüht vor Vitalität. Es geht um die Stillegung von Zechen.[87] Frei zitiert er Ziffern und Statistiken, zieht intelligente Schlüsse und witzelt[88] über seine politischen selbstmörderischen Tendenzen. Im Gegensatz zum Abend zuvor, wo er Parteifreunden grob ins Wort fiel,[89] zeigt er sich vor der Presse höflich, korrekt und weltmännisch.

Strauß hat mehrere Gesichter. Im Kern aber steckt trotz aller zur Schau getragenen Diplomatie und Reserve ein impulsives, unberechenbares Temperament, eine robuste Egozentrik, die mit einem ununterdrückbaren Drang[90] zur Macht gepaart ist. Das Interessante ist, daß diese Mischung, zusammen mit einem natürlichen, etwas groben Charme, selbst auf seine Kritiker anziehend wirkt. Strauß hat das, was sich heute alle Politiker wünschen: Charisma.

EIN NEUER STRAUSS?

Seitdem sind ein paar Jahre vergangen. Straußens Comeback als Kiesingers Finanzminister ist eine politische Tatsache. Nach den Wahlen vom Herbst 1969 wird er Gelegenheit haben, seine Talente als Oppositionsführer gegen die Minikoalition von Sozialdemokraten (SPD) und Freidemokraten (FDP) zu beweisen.[91]

---

[85] **der Brauereibesitzer** brewery owner
[86] **der Unverwüstliche** the indestructible one
[87] **es geht um die Stillegung von Zechen** it concerns the closedown of mines

[88] **witzeln** make witty remarks, crack jokes
[89] **grob ins Wort fallen** interrupt rudely
[90] **ununterdrückbarer Drang** irrepressible drive
[91] **beweisen** prove

In diesen Jahren sind viele politische Reden geschwungen worden. Nicht nur von Politikern, sondern auch von Studenten! Der CSU-Chef versäumte es nicht, als einer der ersten Politiker auf Gesetz und Ordnung zu dringen. Conrad Ahlers, der *Spiegel*-Redakteur, den Strauß in Spanien verhaften ließ, ist zum Establishment übergewechselt.[92] Als stellvertretender Sprecher des Bundespresseamtes hält er genausowenig von Kritik an der Regierungspolitik wie Strauß.

Der Finanzminister hat es verstanden, sich eine gewisse Disziplin aufzuerlegen. Offensichtlich darauf bedacht,[93] sein fragwürdiges Image zu verbessern, trat er öfter als korrekter Finanzminister auf und weniger als sensationeller Politiker. Es gab weder Korruptionsskandale noch Frauengeschichten, für die der vitale, lebenshungrige Bayer ebenso bekannt geworden war. Oft zeigt er sich nun mit seiner Frau Marianne. Gern läßt er sich mit seinen drei Kindern in seinem feudalen Heim, einer barocken Benediktinerabtei[94] in Rott am Inn, fotografieren. Aber auch Fotos mit seiner barocken Madonna oder Schnappschüsse beim Radfahren im Walde finden seine Zustimmung.

Er war klug genug, sich anfangs mit dem brillanten Wirtschaftsminister Professor Karl Schiller zu verständigen. Willig folgte der Student der Nationalökonomie Strauß den Ratschlägen des Hamburger Professors. Wie zur Vorbereitung für sein Amt hatte der CSU-Chef begonnen, in Innsbruck ein paar Semester Nationalökonomie zu studieren. Da der intelligente Student eine schnelle Auffassungsgabe[95] hat, beherrschte er Jargon und Materie der Finanzwelt in kurzer Zeit.

Bescheidenheit gehört jedoch nicht zu seinen hervorragendsten Eigenschaften. Nicht daran gewöhnt, zweite Geige zu spielen, setzte er sich bald als Opponent des Wirtschaftsministers in Szene. Über die Frage der Aufwertung der Mark kam es kurz vor den Wahlen zum eklatanten Bruch. Wenn Strauß von der überwundenen Wirtschaftskrise spricht, betont er scharf, daß der Wirtschaftsminister das nicht ohne die Hilfe des Finanzministers geschafft hätte. Gewiß, der Wirtschaftsminister brachte die Rezession zum Stillstand, indem er Geld in die

---

[92] **überwechseln** change over
[93] **darauf bedacht** mindful of
[94] **die Abtei** monastery

[95] **die schnelle Auffassungsgabe** quick intellectual grasp

Wirtschaft pumpte. Aber zu einer gesunden Wirtschaftspolitik hätte das nicht geführt, wenn der Finanzminister nicht zur gleichen Zeit die Steuern erhöht hätte. Nur so konnte das Übergewicht[96] der Ausgaben des Bundeshaushaltes[97] von 9 Milliarden Mark kompensiert werden.

In einer Rede vom Juli 1968 vor der CSU-Landesversammlung in München läßt er keinen Zweifel darüber, wer der eigentliche Überwinder der Wirtschaftskrise ist. „Meine Damen und Herren, wir hätten auch ohne Steuererhöhungen . . . die wirtschaftliche Wiederbelebung[98] erreichen können, aber nur um den Preis einer — ich darf beinahe sagen an Inflationspotential grenzenden Verschuldung,[99] um den Preis einer erheblichen Instabilität unserer Währung. Diesen Preis wollten wir und durften wir nicht bezahlen. Wir wollten die Deutsche Mark wieder zu einer der härtesten Währungen der Welt machen." Selbstbewußt unterstreicht er seine Unabhängigkeit, ja seine Überlegenheit[100] gegenüber dem Wirtschaftsminister. So etwa in der Erklärung, daß er sich „seit längerer Zeit gegen weitere Konjunkturspritzen"[101] gewendet hat, weil das „herausgeschmissenes Geld" ist.

Aber das Gebiet der Finanzpolitik wurde dem vitalen Strauß schnell wieder zu eng. Immer stärker brach der Politiker durch, der an den Nationalstolz seiner Landsleute appelliert. Immer kühner kritisierte er den Atomsperrvertrag. Immer lauter sprach er von der „echten Verantwortung für die Sicherheit unseres Volkes", die die Regierung trägt. Die Diskriminierung der Nationen in „eine Klasse der Supermächte und in eine Klasse der wehrlosen Habenichtse,[102] die in der Stunde der Not sich nur auf ein Papier verlassen können", das „nichts mehr wert" ist, lehnt er ab. Wie Kiesinger will er verhüten,[103] daß den Deutschen durch die Unterschrift des Sperrvertrages der Weg zu atomarer Weltmachtgeltung versperrt bleibt. Strauß wußte, daß mit diesem Thema bei den Wahlen von 1969 Stimmen zu fangen waren. Wie berechnend der Politiker ist, dem es letzten Endes[104] um den

---

96 **das Übergewicht** overbalance
97 **der Bundeshaushalt** federal budget
98 **die Wiederbelebung** revival
99 **die Verschuldung** indebtedness
100 **die Überlegenheit** superiority
101 **die Konjunkturspritze** (money) injection to stimulate economic growth
102 **wehrlose Habenichtse** defenseless have-nots
103 **verhüten** prevent
104 **letzten Endes** in the final analysis

Kanzlerposten geht, beweist die im *Spiegel* zitierte Bemerkung am 8. April 1968. Strauß: „Ehe die Leute von der NPD auf die nationale Pauke hauen und wieder ‚Die Fahne hoch'[105] singen, ziehen wir lieber selber die deutsche Fahne hoch." Wie die Führer der NPD schürt er die Unzufriedenheit im Volk. Immer wieder klagt er, daß Deutschland „wirtschaftlich ein Riese ist und politisch und militärisch ein Zwerg." Bald weint er über den Status quo[106] und die unmöglich gewordene Wiedervereinigung, bald regt er sich darüber auf, daß England und Frankreich Nuklearwaffen haben, aber die größte industrielle Macht Europas nicht, weil sie freiwillig darauf verzichtet hat.

Einer seiner Kritiker sagte einmal, Strauß versteht es, im satten Wirtschaftswunder-Volk Mitleid mit sich selbst zu erwecken. In allen Aktionen wittert[107] er eine Beleidigung oder ein Komplott gegen die Deutschen.

Mit Mißtrauen und Minderwertigkeitskomplexen — persönliche Eigenschaften, die er dem Volk suggerierte — baute auch Hitler seine Position auf. Es begann mit dem „Schandvertrag[108] von Versailles", den er zerriß. Es endete mit deutschem Größenwahnsinn,[109] Konzentrationslagern, Einmärschen in Polen und Frankreich.

Wohler wäre einem,[110] wenn der ambitiöse Strauß seine Potenz als Mann und Politiker nicht dauernd vor sich selbst bestätigen müßte. Wenn er nicht so viel von den Minderwertigkeitskomplexen in „unseren Seelen" sprechen würde oder von der „Frustration" des deutschen Volkes und vom „Wiederfinden des Selbstbewußtseins".[111]

EIN PROGRAMM FÜR EUROPA

Es sind Straußens autoritäre Töne, sein psychologisches Spiel mit nationalistischen Emotionen, die nicht recht zu seinem Programm für Europa als „Union der freien europäischen Länder" passen wollen.

Angeregt durch den Bestseller *Die amerikanische Herausforderung*

---

[105] **Die Fahne hoch** *Title of Nazi anthem.*
[106] **der Status quo** existing state of affairs
[107] **wittern** sense, suspect
[108] **der Schandvertrag** treaty of shame
[109] **der Größenwahnsinn** illusions of grandeur
[110] **wohler wäre einem** one would feel better
[111] **das Selbstbewußtsein** self-assurance

des Herausgebers von *L'Express*, Jean-Jacques Servan-Schreiber, gab Strauß seinem alten Europa-Programm neue Akzente. *Herausforderung und Antwort* ist der Titel des Strauß-Buches, zu dem Servan-Schreiber für 1000 Mark das Vorwort schrieb.

Ist Strauß in sein Programm für Europa verliebt,[112] weil es ihm Gelegenheit gibt, sich als Staatsmann, als Retter Europas zu etablieren? Oder will er damit vor allem Deutschland zu einer machtpolitischen Position in der Weltpolitik verhelfen?[113] Manchmal klingt es so. Etwa, wenn er voller Bitterkeit schreibt: „Solange die Sowjets und die Amerikaner allein am Konferenztisch sitzen, so lange werden sich die Machtverhältnisse[114] in der Welt nicht ändern." Und an anderer Stelle: „Zu einer Preisgabe unserer nationalen Rechte und menschlichen Freiheiten durch die gegenwärtige Teilung unseres Landes und zu einer Verewigung[115] des Status quo sind wir jedoch nicht bereit."

Oder spricht hier wirklich ein deutscher Europäer prophetische Worte? „Unser Kontinent droht — politisch wie wirtschaftlich — zu einem unterentwickelten Gebiet zu degenerieren, wenn seine Staaten sich nicht über mehr oder minder lockere Kooperation hinaus zu einer Verschmelzung ihrer nationalstaatlichen Potentiale entschließen, ohne die es kein echtes Selbstbestimmungsrecht,[116] sondern nur ein bescheidenes Mitbestimmungsrecht[117] geben wird."

Diesmal geht Strauß im Sinne Servan-Schreibers an sein Europa-Konzept heran. Eine wesentliche Verfeinerung gegenüber seiner ersten militärisch inspirierten Theorie! Wie sein französisches Vorbild[118] macht Strauß nun die „technologische Lücke" zwischen Europa und Amerika, die in rapidem Tempo wächst, zur Basis seiner Europa-Thesen. „Wir sollten allerdings nicht von technologischer Lücke, sondern vom wissenschaftlich-technischen Abstand sprechen, weil nach deutschem Sprachgebrauch Technologie Beschreibung und Erforschung der in der industriellen Technik angewandten[119] Produktionsverfahren ist."

---

[112] **verliebt** in love
[113] **verhelfen** help to get
[114] **das Machtverhältnis** balance of power
[115] **die Verewigung** perpetuation, making permanent
[116] **das Selbstbestimmungsrecht** right of self-determination
[117] **das Mitbestimmungsrecht** right of co-decision
[118] **das Vorbild** model
[119] **angewandt** applied

Es handelt sich für Europa nicht mehr darum,[120] seine frühere Position als Mittelpunkt der Weltgeschichte zurückzugewinnen, erklärt er.

Europa steht vielmehr vor der Frage, ob es sich in der modernen Welt von morgen als eine Größe sui generis[121] noch behaupten kann, oder ob es sozusagen ein „Satellit" der Vereinigten Staaten wird, die ihm nicht nur in Rohstoffen . . . sondern [in] Ideen, Planungsintuition, organisatorischen Fähigkeiten, Management, gesellschaftsbildender Kraft,[122] durch Größe und Bevölkerungszahl eines politisch und wirtschaftlich integrierten Raumes, die Fortschrittlichkeit des Erziehungs- und Bildungswesens,[123] Wirtschaftskraft, Finanzstärke, durch die größeren Dimensionen auf allen zukunftsgestaltenden[124] Gebieten überlegen sind.

Als Therapie gegen diese amerikanische Herausforderung advokiert er einen „Pro-Europäismus — bestehend aus Kooperation, Fusion und Integration in geeigneter Dosierung" und pragmatischer Anwendung.

[120] **es handelt sich nicht darum** it is not a question of
[121] **sui generis** of its own kind
[122] **die gesellschaftsbildende Kraft** sociological force
[123] **das Erziehungs- und Bildungswesen** educational and cultural system
[124] **zukunftsgestaltend** future-shaping

Links: Vor dem Fall, 1961:
Verteidigungsminister
Franz Josef Strauß im Gespräch
mit Verteidigungsminister
Robert McNamara in
Washington

Nach dem Comeback, 1968:
Finanzminister Strauß

Nach wie vor betrachtet er die EWG als Werkzeug zur europäischen Einigung, als „brauchbare Grundlage".

Auch das Konzept der europäischen Verteidigungsgemeinschaft ist unverändert. Sie wird zur Notwendigkeit durch Amerikas „Änderungen der strategischen Doktrin", die „Ambivalenz der amerikanischen Politik — ihre Schwankungen[125] zwischen Abschreckung[126] und Entspannung —" und durch das Engagement in Asien. Der Skeptiker Strauß glaubt weder an Koexistenz noch an Entspannung. „Die Konsequenzen einer bipolaren Ost-West-Entspannung bedeuten in Wirklichkeit eine Schwächung der freien Welt." Sie dient dazu, „ die Bildung einer europäischen Großmacht zu verhindern." Er traut den Russen nicht. Als Rechtfertigung[127] für sein Mißtrauen führt er an, daß der Moralkodex im Lager des Sozialismus ein anderer ist. Als Beweis zitiert er eine Erklärung Lenins aus dem Jahr 1920: „Wir erklären, daß unsere Sittlichkeit[128] vollkommen den Interessen des proletarischen Klassenkampfes untergeordnet ist. Unsere Sittlichkeit leiten wir aus dem Interesse des proletarischen Klassenkampfes ab." Unbeeindruckt zeigt sich Strauß von General Maxwell D. Taylors Theorie vom begrenzten Krieg.[129] Sie wird der Logik gerecht,[130] kommentiert er, aber nicht der Psychologie. „Weil sich ja die Eskalation der Leidenschaften im Ringen um Sein oder Nichtsein kaum bremsen läßt, dürfte sie automatisch zur Eskalation des Waffeneinsatzes führen." Der Bildung einer europäischen Verteidigungsgemeinschaft soll jedoch die „Schaffung einer politischen Gemeinschaft vorangehen". Sie muß sich über ihre gemeinsame Haltung zu Ost-West-Beziehungen, strategischer Doktrin, Kontrolle der Atomwaffen und Beziehungen zur Dritten Welt klarwerden.

Auch der Gedanke der Europäisierung der deutschen Frage als Schlüssel zur Wiedervereinigung lebt wieder auf. „Ich halte es für falsch, wenn wir immer wieder von der deutschen Wiedervereinigung reden und dabei den Kern des Problems übersehen und die wirklichen Zusammenhänge verwischen.[131] Es handelt sich nicht nur um die

---

[125] **die Schwankung** vacillation
[126] **die Abschreckung** deterrence
[127] **die Rechtfertigung** justification
[128] **die Sittlichkeit** morality, morals

[129] **begrenzter Krieg** limited warfare
[130] **gerecht werden** do justice to
[131] **die Zusammenhänge verwischen** blur the connections

deutsche Teilung, es handelt sich um die europäische Teilung." Wiederum ist von der „Faszination" und „Attraktion" einer solchen westeuropäischen Gemeinschaft auf die Völker Osteuropas die Rede. Ihr nationales Selbstbestimmungsstreben soll „in den Willen zur großen politischen Einheit Gesamteuropas" eingehen. Nur von der Hallsteindoktrin und der Forderung, daß sie von anderen Nationen akzeptiert wird, hört man nichts mehr. Dafür beschreibt er dramatisch den „Auftrag"[132] der deutschen Nation. „Diesen findet sie, wenn ihr die Möglichkeit gegeben wird, schöpferisch an der Gestaltung[133] einer Weltordnung in modernen Dimensionen mitzuwirken."[134]

Die alte Frage taucht wieder auf: Wer macht da mit?[135] Die Antworten zum aufpolierten Straußschen Europa-Konzept sehen nicht anders aus als die zur ersten Version. Zu einer Verteidigungsgemeinschaft mit einer mit Status quo und Entspannung unzufriedenen Bundesrepublik, deren Teilung einen inhärenten Explosivstoff bildet, fehlt in Frankreich wie in England der Wille und das Bedürfnis. Auch ist die Europäisierung der deutschen Frage — die europäische Union als Mittel zum deutschen Zweck — bei den Nachbarstaaten kaum populärer geworden.

In seinem prophetischen Buch *Europa — Traum oder Drohung*[136] hat Walter Petwaidic überzeugend festgestellt, daß es sogenannte Vitalbereiche nationaler Interessen gibt, nämlich: Verteidigung, Ernährung,[137] Energiewirtschaft und Kreditwesen. In diesen Vitalbereichen können Entscheidungen nicht einer supranationalen Gemeinschaft überlassen werden, solange sich nicht eine Homogenität der europäischen Nationen entwickelt hat.

Anders steht es mit der gemeinsamen Bekämpfung der technologischen Lücke, auf die Servan-Schreiber bereits hingewiesen hat. Sie wird manchem Europäer als verlockende Notwendigkeit[138] erscheinen. Hier liegt eine echte Chance zu gemeinsamer Arbeit an der Förderung

---

[132] **der Auftrag** mission
[133] **die Gestaltung** shaping
[134] **mitwirken** collaborate
[135] **Wer macht da mit?** Who will go along with this?
[136] *Verlag Wissenschaft und Politik,* *Cologne, 1963. Walter Petwaidic, born in Vienna in 1904, also writes under the name Fredericia.*
[137] **die Ernährung** food, nutrition
[138] **die verlockende Notwendigkeit** tempting necessity

der Homogenität. Klar hebt Petwaidic hervor, daß eine solche „Homogenität nicht dadurch entsteht, daß sich eine Anzahl von Politikern auf die gemeinsame Verwaltung[139] einzelner gemeinsamer Interessen[140] ihrer Länder einigen". Sie muß vielmehr zusammen mit der „Beseitigung des Nationalismus" erarbeitet werden.

DER KÖNIG VON BAYERN

Zur Zeit ist Franz Josef Strauß ohne Zweifel der bekannteste Politiker der Bundesrepublik. Ein Münchner Taxifahrer nennt ihn ironisch den „König von Bayern". Aber in seiner Stimme ist zugleich Bewunderung. Nach der Buchmesse sehe ich Strauß nochmals „privat". Er hat den Direktor vom deutschen Zoll und ein paar Leute zu einem Glas Bier auf die Oktoberwiese[141] eingeladen. In der Direktionsloge des Paulaner-Bierzeltes thront Strauß, dick und vital wie immer, mit einem lustigen Tirolerhütchen auf dem geröteten Kopf. Wie vor drei Jahren mit den Journalisten, hält er auch an diesem Abend einen lauten, mit Grobheiten gespickten[142] Monolog. Inzwischen ist er noch autoritärer geworden, sein Humor noch sarkastischer und grimmiger. Von Unterhaltung mit ihm ist keine Rede. Hier gibt es keinen Gedankenaustausch, kein Geben und Nehmen von Ideen. Hier regiert Strauß — dynamisch und absolut.

Dennoch zeigen sich die Anwesenden, wenn nicht begeistert, so doch fasziniert, ja hypnotisiert von diesem Mann.

Mit seiner Dynamik, seinem Durchsetzungsvermögen[143] und männlichen Charme wird Strauß gerade in Deutschland immer wieder Bewunderer finden. Kein anderer als Adenauer gehörte zu ihnen. Auf einem Parteitag in Dortmund erklärte er einmal, daß Strauß wohl „mit dem französischen Landwirtschaftsminister fertig werden[144] könnte". Mit dem Ausruf: „Und darauf kommt es doch an,[145] ob er ein

---

[139] **die gemeinsame Verwaltung** joint administration
[140] **gemeinsame Interessen** mutual interests
[141] **die Oktoberwiese = das Oktoberfest** *Munich's annual October fair.*

[142] **mit Grobheiten gespickt** garnished with rude remarks
[143] **das Durchsetzungsvermögen** ability to push things through
[144] **fertig werden mit** be able to handle
[145] **und darauf kommt es doch an** and that is what counts

Kerl[146] ist oder nicht!" schloß er sein Plädoyer. Diesen Worten kann man nur modifizierend beistimmen:[147] Strauß ist in der Tat ein starker Mann, ein starker Mann mit ganz besonderen Eigenschaften.

Strauß und seine CSU erhielten in Bayern bei den Wahlen von 1969 die absolute Majorität. In München gibt man der Brandt-Regierung zwei Jahre.

„Dann wird man nach einem Mann suchen, der die Fehler der Sozis wieder gutmachen kann", sagt einer seiner Freunde bitter.

---

[146] **ein Kerl** a real guy   [147] **beistimmen** concur

2. Willy Brandt:
Lebendige[1] Demokratie

„WER nicht schießen will, muß reden!" Jedesmal wenn Willy Brandt, Vorsitzender der Sozialdemokratischen Partei Deutschlands, SPD-Kanzlerkandidat, Außenminister und ehemaliger Regierender Bürgermeister von West-Berlin, den Kernpunkt[2] seiner Außenpolitik in diesem einfachen Satz formuliert, brechen seine Zuhörer in spontanen Beifall aus.

An die zweihundert Reden hält er während des historischen Wahlkampfes im September 1969. Nach zwanzigjähriger Herrschaft der CDU/CSU (die 46,1 Prozent der Stimmen und 242 Sitze[3] gewann) konnten die Sozialdemokraten (42,7 Prozent und 224 Sitze) zusammen mit den Freien Demokraten (5,8 Prozent und 30 Sitze) erstmalig eine knappe Mehrheit erringen. Die Rechnung Herbert Wehners, Vater der Großen Koalition, war aufgegangen.[4] Das Mitregieren hatte die Sozialdemokraten in den Augen der mittleren Schichten,[5] der sogenannten „white collar workers", regierungsfähig[6] gemacht. Die SPD, die seit 1949 zweite Geige im Staat spielte, hat aber möglicherweise auch manche Stimme der allgemeinen Politisierung[7] der Bevölkerung durch die APO zu verdanken. Über drei Prozent Stimmen gewann die Partei in vier Jahren dazu. Genug, um sich auf das dünne Eis einer Minikoalition mit der ins Abrutschen geratenen[8] FDP zu wagen.

---

[1] **lebendig** living, live, active
[2] **der Kernpunkt** essential point
[3] **der Sitz** seat (*in the* Bundestag)
[4] **die Rechnung war aufgegangen** the calculation proved correct

[5] **die Schicht** class
[6] **regierungsfähig** fit to govern
[7] **die Politisierung** political awareness
[8] **ins Abrutschen geraten** being in the process of slipping

Willy Brandt, 1913 als Sohn einer unverheirateten Landarbeiterstochter[9] in Lübeck geboren, konnte nach zwei verlorenen Wahlen (1961 und 1965) endlich Kanzler werden.

Von *Commentary* damit beauftragt, über die Bundeswahlen zu berichten, begleite ich Willy Brandt einige Tage durch deutsche Lande. In winzigen Propellerflugzeugen, schwarzen, von der Partei gemieteten[10] Mercedessen oder im luxuriösen Sonderzug reist Außenminister Brandt mit einem stattlichen Gefolge[11] von Referenten, Kriminalbeamten in Zivil und Journalisten von Ort zu Ort.

Weil Brandt selber davon überzeugt ist, daß ein dauernder Friede erst garantiert ist, wenn sich die Beziehungen zum Osten normalisiert haben, überzeugt er andere, daß seine „Politik der kleinen Schritte, ja, des millimeterweisen Vorstoßes"[12] ohne „vernünftige Alternative" ist. Hart greift er die „Politik der großen Worte" an wie sie von Strauß und dem von Strauß ins „Schlepptau genommenen[13] Kiesinger" proklamiert wird.

Kanzlerkandidat Brandt sieht braun und gesund aus. Seine Gegner sprechen von Höhensonnenbräune![14] Seine Stimme ist tief und ruhig. Seine Sprache ein wenig hart. Seine Gesten sind sparsam. Nie schlägt er mit der Faust auf den Tisch. Nie schreit, nie schimpft er. Nie wird er ironisch. Einen lärmenden Störenfried bringt er mit einem gutmütigen „Quatschkopf"[15] zum Schweigen. Sonst beantwortet er auch die impertinentesten und unsinnigsten Publikumsfragen mit geduldigem Ernst.

Wie alle anderen deutschen Politiker hält er im Wahlkampf überall dieselbe Rede. Aber er setzt ihr lokale und aktuelle Akzente auf. So wird nichts automatisch, nichts Routine.

Wenn Willy Brandt ins Mikrophon spricht, ist der ganze Körper beteiligt. Da wandert eine geballte[16] Hand in die Jackentasche, da verschlingen[17] sich die Finger so intensiv, daß die Knöchel weiß werden,

---

[9] **die Landarbeiterstochter** farmhand's daughter
[10] **mieten** rent
[11] **stattliches Gefolge** imposing entourage
[12] **der Vorstoß** advance, forward thrust

[13] **ins Schlepptau nehmen** take in tow
[14] **die Höhensonnenbräune** tan acquired by a sun lamp
[15] **der Quatschkopf** loudmouth
[16] **geballt** clenched
[17] **verschlingen** twist, clench

da schlagen die Füße den Takt[18] des Redeflusses mit, da streckt und dehnt sich der mächtige, vitale Torso, Reservoir enormer Energien, und überträgt diese ungeheure Kraft auf das den Zuhörer elektrisierende Wort.

Nicht umsonst unternahm Brandt am Ende des Wahlkampfes eine unerwartete Reise nach New York, wo es auch zu einem Gespräch mit dem sowjetischen Außenminister Gromyko kam. ,,Das machte sich so'',[19] sagt er mir später in einer privaten Unterhaltung mit vertraulichem Augenzwinkern. Denn ein paar Tage zuvor hatte sein Opponent, Bundeskanzler Kurt Georg Kiesinger, verkündet, daß das ,,Vertrauen zu Deutschland in der Welt zerstört würde'', wenn es zu einem Regierungswechsel[20] käme. Der frühere CSU-Justizminister[21] Richard Jäger hatte sogar prophezeit, daß in diesem Fall mit einem Einmarsch roter Truppen gerechnet werden könne!

In Brandts Annäherungspolitik und seiner Bereitschaft, mit Moskau zu verhandeln, wollte Kanzler Kiesinger ,,gefährliche Tendenzen'' sehen. Und als Brandt in einer seiner Reden feststellte, daß sich die Beziehungen zu den Sowjets seit den fünfziger Jahren ,,nahezu normalisiert'' haben, wurde er vom Kanzler als ,,Illusionist'' und ,,politischer Wunschdenker'' verhöhnt. Betonte Kiesinger doch stets, daß er erst nach Moskau fahren würde, wenn er ein ,,Zeichen erhält, aus dem zu sehen ist, daß auch die Sowjets einen Weg suchen, der das Ziel hat, den 17 Millionen in kommunistischer Gefangenschaft[22] lebenden Landsleuten Gerechtigkeit widerfahren zu lassen''.[23] Zur gleichen Zeit wurde im Lager der CSU vor dem ,,moskauhörigen[24] SPD-Außenminister'' gewarnt.

EUROPÄISCHE FRIEDENSORDNUNG

So war Brandt gezwungen, seine freundliche Aufnahme in Amerika erneut unter Beweis zu stellen.[25] Der Bürger mußte darüber informiert

---

[18] **der Takt** beat
[19] **das machte sich so** it just so happened
[20] **der Regierungswechsel** change of government
[21] **der Justizminister** attorney general

[22] **die Gefangenschaft** imprisonment
[23] **Gerechtigkeit widerfahren lassen** give due justice
[24] **moskauhörig** subservient to Moscow
[25] **unter Beweis stellen** submit to proof

werden, daß der Außenminister entscheidend dabei mitgeholfen hatte, „das Mißtrauen gegenüber Deutschland in der Welt abzubauen".[26] Daß zur Sicherheit und Aussöhnung[27] das weitere Abbauen von Spannungen im Osten nicht Wunschtraum, sondern reale Möglichkeit ist, sollte durch sein Gespräch mit Gromyko veranschaulicht werden. Denn nur auf diese Weise, betont Brandt, lassen sich die „Voraussetzungen[28] für einen wirtschaftlichen und kulturellen Austausch mit

[26] **abbauen** reduce
[27] **die Aussöhnung** reconciliation

[28] **die Voraussetzung** prerequisite, basis

Viola Herms Drath auf Wahlreise mit Willy Brandt

Polen und Rußland schaffen, die den Boden für ernstere Gespräche präparieren". Denn Ziel ist der Weg zum Frieden in Europa, zu europäischer Sicherheit und Entspannung, zur europäischen Friedensordnung. Nüchtern beurteilt er die Chancen einer solchen Annäherungspolitik in seinem Buch *Friedenspolitik in Europa*.[29]

Die deutsche Außenpolitik trägt heute nicht nur die Last des zweiten verlorenen Krieges, nicht nur die Last des Hitlerregimes. Sie trägt noch eine weitere Last: das Mißtrauen weiter Kreise des Auslandes, ob unser Verständigungswille[30] echt sei, und ob die Demokraten in diesem Lande stark genug seien, sich zu behaupten[31] und ihren Verständigungswillen durchzusetzen. Es geht also auch um die Last des verlorenen oder enttäuschten Vertrauens.

Nicht ohne Stolz kann er nach seiner dreijährigen Amtszeit[32] darauf hinweisen, daß die Bundesrepublik — neben diplomatischen Beziehungen zu Rumänien — mit fast allen Ostblockstaaten Kontakt aufgenommen hat und ein westdeutscher Wirtschaftsminister erstmalig zur Beteiligung an der Leipziger Messe aufforderte.

Neben Kritik gab es auch Lob, zumeist von Intellektuellen. Der bekannte Historiker Golo Mann bezeichnet Brandt als ,,den besten Außenminister seit es ein deutsches Auswärtiges Amt gibt".

Daß die europäische und deutsche Teilung nur durch eine Politik des Friedens überwunden werden kann, sucht der Redner seinen Zuhörern immer wieder klarzumachen. Gewaltverzicht,[33] Truppenreduzierung in Ost- und Westeuropa, Verzicht auf Produktion von Atomwaffen, Unterschrift des nuklearen Nichtverbreitungsvertrages,[34] das sind erste wichtigste Schritte für Brandt! In dem von ihm konzipierten europäischen Sicherheitssystem sollen nicht nur NATO-Staaten und Warschau-Pakt-Staaten, sondern auch Washington und Moskau vertreten sein.

---

[29] *Published by S. Fischer Verlag, Frankfurt, 1968*
[30] **der Verständigungswille** willingness to negotiate, to come to an understanding
[31] **sich behaupten** assert oneself

[32] **die Amtszeit** term in office
[33] **der Gewaltverzicht** renunciation of force
[34] **der Nichtverbreitungsvertrag** non-proliferation treaty

Franz Josef Strauß, der eine solche Außenpolitik als „Verzicht-politik" brandmarkt,[35] wird von Brandt darüber belehrt,[36] daß man nicht auf etwas verzichten kann, was man nicht hat. Nur eine europäische Friedensordnung, nicht aber Straußens Konzept einer europäischen Atommacht kann zu der gewünschten Entspannung führen! Auch Brandt will verzichten: auf Krieg als Mittel der Politik, auf die Hallsteindoktrin, nach der die DDR entscheidet, in welchen Ländern die Fahne der Bundesrepublik weht, auf Atombomben und Maul-heldentum.[37]

SICHERHEITSKONFERENZ IN HELSINKI?

Vielleicht fielen Brandts Vorschläge in den Ostblockstaaten nicht ganz auf taube Ohren. Im März 1969 nimmt das Thema „europäische Sicherheitskonferenz" bei der Budapester Tagung der Warschau-Pakt-Staaten Gestalt an.[38] Helsinki 1971 lautet die Parole.

Verspricht sich Brandt keine großen Wunder von dem Treffen, so sieht er die geplanten Diskussionen über europäische Sicherheit und Zusammenarbeit doch als positive Signale an. Zu befürworten wäre etwa der gleichwertige[39] Abbau der Truppen in Zentraleuropa. Auch würde er für einen europäischen Sicherheitspakt votieren, der die beiden Blocksysteme für eine „ziemliche Zeitdauer"[40] bestehen läßt und „neutralisiert". Jedoch hält er es für völlig unwahrscheinlich, daß das Endstadium, die Auflösung[41] der beiden jetzigen Militär-systeme, in den nächsten zehn Jahren eintritt.

In seinem Buch von der Friedenspolitik begründet[42] er beides, seine Skepsis und seine Hoffnung.

Die ideologische Spaltung ist noch immer eine Realität. Aber auch die Ideologie des Kommunismus ist kein aus Erz gegossener Kanon,[43] der die Jahrhunderte unverändert überdauern[44] könnte. Heute ist der Kommunismus

---

[35] **brandmarken** brand, stigmatize
[36] **belehren** instruct
[37] **das Maulheldentum** braggadocio
[38] **Gestalt annehmen** take shape
[39] **gleichwertig** equal in value
[40] **eine ziemliche Zeitdauer** a rather long stretch of time
[41] **die Auflösung** disbandment
[42] **begründen** give reasons for
[43] **kein aus Erz gegossener Kanon** no canon cast in metal
[44] **überdauern** survive, outlast

selbst im eignen Herrschaftsbereich alles andere als eine streng hierarchisch geordnete Weltreligion. Er hat sich gewandelt, und er wird sich weiter wandeln. Der Wandel ist nun einmal das Schicksal von Systemen in dieser unserer Zeit.

Brandt, noch vor ein paar Jahren als einer der schwächeren Redner seiner Partei bekannt, hat sich inzwischen zum wirksamen Sprecher entwickelt. Ob er im Park von Osterode vor ein paar hundert älteren Rentnern[45] spricht oder vor viertausend Göttinger Studenten, immer zwingt er seine Zuhörer zu intensiver Aufmerksamkeit. Nicht, daß er zu jenen gehört, denen die Massen zujubeln[46] und frenetischen Beifall spenden. Dazu sind seine Reden zu nüchtern und zu ehrlich! Aber gerade darin liegt die ungeheure Wirkung. Gerade weil er nicht überreden will, weil er nichts „verkauft," wird ihm Vertrauen und Respekt geschenkt.

„Hat Brandt Unterricht im Sprechen genommen?" fragt ein Journalist, der sich noch gut an seine abgehackten[47] Sätze und die holprige Art[48] des Sprechens erinnert. „Nein, er hat in den letzten drei Jahren als Außenminister der Großen Koalition Selbstbewußtsein bekommen," antwortet einer seiner Referenten. Nichts erinnert an das Image des Verlierers. Verlorene Schlachten stören Brandt einfach nicht mehr. Auch andere Dinge stören ihn nicht mehr. Zum Beispiel, wenn er als Emigrant oder Landesverräter beschimpft[49] wird.

Seine Vergangenheit hat ihm lange zu schaffen gemacht.[50] Erst als Außenminister scheint sich der fließend Englisch, Französisch und skandinavische Sprachen sprechende Politiker seines moralischen Kredits, den er als Emigrant und Nazi-Flüchtling gerade im Ausland genießt, bewußt geworden zu sein. Denn dort schadete es auch gar nichts, daß er in zweiter Ehe[51] mit einer Norwegerin verheiratet ist und seine beiden ältesten Söhne, er hat drei, und dazu eine Tochter aus erste Ehe, sich für die APO begeistern.

---

[45] **der Rentner** social security recipient
[46] **zujubeln** cheer
[47] **abgehackt** chopped off
[48] **die holprige Art** the stumbling way

[49] **als Landesverräter beschimpfen** abuse as a traitor
[50] **zu schaffen machen** give trouble, preoccupy
[51] **die Ehe** marriage

IM FISCHERBOOT NACH NORWEGEN

Noch als Gymnasiast[52] war Herbert Ernst Frahm, das war Brandts Geburtsname, den er später ablegte, in die Sozialistische Jugendbewegung eingetreten. Damit hatte seine politische Karriere bereits begonnen. In dem Glauben, daß der Weimarer Staat an zu geringem Sozialismus scheiterte,[53] trat er einer radikaleren Splittergruppe, der „Sozialistischen Arbeiterpartei", bei. Heute weiß er freilich, daß Weimar nicht an zu wenig Sozialismus, sondern an zu wenig „kämpferischer Demokratie" kaputtging. Er war neunzehn Jahre alt, als er vor den Nazis in einem Fischerboot nach Norwegen flüchten mußte. Da er dort Kontakte hatte und die Sprache schnell lernte, fand er durch die Gewerkschaften bald eine Stellung als Journalist. Durch das nationalsozialistische Regime staatenlos gemacht, nahm er die norwegische Staatsangehörigkeit[54] an. Er führte ein abenteuerliches Leben. Bald tauchte er als Sekretär der „Norwegischen Volkshilfe", die Lebensmittel, Kleidung und Medikamente nach Spanien schickte, inmitten des spanischen Bürgerkrieges[55] auf, bald sah man ihn, als norwegischer Student verkleidet, illegal in Berlin. Er landet in einem deutschen Kriegsgefangenenlager, flieht aus dem besetzten Norwegen ins neutrale Stockholm und schreibt Bücher und Artikel, die später nach deutschfeindlichen Äußerungen unter die Lupe genommen[56] werden. Scharf wendet er sich gegen die Behauptung,[57] in norwegischer Uniform gegen deutsche Soldaten gekämpft zu haben. „Wenn es jemand behauptet, will er damit ein Ressentiment schaffen gegen den Mann, der eine bestimmte politische Aufgabe in diesem Land, in diesem Volk übernommen und vor sich hat", erklärte er einmal in einem Fernsehinterview mit Günter Gaus.

Nach Ende des Krieges kehrte er als „Sozialdemokrat norwegischer Prägung",[58] also ziemlich entideologisiert, darf man annehmen, in der Rolle eines norwegischen Presseattachés nach Berlin zurück. Er war gekommen, weil er glaubte, „draußen einiges gelernt zu haben" und

[52] **der Gymnasiast** high school student
[53] **scheitern** fail
[54] **die Staatsangehörigkeit** citizenship
[55] **der Bürgerkrieg** civil war
[56] **unter die Lupe nehmen** examine closely
[57] **die Behauptung** contention
[58] **die Prägung** character

helfen zu können, die „Dinge wieder in Ordnung zu bringen, vermittelnd, ausgleichend zu wirken."[59]

LEBENDIGE DEMOKRATIE

Wahrscheinlich stammt die Idee von der „lebendigen Demokratie", die sich wie ein Leitmotiv durch seine Wahlreden zieht, aus jenen Tagen. In dieser lebendigen Demokratie soll der Gegensatz von Untertan und Obrigkeit[60] ausgeglichen werden. Aber auch mit der Demokratisierung der Gesellschaft durch Mitbestimmung, Mitberatung[61] und „offenlegen staatlicher Entscheidungen"[62] spricht er die antiautoritäre Jugend an. Durch Reformen will er das „veraltete[63] Instrumentarium" erneuern, will er interessierte Gruppen und Schichten der Gesellschaft an der Vorbereitung staatlicher Entscheidungen beteiligen.

Immer wieder setzt er den Begriff des Teams (Wir haben die richtigen Männer! so die SPD-Wahlplakate) dem autoritären CDU/CSU Slogan „Auf den Kanzler kommt es an!" entgegen. Geschickt kontert er Kiesingers Vergleich von der „guten zwanzigjährigen Ehe, die man nicht löst" mit der Bemerkung, daß das „deutsche Volk doch nicht mit der CDU verheiratet ist!" Wenn der Beifall verebbt,[64] zitiert er mit viel Effekt den verstorbenen[65] Bundespräsidenten Theodor Heuss, der Demokratie als „Herrschaft auf Zeit" definierte. So vorbereitet, reagieren seine Zuhörer auf die Folgerung,[66] daß es im demokratischen System nicht auf den Kanzler, sondern auf den Führungswechsel ankommt, mit enthusiastischem Applaus.

SCHILLER IST POPULÄRER

Neben der Entspannungspolitik liegt der zweite Schwerpunkt seiner Rede auf der Wirtschaftspolitik des SPD-Wirtschaftsministers Karl

---

[59] **vermittelnd, ausgleichend zu wirken** to exert a reconciling, balancing effect
[60] **Untertan und Obrigkeit** subject and authority
[61] **die Mitberatung** joint counsel, joint consultation

[62] **offenlegen staatlicher Entscheidungen** making public of governmental decisions
[63] **veraltet** antiquated
[64] **verebben** die down
[65] **verstorben** late, deceased
[66] **die Folgerung** conclusion

Schiller. Im Sinne Schillers tritt er für eine aktive, von Keynes inspirierte („dirigistische" sagt die CDU/CSU) Wirtschaftspolitik ein. Die „Anpassungsinflation"[67] der Unionsparteien torpediert er mit „Wachstum nach Maß, stabilen Preisen, stabilen Einkommen, Sicherheit der Arbeitsplätze und Vollbeschäftigung."[68] Die Kontroverse zwischen CDU/CSU und SPD-Wirtschaftspolitik — durch Karl Schillers Forderung nach Aufwertung[69] der Deutschen Mark und der Ablehnung durch Kiesinger/Strauß dramatisiert — erreichte in den letzten Tagen vor der Wahl durch die wilden Streiks[70] ihren Höhepunkt. Wenn Brandt den Erfolg der Schillerschen Methode mit dem Argument unterstreicht, daß auf jeden Arbeiter acht Stellen kommen, spendet das Publikum vor allem dem Überwinder[71] der Rezession von 1966 Beifall. Als zweiter Wirtschaftswundermann (Ludwig Erhard war Nummer eins) ist laut Meinungsumfragen[72] Karl Schiller und nicht Willy Brandt der populärste Politiker der Bundesrepublik.

Sich von Schiller überflügelt[73] zu wissen, muß ein harter Schlag für ihn sein. Denn Schiller war erst spät, erst als Brandt ihn 1961 als Wirtschaftssenator nach Berlin holte, zu politischer Prominenz gelangt.

Brandt, der 1948 seine deutsche Staatsbürgerschaft zurückerhält, 1949 als Berliner SPD-Abgeordneter in den Bundestag gewählt wird, 1950 ins Abgeordnetenhaus von West-Berlin einzieht, zum Präsidenten des Berliner Parlaments avanciert und 1957 zum Regierenden Bürgermeister, war schon damals der strahlende Held, die große Hoffnung der Sozialdemokraten. Nach dem Tode Erich Ollenhauers wird er 1964 zum Vorsitzenden der Sozialdemokratischen Partei Deutschlands gewählt. Doch im nächsten Jahr verliert der SPD-Kanzlerkandidat die Wahl zum zweiten Mal. Vielleicht war es Zufall, daß Brandt nicht dabei war, als Herbert Wehner mit den Parteigenossen die Große

---

[67] **die Anpassungsinflation** inflation *caused by a policy of adjustment to inflated prices from abroad (imported inflation)*

[68] **die Vollbeschäftigung** full employment

[69] **die Aufwertung** re-evaluation

[70] **wilde Streiks** wildcat strikes

[71] **der Überwinder** conqueror

[72] **laut Meinungsumfragen** according to public opinion polls

[73] **überflügeln** outflank, surpass

Koalition bespricht. Selbstredend[74] findet man einen Platz im Kabinett für den Parteivorsitzenden, für den Außenpolitik *a way of life* ist.

Hat die Unsicherheit,[75] die sich auch heute besonders auf dem gesellschaftlichen Parkett bemerkbar macht, etwas mit diesen unvergessenen Niederlagen zu tun? Oder sitzt Brandt nach all den Jahren „die nicht ganz einfache Kindheit", die er manchmal „bedrückend empfand",[76] immer noch in den Knochen? Mehrmals habe ich den Außenminister bei glänzenden Empfängen in New York und Bonn plötzlich ganz allein stehen sehen. Isoliert und einsam wirkte dieser attraktive Mann, der es nicht über sich brachte,[77] den notwendigen Schritt zur nächststehenden Gruppe zu machen. Fehlt es ihm immer noch an Selbstbewußtsein? An Kontaktfreudigkeit fehlt es ihm nicht. Er liebt Gesellschaft, lange Gespräche. Brandt hat keinen Mut, kritisieren seine Feinde. Dieses harsche Urteil bezieht sich nicht nur auf das Gesellschaftliche![78]

Zum Schluß seiner Rede spricht er von den geplanten sozial- und gesellschaftspolitischen Reformen, „die das Haus für die Benachteiligten[79] wohnlicher machen sollen": gerechtere Vermögensverteilung[80] (staatliche Sparförderung),[81] progressive Besteuerung der großen Einkommen, sozialer Wohnungsbau,[82] Bildungsreform, Volksrente.[83] Mit der Bitte um „aktives Vertrauen" plädiert er zum letztenmal für den Regierungswechsel in Bonn.

„KOLLEGE" BRANDT

Am Ende des langen, anstrengenden Tages, an dem der Außenminister in der Universitätsstadt Göttingen, im Park von Osterode im Harz, auf dem Marktplatz von Hildesheim und in der enormen

---

[74] **selbstredend** of course
[75] **die Unsicherheit** insecurity
[76] **bedrückend empfinden** think depressing
[77] **nicht über sich bringen** be unable to bring oneself to
[78] **sich auf das Gesellschaftliche beziehen** refer to social life

[79] **der Benachteiligte** underprivileged
[80] **gerechtere Vermögensverteilung** more equitable distribution of wealth
[81] **staatliche Sparförderung** government-sponsored savings
[82] **sozialer Wohnungsbau** public housing
[83] **die Volksrente** social security for everyone

Stadthalle von Hannover gesprochen hat, seinerseits einem Dutzend Ansprachen lokaler Politiker lauschen mußte und seinen Namen in mehrere „Goldene Bücher" geschrieben hat, steigt er gegen Mitternacht mit seinen Begleitern in den Sonderzug,[84] der ihn jeden Abend in die Bundeshauptstadt zurückbringt. Trotz Wahlkampf arbeitet er jeden Vormittag in seinem Bonner Büro.

Nach kurzer Zeit gesellt sich[85] Brandt zu den mitfahrenden Journalisten im Speisewagen.[86] Während er eine dicke Suppe löffelt, werden die verschiedenen Reaktionen zu seinen Reden offen analysiert. Hier unter Journalisten fühlt sich der ehemalige Journalist Brandt so recht zu Hause. Alle Steifheit, alles Reservierte ist von ihm abgefallen. Gemeinsam wird festgestellt, daß er in Hildesheim in allerbester Form war.

Willy Brandt ist ein Abendmensch. Langsam läuft sein Motor am Morgen an. In Göttingen und Osterode hatte er sich nur langsam warm gesprochen. In Hildesheim dunkelte[87] es bereits, als er vor der schönen Fassade des alten Rathauses aufs Podium trat. Vom ersten Augenblick hatte er die Kopf an Kopf gedrängte Menge in der Hand. Und Hannover? Hatte es an der großen kalten Halle gelegen, daß keine richtige Begeisterung aufkam? War die leichte Attacke von Heiserkeit[88] zu bemerken? War die Stelle über Mitberatung klar genug? Die Frage der Aufwertung zu technisch?

Brandt hat den Ruf,[89] viel, ja, zu viel zu trinken. „Willy Brandy" nennt ihn launig die Opposition. Er trinkt ein paar Schnäpse[90] und zwei halbe Flaschen Rotwein. Er raucht Zigaretten und Zigarillos, eine nach der anderen.

Ohne Zögern beantwortet er unsere Fragen. Offen spricht er seine Enttäuschung über Kiesinger aus, der in der Außenpolitik mehr und mehr in Adenauers Gleise geraten[91] ist. „Unter diesem Mann kann ich nicht noch einmal Außenminister sein. Ich kann die Verantwortung einer solchen Politik nicht übernehmen", sagt er ernst. Zur Anerkennung der DDR und Oder-Neiße-Linie ist er jedoch nicht bereit. „Da gibt es

---

[84] **der Sonderzug** special train
[85] **sich gesellen** join the company of
[86] **der Speisewagen** dining car
[87] **dunkeln** grow dark
[88] **die Heiserkeit** hoarseness

[89] **der Ruf** reputation
[90] **der Schnaps** brandy
[91] **in . . . Gleise geraten** follow in the . . . tracks

andere Möglichkeiten. Zum Beispiel verlangen die Warschau-Pakt-Staaten im Moment die Anerkennung der *Existenz* der DDR, also nicht völkerrechtliche Anerkennung.[92] Bei der Oder-Neiße-Linie ist von der *Unverletzlichkeit*[93] der Grenzen die Rede". Einer von uns sagt: „Das sind Haarspaltereien!"[94] Ruhig hört sich Brandt unsere Argumente an, gibt seine Meinung dazu, klärt einen strittigen Punkt. Aus dem Hin und Her[95] entwickelt sich eine freundschaftliche Atmosphäre gegenseitigen Vertrauens. Man hat das Gefühl, mit einem aufgeschlossenem Menschen mit viel gutem Willen zu tun zu haben. Einem Menschen, den die problematische Wahrheit mehr interessiert als bequeme Unwahrheiten.

Brandt ist ein anständiger Kerl, sagen seine Mitarbeiter. Als „offener und ehrlicher Mann" ist er von Charles de Gaulle charakterisiert worden.

Bis zwei Uhr morgens dauert das Gespräch. Der *London Times* Korrespondent kann kaum die Augen offen halten. Der junge Mann von *Reuters News Agency* ist im Sitzen eingeschlafen.

BRANDT PRIVAT

Brandt ist noch längst nicht müde. Als letzten wachen Gesprächspartner ladet er mich zu einem Glas Cognac in seinen privaten Salon ein. Wir lassen uns in die weichen Sessel fallen.

„Sie lieben die Macht?" beginne ich.

Brandt sieht mich erstaunt an. „Früher ja. Heute nicht mehr. Ich war vor ein paar Jahren sehr krank. Ich habe, wie man sagt, dem Tod ins Auge gesehen. Und danach, wenn man dann überlebt, sieht man manches anders, in ganz neuer Perspektive. Jetzt liebe ich eigentlich nur noch das Leben."

„Wollen Sie wirklich nicht nochmal Kiesingers Außenminister sein?"

Brandt legt den Kopf zur Seite. „Da waren noch andere Dinge im Spiel. Sie wissen, wie man über meine Verhandlungsbereitschaft mit

---

[92] **völkerrechtliche Anerkennung** recognition under international law
[93] **die Unverletzlichkeit** inviolability
[94] **die Haarspalterei** hair-splitting
[95] **aus dem Hin und Her** out of the give and take (*of the conversation*)

Moskau hergefallen[96] ist. Tatsächlich hat Kiesinger selber zweimal seine eigenen Vertrauensmänner nach Moskau geschickt. Kein Wort hat er mir davon gesagt. Ich habe das erst von Sowjetbotschaftern erfahren müssen."

„Wenn es nun doch noch zur Großen Koalition kommt . . .‟

„Dann könnte ich mir höchstens eine Position als Stellvertreter des Kanzlers vorstellen."

„Die Demoskopen[97] geben der SPD mehr Stimmen als der CDU."

Brandt lächelt skeptisch. „Ich glaube, daß die SPD 42 Prozent der Stimmen bekommt. Die Unionsparteien werden vor uns liegen."

„Das reicht gerade zu einer kleinen Koalition. Aber die FDP hat alle Türen offen gelassen."

„Sie können sich darauf verlassen, daß wir, genau wie die CDU, zur Stelle sein werden, um der FDP die Nasen zu vergolden."[98] Brandt lacht sein breitestes Lachen. Seine braunen Augen funkeln vor Freude.

„Glauben Sie, daß Ihnen Günter Gras mit seiner Sozialdemokratischen Wählerinitiative Stimmen einbringt?"

„Mehr Stimmung als Stimmen", meint Brandt amüsiert. „Grassens Vorbild machte diesmal Schule.[99] Inzwischen gibt es über 80 Wählerinitiativen. 1965 hat uns Grass wahrscheinlich mehr geschadet als geholfen."

„Was meinen Sie mit lebendiger Demokratie?"

„Das ewige, anstrengende Ringen[100] um sie. Demokratie ist, wie wir alle wissen, mühsam. Die Veränderung der Wirklichkeit durch sie ist schwer. Aber ich kenne keine bessere Alternative. Die Bewegung der sozialen Demokratie steht nach mehr als hundert Jahren erst am Anfang ihrer geschichtlichen Mission. Man muß sie beharrlich[101] erweitern, beharrlich ausbauen . . . („Beharrlich‟ ist eins seiner Lieblingswörter![102]) Es geht darum,[103] die großen gesellschaftlichen Bereiche mit freiheitlichem, demokratischem Geist zu durchdringen.[104] Die Frage der

---

[96] **über . . . hergefallen** has assailed
[97] **der Demoskop** pollster
[98] **die Nasen vergolden** gild the lily
[99] **Grassens Vorbild . . . Schule** Grass's example set a precedent this time
[100] **ringen** wrestle, struggle
[101] **beharrlich** persistent
[102] **das Lieblingswort** favorite word
[103] **es geht darum** the task is
[104] **durchdringen** permeate

Mitbestimmung auf allen Ebenen[105] wird über die Zukunft einer modernen sozialen Demokratie in den siebziger Jahren entscheiden." Brandt sieht gedankenvoll in sein Glas.

Draußen wird es langsam hell. Der neue Tag liegt kalt und grau auf der leeren Bonner Bahnhofshalle.

„Wenn ich Kanzler bin, fahre ich nur noch im Sonderzug. Es ist die angenehmste Art des Reisens", sagt er voller Behagen.[106]

Ich kann es nicht leugnen,[107] Willy Brandt hat einen tiefen Eindruck auf mich gemacht. Diese Ehrlichkeit. Diese große menschliche Wärme. Diese Empfindsamkeit[108] unter rauher Männlichkeit.

Dabei gehört Brandt keineswegs zu den schöpferischen[109] Politikern! Das Godesberger Programm war nicht Kind seines Geistes und die Große Koalition erst recht nicht. Seine Ostpolitik, mit der inzwischen 75 Prozent der Bevölkerung einverstanden sind, hat kaum Anspruch auf Originalität.

Aber wenn es darum geht, die Idee der Demokratie zu verbreiten und akzeptabel zu machen, dann steht der Sozialdemokrat Brandt an erster Stelle. Wie kein anderer besitzt er die Gabe, Ausdauer[110] und Beharrlichkeit, die Haltung und Einstellung[111] des Volkes auf demokratische Weise zu verändern. Darin liegt sein unübertroffener Beitrag,[112] sein Genie.

Kein Zweifel, daß Willy Brandt und seine soziale, liberale Koalition frische Luft in die Bonner Atmosphäre bringt. Der Machtwechsel (der erste seit 1949) wird gerade im Zusammenhang mit der Absage des deutschen Wählers an rechts- und linksextreme Elemente dazu beitragen, das Vertrauen in die Regeneration der deutschen Demokratie zu stärken.

---

105 **auf allen Ebenen** on all levels
106 **voller Behagen** in a complete state of quiet ease
107 **leugnen** deny
108 **die Empfindsamkeit** sensitivity
109 **schöpferisch** creative

110 **die Ausdauer** perseverance
111 **die Haltung und Einstellung** posture and mental attitude
112 **sein unübertroffener Beitrag** his matchless (*unequalled*) contribution

3. Karl Schiller: Wirtschaftliches Wachstum nach Maß[1]

HÖRT man in der Bundesrepublik den Namen Schiller, denkt man keineswegs an die *Räuber* oder das *Lied von der Glocke*[2]. Stattdessen kommen einem wirtschaftliche Zuwachsraten,[3] Output, Input, wirtschaftliche Globalsteuerung,[4] Wachstum nach Maß und der bewegliche Professor mit der Brille in den Sinn.[5] Mit einem Wort, man denkt an den Wirtschaftsminister Karl Schiller, der die deutsche Wirtschaft während der letzten Jahre mit viel Erfolg durch manche Krise gesteuert hat und für dieses populär gewordene Vokabular verantwortlich ist.

Fast wäre er im Dezember 1966 statt Kiesinger Kanzler geworden. Nämlich, wenn die Sozialdemokraten ihren Wirtschaftsexperten und stellvertretenden[6] Fraktionsvorsitzenden, Karl Schiller, zum Kanzler nominiert hätten! In diesem Fall hätte sich die aus der Koalition mit Erhards CDU/CSU ausgeschiedene[7] FDP mit der SPD zusammengetan. Aber für Brandt als Kanzler konnten sich die fünfzig FDP-Abgeordneten damals nicht erwärmen. Lieber spielten sie allein Opposition. So kam es zur Großen Koalition von CDU/CSU und SPD. Franz-Josef-Strauß-

---

[1] **wirtschaftliches Wachstum nach Maß** economic growth to measure, i.e., controlled economic growth

[2] *Name of a drama and a poem by Friedrich von Schiller (1759–1805), German dramatist and poet.*

[3] **die Zuwachsrate** rate of increase

[4] **die Globalsteuerung** general steering

[5] **in den Sinn kommen** come to mind

[6] **stellvertretend** deputy

[7] **ausgeschieden** seceded

Protegé Kurt Georg Kiesinger wurde Kanzler, Brandt Außenminister und Strauß Finanzminister.

Professor Schiller avancierte zum Wirtschaftsminister. Und es wäre interessant, zu spekulieren, wie die deutsche Politik aussehen würde, wenn die SPD, mit dem gelehrten Professor an der Spitze zu der Zeit das Ruder ergriffen[8] hätte. Damit soll jedoch nicht gesagt werden, daß Schiller als Kanzlerkandidat keine Zukunft hat. Im Gegenteil, nachdem er im neuen Amt zur nationalen Figur wurde, stehen seine Chancen eher besser. Neben dem machiavellistischen Herbert Wehner, dem jungen intellektuellen Horst Ehmke,[9] und dem ehrgeizigen Helmut Schmidt[10] gehört Schiller zu den fähigsten Köpfen[11] seiner Partei.

In Karl Schiller versammeln sich viele der besten deutschen Eigenschaften. Er ist gebildet, gründlich und ein Arbeitspferd. Kollegen berichten, daß er sich mit wichtigen Arbeiten oft tagelang im Büro vergräbt. Seine Gegner bezeichnen ihn am liebsten als arroganten Eierkopf, streberisch,[12] eitel und eingebildet. „Der sieht unsereinen[13] gar nicht", murrten die Berliner Modeleute,[14] die mit ihm zu Werbezwecken[15] nach Washington gereist waren.

Doch sind sich alle einig, daß sein kluger Kopf voller Ideen und konkreter Konzeptionen ist und sein Verhältnis zur Wirklichkeit illusionslos. Um sein Talent für Slogans könnte ihn mancher Madison Avenue Publizist beneiden. Seine auf Keynes[16] basierenden Wirtschaftsformeln „Wettbewerb soweit wie möglich, Planung soweit wie nötig" und „Marktwirtschaft[17] plus Globalsteuerung" gehören heute zum

---

[8] **das Ruder ergreifen** seize power

[9] *Horst Emhke, minister without portfolio in Brandt's cabinet.*

[10] *Helmut Schmidt, SPD minister of defense.*

[11] **zu den fähigsten Köpfen** to the brightest minds

[12] **streberisch** pushy, zealous

[13] **unsereinen** people like us

[14] **die Modeleute** fashion people

[15] **zu Werbezwecken** for purpose of advertising

[16] *John Maynard Keynes (1883–1946), prominent British economist who challenged the principle of classical economics by developing a new theory of political economy which calls for controlled investments and public expenditures (collective direction with individual initiative) in the face of mass unemployment and other socio-economic crises.*

[17] **die Marktwirtschaft** open-market economy (free enterprise)

allgemeinen Wortschatz. Schon 1959 fegte er damit die marxistischen Planthesen[18] der Sozialdemokraten aus dem Godesberger Programm.

Für diesen Pragmatiker, diesen neuen Typ des deutschen Politikers, gibt es „ohne Konzeption, Idee, ohne Geist,[19] ohne Ethos und Moral keine Politik". Sein humanistisch-realistisches Denken erlaubt keine Alternative für den Frieden.

Im Sommer 1965 tauchte der Professor-Politiker plötzlich in der Deutschen Botschaft in Washington auf. Damals stand der noch ziemlich Unbekannte in der Mitte seiner Karriere. Als Berliner Wirtschaftssenator war er mit den schicksten Mannequins[20] und besten Modeschöpfern[21] auf der Suche nach einem neuen Markt für die Berliner Modeindustrie nach Amerika gekommen. Denn sie beschäftigt neben der Elektroindustrie und dem Maschinenbau die meisten Arbeiter.

Gutgelaunt und sicher bewegte sich der fotogene, trotz seiner Jahre jungenhaft aussehende Senator im eleganten Maßanzug[22] unter

[18] **die Planthese** thesis of planned economy
[19] **der Geist** intelligence
[20] **das Mannequin** fashion model
[21] **der Modeschöpfer** fashion designer
[22] **der Maßanzug** tailor-made suit

Professor Karl Schiller

den amerikanischen Gästen und Journalisten. Die linke Hand salopp in der Hosentasche, gab er freundlich lächelnd sachliche Auskünfte.[23] Offen und mit einem trockenen Witz, der leicht in feine Ironie und Selbstironie umschlug,[24] antwortete er in fließendem Englisch.

Man erfuhr, daß die Modeschauen in Washington und New York aus ERP-Mitteln[25] finanziert wurden (das amerikanische Commerce Department kopierte die Idee zwei Jahre später) und Berlin 5 Prozent und die Bundesrepublik nur 3,8 Prozent der Produktion an die Oststaaten absetzt. Und wenn der Senator hinzufügte, daß er gern Modeschauen in Prag und Budapest sehen würde, „weil das Pankow[26] ein Dorn im Auge ist", so verschwieg er, daß dasselbe für viele Bonner Politiker galt.[27] Beziehungen zu Staaten, die die von Bonn „sogenannte" DDR anerkennen, wurden damals nicht selten als „Unterstützung des Kommunismus" charakterisiert. In jenen Tagen nahm man die Hallsteindoktrin noch ernster. Es dauerte jedoch keine drei Jahre bis Brandt als Außenminister verkündete: „Die deutsche Regierung möchte mit allen osteuropäischen Regierungen diplomatische Beziehungen aufnehmen", und Kiesinger von „Initiativen in der Ostpolitik" sprach.

So schnell dreht sich das Rad der Politik.

Falsch prophezeite Professor Schiller den Sieg der SPD im Herbst 1965. Trotzdem stimmte[28] seine Analyse. „Ein Regierungswechsel[29] kann heute in der Bundesrepublik erfolgen, ohne als Erdbeben zu wirken", erklärte er auf die geringen Differenzen in der Sozial- und Außenpolitik hinweisend. „Es kommt bei den Wahlen nicht auf die besten Utopien an,[30] sondern auf die Erfassung der Wirklichkeit.[31] Das westdeutsche Biedermeier[32] wird sich die Lage genau überlegen". Mit

---

[23] **die sachliche Auskunft** unbiased information

[24] **umschlagen** turn over, shift

[25] **ERP-Mittel** *Money from the European Recovery Program fund.*

[26] *Pankow is a suburb of East Berlin and seat of the East German government.*

[27] **gelten** apply, hold

[28] **stimmen** be correct

[29] **der Regierungswechsel** change of government

[30] **es kommt . . . nicht an** the main thing is not

[31] **die Erfassung der Wirklichkeit** grasp (comprehension) of reality

[32] **das Biedermeier** *(1815–1848). Generally regarded as a period of bourgeois bliss and political complacency.*

dem Biedermeier meinte er die mit sich selbst zufriedene Regierung Erhards und ihr Motto: keine Experimente! Ein amerikanisches Biedermeier ist für ihn die Eisenhower-Ära.

Im „ökonomischen und kulturellen Ausbau"[33] des isolierten Berlins fand er die „friedliche Antwort auf die östliche Herausforderung" durch die Mauer. Herausforderung und Wandel, das sind Vokabeln, die in seinem reichen Wortschatz immer wiederkehren. Mit Steuerermäßigungen,[34] Investitionskrediten, Kindergeldern, Familien- und Baudarlehen[35] (alles durch Bund und ERP finanziert) lockte[36] er 85000 Westdeutsche in die geteilte Stadt. Auf diese Weise gelang es ihm, die schrumpfende Westberliner Wirtschaft aufzupäppeln.[37]

Wenn Schiller in seiner leichten Art über die Westberliner Wirtschaft berichtete, glich er eher einem Adlai Stevenson oder John Lindsay als einem der ernsten, sich selbst so wichtig nehmenden deutschen Politiker. Kein Wunder, daß General Lucius Clay vor Schillers erster Amerikareise sagte: „Der paßt so gut zu Kennedys Eierköpfen, daß sie ihn gleich dabehalten[38] werden!"

Nachdem wir mit Journalisten der *Washington Post* ein paarmal fotografiert worden waren, unterhielt ich mich mit dem Senator eine Weile auf Deutsch. Er erwähnte sein Buch *Berliner Wirtschaft und deutsche Politik*[39] und versprach, es mir am nächsten Tag mitzubringen. Er vergaß das nicht. „Mit Dank und in Verehrung"[40] steht in dem Exemplar, das er mir vor seinem Abflug nach Boston, wo seine älteste Tochter aus erster Ehe verheiratet ist, überreichte. Zugleich aber, und da zeigt sich sein Instinkt für Public Relations, ließ er einen Stoß der Bücher an die übrigen Journalisten verteilen.

Dieses Buch, eine Sammlung von Reden und Aufsätzen, gibt gute, zuverlässige Auskunft über den Autor, seine Wertskala,[41] Ideale und Gesinnung.[42]

---

[33] **der Ausbau** extension
[34] **die Steuerermäßigung** tax reduction
[35] **das Baudarlehen** building loan
[36] **locken** lure
[37] **aufpäppeln** pamper into growth, fatten up

[38] **dabehalten** keep there
[39] Stuttgart: Seewald Verlag, 1964.
[40] **in Verehrung** with devotion
[41] **die Wertskala** scale of values
[42] **die Gesinnung** conviction

WERTSKALA, IDEALE UND GESINNUNG

Zum Beispiel läßt der Professor für Volkswirtschaft[43] keinen Zweifel darüber, daß Wirtschaftspolitik ein wesentlicher Teil der Wiedervereinigungspolitik ist, aber „kein Ersatz für reine Politik" sein kann. Auch macht er klar, daß sich eine Politik der Entspannung durch „Initiative, Phantasie und Aktivität" auszeichnen muß. Selbst dann erwartet er keine schnellen Resultate, sondern einen langen, mühseligen Weg zum Frieden. Kennedys kühne Kuba-Aktion, „die einzigartige Mischung von Kühnheit und Selbstdisziplin, von Festigkeit in den Grundlagen und von Geschmeidigkeit[44] in den Methoden", ist ihm Ideal und Vorbild.

Erschüttert beschreibt er seinen letzten Besuch bei Kennedy, vierzehn Tage vor Dallas. „. . . als ich von McGeorge Bundy in die Arbeitsräume des Präsidenten geführt wurde, saß dieser Mann am späten Nachmittag tief versunken über seiner Arbeit, und seine Arbeit war ‚Berlin'. Er sagte, ‚Sie wissen, wir haben wieder einmal Sorgen mit Ihnen in Berlin, aber wir werden einen festen und klaren Standpunkt einnehmen.' "

„Was Kennedy uns hinterlassen[45] hat," schreibt Schiller im Kapitel „Kennedys Vermächtnis[46] an die Deutschen", „ist mehr als eine begeisternde und bewegende Botschaft für den Frieden. Jener rasche, drängende, vorantreibende Geist[47] war eine Quelle der Kraft, der Ideen, der Inspiration." Dann folgt sein eigenes Weltbild, seine politische Philosophie.

Jede Politik heute, die rational ist, das heißt, die auf Vernunft[48] basiert, muß von den Gegebenheiten[49] unserer neuen Welt ausgehen . . . Ein unendliches Panorama von Änderungen und Umschichtungen[50] tut sich vor uns auf.[51] Die nukleare Last,die auf den Atommächten und allen anderen ruht, die neuen großen Sprünge der unaufhaltsamen technologischen Revolution, der internationale Wettstreit[52] um die Zuwachsraten der Sozialprodukte,[53]

---

[43] die Volkswirtschaft political economy
[44] die Geschmeidigkeit flexibility
[45] hinterlassen bequeath, leave behind
[46] das Vermächtnis legacy
[47] der vorantreibende Geist forward-driving spirit
[48] die Vernunft reason

[49] die Gegebenheit given situation
[50] die Umschichtung regrouping, reshuffling
[51] tut sich vor uns auf opens up ahead of us
[52] der Wettstreit contest
[53] das Sozialprodukt national product

die gerade in den alten Industrieländern Europas durch die Kombination von Wohlfahrtsstaat[54] und Marktwirtschaft zu unerwarteten, weithin sichtbaren Leistungen[55] geführt hat, das gebieterische Verlangen[56] der vom Kolonialismus befreiten Länder, an dieser Entwicklung teilzunehmen, die Versuche zur übernationalen Zusammenfügung[57] der alten Nationalwirtschaften, die sozialen Umschichtungen in den modernen Expansivgesellschaften, die neuen großen Anforderungen, welche die Gemeinschaftsausgaben in unseren Industrielandschaften an uns stellen, bis hin zum Neubau unserer Städte, auch Glanz und Elend[58] unserer modernen Konsumgesellschaft, alles das fordert eine Politik, die gänzlich anders geartet[59] ist als die Kabinettspolitik[60] und die administrative Routine früherer Zeiten.

Alle diese Aufgaben lassen sich nur durch ein Bündnis von „Intellekt und Politik, Geist und Macht" und „intellektueller Redlichkeit"[61] lösen. In unserer „überschaubarer und zugleich komplizierter" gewordenen Welt sind politische Entscheidungen nur „aufgrund einer Fülle tagtäglich[62] neuer Informationen und ihrer rationalen Verarbeitung"[63] möglich. Politik ist zum „intellektuellen Geschäft" geworden.

Die „größte Herausforderung" unserer Zeit ist der Kommunismus. Unsere Politik muß danach orientiert sein. „Wenn die Selbstdisziplin der Freien es nicht mit der eisernen Disziplin der ‚gepanzerten Faust'[64] aufnehmen[65] kann" — militärisch, wirtschaftlich, politisch und wissenschaftlich —, dann wächst die Gefahr für die Freiheit immer weiter, warnt Schiller. Die zur Lösung führende Veränderung der weltpolitischen Lage ist nicht „Kapitulation der anderen Seite", nicht „showdown" oder „Wettkampf der Vernichtung",[66] sondern ein „weltweiter Wettstreit der Leistungen."

---

[54] **der Wohlfahrtsstaat** welfare state
[55] **weithin sichtbare Leistungen** far off visible achievements
[56] **das gebieterische Verlangen** imperious demand
[57] **die übernationale Zusammenfügung** supranational combining
[58] **Glanz und Elend** splendor and misery
[59] **gänzlich anders geartet** entirely different in nature

[60] **die Kabinettspolitik** policy of the (cabinet) government
[61] **die Redlichkeit** sincerity, honesty
[62] **tagtäglich** everyday
[63] **die Verarbeitung** digestion
[64] **die gepanzerte Faust** armored fist
[65] **aufnehmen** be a match
[66] **der Wettkampf der Vernichtung** contest of destruction

ANFANG UND AUFSTIEG:[67] *ZWISCHEN UNIVERSITÄT UND POLITIK*
Der Vergleich erster Eindrücke von bekannten Persönlichkeiten
bekommt Gewicht, wenn sich diese Eindrücke decken. Der Schriftsteller Hans Werner Richter war Schiller viel früher begegnet. Im
schleswig-holsteinischen Schloß Tembüttel hatte sich 1947 eine Gruppe
von Professoren, darunter Walter Hallstein, Politikern und Prominenten
versammelt, um über die Zukunft des zertrümmerten Vaterlandes
nachzudenken. Unter ihnen war ein schmaler junger Mann mit Brille,
ein Volkswirtschaftsprofessor aus Hamburg, der wie ein Student
aussah. In seinem Porträt *Der junge Schiller* erinnert sich Richter:

> „Schiller", sagte der junge Mann und verbeugte sich und ich verbeugte
> mich auch, und ich dachte, wie kommt dieser junge Mann hierher, er ist
> für diese Konferenz doch viel zu jugendlich. Was soll dieses ewige leichte
> Lächeln, diese verhaltene Ironie,[68] diese Neigung zum Witz in dieser so ernsten
> Situation?

Genauso hatte er auf mich gewirkt.

Genauso erscheint der 1911 in Breslau geborene Schiller heute
noch. In Kiel, Frankfurt, Berlin und Heidelberg hatte er Volkswirtschaft
und Soziologie studiert. Die Nazizeit verbrachte er am Institut für
Weltwirtschaft in Kiel. Es blieb lange geheim, daß er Mitglied der SA
(1933) und der NSDAP[69] (1937) wurde. Doch 1941 mußte[70] auch
Privatdozent Dr. Schiller under die Soldaten. Als Oberleutnant kehrt
er 1945 zurück, wurde Gastprofessor an der Universität Kiel und
bald darauf Professor für Volkswirtschaft an der Universität Hamburg.
Da er nach Kriegsende der SPD beigetreten war, belohnte ihn die
Partei 1948 für seinen Aufbauplan des zerstörten Hamburger Hafens
und der Industrie mit dem Hamburger Senatorenamt für Wirtschaft
und Verkehr. Mit einem kleinen Kreis von jungen Intellektuellen —
dabei war auch Schiller-Student Helmut Schmidt — setzte er sein
Prinzip „Staatshilfe[71] und Marktwirtschaft" in die Praxis um.[72]

---

[67] **der Aufstieg** rise
[68] **was soll . . . diese verhaltene Ironie**
what is this restrained irony supposed
to prove
[69] **SA** *Hitler's brown shirts;* **NSDAP**
Nationalsozialistische Deutsche Arbeiterpartei
[70] **mußte** had to go
[71] **die Staatshilfe** federal aid
[72] **umsetzen** transform

Als die Sozialdemokraten 1953 die Hamburger Wahlen verloren, verwandelte sich der Politiker wieder zum Professor. Seine Vorlesungen[73] waren populär. Wegen seines jungen Aussehens[74] — er wurde immer noch oft für einen Studenten gehalten — tauften ihn seine Studenten „flotter[75] Karl!". Drei Jahre später wurde der „flotte Karl" zum jüngsten Rektor[76] der Bundesrepublik ernannt (1956–1958). Und es wird berichtet, daß er auf den Titel „Magnifizenz"[77] großen Wert legte.[78] Leute, die ihn nur mit „Herr Professor" anredeten, bekamen die ironische Bemerkung zu hören: „Dann können Sie ja gleich Karlchen zu mir sagen!"

Inzwischen war seine Partei auf den „unterkühlten[79] Intellektuellen" (so *Der Spiegel*) aufmerksam geworden. Sein Konzept „Marktwirtschaft plus Globalsteuerung" wurde Teil der SPD-Plattform.

Kurz nach dem Bau der Mauer holte ihn Willy Brandt als Senator für Wirtschaft (1961–1965) nach Berlin. Mit Brandt und dessen Schriftsteller-Freund Günter Grass freundete sich Schiller leicht an. So konnte der neue Senator bei der Entwicklung des Berlinhilfe-Gesetzes auf Ohr und Unterstützung des Regierenden Bürgermeisters[80] rechnen. Die Berliner Position hatte aber noch einen anderen Vorteil. An der Seite Brandts, sei es im Fernsehen oder im Zeitungsbild, debütierte er beim Publikum diskret und unauffällig als „nationale Figur". Oft war er auch in Begleitung von Intimus[81] Grass zu sehen, der als erster prominenter deutscher Schriftsteller Wahlkampfreden hielt. Das von Grass entworfene[82] Wahlplakat, ein „Es-Pe-De" krähender Hahn mit dem Slogan „Dich singe ich,[83] Demokratie", hängt gleich neben einem Photo von Keynes im Büro des Wirtschaftsministers.

---

[73] **die Vorlesung** lecture
[74] **wegen seines jungen Aussehens** because of his youthful looks
[75] **flott** dashing, groovy
[76] **der Rektor** chancellor of a German University
[77] **(die) Magnifizenz** *Title of the rector of a university, etc. institute of technology,* (**Rector magnificus**); *address:* **Euer** *or* **Eure Magnifizenz.**

[78] **großen Wert legen** attach great value *or* importance
[79] **unterkühlt** undercooled, cool
[80] **Regierender Bürgermeister** governing mayor (Berlin)
[81] **in Begleitung von Intimus** in the company of his pal (intimate)
[82] **entwerfen** design
[83] **Dich singe ich** of thee I sing. *Directly inspired by Walt Whitman.*

Nach verlorener Wahl der SPD im Herbst 1965 entschloß sich Schiller für den Bundestag.

BERLINER ABGEORDNETER[84]

Als Berliner Abgeordneter zog er in Bonn ein. Sein Auftritt[85] im Bundestag war spektakulär. Die ganze deutsche Presse berichtete über seine ironische Schlagfertigkeit[86] und seine intelligenten Reden, in denen er bald Galbraith und Molière, bald Brecht, Biermann[87] oder den Londoner *Economist* zitierte. Professorale Arroganz! kritisierten die Gegner. Auch im Bundestag kam er bald zu einem Spitznamen:[88] die SPD-Callas! Um einen witzigen Kommentar nie verlegen,[89] meinte Schiller, ,,Als Ökonom möchte ich da sagen: dann schon lieber Onassis! Der ist ein Reeder und ein Mann und keine Diva.''

Zum offiziellen Partei-Star rückte Schiller beim Dortmunder Parteitag 1966 auf. Dort verhöhnte er Erhards ,,Formierte Gesellschaft''[90] als einen Begriff, der ihn an ,,Strammstehen''[91] erinnerte und ,,ademokratisches Denken''. Als Ersatz trumpfte er mit seiner eigenen Erfindung auf: die mündige[92] Gesellschaft von freien, aufgeklärten Menschen! Denn nur eine ,,gebildete und interessierte'' Gesellschaft, die in der Skepsis und Kritik zu Hause ist, ,,kann die Anforderungen von morgen meistern.''

Seine Worte in die Tat umsetzend, veranstaltete er als erster deutscher Politiker ,,öffentliche Hearings''. Hier hatte der mündige Bürger Gelegenheit, das wirtschaftliche Programm der Regierung zu kritisieren. Begeistert lud er mich in Bonn ein, mir diese Hearings, die in Amerika gang und gäbe[93] sind, anzusehen. In jener turbulenten Oktoberwoche kurz vor Erhards Rücktritt, kam es an einem der Abende zu einem längeren Gespräch.

[84] **der Abgeordnete** representative (parliament)
[85] **der Auftritt** appearance
[86] **die Schlagfertigkeit** ready wit, quick repartee
[87] *Wolf Biermann is a young East German poet.*
[88] **der Spitzname** nickname
[89] **nie verlegen** never at a loss
[90] **Formierte Gesellschaft** "aligned society"
[91] **das Strammstehen** standing at attention
[92] **mündig** emancipated
[93] **gang und gäbe** customary

DIALOG VOR DER REGIERUNGSKRISE 1966

Obgleich Schiller den ganzen Tag in Konferenzen gesteckt hatte, sprach er ohne ein Zeichen von Müdigkeit. Einen „wahren Dynamo" hatte ich ihn vor Jahren in einem Artikel genannt. Diese Bezeichnung fiel mir nun wieder ein, weil sie immer noch paßte.

Gerade in diesen Tagen war Wehner mit dem Vorschlag[94] einer Wirtschaftsgemeinschaft zum Ausbau des Handels mit der DDR auf hysterische Kritik der CDU/CSU gestoßen.

Schiller: Wehners Plan ist keine Utopie. Ich begrüße den Vorstoß,[95] weil er Bewegung in die Deutschland-Politik bringt, die bis zur Brust in Beton steckt. Gerade auf wirtschaftlichem Gebiet sind viele Möglichkeiten der Annäherung[96] offen. Wir müssen verhindern, daß der Interzonenhandel[97] zum Außenhandel wird. Wir müssen uns um einen innerdeutschen Handel unter der Schwelle[98] der Anerkennung Mitteldeutschlands[99] bemühen. (Auf der Frankfurter Messe forderte er als erster Bundeswirtschaftsminister die westdeutschen Firmen zur Teilnahme an der Leipziger Messe auf. „Auch Leipzig ist eine Messe wert",[100] das hatte noch kein Bonner Minister gesagt.)

Drath: Leute wie Strauß sagen, daß Gemeinschaften zwischen zwei verschiedenen Wirtschaftssystemen, dem kapitalistischen und sozialistischen, nicht funktionieren.

Schiller (lächelnd): Es ist eine unsinnige,[101] defaitistische Phrase, zu behaupten, solche Systeme könnten nicht koexistieren. Der Wettbewerb zwischen Privat- und Staatsbetrieben[102] ist durchaus möglich. Ich kann mir vorstellen, daß es eines Tages eine innerdeutsche Handels-

---

94 **der Vorschlag** proposal
95 **der Vorstoß** forward thrust
96 **die Annäherung** rapprochement
97 **der Interzonenhandel** interzone trade (between East and West Germany)
98 **die Schwelle** threshold
99 **Mitteldeutschland** Middle Germany. *Bonn jargon for East Germany; in that concept* **Ostdeutschland** *is the territory beyond the Oder-Neisse Line.*

100 *Paraphrase of the famous declaration by Henry IV (1553–1610), king of France, that Paris was worth a Mass.* **Messe** *in German means "Mass" as well as "fair."*
101 **unsinnig** nonsensical
102 **der Staatsbetrieb** state-owned factory *or* business

kommission geben wird. Wir sollten uns nicht in politische Semantik verstricken lassen.

Drath: Hatten Sie nicht selbst einen Vorschlag für innerdeutsche Reiseschecks[103] gemacht?

Schiller: Ja, das wurde wie so manches andere abgelehnt, weil man in Bonn Angst hat, so etwas könnte von der anderen Seite als Anerkennung bewertet werden. Wir sollten einmal feststellen, ob das Rapacki-Angebot[104] des Ostens noch offen ist.

Drath: Dann befürworten Sie die Entspannungspolitik Amerikas?

Schiller: Sicherlich. Nur bedauern wir, daß es seit Kennedy so wenig Kontakt mit Washington gibt. Wir haben ein „lack of information".

Drath: Die Reduktion amerikanischer Truppen in Deutschland wird in vielen Kreisen nicht gern gesehen.

Schiller: Wir sollten ein bißchen handeln.[105] Ich verstehe nicht, warum in der Sache kein „bargaining" stattfindet.

Drath: Das Nonproliferation-Abkommen hat in den Reihen der Rechten viele Gegner. Sind Sie dafür?

Schiller: Die SPD protestiert nicht gegen einen Atomsperrvertrag. (Im Namen des technologischen Fortschritts tut das die Partei dann doch. Aber Bundeskanzler Brandt unterschreibt den Vertrag im Dezember 1969.)

Drath: Als ich den deutschen Beobachter bei den Vereinten Nationen,[106] Sigismund von Braun, einmal fragte, was er in seinem Amt in der Frage Wiedervereinigung tut, antwortete er kühl, daß das nicht seine Aufgabe ist, sondern Sache der Alliierten. Warum ist die Deutschlandfrage noch nie vor den Vereinten Nationen zur Sprache gekommen?

Schiller: Sie wissen, daß die Deutschen unter dem Trauma leiden, Mitteldeutschland könne mitreden. Aber auch sonst ist das riskant, weil Länder involviert werden, die die deutsche Frage nicht verstehen.

---

[103] **der Reisescheck** traveler's check
[104] **das Rapacki-Angebot** *Proposal by former Polish secretary of state (1956–1968) Adam Rapacki to make*

Central Europe a nuclear-weapon-free zone.
[105] **handeln** bargain
[106] **Vereinte Nationen** United Nations

Drath: Wie kam es zu der gegenwärtigen Regierungskrise?

Schiller: Erhard hat seit einem Jahr alles Vertrauen verloren. Es wird ihm nichts mehr abgenommen.[107] Er hat in der Bekämpfung der Inflation versagt[108] und alle anderen Fragen vor sich hergeschoben. Die von ihm geplante Steuererhöhung machen wir Sozialdemokraten nicht mit.

(Acht Wochen später stimmte auch Wirtschaftsminister Schiller für Steuererhöhungen zur Beseitigung des Defizits.)

Drath: Denken Sie an eine sogenannte Große Koalition?

Schiller: Ja, auf befristete[109] Zeit.

WIRTSCHAFTSMINISTER: IM HINTERGRUND KEYNES UND EUCKEN

Im Dezember 1966 wurde die Große Koalition historische Tatsache. Schillers Ideen von Entspannung und Osthandel filterten ins Regierungsprogramm. In seinem Ministerium hatte der neue Minister die Hände voll. Hier mußten Keynes und Eucken in die Praxis umgewandelt werden.

Unter dem Motto „Stabilität und Wachstum" oder auch „Wachstum nach Maß" sollte die seit 1966 von Inflation, Stagnation, Staatsdefiziten und Arbeitslosigkeit geplagte deutsche Wirtschaft in Schwung gebracht[110] werden. Wie der englische Nationalökonom John Maynard Keynes sieht auch Schiller den Schlüssel zur Stabilität in der Gesamtnachfrage.[111] Output, Beschäftigung[112] und wirtschaftliches Wachstum hängen von ihr ab. In einer modernen Ökonomie, lehrt Keynes,[113] kommt die Nachfrage aus drei Verbraucherkreisen: privaten Haushalten, Industrie und Staat. Eine Regierung kann die Nachfrage auf dem letztgenannten Sektor beeinflussen.

Schillers Rezept ist eine Mischung von Imperativ des freien Wettbewerbs im Sinne des Freiburger Professors Walter Eucken und Keynesianischer Nachfragesteuerung, auch Globalsteuerung genannt.

---

[107] **es wird ihm nichts mehr abgenommen** (*coll.*) people do not buy what he says anymore

[108] **versagen** fail

[109] **befristet** limited, stipulated

[110] **in Schwung bringen** get going, bring into full swing

[111] **die Gesamtnachfrage** total *or* aggregate demand

[112] **die Beschäftigung** employment

[113] *The General Theory*, 1936.

Poetisch vergleicht Schiller die wirtschaftliche Konjunktur[114] mit einer Blume. „Sie schießt entweder ins Kraut[115] oder beginnt zu verdorren",[116] erklärte er einmal. Wie Keynes glaubt er, Konjunkturschwankungen der kapitalistischen Wirtschaft mit ihrer Gefahr von Inflation, Depression und Arbeitslosigkeit durch staatliche Steuerung regulieren zu können.

Je nach der Lage ist die Gesamtnachfrage zu steigern[117] oder zu reduzieren. Bei großer Nachfrage, überhitzter Ökonomie, inflatorischen Preisen und Überbeschäftigung wird die finanzielle Bremse in Form von Steuererhöhungen gezogen. Dagegen kann geringe Nachfrage, Depression oder Rezession durch Steuersenkungen, staatliche Investitionskredite für die Wirtschaft und Arbeitsprojekte stimuliert und gesteigert werden. Dies geschieht im Zusammenspiel[118] von Wirtschaftspolitik, Finanzpolitik und monetärer Politik (Bundesbank[119]).

Laut[120] Schiller steuert sich die Nachfrage am besten, wenn der Staat von allen an der Wirtschaft Beteiligten unterstützt wird. „Konzertierte Aktion" nennt er das Planen, den Austausch von Ideen und Informationen zwischen Staat, Finanz, Unternehmern und Gewerkschaften.[121] Zweck dieser gemeinsamen Orientierung, bei der Preis- und Lohnfragen eine große Rolle spielen, ist die Koordinierung der einzelnen Schritte.

In einem „Konjunkturrat"[122] sollen sich Staat und autonome Partner von Zeit zu Zeit über die notwendigen Maßnahmen unterhalten. Schiller will mit dieser koordinierten Wirtschaftspolitik auch auf den internationalen Markt vorbereiten. Denn ohne Stabilität gibt es seiner Ansicht nach keine internationale Wettbewerbsfähigkeit.[123] Und was ihm ebenso wichtig ist: keine soziale Gerechtigkeit.[124]

Schiller hoffte, die deutsche Wirtschaft durch „kontraktive und

---

[114] **die wirtschaftliche Konjunktur** economic trend *or* cycle
[115] **ins Kraut schießen** shoot into leaf
[116] **verdorren** dry up
[117] **steigern** increase, raise
[118] **das Zusammenspiel** interplay
[119] **die Bundesbank** federal reserve system
[120] **laut** according to

[121] **Unternehmer und Gewerkschaften** businessmen and labor unions
[122] **der Konjunkturrat** council of economic advisers
[123] **die Wettbewerbsfähigkeit** ability to be competitive
[124] **die soziale Gerechtigkeit** social justice

expansive" Maßnahmen anzukurbeln.[125] Die Zuwachsrate war von 6,8 Prozent (1964) auf 2,7 Prozent (1966) gesunken und wurde für 1967 auf 0,5 Prozent geschätzt. Zugleich traten sinkende Steuereinnahmen und Budgetdefizit, Inflation und 3 Prozent Arbeitslosigkeit auf. Um Vertrauen zu gewinnen, beseitigte er zunächst das Haushaltsdefizit von 3,7 Milliarden durch Kürzung von Staatsausgaben[126] und Steuerprivilegien. Damit die geringe Nachfrage nicht noch mehr gelähmt wurde, blieb es bei minimalen Steuererhöhungen. Andererseits aber wurden 2,5 Milliarden für Investitionen für private Firmen freigemacht. Die Bundesbank senkte den Diskont. Bundesbahn[127] und Post und andere öffentliche Institutionen stellten[128] Gelder für Bauprojekte und Straßenbau. Gleichzeitig entwarf Schiller ein „Gesetz zur Förderung[129] der Stabilität und des Wachstums der Wirtschaft." Der Inhalt: Steuersenkung zur Steigerung und Steuererhöhung zur Begrenzung der Nachfrage plus freier Wettbewerb.

Auf die Frage, ob der Staat sich durch Schuldenmachen[130] gesund spendieren kann, antwortet Schiller sachlich: „Nehmen wir an,[131] wir steigern mit unseren in die Wirtschaft gepumpten Geldern das Bruttosozialprodukt[132] (Produktion, Dienstleistungen,[133] Export) um 2 Prozent mehr, dann würde der Staat allein an Steuern 2,5 Milliarden Mark mehr einnehmen."

Wachstum der Wirtschaft ist für Schiller ein gesellschaftliches Muß. Klar beantwortet er die Frage: „Warum eigentlich wirtschaftliches Wachstum?"

WIRTSCHAFTLICHES WACHSTUM EIN SOZIALES MUSS

„Wachstum ist einmal nötig zur Verbesserung des Lebensstandards; zum anderen fordert es der technische Fortschritt." In der Zukunft wird die Automation immer mehr Arbeitskräfte[134] freimachen. Damit

---

[125] **ankurbeln** crank up
[126] **die Staatsausgaben** government spending
[127] **die Bundesbahn** federal railway
[128] **stellen** put up
[129] **die Förderung** promotion

[130] **durch Schuldenmachen** by going into debt, deficit spending
[131] **nehmen wir an** let's suppose
[132] **das Bruttosozialprodukt** gross national product
[133] **die Dienstleistung** service
[134] **die Arbeitskraft** laborer

für die nächste Generation genug Arbeitsplätze da sind, „muß die Wirtschaft in die Breite wachsen." Der Wachstumsprozeß steht mit Beschäftigung und den größer werdenden Aufgaben unserer modernen Gesellschaft im engen Zusammenhang. Volksgesundheit,[135] Wissenschaftsförderung,[136] Bildung, Verkehr, Städtebau und Landesverteidigung finanzieren sich leichter aus einem wachsenden wirtschaftlichen Kuchen. Mit Galbraith sagt er das rapide Ansteigen öffentlicher Ausgaben voraus.

Wirtschaftswachstum ändert aber auch die Einkommen- und Vermögensverteilung[137] im Sinne größerer Gerechtigkeit. Schiller macht darauf aufmerksam, daß in Zeiten von Rezession und Deflation die „gesellschaftlichen Kompromißmöglichkeiten schwinden" und Radikalismus und Intoleranz wie Pilze aus der Erde schießen.

Wie mit Wachstum, so kann auch mit Stagnation die Inflation Hand in Hand gehen. Sinkende Produktion bei gleichbleibenden Kosten verursacht eine relative Steigerung der Kosten. Sie hebt die Tendenz zu reduzierten Preisen bei geringer Nachfrage auf. Wachstum an sich garantiert keine stabilen Preise. Deshalb sollen Nachfragesteuerung und Wettbewerb gemeinsam die Spirale der Inflation bekämpfen.

„Kein noch so kluger zentraler Investitionsplan kann den eingebauten Expansions- und Stabilitätsmechanismus des Wettbewerbs ersetzen", betont der Professor wieder und wieder. Weil Wettbewerb mit wirtschaftlicher Dynamik identifizierbar ist, will er in seiner „konzertierten Aktion" nur den „gemeinsamen Rhythmus" festlegen.[138]

DIE KRITIKER

An Kritikern, die seine Globalsteuerung als staatliche Intervention ablehnen, fehlt es nicht. Exbundeskanzler Erhard, selbst Wirtschaftler und Vater der „Sozialen Marktwirtschaft", kommentierte trocken: „Das ist schon sozialistische Marktwirtschaft." Aber auch der linke Flügel der SPD, der früher einmal die Sozialisierung der Grundstoff-

---

[135] **die Volksgesundheit** public health
[136] **die Wissenschaftsförderung** promotion of the sciences

[137] **die Vermögensverteilung** distribution of wealth
[138] **festlegen** determine

industrien[139] verlangte, ist keineswegs zufrieden. Er hatte auf radikale Steuererhöhungen für Jahreseinkommen über 100000 Mark gehofft. Und wenn sich die Gewerkschaften kaum für seine Lohnleitlinien[140] begeisterten, so freuten sich die Unternehmer nicht sonderlich über eine Preisorientierung.[141]

Außerdem hatten nicht alle Industriekapitäne Lust,[142] ihre mächtige Zentralstellung auf der wirtschaftlichen Bühne mit Politikern und Beamten vom Wirtschaftsministerium zu teilen. Ihre Reaktion auf Schillers Ruf: es lohnt sich wieder[143] zu investieren und produzieren! blieb reserviert. Bei vollen Lagern zu investieren, schien besonders kleineren Unternehmen gewagt.

Andere klagen, daß der Professor zu sehr Theoretiker ist. Jemand, der sich für die großen Fragen, Zuwachsraten, Bruttosozialprodukt und sonstige Statistiken interessiert, aber nicht für die Probleme der einzelnen Industriezweige. Und dann gibt es Leute, die in Schillers „Wachstum nach Maß" absolut nichts Neues sehen. Auch unter Erhard gab es eine Wirtschaftspolitik, die die Nachfrage zu steuern suchte. Auch Erhard wollte ein Stabilitätsgesetz. „Schiller macht das nur ein bißchen geschickter und prompter", heißt es unter den Experten.

Eine wachsende Gruppe betrachtet die vielen Slogans, Reden und Interviews, Schillers enorme Liebe zur Publicity, mit Mißtrauen und Ärger. Sein Satz: „Ich brauche keine Public Relations Abteilung.[144] Ich bin meine eigene Abteilung", verstimmte erst recht. Tatsächlich wurde der Seufzer „Es Schillert[145] schon wieder!" zum Bonmot, wenn der beredte Professor am gleichen Abend zum drittenmal im Fernsehen erschien.

Schiller, der oft erklärte, daß seine Wirtschaftspolitik zum „Erfolg verurteilt"[146] ist, behielt recht. Die deutsche Wirtschaft, die 1967 auf dem Tiefstand[147] war, erholte sich spektakulär unter seiner Methodik.

---

[139] **die Sozialisierung der Grundstoffindustrien** nationalization of industries processing raw materials (coal, water, etc.)
[140] **Lohnleitlinien** guidelines for paying wages
[141] **die Preisorientierung** price orientation

[142] **nicht Lust haben** not be in the mood
[143] **es lohnt sich wieder** it pays off again
[144] **die Abteilung** department
[145] **schillern** (*play on words*) scintillate
[146] **zum Erfolg verurteilt** sentenced to success
[147] **der Tiefstand** low point

Zum Erstaunen aller war die wirtschaftliche Zuwachsrate von 7 Prozent für 1968 sogar höher als der optimistische Wirtschaftsminister prophezeit hatte. Schiller hatte nur auf 4 Prozent zu hoffen gewagt. Für das Jahr 1969 erwartete er eine weitere Steigerung von 4,5 Prozent.

Wieder schüttelten die Kritiker die Köpfe. Eine solche Steigerung nach einem Jahr monumentalen wirtschaftlichen Wachstums erschien ihnen absurd. Aber es waren dieselben, die nach dem Tiefstand von 1967 an Schillers Aufschwungsprognostiken[148] zweifelten. Zu ihnen gehörten vor allem jene, die der Ansicht sind, daß das wirtschaftliche Mirakel der Schiller-Jahre überhaupt nur der mit Steuererhöhungen bremsenden Finanzpolitik von Strauß zu verdanken ist.

So lag vor den Wahlen vom Herbst 1969 für die SPD und Schiller ein Dilemma in der Luft. Schiller mußte, ob er wollte oder nicht, seinen Erfolg mit dem Koalitionspartner teilen. Zumal der Professor mit dem Koalitionspartner in „konzertierter Aktion" gearbeitet hatte.

Deshalb bestand trotz aller Schiller-Publizität durchaus die Möglichkeit, daß CDU und CSU die Lorbeeren ernteten.[149] Daß es durch die Minikoalition mit der geschlagenen FDP anders kam, lag weniger am deutschen Wähler als am Wahlgesetz.

---

[148] **die Aufschwungsprognostik** prognosis of prosperity

[149] **Lorbeeren ernten** harvest the fame, get the spoils

4. Gerhard Stoltenberg: Wissenschaftliche Forschung[1] als „revolutionär verändernde Kraft"

„FORSCHUNGSPOLITIK darf sich nicht nur davon leiten lassen, Rückstände aufzuholen.[2] Sie muß sich stärker und konsequenter als bisher solcher Aufgaben annehmen, von deren Lösung die weitere Entwicklung von Gesellschaft und Wirtschaft in besonderem Maße abhängt. Ohne einen Beitrag der Wissenschaft und Technik können die Zukunftsaufgaben, etwa auf den Gebieten der Welternährung,[3] Energieversorgung, Raumordnung, Umwelthygiene,[4] des Massenverkehrs oder der Bildungsplanung nicht mehr bewältigt[5] werden." Das sagte Bundesminister Dr. Gerhard Stoltenberg bei einem Vortrag in Zürich.

Seit der Machtübernahme der SPD gilt der jüngste Exminister der Bundesrepublik, von der CDU zum stellvertretenden Fraktions- und Parteivorsitzenden gemacht, als Hoffnung der Konservativen.

[1] **die wissenschaftliche Forschung** scientific research
[2] **Rückstände aufholen** catch up, make up for deficiencies
[3] **die Welternährung** global food supply
[4] **Raumordnung, Umwelthygiene** town and country planning (building of roads, national parks, etc.), environmental hygiene
[5] **bewältigen** master

Stoltenberg war 37 Jahre alt,[6] als er 1965 zum Bundesminister für wissenschaftliche Forschung ernannt wurde. Das seit 1962 existierende Ministerium, das Wissenschaft und Forschung fördern, planen und koordinieren soll, ging aus dem 1955 gegründeten Ministerium für Atomfragen hervor. Es blieb dem jungen Stoltenberg überlassen, Politiker, Presse und Publikum über die „revolutionär verändernde Kraft der Wissenschaft" aufzuklären.[7]

Sein Erfolg drückt sich zum Teil in Zahlen aus; das heißt, in seiner Fähigkeit, Gelder zur Finanzierung der einzelnen Forschungsprojekte zu beschaffen. Das Budget für Forschung von 6,6 Milliarden im Jahr 1964, kletterte bereits 1966 auf 8,8 Milliarden. Für 1970 sind rund 14 Milliarden vorgesehen.[8]

PARTNERSCHAFT VON POLITIK UND WISSENSCHAFT

In aller Stille[9] schrieb der methodische Stoltenberg Artikel um Artikel, in denen er Wissenschaft und Forschung als politisches Element, als Element der Außenpolitik, Friedenssicherung[10] und des sozialen Fortschritts interpretierte. Zum Beispiel brachte er erstmalig die revolutionäre Entwicklung des Informationswesens mittels[11] Satelliten und Datenverarbeitung[12] mit der modernen Militärwissenschaft in Verbindung. Zugleich wies er darauf hin, daß die neuen Möglichkeiten der Kommunikation und des Verkehrs die Isolierung der Völker erschweren[13] und als echte Chance einer Verständigung mit dem Osten zu bewerten sind. Medizin und Hygiene sind für das rapide Wachstum der Bevölkerung verantwortlich. Diese Entwicklung führte wiederum zu einer Krise auf dem Gebiet der Bildung und Nahrungsmittelversorgung.[14]

Stoltenberg ist überzeugt, daß diese Probleme nur durch enge Kooperation von Politikern und Wissenschaftlern lösbar sind. Deshalb

---

[6] *He was born in Kiel in 1928.*
[7] **aufklären** enlighten, inform
[8] **vorgesehen** earmarked
[9] **in aller Stille** quietly
[10] **die Friedenssicherung** securing of the peace

[11] **mittels** by means of
[12] **die Datenverarbeitung** data processing
[13] **erschweren** make more difficult
[14] **die Nahrungsmittelversorgung** food supply

empfiehlt[15] er den Wissenschaftlern, ihren Elfenbeinturm der reinen Forschung zu verlassen und die komplexe Realität kennenzulernen, um mit Autorität Rat zu geben. Die Politiker ermuntert er zur Partnerschaft mit den Wissenschaftlern, auch wenn das manchmal „unbequem" ist.

Die diskrete Aufklärungskampagne des Ministers bekam durch die Debatten um Hochschulreform, Atomsperrvertrag und die „technologische Lücke" viel Publizität und Auftrieb.[16] Plötzlich stand der konservative Pastorensohn, der mit 19 Jahren der CDU beigetreten war, im Mittelpunkt der Diskussionen.

Von seinem eleganten Büro im zweithöchsten Hochhaus[17] Bonns hat man einen atemberaubend schönen Blick auf den breiten Rhein und die grüne Silhouette des Siebengebirges. In diesem Büro herrscht — statt der üblichen hektischen Atmosphäre in anderen Ministerien — eine für gute Organisation und Planung sprechende Ruhe. Kurz nach meinem Eintreffen ist der Pressechef Lässing mit Stoltenbergs Lebenslauf,[18] Fotos und seinen letzten Reden zur Stelle. Die Sekretärin versorgt mich mit Schreibpapier und öffnet pünktlich um drei die Tür zum Zimmer ihres Chefs.

Stoltenberg, über zwei Meter groß, ist ein etwas steifer, milde lächelnder Riese. So stellt man sich die Helden alter germanischer Sagen[19] vor! Seine ruhige, langsame Art sich zu bewegen, verrät seine schleswig-holsteinische Herkunft.

Zu meinem Erstaunen erfahre ich, daß der Minister für wissenschaftliche Forschung nicht Physiker oder Chemiker, also nicht Naturwissenschaftler ist, sondern Geschichte, Sozialwissenschaften und Philosophie studiert hat. Seine Doktorarbeit schrieb er über *Die Arbeit des ersten Reichstages*[20] *nach 1871.* Er war 26 Jahre alt, als er in Schleswig-Holsteins Landtag einzog. Mit 29 traf er als Abgeordneter des Bundestags in Bonn ein. Nebenbei[21] lehrte er an der Universität Kiel Neuere Geschichte. Kaum hatte er 1965 bei Krupp die neue Abteilung

---

[15] **empfehlen** recommend
[16] **der Auftrieb** impetus, boost
[17] **das Hochhaus** high-rise building, skyscraper
[18] **der Lebenslauf** biographical sketch
[19] **die Sage** saga
[20] **der Reichstag** parliament
[21] **nebenbei** on the side

für Wirtschaftspolitik gestartet, holte Kanzler Erhard den fähigen jungen Mann als Bundesminister zu sich ins Kabinett. Daß der junge CDU-Politiker diese Position nur als Start seiner Karriere betrachtet, wissen Freund und Feind zu berichten. Seine Freunde sehen in ihm einen Kanzlerkandidaten der siebziger Jahre. Seine Feinde hoffen, daß der fleißige Christdemokrat von sozialdemokratischen Winden verweht wird.

SCHWERPUNKTE[22] DER DEUTSCHEN FORSCHUNG

„Kann man Forschungsarbeiten überhaupt planen?" frage ich.

Stoltenberg lehnt sich bequem in einen Stuhl skandinavischen Stils zurück. „Früher machten wir das manchmal sehr intuitiv, aber heute muß man die Herausforderung der Zukunft erkennen und sie bewußt gestalten.[23] Deswegen ist die Zusammenarbeit von Staat, Wissenschaft und Wirtschaft so wichtig. Bei uns tragen Bund und Länder gemeinsam die Kosten der allgemeinen Wissenschaftsförderung. Dazu gehört die Förderung des wissenschaftlichen Nachwuchses[24] und der Ausbau und Neubau von Hochschulen. Eine Teilung der Kosten besteht auch beim Unterhalt[25] der Deutschen Forschungsgemeinschaft und der Max-Planck-Gesellschaft mit ihren fünfzig Instituten, in denen Forschung in der Biologie, Physik, Chemie und theoretischen Medizin betrieben wird." Er spricht mit nüchterner Sachlichkeit; wie jemand, der einen Bericht für einen Ausschuß[26] gibt. Wie jeder gute Manager zitiert er Zahlen und Statistiken aus dem Gedächtnis.

„Planung kann in einer freiheitlichen Staats- und Wirtschaftsordnung nur als pluralistischer und dynamischer Prozeß verstanden werden", erklärt er. Planung bedeutet für ihn in erster Linie das Aufstellen von Prioritäten.

„In unserer Wissenschaftspolitik konzentrieren wir uns auf fünf Schwerpunkte. Neben der allgemeinen Wissenschaftsförderung sind das Kernenergie, Weltraumforschung,[27] elektronische Datenverarbeitung

---

[22] **der Schwerpunkt** focal point
[23] **gestalten** shape
[24] **der Nachwuchs** young generation
[25] **der Unterhalt** (financial) support

[26] **der Ausschuß** committee
[27] **Kernenergie, Weltraumforschung** nuclear energy, space research

und Meeresforschung.[28] Dazu kommt als neuer Sektor die angewandte Forschung,[29] die sich mit Umwelthygiene, Reinhaltung von Luft und Wasser,[30] neuen Werkstoffen,[31] Energieverwandlung, Städtebau, Welternährung und der Entwicklung von modernen Verkehrsmitteln befaßt."

DIE „TECHNOLOGISCHE LÜCKE"

„Ist die technologische Lücke zwischen Amerika und Europa, von der so viel gesprochen wird, wirklich so groß ?"

Stoltenberg hat diese Frage gewiß nicht zum erstenmal gehört. Seine Auskunft ist ebenso sachlich wie ausführlich. „Es ist schwer, da eine allgemeingültige Antwort zu geben. Die Situation ist von Sektor zu Sektor verschieden. Die größte Lücke besteht bei uns in der Weltraumforschung. Zwar geht es uns dabei nicht so sehr um eine Fahrt zum Mond als um die Nachrichtenübermittlung[32] über Satelliten. Um unsere Zukunft selbst mitbestimmen zu können, müssen wir hier eigene Forschung betreiben. Das gilt auch für die Entwicklung von Raketen. Denn eines Tages wird es Weltkommunikation nur mittels Satelliten geben. Auch auf dem Gebiet der elektronischen Datenverarbeitung, wo wir weit zurück sind, müssen wir wettbewerbsfähig[33] werden. Zur Zeit beliefert eine einzige amerikanische Firma 60 Prozent des westeuropäischen Marktes. Außerdem hat Amerika einen Vorsprung[34] bei der Entwicklung neuer Werkstoffe. Auf anderen Sektoren, wie in der Chemie, der pharmazeutischen und optischen Industrie und im Maschinenbau, besteht keine Lücke. In der Kernenergieforschung sind wir trotz unseres späten Debuts wettbewerbsfähig. Nach zehn Jahren Vorarbeit[35] sahen wir da einen Durchbruch zur Wirtschaftlichkeit.[36] Unsere Atomkraftwerke[37] kommen heute ohne Subventionen

---

[28] **die Meeresforschung** oceanography
[29] **die angewandte Forschung** applied research
[30] **die Reinhaltung von Luft und Wasser** nonpollution of air and water
[31] **neue Werkstoffe** new synthetic materials
[32] **die Nachrichtenübermittlung** communication

[33] **wettbewerbsfähig** competitive
[34] **der Vorsprung** lead
[35] **die Vorarbeit** preliminary work
[36] **der Durchbruch zur Wirtschaftlichkeit** breakthrough to profitability
[37] **das Atomkraftwerk** atomic power plant

aus. Das war wohl auch der Grund, warum Argentinien das erste
Kernkraftwerk Lateinamerikas in Deutschland bestellte."

Der Minister zeigt sich über die Amerikanisierung der europäischen
Wirtschaft weniger alarmiert als der französische Journalist der Linken,
Servan-Schreiber. Was die Europäer am meisten schockierte war
die wenig bekannte Tatsache, daß die amerikanischen Investitionen
zu neun Zehnteln aus europäischen Finanzquellen finanziert wurden.
In einem Artikel über den Bestseller *Die amerikanische Herausforderung*
informiert Stoltenberg seine Leser darüber, warum das europäische
Kapital amerikanische Firmen geradezu magisch anzieht.[38] Der Grund:
ihre Dynamik und Profite: ,,In vielen Fällen 8 bis 10 Prozent des
Umsatzes[39] gegenüber 3 bis 5 Prozent im europäischen Durchschnitt."
Aber auch wenn amerikanische Firmen auf dem Kontinent produzieren,

[38] **magisch anziehen** attract like magic   [39] **der Umsatz** turnover

Gerhard Stoltenberg, stellvertretender Fraktions- und Parteivorsitzender der CDU

Links: Gerhard Stoltenberg, als Bundesminister für wissenschaftliche Forschung, im Gespräch mit Ex-NASA-Leiter James Webb

ist ihr Gewinn im Vergleich zur europäischen Konkurrenz[40] um 30 bis 50 Prozent höher.

Stoltenberg führt das vor allem auf die überlegene amerikanische Organisation und das Management zurück.[41] Als andere Faktoren nennt er die großen Summen, die der Staat für die Forschung bereitstellt (über 4 Prozent des Bruttosozialproduktes; Stoltenberg, der 1965 nur 1,7 Prozent bekam, hofft für 1970 auf bescheidene 3 Prozent); die glatte Zusammenarbeit von Universität, Wirtschaft und Staat; die enormen Gelder für das allgemeine Bildungswesen;[42] die schnelle Umsetzung wissenschaftlicher Ergebnisse[43] in die industrielle, soziale und politische Wirklichkeit und nicht zuletzt den riesigen Binnenmarkt[44] mit seiner überlegenen Kapitalkraft.

Der Minister sieht gedankenvoll auf den Teppich.

„Bemühungen um eine europäische Antwort werden im Rahmen europäischer Gemeinschaften unternommen: durch die Herstellung eines großen europäischen Binnenmarktes, einheitlichen Patent- und Gesellschaftsrechts[45] und einer Harmonisierung von Steuern und Regierungsprogrammen für Forschung. Dazu kommt eine langfristige[46] Planung und die Integration wissenschaftlicher Methoden."

Die Europäische Wirtschaftsgemeinschaft (EWG) wird von ihm als Kern der europäischen Entwicklung wissenschaftlicher Zusammenarbeit[47] betrachtet. Doch ist es seine Hoffnung, daß an diesen Programmen auch Nationen teilnehmen, die wie England oder Schweden nicht zur EWG gehören. Zu den bestehenden Organisationen wie EURATOM (Europäische Atomgemeinschaft = European Atomic Energy Community), ENEA (Europäische Kernenergie-Agentur = European Nuclear Agency) und CERN (Europäische Kernforschungsorganisation = Conseil Européen pour la Recherche Nucléaire) haben sich in den letzten Jahren andere gesellt.[48] Für den Bau von Forschungssatelliten wurde ESRO (Europäische Organisation für Weltraumforschung =

---

[40] **die Konkurrenz** competition
[41] **führt ... zurück** traces back, attributes
[42] **das Bildungswesen** educational system
[43] **schnelle Umsetzung wissenschaftlicher Ergebnisse** rapid conversion of scientific conclusions

[44] **der Binnenmarkt** domestic market
[45] **das Gesellschaftsrecht** company law
[46] **langfristig** long-term
[47] **die Zusammenarbeit** collaboration
[48] **haben sich . . . andere gesellt** others have joined

European Space Research Organization) ins Leben gerufen und für die Entwicklung von Raketen ELDO (Europäische Organisation für die Entwicklung und den Bau von Raumfahrzeugträgern = European Launcher Development Organization). EMBO (European Molecular Biology Organization) dient der Forschung in der Molekularbiologie. Schweizer und deutsche Firmen arbeiten in der Reaktorenentwicklung zusammen, und ähnliche Gemeinschaftsarbeiten[49] sind mit Schweden vorgesehen.

„Ist die Abwanderung[50] deutscher Wissenschaftler nach Amerika immer noch ein Problem?"

„Zwischen 1957 und 1964 wanderten 3 194 Naturwissenschaftler und Ingenieure in die USA ab. Inzwischen hat sich die Situation gebessert." Stoltenberg gibt zu, daß der „brain drain" nicht nur eine Geldfrage ist. Gewiß, höhere Gehälter helfen. Aber ebenso wichtig ist der Beginn großer Projekte im eigenen Lande und die Verbesserung der Stellung[51] des unter einer Professoren-Hierarchie leidenden Nachwuchses. Der Minister verkennt[52] nicht, daß die Mobilität der Wissenschaftler auch gute Seiten hat. „Viele kehren nach Jahren mit ihren im Ausland gewonnenen Kenntnissen und Erfahrungen zurück", berichtet er, um freudig hinzuzufügen, daß er den Austausch von Wissenschaftlern[53] und Technikern gerade mit James Webb, dem Administrator der NASA (National Aeronautics and Space Administration, zu deutsch: Luftfahrt- und Weltraumbehörde), besprochen hat. Gemeinsam mit NASA ist der Forschungssatellit „Azur" entwickelt worden. Außerdem steht ein Sonnensonde[54]-Experiment auf dem Programm. „Leider sind die deutsch-amerikanischen Gemeinschaftsarbeiten in den sechziger Jahren zurückgegangen." Er sagt das mit ehrlichem Bedauern.

HOCHSCHULREFORM PLUS STUDIENREFORM

„Wie stellen Sie sich zu Hochschulreformen und Studentenunruhen?"

[49] **die Gemeinschaftsarbeit** cooperative project	[52] **verkennen** fail to recognize
[50] **die Abwanderung** migration	[53] **der Austausch von Wissenschaftlern** exchange of scientists
[51] **die Verbesserung der Stellung** improvement of the position	[54] **die Sonnensonde** sun probe

Stoltenberg, der selten gestikuliert, legt seine Hände flach gegeneinander. „Wir brauchen eine Hochschulreform und eine Studienreform,
und das möglichst bald. Die Schwierigkeiten an unseren Universitäten
basieren einmal auf der Zahl der Studenten, die sich in zehn Jahren
verdoppelt hat. Das führte zu überfüllten Vorlesungen, zuwenig
Lehrkräften und einem anonymen Massenbetrieb. Ein weiteres Problem
entwickelte sich bei Lehre und Forschung. In der Forschung gibt es
neue Aufgaben, die durch ihre Kostspieligkeit[55] die Form der Organisation und Autonomie vieler kleiner Institute in Frage stellen.[56] Die
notwendigen Reformen können nur in Zusammenarbeit von Universität
und Staat erfolgen."

Er läßt keinen Zweifel darüber, daß staatliche Instanzen zukünftig
in Forschung und Lehre eine stärkere Mitverantwortung übernehmen[57]
müssen. „Die Kooperation von Bund, Ländern und wissenschaftlichen
Hochschulen darf sich nicht länger auf administrative Kontakte
beschränken, sondern muß zu einem intensiven Dialog von Persönlichkeiten aus Regierung, Parlament, Lehrkörper und Studenten werden.
Die innere Struktur der Hochschulen und die Mitarbeit von
Assistenten und Studenten muß neu durchdacht werden. Im Prinzip
ist das Mitspracherecht[58] der Studenten eine beschlossene Sache![59]
Die Frage ist nur, in welchem Maße!" Er erinnert daran, daß die
neue Universität Konstanz, wo Studenten paritätische Mitbestimmung[60] haben, nicht die Attraktion auf Studenten hatte, die man
erwartete.

„Was nötig ist zur Reform, sind nicht die verstaubten[61] Ideen von
Herbert Marcuse, nicht die Demokratisierung der Hochschule, sondern
ein kürzeres konzentriertes Studium mit Zwischenexamen (Statistiken
zeigen, daß der deutsche Student heute ein bis anderthalb Jahre länger
studiert als in den fünfziger Jahren), verbindliche Studiengänge,[62]

---

[55] **die Kostspieligkeit** high expense, costliness
[56] **in Frage stellen** make questionable
[57] **die Mitverantwortung übernehmen** assume co-responsibility
[58] **das Mitspracherecht** right of participation
[59] **eine beschlossene Sache** a resolved issue
[60] **die paritätische Mitbestimmung** co-decision on an equal basis
[61] **verstaubt** dusty
[62] **verbindliche Studiengänge** obligatory courses

Förderung des Nachwuchses, Überprüfung[63] der Stellung der Assistenten und Ausbau und Neubau von Hochschulen."

Neue, von Bund und Ländern finanzierte Hochschulen wurden in den letzten Jahren in Bochum, Bremen, Dortmund, Konstanz und Regensburg gebaut und medizinische Hochschulen in Hannover, Lübeck und Kiel.

„Den Studenten geht das alles zu langsam", bemerke ich.

„Das ist nur eine kleine radikale Minorität. Die Ideologisierung und Fanatisierung der extremen Linken gehört zu den erstaunlichsten Phänomenen", stellt er kühl fest. „Zu einer legitimen kritischen Debatte über Gestalt und Organisation der Reformen sind wir immer bereit."

Während der Debatte um die Notstandsgesetze zeigte es sich jedoch, daß Stoltenberg, der in der Tat viel mit Studenten diskutiert hat, nicht immer zum Gespräch bereit ist. Mit den Professoren, die gegen die Gesetze waren, sprach er nicht. Stattdessen versuchte er ihren Aufruf als „bösartige Agitation" zu diskreditieren. Dazu kommentierte *Der Spiegel* bitter, daß Professoren und rebellierenden Studenten als Vertreter der Bundesregierung ein Mann gegenübersteht, „dessen Gesinnung fest im autoritären Staatsdenken" wurzelt.

Energisch wendet er sich gegen die Radikalen, die eine Veränderung der Hochschulen und der staatlichen gesellschaftlichen Ordnung mit außergesetzlichen Mitteln[64] erreichen wollen. Ihre Mißachtung[65] von Recht und Toleranz und ihr antidemokratisches Verhalten beunruhigt ihn. Besonders deprimiert zeigt er sich darüber, daß einige deutsche Professoren, Studenten und Schriftsteller kritiklos eine „Diktatur der Guten" für erstrebenswert halten und „totalitäre Staaten mit ihren Advokaten der Gewalt[66] wie Mao Tse-tung, Castro und Guevara bewundern." Scharf kritisieren sie die westliche Welt, doziert er, aber sie verschweigen und glorifizieren „die Verbrechen und Ungerechtigkeiten[67] im sozialistischen Lager." Am Beispiel der Vietnamdiskussion illustriert er den „abrupten Wandel der Motive der radikalen Linken".

---

[63] **die Überprüfung** examination
[64] **außergesetzliche Mittel** nonlegal means
[65] **die Mißachtung** disrespect

[66] **die Gewalt** violence, force
[67] **Verbrechen und Ungerechtigkeiten** crime and injustice

Was als moralisch legitimer Protest gegen die Schrecken des Krieges begann, endete mit der Verherrlichung[68] der Vietcong und Nordvietnams und der „aktiven Unterstützung ihrer Ziele".

Wie andere Politiker fürchtet auch Stoltenberg, daß der Linksradikalismus die „rechtsextremen Tendenzen" in wechselseitiger[69] Eskalation stärkt. Da durch die Aktionen der Linken im Lande „schwere Konflikte für Staat und Gesellschaft" entstehen können, sieht er die ständige Diskussion mit diesen antidemokratischen Gruppen, bei der die demokratische Staats- und Rechtsordnung[70] vertreten wird, als Aufgabe der Politiker, Publizisten und der Gesellschaft an.

Der Pressechef gibt mir ein Zeichen, daß meine Zeit abgelaufen[71] ist. Schnell stelle ich meine letzte Frage über die negative Haltung der CDU/CSU zum Atomsperrvertrag.

KRITIK AM ATOMSPERRVERTRAG

Stoltenberg setzt wiederum zu einem Vortrag an. „Es gibt wichtige Gründe, eine weitere horizontale Verbreitung[72] von Atomwaffen zu vermeiden. Jedoch hatte das Vertragsprojekt zwei Konstruktionsfehler. Einmal machten zwei der fünf Nuklearmächte, China und Frankreich, nicht mit.[73] Zum anderen akzeptierte Amerika plötzlich die Forderung der Sowjetunion, daß nur nichtnukleare Staaten unter ein internationales Kontrollsystem fallen. Mit anderen Worten, die nichtnuklearen Mächte sollen nicht nur auf Besitz und Erwerb[74] verzichten, sondern in ihrer zivilen Forschung und Entwicklung als einzige kontrolliert werden. Wir wiesen auf diese Schwächen des Vertrages hin. Durch Diskussionen kam es zum Kompromiß einer begrenzten Kontrolle durch regionale Kontrollsysteme wie EURATOM. Dadurch ist die Gefahr eines Mißbrauchs industrieller und wissenschaftlicher Geheimnisse reduziert worden. Auch sorgten wir für eine Begrenzung der Vertragszeit, die unbefristet war, auf fünfundzwanzig Jahre. Unklarheiten[75] gibt es

---

[68] **die Verherrlichung** glorification
[69] **wechselseitig** reciprocal
[70] **die Rechtsordnung** judicial system
[71] **abgelaufen** run out
[72] **die Verbreitung** spread

[73] **nicht mitmachen** not go along, not participate
[74] **Besitz und Erwerb** ownership and acquisition
[75] **die Unklarheit** confusion

noch immer über die bestehende nukleare Planung und Zusammenarbeit im atlantischen Bündnis. Auch ist die Möglichkeit, mit einer engeren politischen Verbindung Europas einmal zu einer europäischen atomaren Streitmacht zu kommen, nicht klar genug interpretiert worden." Es überrascht ein bißchen, daß der Minister der Meinung zu sein scheint, Deutschland würde mehr beachtet und respektiert in der Welt, wenn es resolut seine eigenen Interessen verfolgt. Man erinnert sich, daß der rechte Flügel der CDU und die CSU von Anfang an gegen diesen Vertrag waren.

Kurz vor vier Uhr steht Pressechef Lässing auf. ,,Herr Doktor Stoltenberg fliegt heute abend nach Japan . . .''

,,Und was machen Sie dort?'' frage ich im Aufstehen.

,,Ich hoffe einige Informationen über die japanische Wissenschafts-politik zu sammeln. Besonders interessiert mich die Organisation der Forschung und das Umsetzen der Forschungsergebnisse in die Industrie'', antwortet er geduldig.

Wir stehen schon in der Tür. Da fällt mir noch eine letzte Frage ein. ,,Wie kamen Sie eigentlich zur Politik?''

Stoltenberg lächelt sein mildestes Lächeln. ,,Das war ein ganz spontaner Entschluß'',[76] sagt er in seiner unspontanen Art.

Ich bin nicht sicher, ob er sich über mich oder sich selbst lustig macht.[77] Ein spontaner Entschluß? Man traut dem disziplinierten Stoltenberg, bei dem selbst der Erfolg Methode hat, manches zu.[78] Nur eben nicht einen spontanen Entschluß!

---

[76] **der Entschluß** decision
[77] **sich über . . . lustig macht** makes fun of
[78] **zutrauen** give credit for

5. Ralf Dahrendorf: Kämpfer für Politik der Liberalität und offene Gesellschaft

WIE ein Meteor schoß der beredte Ralf Dahrendorf, Professor für Soziologie an der Universität Konstanz, durch den bundesdeutschen politischen Himmel. Im Oktober 1967 war der 38 Jahre alte Dahrendorf der müden, profillosen Freien Demokratischen Partei (FDP) beigetreten.[1] Drei Monate später war er zum stellvertretenden Landesvorsitzenden[2] von Baden-Württemberg gewählt worden und zum Star der Partei aufgerückt.[3] Als selbstbewußter Vertreter[4] der Opposition gegen die beiden großen Parteien der Koalition (CDU/CSU und SPD), machte er bald in ganz Deutschland von sich reden.[5] Als einer der wenigen Politiker zeigte er sich bereit, mit Rudi Dutschke und anderen Vertretern der außerparlamentarischen Opposition zu diskutieren. Und wenn der Historiker Golo Mann noch im Sommer 1968 schreiben konnte: ,,Welche Opposition? Die FDP ist altvertraut,[6] würdig, durchaus dem ‚System‘ angehörig und, trotz Professor Dahrendorf, langweilig...‘‘ so hatte er nicht mit Dahrendorfs Elan und Energie gerechnet.

[1] **beitreten** join
[2] **der Landesvorsitzende** state chairman
[3] **aufrücken** advance

[4] **als selbstbewußter Vertreter** as self-assured representative
[5] **von sich reden machen** get talked about
[6] **altvertraut** long familiar

Denn tatsächlich gab der Konstanzer Professor der alten bürgerlichen Partei, deren demokratische Tradition auf die Revolution von 1848, die Weimarer Republik[7] und die Reorganisation durch den ersten Präsidenten der Bundesrepublik, Dr. Theodor Heuss,[8] zurückgeht, einen Ruck nach links.[9] Als erste deutsche Partei wollte sie die Oder-Neiße-Linie als Grenze anerkenen und sagte laut, was bisher kein Politiker zu sagen gewagt hatte: daß es zwei Staaten auf deutschem Boden gibt.

Dieser mutige Schritt, die Dinge so zu sehen wie sie sind, wurde von der CDU/CSU und SPD wütend mit der Kritik „Anerkennungspartei"[10] zur Kenntnis genommen.[11]

Die Bezeichnung „Anerkennungspartei" war kein Kompliment im Bonn von 1969.

Das auch vom neuen Parteivorsitzenden Walter Scheel geförderte liberalere Image hat der FDP durch die Koalition mit der SPD Macht verschafft,[12] aber nicht Popularität. Statt 9,5 Prozent der Stimmen (1965) erhielt sie 1969 nur 5,8 Prozent. Außenminister Scheel ernannte Dahrendorf zu seinem Staatssekretär. Von den FDP-Slogans „Wagnis des Wandels"[13] und „Politik der Liberalität" hört man wenig.

An dieser Stelle ist zu bemerken, daß in Deutschland unter Liberalität nicht die Tendenz zum Sozialismus verstanden wird, sondern der Abbau[14] staatlicher Kontrollen.

ZWISCHEN SOZIOLOGIE UND POLITIK

Der 1929 in Hamburg geborene Dahrendorf stammt aus einer politischen Familie. Sein Vater Gustav war Redakteur[15] der sozialdemokratischen Zeitung *Hamburger Echo* und Mitglied des Deutschen Reichstags. Blitzartig wie seine politische Karriere, begann auch die wissenschaftliche Laufbahn des jungen Dahrendorf. Mit 23 Jahren

---

[7] *The Weimar Republic lasted from 1919 to 1933.*

[8] *Theodor Heuss (1884–1963) was President of the Federal Republic of Germany from 1949 to 1959.*

[9] **der Ruck nach links** move to the left

[10] **die Anerkennungspartei** recognition party

[11] **zur Kenntnis nehmen** acknowledge

[12] **verschaffen** secure

[13] **das Wagnis des Wandels** risk of change

[14] **der Abbau** reduction

[15] **der Redakteur** newspaper editor

erwirbt er sich in Hamburg mit einer Dissertation über Karl Marx den
Dr. phil. Zwei Jahre später legt er sich in London den englischen
Doktorgrad zu.[16] Mit 29 wird er Professor für Soziologie an der Ham-
burger Akademie für Gemeinwirtschaft.[17] Danach gastiert[18] er in New
York und wird 1966 an die Universität von Tübingen berufen.

Zwischendurch schreibt er ein Buch, *Gesellschaft und Demokratie
in Deutschland*,[19] das eine Zeitlang die Bestsellerlisten ziert. Von der
Wochenzeitschrift *Die Zeit* wird es als „Lehrbuch vom deutschen
Selbstbild,[20] von deutschem Unvermögen[21] und von deutscher Hoffnung" bezeichnet. Außerdem arbeitet er mit anderen Professoren
an einer revolutionären Hochschulreform für Baden-Württemberg, die
ein Kurzstudium von sechs Semestern und ein Langstudium vorsieht.

[16] **sich zulegen** acquire
[17] **die Gemeinwirtschaft** cooperative economics
[18] **gastieren** play a guest role

[19] Munich: R. Piper & Co. Verlag, 1965.
[20] **das Selbstbild** self-portrait
[21] **das Unvermögen** inaptitude

Durch seine Schriften, Reden und Fernsehkommentare gehört der Professor lange vor seinem politischen Debüt zu den bekanntesten Soziologen im Lande. Angebote, in Amerika und England zu lehren, bleiben nicht aus.[22] Und als stellvertretender Vorsitzender des Gründungsausschusses[23] half er der neuen Reform-Universität von Konstanz auf die Beine,[24] in der Studenten in allen Ausschüssen eine Stimme haben. Da Kurt Georg Kiesinger diesem Projekt sein besonderes Interesse schenkte, und Dahrendorf den damaligen Kanzler in verschiedenen Fragen beraten hatte, galt der Soziologe als der CDU „nahestehend.‟[25]

Dahrendorfs politische Karriere begann unfreiwillig[26] in einem Kinderverschickungslager[27] im Dritten Reich. Der Fünfzehnjährige wurde wegen antinazistischer Propaganda unter den Schülern ins Konzentrationslager von Schwettig an der Oder verschickt. An seinem neunzehnten Geburtstag trat er der SPD bei. Zu Meinungsverschiedenheiten[28] mit der Partei kam es erst 1960, als er sich mit seinen individualistischen Ansichten die Kritik Brandts und anderer Parteiprominenz zuzog.

Als Dahrendorf 1967 die Chance hatte, in der FDP eine „radikalliberale‟ Position zu beziehen, griff er zu.[29] „Dieser Dahrendorf ist nur in die FDP eingetreten, weil er dort sagen kann, was er will‟, kommentierte Kiesinger, als er von Dahrendorfs Entscheidung hörte.

Dahrendorf sah die Situation anders. „Die SPD ist in zunehmendem Maße zu einer Partei geworden, der man eine konzentrierte, moderne und liberale Politik leider nicht nachsagen[30] kann‟, meinte er. Eine

[22] **nicht ausbleiben** are not wanting
[23] **der Gründungsausschuß** founder's committee
[24] **auf die Beine helfen** put on its feet
[25] **nahestehend** be on friendly terms
[26] **unfreiwillig** involuntarily
[27] **das Kinderverschickungslager** camp for evacuated children during the war
[28] **die Meinungsverschiedenheit** difference of opinion
[29] **zugreifen** grasp, take the opportunity
[30] **nachsagen** credit with

Professor Ralf Dahrendorf (*rechts*) diskutiert mit Studenten in Freiburg, darunter Rudi Dutschke (*links*).

,,ungeheuer erschöpfte, mutlose und traurige Partei", nannte er sie in seiner Rede zum neunzehnten Parteitag[31] der FDP. Die Große Koalition tadelte er als die ,,unpolitischste aller Regierungen". Dahrendorf ist jedoch der Meinung, daß alle ,,deutschen Parteien, also CDU, CSU, SPD und FDP" an der ,,Malaise der deutschen Demokratie" und ,,der Starre[32] der deutschen Politik" Schuld tragen.[33] Was zur Rehabilitierung, Revitalisierung und Restabilisierung der Demokratie, der ,,abgewerteten"[34] und ,,gefährdeten demokratisch-parlamentarischen Institutionen", was zur ,,Stärkung der Effektivität der Bürgerrechte"[35] zu tun ist, kann nur durch eine Oppositionspartei erreicht werden, verkündete er.

Eine liberale Alternative will er seinen Landsleuten geben. Als klare, konstruktive Opposition soll die FDP den erstarrten großen Parteien gegenüberstehen.

Doch der an Erfolg gewöhnte Professor weiß genau, daß mit bloßer Opposition die ihm vorschwebenden[36] Ziele nicht zu verwirklichen sind. Er macht kein Geheimnis daraus, daß er die FDP an die Macht bringen will.

,,Mit Dahrendorf als Kanzler?" fragte einmal ein skeptischer Journalist. ,,Warum nicht?" war die kühle Antwort des politischen Neulings.[37]

In den Ohren der Bürger klingt das nach professoraler Arroganz. ,,Personenkult!" murren die Studenten verächtlich.

POLITISCHE MITTAGESSEN

Ich mache mich nach Stuttgart auf, um das politische Wunderkind in Aktion zu sehen. In Baden-Württemberg sind die Landeswahlen in vollem Gange.[38] Es sind die letzten Wahlen vor dem großen Test, der allgemeinen Wahl im Herbst 1969. Inter Nationes, die rechte Hand des

---

[31] **der Parteitag** party convention
[32] **die Starre** rigidity
[33] **die Schuld tragen** be guilty, be at fault
[34] **abgewertet** devalued
[35] **das Bürgerrecht** civil right
[36] **vorschweben** have in mind
[37] **der Neuling** novice
[38] **in vollem Gange sein** be in full swing

Bonner Presse- und Informationsamtes, teilt mir mit, daß Dahrendorf bei einem Mittagessen in Heumaden zu finden ist.

Ich fahre in das unweit von Stuttgart gelegene Dörfchen. Das Gasthaus „Zur Linde" ist ein adrettes, schiefstehendes Fachwerkhaus[39] mit einer malerischen Linde vor der Tür. Es sieht genau so aus wie ein Gasthaus Zur Linde aussehen muß. Nur das Pappschild, auf dem Mittagessen und Diskussion mit dem FDP-Kandidaten Professor Dr. Ralf Dahrendorf angekündigt ist, nimmt sich fremd neben dem offenen Eingang aus.[40]

Während ich das Schild lese, steigt ein Herr mit einem forschen Bärtchen und einer rosa Nelke im Knopfloch[41] aus einem Wagen. Er ist mittelgroß, schlank und trägt, nach englischer Art, einen Tweed-Anzug mit ungebügelten Hosen. Mit einem halben Lächeln, das den Gegensatz einer zu hohen Stirn und eines zu kleinen, runden Kinns akzentuiert, stellt er sich als „Dahrendorf" vor. Er erzählt, daß er an diesem Morgen direkt vom Bodensee gekommen ist. Ich erinnere mich, irgendwo gelesen zu haben, daß er dort mit seiner englischen Frau und zwei Töchtern in einer „komfortablen" Neunzimmer-Villa lebt. Beim Betreten des Gasthauses erwähnt er seine Erfindung: die politischen Mittagessen! Während des Wahlkampfes hat er dreißig bis vierzig geplant. „Essen muß man sowieso.[42] Auf diese Weise nütze ich die Zeit, mich bei den Wählern bekanntzumachen und mir ihre Ideen anzuhören."

Seine Art ist höflich und aufmerksam, aber nicht auf Anhieb einnehmend.[43] Nein, dieser FDP-Star mit der Nelke im Knopfloch ist kein Charmeur, der sich die Sympathien des Publikums im Sturm erwirbt.[44] Er ist eher ein „blutleerer Intellektueller" (so die Opposition), der sich Mühe gibt,[45] weniger blutleer und weniger intellektuell zu wirken.

An die zwanzig „Gäste" versammeln sich um Dahrendorf zum Mittagessen. Es sind zumeist ältere, aber politisch aufgeweckte[46]

---

[39] **das Fachwerkhaus** half-timbered house
[40] **sich fremd ausnehmen** look strange
[41] **die rosa Nelke im Knopfloch** pink carnation in the buttonhole
[42] **sowieso** anyhow

[43] **nicht auf Anhieb einnehmend** not immediately engaging
[44] **im Sturm erwerben** take by storm
[45] **sich Mühe geben** make an effort
[46] **aufgeweckt** alert

Frauen und enthusiastische, aggressive junge Männer. Bei Suppe und Bier entwickelt sich schnell ein Gespräch zwischen Wählern und Politiker. Jemand in der Runde hat Dahrendorf vor kurzem im Fernsehen gesehen. Dahrendorf lacht sein halbes Lächeln. ,,Fernsehen ist am wirksamsten, weil die Leute hinterher nicht wissen, was gesagt worden ist", kommentiert er trocken. Es ist die einzige witzige Bemerkung, die die Tischrunde zu hören bekommt. Dahrendorf ist ernst, gedankenvoll und ein bißchen zu selbstsicher.[47]

Optimistisch sagt er voraus, daß die FDP in Baden-Württemberg mindestens 3 Prozent mehr Stimmen gewinnen wird. (Sie gewann nur 1,4 Prozent mehr![48]) Er zieht gegen die Große Koalition zu Felde,[49] deren Ideenlosigkeit er für den Aufstieg der NPD verantwortlich macht. Obgleich er ,,keine Angst" hat, in der Opposition neben der NPD zu sitzen, wäre es ihm lieber, wenn die Große Koalition nicht fortgesetzt wird. ,,Der ausgebliebene[50] Machtwechsel half, das Mißtrauen gegen die Regierung zu stärken." Er spricht vom ,,Gefängnis der Immobilität" und von der notwendigen ,,demokratischen Erneuerung",[51] die allein von den Freien Demokraten eingeleitet werden kann.

Was er an Programmpunkten vorbringt, erscheint weder besonders neu noch radikal.

Unbarmherzig[52] beleuchtet er die starr gewordene außenpolitische Lage. ,,Die CDU/CSU spricht gern davon, daß wir Deutschen wieder wer sind[53] in der Welt . . . Das mag sein in Lissabon, in Monrovia und in Katmandu." Wer aber mit Politikern in London, Paris, Washington oder Moskau redet, wird etwas anderes erfahren, erklärt er sachlich. Es ist nicht so, daß die deutschen Pläne am Willen anderer scheiterten,[54] wie Bonn das darstellt. Es ist vielmehr so, daß in Bonn in den letzten Jahren gar keine Pläne für unsere Zukunft gemacht worden sind. Nüchtern hebt er hervor, daß gerade im Ausland immer wieder die Frage gestellt wird: ,,Wann denn endlich von uns einmal ein neuer

---

[47] **selbstsicher** self-assured, self-confident
[48] *The FDP received 14.4 per cent of the votes in that state.*
[49] **zu Felde ziehen** attack, go into battle

[50] **ausbleiben** not take place
[51] **die Erneuerung** renewal
[52] **unbarmherzig** unmerciful
[53] **wieder wer sein** be somebody again
[54] **scheitern** be wrecked

Gedanke in die internationale Politik gebracht wird, und was wir zu tun gedenken,[55] um die Quelle des Unfriedens auszuräumen,[56] die wir Deutschen in Europa darstellen."

Ähnlich wie die SPD skizziert er eine Friedenspolitik mit einem System von Ost-West-Verträgen. Gewaltverzicht,[57] Sicherheitsgarantien, Truppenverdünnung[58] und verstärkte Kontakte zur DDR (der Austausch von Vertretern zwischen der Bundesrepublik und der DDR wird nur von der FDP advokiert) sollen die bestehenden Militärblöcke und Fragen der Anerkennung überflüssig machen. Ärgerlich über die Lethargie der Regierung, fügt er hinzu, daß es der Bundestag zum Beispiel nicht einmal für nötig hielt, sich zu Vietnam zu äußern. Die Bereitschaft, sich „öffentlich zu den Tauben und nicht zu den Falken der inner-amerikanischen Diskussion zu bekennen", sieht er als Test der Auf-richtigkeit[59] der deutschen Politik an.

KEINE PARITÄTISCHE MITBESTIMMUNG

Die von ihm angestrebte Wirtschaftspolitik soll das Prinzip des freien Wettbewerbs[60] mit einer Demokratisierung vereinen, die den Arbeitern mehr Rechte garantiert. Die Antwort ist aber nicht Mit-bestimmung, wie sie Studenten und Gewerkschaften fordern, sondern die Stärkung der Bürgerrechte des Arbeiters in den Betrieben.[61]

In einer kurzen Diskussion mit einem Studenten wird es klar, daß Dahrendorf nicht für paritätische Mitbestimmung ist, bei der Arbeiter und Management gemeinsam Entscheidungen treffen, weil sie „auf ihre Weise zur Unbeweglichkeit" führt.[62] Der Soziologe ist für Mitbestimmung allgemeinerer Art. Er verlangt für den Arbeiter das Recht, gehört zu werden und seine Interessen zu vertreten. Der Arbeiter soll nicht ungefragt herumgeschoben werden, sondern ist vom Manage-ment über Entwicklung und Planung im Betrieb zu unterrichten. Den

---

[55] **zu tun gedenken** intend to do
[56] **die Quelle des Unfriedens ausräumen** clear up the source of discord
[57] **der Gewaltverzicht** renunciation of force
[58] **die Truppenverdünnung** thinning out of troops

[59] **die Aufrichtigkeit** uprightness, sincerity
[60] **freier Wettbewerb** free enterprise
[61] **der Betrieb** industry, factory
[62] **zur Unbeweglichkeit führen** lead to immobility

Hauptgrund des Mißtrauens zwischen Arbeiter und Management sieht Dahrendorf in der „Atmosphäre der Heimlichkeit"[63] und „fehlenden Diskussionsbereitschaft", die viele Entscheidungen des Managements begleiten. Geschickt bringt er das Mißtrauen zwischen Studenten und Universitätsverwaltung als Parallele ins Argument. „Zu oft werden Veränderungen und Neuerungen eingeführt,[64] ohne daß ‚die da oben' die davon Betroffenen[65] informieren", kritisiert er mit milder Strenge.

Mit seiner Forderung einer liberalen, Vertrauen schaffenden Gesellschaftspolitik stützt er sich vor allem auf Offenheit der Entscheidungen und Offenheit an sich.[66] In der Bildungspolitik bedeutet diese Offenheit, daß für den einzelnen eine Gleichheit der Chancen geschaffen wird. Ohne diese Offenheit hält er eine Hochschulreform für unmöglich. Zugleich aber läßt er keinen Zweifel darüber, daß eine liberale Politik „niemals mehr will, als den Menschen Türen öffnen". Es muß dem Individuum überlassen bleiben, sie zu durchschreiten.

Dahrendorf beeindruckt seine Zuhörer durch kühle Sachlichkeit.[67] Er gehört zu den wenigen Politikern, die auf emotionelle Entschuldigungen und Anschuldigungen verzichten.[68] Als Verstandesmensch appelliert er an den Verstand. Mit seiner Offenheit der Analyse schafft er sich Vertrauen und Respekt.

DIE OFFENE GESELLSCHAFT

Am gleichen Abend hält er im Kurhaussaal[69] von Bad Cannstatt eine Rede. Es regnet. Der Saal bleibt halbvoll. Viele junge Leute sind im Publikum, Ehepaare aus den oberen Schichten,[70] Akademiker[71] und Studenten. Hinter dem Rednerpult auf der großen leeren Bühne macht Dahrendorf den gleichen Eindruck wie beim Mittagessen: ernst, gedankenvoll und sehr selbstsicher. Seine Stimme ist trocken, fast unmelo-

---

[63] **die Heimlichkeit** secrecy
[64] **Neuerungen einführen** introduce innovations
[65] **die Betroffenen** involved persons
[66] **an sich** per se
[67] **die kühle Sachlichkeit** cool matter-of-factness, objectivity

[68] **auf Anschuldigungen verzichten** forgo accusations
[69] **der Kurhaussaal** ballroom of a casino in a spa
[70] **obere Schichten** upper crust
[71] **der Akademiker** person with college education

disch. Seine Formulierungen sind elegant. Seine abstrakten politischen Thesen verwandelt er mit großer Geschicklichkeit[72] in populäre Slogans. Er spricht glatt und schnell. Auf dem rapide fließenden Strom seiner Worte, Gedanken und Assoziationen getragen, erreicht der Zuhörer sicher und um manche Einsichten und Informationen bereichert das angesteuerte Ziel. Ja, Dahrendorf ist ein brillanter Redner, einer, der zum Nachdenken anregt.

Was er mit der Politik der Liberalität meint, mit der Stärkung der Bürgerrechte, dem Wagnis des Wandels, der liberalen Alternative, den Chancen für jeden, dem Recht auf Lebenserfolg und der offenen Gesellschaft, bringt er an diesem Abend deutlich zum Ausdruck.

Da gibt es zunächst eine Politik der Bürgerrechte für alle im Bildungswesen, die es auch ,,bisher benachteiligten[73] sozialen Gruppen erlaubt, eine Ausbildung nach ihrer Begabung"[74] zu erhalten. Im Gesundheitswesen[75] soll sich diese Politik in der Beseitigung aller Klassenstrukturen bei medizinischer Behandlung[76] manifestieren, in der Verringerung der Distanz zwischen Bürger, Recht[77] und Verwaltung und in der Unterstützung der Schwachen, Alten, Kranken und unverschuldet in Not Geratenen.[78] Hierzu stellt Dahrendorf jedoch folgende heikle, durchaus ambivalente Frage: ,,Ist ein politischer Eingriff[79] nötig, um dem einzelnen sein Bürgerrecht auf soziale Teilnahme zu eröffnen?"

Außerdem bekennt er sich zu einer Politik der Mobilität, der ,,Förderung der Bewegung von Menschen von Ort zu Ort" und von Beruf zu Beruf. Er proklamiert das Ende von Subventionen, soweit sie industrielle Veränderungen aufhalten.[80] Nicht Passivität wird belohnt, sondern die Bereitschaft, aus eigener Kraft voranzukommen.[81] Eine Sozialpolitik der ,,Anreize[82] zum individuellen Handeln", nennt Dahrendorf das.

---

[72] **die Geschicklichkeit** skill, adroitness
[73] **benachteiligt** disadvantaged
[74] **nach ihrer Begabung** according to their aptitude
[75] **das Gesundheitswesen** public health
[76] **die medizinische Behandlung** medical treatment
[77] **das Recht** law
[78] **die in Not Geratenen** the destitute (people)
[79] **der Eingriff** intervention
[80] **aufhalten** stop, hold back
[81] **vorankommen** get ahead
[82] **der Anreiz** incentive

Mit seiner Politik des Leistungsprinzips[83] bezweckt er Beförderungen auf Grund von Leistungen[84] und die Öffnung staatlich kontrollierter Berufe für begabte Außenseiter ohne die nötigen Diplome. Fast glaubt man einem liberalen Republikaner zuzuhören, wenn er vom „modernen freien Staat" spricht, der sich durch Vielfalt, dezentralisierte Entscheidungen und eine Politik der Konkurrenz gegenüber des Einheitlichen[85] und zentraler allgemeiner Regelungen auszeichnet. Mit einem Wort, er plädiert für die Wiederbelebung des föderalistischen Prinzips, für kommunale Verantwortlichkeit und Dezentralisierung anstelle von zentralisierter Macht und Konformität.

[83] **das Leistungsprinzip** merit system
[84] **auf Grund von Leistungen** on the basis of achievements

[85] **gegenüber des Einheitlichen** as opposed to uniformity

Wahlplakate der FDP

FDP – moderne Politik

CDU - SPD - Koalition bedeutet :
Immobilität - laue Kompromisse - Stagnation.

F D P - Opposition :   Mut zu neuen Ideen
                             Mut zu klaren Entscheidungen
                             Mut zu entschlossener Führung

Die FDP fordert :

1. Gesamtdeutsche Verständigung durch verstärkte Kontakte zur DDR.
2. Keine Beseitigung von Grundrechten durch Notstandsgesetze.
   Kein Gesetz für den „inneren Notstand".
   Bewahrung der parlamentarischen Demokratie.
3. Keine Manipulationen mit dem Wahlrecht, um die eigene Macht zu verewigen.
4. Einsparungen im Verteidigungshaushalt durch rationelleren Einsatz der Mittel insbesondere in der Verwaltung.
   Verkürzung des Grundwehrdienstes auf 12 Monate.
   Konventionelle – keine atomare Rüstung.
5. Eine Hochschulreform, die für mehr Menschen ein sinnvolles Studium ermöglicht und zugleich die notwendige Demokratisierung der Hochschulen garantiert.

FDP – liberale Politik
für eine
moderne Gesellschaft

Dahrendorf scheint überzeugt, daß die Epoche der faschistischen Bedrohungen nicht hinter uns liegt, „sondern in wesentlichen Teilen noch vor uns" ist. „Ich könnte mir denken", philosophiert er, „daß die großen Konflikte zwischen den Staaten der Welt in den nächsten Jahrzehnten durch die Front zwischen Formierung[86] und Liberalität bestimmt werden" und die „inneren Auseinandersetzungen der modernen Gesellschaften sich in ihren äußeren Frontstellungen spiegeln". Eine solche Entwicklung aber würde die Stabilität der alten politischen Fronten ins Wanken bringen[87] und die Neubildung parteipolitischer Fronten beeinflussen.

[86] **die Formierung** conformation, formation in accordance with certain principles

[87] **ins Wanken bringen** make teeter

Mit dem Anspruch[88] der FDP, „dieses Land zu regieren", beendet er seinen Vortrag. Der Beifall ist ehrlich und respektvoll, aber nicht spontan, nicht frenetisch. Niemand im Saal zweifelt an der Kompetenz des Sprechers. Daß dieser Intellektuelle außerdem noch den Mut zur politischen Aktivität hat, imponiert[89] dem Publikum.

Einige von denen, die auf dem Heimweg über das Konzept der offenen Gesellschaft nachdenken, mögen etwas ernüchtert zu dem Schluß kommen, daß die FDP nicht auf allen Sektoren echte Alternativen bietet. Aber auch sie werden sich mit dem Gedanken zu trösten wissen, daß die Partei nun endlich einen Chefideologen gefunden hat, mit dem sie Staat machen kann.[90]

Jedoch will Dahrendorf nicht nur Chefideologe bleiben. „Zur grauen Eminenz bin ich nicht geboren", sagte er einmal. Das Ziel seiner politischen Karriere hat der Professor noch lange nicht erreicht. Das wird erst der Fall sein, wenn der Chefideologe mit seiner Partei einen Staat machen kann!

[88] **der Anspruch** claim
[89] **imponieren** impress

[90] **Staat machen mit** (*coll.*) show off

6. Klaus Schütz:
Politiker von Beruf

DER langaufgeschossene[1] Sozialdemokrat Klaus Schütz war 41 Jahre alt, als er vom Staatssekretär im Auswärtigen Amt[2] zum Regierenden Bürgermeister Berlins avancierte. Bundesaußenminister Willy Brandt, sein Chef und Freund, machte den Vorschlag.[3] Entgegen[4] allen politischen Spielregeln plädierten zwei Bonner Minister, Brandt und Herbert Wehner, damals Bundesminister für Gesamtdeutsche Fragen, auf einem Berliner SPD-Parteitag für ihren Schützling.[5] Da die Sozialdemokraten in Berlin die Mehrheit haben, war damit die Wahl gesichert.

Von den 122 Berliner Abgeordneten stimmten nur 38 gegen Schütz. Als Nachfolger[6] des zurückgetretenen Heinrich Albertz trat er am 19. Oktober 1967 sein Amt als Berliner Bürgermeister an,[7] eine der wichtigsten autonomen Stellungen in der deutschen Politik.

Gewiß war der Berufspolitiker Schütz wie kein anderer für den schwierigen Posten qualifiziert. Seit fünfzehn Jahren hatte er in verschiedenen Ämtern mit den Problemen der geteilten Stadt zu tun gehabt. Er brachte daher nicht nur das notwendige theoretische Wissen mit, sondern auch einen Sack praktischer Erfahrungen.

Wenn man diesen reservierten, aber freundlichen Politiker trifft, der Bach liebt und moderne Literatur, spürt man sofort seine tiefe Ernsthaftigkeit. Leichte Understatements und eine feine Selbstironie

---

[1] **langaufgeschossen** lanky
[2] **Staatssekretär im Auswärtigen Amt** undersecretary of state
[3] **der Vorschlag** suggestion, proposal
[4] **entgegen** contrary
[5] **der Schützling** protégé
[6] **der Nachfolger** successor
[7] **das Amt antreten** take office

verbergen kaum die Zielstrebigkeit[8] dieses Mannes, dessen glanzvolle Karriere kein Zufall ist.

DER ANFANG

Er war 18 Jahre alt, als er 1945 mit einem verkrüppelten rechten Arm aus dem Krieg zurückkehrte. Als Sohn eines Heidelberger Rechtsanwalts[9] 1926 geboren, kam er als Neunjähriger mit seiner Familie nach Berlin. Hier besuchte er das Gymnasium, war in der Hitler-Jugend, wurde eingezogen[10] und Ende 1944 in Italien schwer verwundet. Sein Vater war in Rußland gefallen,[11] sein Elternhaus ausgebombt.

Mit dem Studium von Germanistik und Geschichte begann die zweite Lebensetappe;[12] erst an der Humboldt-Universität in Ost-Berlin, dann aber, als die Kommunisten Berlin mit ihrer Blockade plagten, an der Freien Universität West-Berlins. Nebenbei betätigte er sich politisch. Er wurde Mitglied der Sozialdemokratischen Partei, weil er es für seine Pflicht hielt, am politischen Geschehen beteiligt zu sein.[13] Als Stipendiat[14] der Harvard-Universität (1949–1950) wechselte er das Fach. Er studierte dort zwei Semester Politische Wissenschaften. Danach sah er sich mehrere Monate lang in Amerika um. Besonders interessierten ihn Wahlkampfmethoden und die Organisation der Gewerkschaften.

Wieder in Berlin, verfaßte[15] er als Assistent des Instituts für Politische Wissenschaften mehrere Schriften. Durch die Monographie *Wähler und Gewählte*,[16] eine Analyse der Bundestagswahlen von 1953, und seine Tätigkeit unter den Jungsozialisten machte er sich in der Partei einen Namen. Seit 1954 saß der Wilmersdorfer[17] SPD-Kreisvorsitzende[18] Schütz, der damals 27 Jahre alt war, im Berliner Parlament. Drei Jahre danach reiste er als Berliner Bundestagsabgeordneter nach Bonn.

---

[8] **die Zielstrebigkeit** purposefulness
[9] **der Rechtsanwalt** attorney
[10] **eingezogen** drafted
[11] **gefallen** killed in action
[12] **die Lebensetappe** phase of life
[13] **am Geschehen beteiligt sein** participate in events
[14] **der Stipendiat** recipient of a stipend

[15] **verfassen** to author
[16] **Wähler und Gewählte** electors and elected ones
[17] *Wilmersdorf is a district of West Berlin.*
[18] **der Kreisvorsitzende** district chairman

Für seine Partei fuhr er 1960 zum Studium des Kennedy-Nixon Wahlkampfes nochmals nach Amerika. Reich an Ideen kehrte er zurück und wurde für die Bundeswahlen 1961 zum Wahlstrategen des SPD-Kanzlerkandidaten Willy Brandt ernannt. Als Reisemarschall von Brandts sensationeller „Deutschlandreise", einer Art „whistle-stop campaign", zog er mit seinen amerikanischen Methoden viel Bewunderung auf sich, aber auch viel Spott;[19] besonders, nachdem Brandt die Wahl gegen Adenauer verloren hatte.

Dennoch gab es eine Belohnung. Schütz wurde Berliner Senator für Bundesangelegenheiten[20] in Bonn (1962). Der Senator ist eine Mischung von Verbindungsoffizier[21] und Berlin-Lobby. Es ist seine Aufgabe, Berliner und Bonner Politik zu koordinieren. Als der damalige Berliner Bürgermeister, Willy Brandt, dank der Großen Koalition 1966 zum Außenminister aufstieg, nahm er den jungen Schütz zu seinem Staatssekretär. Und es war wiederum[22] Brandt, der seinen Schützling als Ersatz für den gestolperten Bürgermeister Albertz nominierte.

Für jemand, der so lange als unbekannter „junger Mann" im Schatten des Parteihelden Willy Brandt gelebt hat, ist es nicht einfach, plötzlich das Scheinwerferlicht[23] auf sich zu lenken. Schütz wußte das. Er verlor deshalb keine Zeit, dem Publikum ein Schütz-Bild zu präsentieren, das mit dem Image Brandts das Aktive, Informelle und berlinerisch Aufgeschlossene gemeinsam hat. Nicht allen gefiel sein Drang,[24] möglichst schnell als Sprecher Berlins bekannt zu werden. Einen kalten Karrieremacher nannten ihn seine Feinde. Als Egoisten, dem es um globalen Ruhm geht, bezeichneten ihn andere. „Der Staatssekretär ist fasziniert von seinem Amt." Das hatte Günter Gaus[25] schon kritisch vor Schütz' Sprung nach Berlin in einem Artikel in *Christ und Welt* (August 1967) festgestellt.[26]

Charakteristisch ist vielleicht, daß Schütz, der sich gern als politischer

[19] **der Spott** derision
[20] **Bundesangelegenheiten** federal affairs
[21] **der Verbindungsoffizier** liaison officer
[22] **wiederum** once again
[23] **das Scheinwerferlicht** limelight

[24] **nicht allen gefiel sein Drang** not all liked his drive
[25] *Günter Gaus, longtime TV commentator, is chief editor of the magazine Der Spiegel.*
[26] **feststellen** ascertain

Pragmatiker bezeichnet, einmal sagte, er beurteile einen Politiker nach seiner Wirkung[27] aufs Publikum.

ZWEITER DEUTSCHER AUSSENMINISTER?

Kaum im Amt, reiste Schütz nach Washington, London und Paris, um die Alliierten milde an ihre Verpflichtungen[28] in Berlin zu erinnern und ihnen ein Bild der Lage Berlins zu geben.

Wie Willy Brandt scheint er durchaus geneigt zu sein,[29] an der Gestaltung der deutschen Außenpolitik mitzuarbeiten, solange die Berlinfrage mit der Deutschlandfrage verknüpft ist. Wie Brandt sieht er seine Rolle als eine Art zweiter Außenminister an, dessen Aufgabe es ist, die Welt mit den Problemen der geteilten Stadt bekanntzumachen.

Mit einer sechstägigen Tour durch Amerika setzte Schütz seine ambitiösen Pläne in Schlagzeilen um.[30] In Begleitung von elf Berliner Journalisten, Fernsehleuten, Radioberichterstattern und sonstigen Reportern zog er Ende Januar 1968 durch die amerikanischen Lande. Rührte er als Berliner Regierender in New York, San Franzisko, Los Angeles und New Orleans die Trommel[31] für die Berliner Wirtschaft im Sinne einer Planung auf weite Sicht,[32] so beantwortete er als zweiter Außenminister Fragen über Vietnam, Atomsperrvertrag und Détente.

Der politische Stratege, den Methode genauso interessiert wie politischer Inhalt, konferierte 35 Minuten mit Präsident Johnson. Es gab Gespräche mit Hubert Humphrey, Dean Rusk, New Yorks Bürgermeister, John Lindsay, und 45 Minuten mit U Thant in den Vereinten Nationen.

Empfänge,[33] Bankette und Reden sorgten dafür, daß der flott Englisch sprechende Harvard-Stipendiat mit Bankiers, Industriellen, Universitätsgruppen, führenden jüdischen Persönlichkeiten und amerikanischen Pressevertretern in Kontakt kam. Zur Erholung von den

---

[27] **die Wirkung** effect
[28] **die Verpflichtung** obligation
[29] **scheint . . . geneigt zu sein** seems to be inclined

[30] **in Schlagzeilen umsetzen** convert into headlines
[31] **die Trommel rühren** beat the drum
[32] **weite Sicht** long-range view
[33] **der Empfang** reception

Strapazen[34] trank er Lotte Lenya und anderen Schauspielern nach der Vorstellung des Broadway Musicals *Cabaret* zu. Doch wird selbst Sekttrinken mit Schauspielern zur Arbeit, wenn man wie Schütz kaum Alkohol trinkt.

Kühl, ruhig und intelligent, seine neutralen Bemerkungen so formuliert, daß sie möglichst viele erfreuen,[35] unterschied sich der Berliner nur in seiner Reserviertheit von amerikanischen Politikern seiner Generation. Und wenn er nicht den stillen, gelassenen[36] Charme Eugene McCarthys hat, der Teenager und Studenten so faszinierte, oder das strahlende Lächeln eines John Lindsay, so hinterließ er doch den Eindruck freundlicher Besonnenheit[37] und geistiger Aufgeschlossenheit.[38]

BERLINS SICHERHEIT IN DEN HÄNDEN DER ALLIIERTEN

Ja, er ist für den Atomsperrvertrag, meinte er auf einer Pressekonferenz im Hotel Waldorf, — vorausgesetzt,[39] daß dadurch die kommerzielle Atomforschung nicht behindert wird.

Ja, er ist für Friedensverhandlungen in Vietnam, — aber nicht für unilaterales Einstellen[40] der Bombardierungen.

Ja, er betrachtet West-Berlin als wirtschaftlich und finanziell integrierten Teil Westdeutschlands. Gleichzeitig aber bestand er darauf, daß die Sicherheit der Stadt Sache der Alliierten ist.

Daß die Alliierten für West-Berlin verantwortlich sind — und deshalb direkte Verhandlungen mit Ostdeutschland unnötig — war ein Konzept, das man in Bonn vor der Großen Koalition oft zu hören bekam. Noch im Jahre 1965 vertrat der Beobachter bei den Vereinten Nationen diesen Standpunkt. Manchmal ließ ein Bonner Beamter auch durchblicken,[41] daß die Amerikaner an dem Disaster der Teilung schuld sind, und es an ihnen ist,[42] die Karre aus dem Dreck zu ziehen.

---

[34] **zur Erholung von den Strapazen** for recreation from the strain
[35] **viele erfreuen** please many
[36] **gelassen** deliberate
[37] **die Besonnenheit** sensibility
[38] **die geistige Aufgeschlossenheit** intellectual open-mindedness
[39] **vorausgesetzt** provided
[40] **das Einstellen** stopping
[41] **durchblicken lassen** hint
[42] **es an ihnen ist** it is up to them

Erst mit Kiesingers Koalition begann Bonn unter Führung und Druck der Sozialdemokraten eine Ostpolitik der Annäherung und Entspannung.

Als „Lösung, die sich bewährt[43] hat", hält Schütz an der früheren Konzeption fest. Zugleich betont er jedoch, daß er jederzeit bereit ist, mit dem Osten zu verhandeln. Das sind nicht nur leere Worte. Schütz hat mit dem Botschafter der Sowjetunion, Piotr Abrassinow, in Ostberlin geredet und Briefe an Ostberliner Behörden[44] geschrieben. Dabei riskierte er immerhin, als „Anerkenner" und „Legitimierer" des Ulbricht-Regimes kritisiert zu werden. Vor den Wahlen von 1969 erkennt Schütz als einer der ersten Sozialdemokraten die Ostgrenzen als Realität an.

AMERIKANISCHE INVESTITIONEN WILLKOMMEN

Obgleich der Berliner Bürgermeister in Amerika zu einer Zeit für Investitionen in Berlin warb, als Präsident Johnson die Dollarausfuhr[45] zu beschränken suchte, glaubte er sich nicht im Interessenkonflikt mit der amerikanischen Regierung. „Unsere Aussichten sind günstig,"[46] kommentierte er in New Yorks Overseas Press Club. „Amerikas monetäre Beschränkungen[47] zwingen Investoren, die wirtschaftlichen Chancen besonders sorgfältig zu prüfen. Dank unserer steuerlichen Ermäßigungen können wir beträchtliche Profite versprechen."

Steuerermäßigungen und Subventionen waren seit Jahren Berlins Lockmittel[48] für neue Industrien. Sie machten die Stadt an der Grenze zur größten Industriestadt zwischen Paris und Moskau.

Industrie ist lebenswichtig[49] für die überalterte Stadt. Sie schafft Arbeitsplätze für junge Leute. Fast 20 Prozent der Berliner Bevölkerung ist über 65 Jahre alt und Empfänger von Renten[50] und anderen Wohlfahrtsunterstützungen. Die enormen Sozialausgaben[51] tragen entscheidend dazu bei, daß Bonn 45 Prozent des Berliner Haushalts subventionieren muß.

---

[43] **sich bewähren** stand the test
[44] **die Behörden** authorities
[45] **die Ausfuhr** export
[46] **die Aussichten sind günstig** chances are favorable
[47] **die Beschränkung** limitation
[48] **das Lockmittel** bait
[49] **lebenswichtig** vital
[50] **die Rente** social security
[51] **Sozialausgaben** social expenditures

Klaus Schütz, Regierender Bürgermeister von Berlin, beim Empfang des
Deutschen Generalkonsuls Dr. Curtius (*rechts*) in New York

STUDENTENREVOLTEN — BERLINS INNERE KRISE

Zwar war Berlin von keiner äußeren Krise bedroht (gewöhnlich
gut für die Wirtschaft), dennoch sprach der Bürgermeister in Amerika
von inneren Unruhen,[52] die eine „demoralisierende Wirkung" auf die
Bevölkerung haben.

Berlin, oder besser gesagt, die SPD Berlins, hatte in der Tat gerade
eine äußerst peinliche Krise hinter sich. Das Resultat war der Rücktritt

---

[52] **innere Unruhen** internal unrest

von Heinrich Albertz als Bürgermeister, der weder mit den Studenten-
demonstrationen und den Spannungen[53] innerhalb der Partei, noch
mit den Enttäuschungen der neuen Ostpolitik fertig wurde.[54] — Bei
den Verhandlungen für Weihnachtspassierscheine[55] (für Westberliner
zum Besuch von Verwandten in Ost-Berlin) hatte Schütz allerdings
später auch kein Glück bei den Ostberlinern.

Überall in Deutschland fordern Studenten die lange auf sich warten
lassenden akademischen Reformen und Mitbestimmung in Universitäts-
angelegenheiten. Wie in Berkeley machten die Studenten Berlins
Protestmärsche (etwa 16 000 studieren an der Freien Universität).
Liberale und die Neue Linke begrüßten Besucher wie Humphrey und den
Schah von Iran mit Buh-Rufen und Tomaten. Als aber am 2. Juni 1967
ein Student während der Demonstrationen gegen den Schah von einem
Polizisten erschossen wurde, marschierten militante Gruppen ins
Rathaus[56] Schöneberg. Die Studenten verlangten die Verurteilung[57] des
Polizisten und ein Ende polizeilicher Brutalität.

Der verwirrte[58] Senat stellte sich erst hinter die Polizei, dann hinter
die Studenten. Nachdem sie sich den rechten wie den linken Flügel der
Partei zum Feind gemacht hatten, entließen die sozialdemokratischen
Senatoren kurzerhand[59] ihren Bürgermeister. Es war ein politischer
Verzweiflungsakt.

Man hoffte, daß der junge, gelehrte Schütz, der einmal Assistent
am Institut für Politische Wissenschaften war, den richtigen Ton
gegenüber den rebellischen Studenten finden würde.

Die ersten Konfrontationen waren jedoch alles andere als ein
Erfolg. Zwar beklagte Schütz den Tod des Studenten, zugleich aber
trat er für den Freispruch[60] des Polizisten im Namen von Gesetz[61] und
Ordnung ein. Unter den jungen Idealisten nahm sich Schütz fast so
konservativ aus wie Adenauer. Er gab weder einen Kommentar zum
Krieg in Vietnam, noch wollte er die reaktionäre Springer-Presse,

---

[53] **die Spannung** tension
[54] **fertig werden** come to terms
[55] **der Weihnachtspassierschein** Christ-
mas pass
[56] **das Rathaus** city hall

[57] **die Verurteilung verlangen** demand
sentencing
[58] **verwirrt** confused
[59] **kurzerhand** abruptly
[60] **der Freispruch** acquittal
[61] **das Gesetz** law

der 70 Prozent der Berliner Presse gehört, kritisieren. Bald ließ ihn die Neue Linke „als Fackelträger[62] des Imperialimus" nicht mehr zu Worte kommen. Schütz mußte das Feld räumen.[63]

Angesichts dieses Fiaskos drängt sich der Gedanke auf, daß die Kluft[64] zwischen den nüchternen Vierzigjährigen und der heißblütigen Jugend, die weder Krieg noch Hunger kennt, genauso unüberwindbar sein könnte wie der Abstand zwischen mittlerer Generation und alter Garde.

Am University of Chicago Center for Policy Study beschrieb Schütz das besondere Problem der Berliner Hochschulen: die Konfrontation mit dem anderen Teil Deutschlands. (Zu bemerken ist hier, daß in Bonns politischem Jargon „der andere Teil Deutschlands" unter Kiesinger das Wort „Sowjetzone" ersetzt hat. Es war aber nach wie vor tabu, von Ostdeutschland als „Deutsche Demokratische Republik" ohne Anführungszeichen[65] zu sprechen, weil das als offizielle Anerkennung verstanden werden könnte.)

Ohne Zögern gab Schütz zu, daß vieles von dem, was die deutschen Studenten verlangen, gerechtfertigt[66] ist. Die Beteiligung junger Leute an der Politik befürwortend, meinte er jedoch, daß es Verschiedenes gibt, „was von außen gesehen fortschrittlich erscheint, aber fragwürdigen Inhalts[67] ist". „Wir sind nicht gegen andersartige Meinungen. Wir sind nicht gegen intellektuelle Fermentation. Das gehört zur Demokratie. Aber wir sind gegen Unordnung. Jede Demokratie hat ihre Spielregeln. Sie sind diskutierbar. Man kann sie ändern. Aber man kann sie nicht mit Füßen treten und niederschreien." Er betonte, daß man zwischen dem echten Anliegen[68] der Studentenschaft und den 200 bis 400 Extremisten unterscheiden muß.

Großes Verständnis zeigt Schütz gegenüber Studenten, die zur Normalisierung des Verhältnisses zwischen Ost und West die Anerkennung Ostdeutschlands verlangen. Der Gedanke der Koordinierung

---

[62] **der Fackelträger** torchbearer
[63] **das Feld räumen** clear out
[64] **die Kluft** gap, gulf
[65] **die Anführungszeichen** quotation marks

[66] **gerechtfertigt** justified
[67] **fragwürdigen Inhalts** of questionable content
[68] **echtes Anliegen** genuine concern

der beiden Teile Deutschlands wird in verschiedenen Kreisen erörtert; auch vom Kuratorium Unteilbares Deutschland,[69] das keineswegs aus Extremisten besteht.

ÄNDERUNG DES WESTBERLINER STATUS?

Schütz erwartet Versuche des Ulbricht-Regimes, West-Berlin von der Bundesrepublik zu trennen. Zwei Faktoren sprechen dafür: die neue Verfassung[70] der ostdeutschen Regierung, die eine neue Definition des Status von Berlin mit sich bringt, und die Bemerkung Ulbrichts auf einem Parteitreffen, daß ,,West-Berlin als Residuum des Zweiten Weltkrieges weggeräumt[71] werden muß".

Schütz zeigt sich jedoch nicht nervös. Er ist überzeugt davon, daß man zwischen dem Druck des Ulbricht-Regimes, das eine Änderung des Berlin-Status wünscht, und der generellen Status quo Haltung der Russen zu unterscheiden hat.

Mit einem ironischen Lächeln verteidigt er Willy Brandt. Die Ostdeutsche Regierung hatte ihm vorgeworfen,[72] daß er mit seiner Annäherungsoffensive das sozialistische Regime ändern will. ,,Wie kann gesteigerter technischer, wirtschaftlicher und kultureller Austausch oder größere Freiheit im Reisen den Sozialismus in Gefahr bringen?" fragt Schütz mit Recht. ,,Was für eine Art Sozialismus ist das, der sich von solchen Dingen bedroht fühlt?" Sachlich stellt er fest, daß zwischen Ost- und Westdeutschland seit langem lebhafte Kontakte im Innenhandel bestehen und die technische Kooperation in Eisenbahn- und Postverkehr[73] und anderen Sphären ausgezeichnet ist. Trotz der negativen Reaktion Pankows auf die westlichen Annäherungsversuche bleibt Schütz Optimist. ,,Auf die Dauer[74] wird man zu unseren Vorschlägen nicht Nein sagen können," folgert er optimistisch.

Im Kommentar zur Lage Berlins erinnert er zu Hause wie auch in Washington, Paris und London daran, daß Freiheit, Sicherheit und

[69] **das Kuratorium Unteilbares Deutschland** Committee for an Indivisible Germany. *A semiofficial organization promoting German reunification.*
[70] **die Verfassung** constitution

[71] **wegräumen** clear away
[72] **vorwerfen** reproach, accuse
[73] **der Eisenbahn- und Postverkehr** railway and postal traffic
[74] **auf die Dauer** in the long run

Wohlstand der Stadt auf drei Säulen ruhen: auf der Anwesenheit[75] der Alliierten, der Zugehörigkeit[76] zur Bundesrepublik und dem Willen der Bevölkerung, in Berlin zu leben und zu arbeiten, kurz, Vertrauen in die Zukunft zu haben.

Schütz ist kein Träumer. Wie andere Politiker seiner Generation, die die Folgen des Krieges gesehen haben, hat er sich politisch engagiert, um Exzeß und Extremismus zu bekämpfen. Er gehört zu der illusionslosen Altersgruppe, die weder an die Utopie eines Vereinten Europa glaubt, noch über nationalistische Strömungen[77] in Verzweiflung gerät.[78] Als Intellektueller ist er der Ansicht, daß vernünftige Politiker das Extreme mit Hilfe von sachlicher Diskussion und Analyse unter Kontrolle bringen können. Für ihn und andere gleichaltrige[79] Politiker bestehen die strengen Parteilinien nicht mehr. Fast alle praktizieren das politische Geben und Nehmen, den freien Austausch von Ideen und den Kompromiß des Möglichen. Zyniker meinen freilich, daß für Schütz Parteilinien deshalb nicht existieren, weil er sich im Grunde nur für eine Partei interessiert: die ,,Schütz Partei''!

Da er nicht zu den warmen, von Natur aus kontaktfreudigen[80] Politikern gehört, wird es der Bürgermeister trotz aller managerhaften Tüchtigkeit[81] nicht leicht haben, zur populären Figur zu werden. Aber sein scharfer Verstand und unemotioneller Pragmatismus sind unbezahlbare Eigenschaften am grünen Tisch.[82]

Daß Schütz ohne Krisenanlaß nach Amerika fuhr, nicht auf den Fersen[83] einer Blockade oder Mauer, war gute internationale Strategie. So werden sich die Amerikaner an ihn nicht als unangenehmen Bittsteller[84] erinnern, sondern als nüchternen Pragmatiker, dem es um eine Politik des Möglichen geht — als Mann, mit dem man reden kann.

---

[75] **die Anwesenheit** presence
[76] **die Zugehörigkeit** belonging, being part of
[77] **die Strömung** movement, trend
[78] **in Verzweiflung geraten** become despondent
[79] **gleichaltrig** same age
[80] **kontaktfreudig** eager to establish contact
[81] **die Tüchtigkeit** efficiency
[82] **unbezahlbare Eigenschaften am grünen Tisch** priceless qualities at the conference table
[83] **auf den Fersen** on the heels of
[84] **der Bittsteller** solicitor

Sollte Schütz nicht imstande sein,[85] das Berliner Problem zu meistern, wäre das nicht nur das Ende einer brillanten Karriere, sondern zugleich ein harter Schlag[86] für die Sozialdemokraten, die in Berlin regiert haben, so lange man sich erinnern kann.

[85] **imstande sein** be able   [86] **harter Schlag** hard blow

7. Adolf von Thadden:
Das ganze Deutschland
soll es sein![1]

ORT der Handlung: Ein dreiviertel voller Saal in einem Vorort[2] von Saarbrücken. An die 700 Männer und Frauen haben sich versammelt, um den Vorsitzenden der Nationaldemokratischen Partei Deutschlands (NPD) zu hören.

Die 1964 gegründete rechtsstehende NPD hatte in vier Jahren eine erstaunliche Anzahl von Freunden und Feinden gefunden. Schon 1968 sind die „Neonazis" mit 61 Abgeordneten in sieben Länderparlamenten vertreten. Die Zahl ihrer Mitglieder ist auf fast 50000 angeschwollen. Die FDP hat 80000. In drei Jahren konnten sich die Stimmen der NPD verfünffachen![3] Erhielt sie im konservativen Niedersachsen[4] statt der erwarteten 10 Prozent nur 5,2 Prozent der Stimmen, so überraschte sie durch ihre Stärke in Baden-Württemberg (fast 10 Prozent). Doch gelang es ihr 1969 nicht, in den Bundestag zu kommen. (Ihr Stimmenanteil stieg in den Jahren der Großen Koalition von 2 auf 4,3 Prozent.) Die Rufe der Unionsparteien nach ihrem Verbot[5] gaben der neuen Partei eine nicht unwillkommene Publicity. Denn weder Parteiprogramm noch Satzung[6] können ohne weiteres[7] als antidemokratisch interpretiert

---

[1] *Line from a poem by Ernst Moritz Arndt (1769–1890), German patriotic poet and professor of history, champion of the Freiheitskriege 1813–1815 against Napoleon and for the unification of Germany.*

[2] **der Vorort** suburb
[3] **verfünffachen** increase fivefold
[4] **Niedersachsen** Lower Saxony
[5] **das Verbot** banning by law
[6] **die Satzung** charter, statutes
[7] **ohne weiteres** readily

werden, auch wenn das nationalistische Vokabular unangenehme Assoziationen hervorruft. Thadden selbst hat wiederholt erklärt, daß sein Parteiprogramm auf dem Boden der Demokratie steht und die NPD „ein Teil der bestehenden demokratischen Ordnung Deutschlands" ist.

Abgesehen von Neugierigen[8] und jugendlichen Demonstranten, unterscheidet sich[9] das Publikum von dem anderer politischer Versammlungen vor allem dadurch, daß es den Versammlungssaal gesucht und auch gefunden hat. Denn die Besitzer der Turnhalle,[10] in der Thadden eigentlich sprechen sollte, hatten es sich in letzter Minute anders überlegt.[11] Sie fürchteten Proteste und Sachschaden.[12] Die Plakate, die die Thadden-Rede propagierten, waren von NPD–Gegnern systematisch von den Wänden gerissen worden. So mußte die Partei die Versammlung am Tage der Rede in den Vorort Völklingen verlegen.[13] In Eile wurden Versicherungen abgeschlossen.[14] Neue Plakate wurden geklebt und bevor der Leim trocken war von Studenten und jungen Linksstehenden wieder abgerissen. Die lokalen Zeitungen, die in Schlagzeilen von der Rede des Wirtschaftsministers Karl Schiller berichteten, erwähnten Thaddens Eintreffen in Saarbrücken mit keiner Silbe.

„THADDEN RAUS!"

Etwas steif steht der aristokratisch aussehende, 1921 auf dem Familiengut[15] in Pommern geborene „Bubi" von Thadden auf dem Podium. — Der Spitzname „Bubi" stammt aus früheren Tagen. Aus der Zeit nämlich, als er der national-konservativen Deutschen Reichspartei angehörte. Er war 28 Jahre alt, als er 1949 als jüngster Abgeordneter im Bundestag erschien. — Vergebens[16] sucht der große, blonde Mann, der wie der ihm ähnlich sehende Filmschauspieler Curd Jürgens zur Glatze neigt,[17] zu Wort zu kommen.

---

[8] **abgesehen von Neugierigen** apart from curiosity seekers
[9] **sich unterscheiden** distinguish oneself
[10] **die Turnhalle** gymnasium
[11] **es sich anders überlegen** change one's mind
[12] **der Sachschaden** property damage

[13] **verlegen** shift
[14] **Versicherungen abschließen** take out insurance
[15] **das Familiengut** family estate
[16] **vergebens** in vain
[17] **zur Glatze neigen** tend to baldness

„Thadden raus!" donnern die Demonstranten im Saal noch ehe der Redner den ersten Satz sagen kann. Saalordner[18] mit weißen Armbinden sausen durch den Saal, flüstern mit Polizisten, die nicht zu knapp vertreten[19] sind. „Wir wissen genau, wer die Störenfriede sind", sagt mir einer von ihnen, ein höflicher junger Mann in adrettem, dunklem Anzug. „Es ist undemokratisch, jemandem das Wort zu nehmen, bevor er was gesagt hat. Wo bleibt da die Redefreiheit? Schließlich haben die Leute nicht 2 Mark bezahlt, um diesen Lärm zu hören!" Um Demonstranten nach Möglichkeit fernzuhalten,[20] nehmen NPD-Redner gewöhnlich 2 Mark Eintritt.[21]

Eine Weile sieht es so aus, als ob Thadden nie zum Reden kommen würde. Das Mikrofon ist zu schwach, um das dumpfe „Thadden raus!" zu übertönen. Plötzlich kommt es an einem der Tische zu einem Wortwechsel. Eine Frau, die Thaddens Rede hören will, schlägt mit ihrem grünen Schirm auf einen der „Thadden raus" schreienden jungen Männer ein. Der Angegriffene[22] greift nach dem Schirm und zerbricht ihn. Sofort sind Saalordner und Polizisten zur Stelle. Der Schirmzerbrecher[23] wird aus dem Saal hinausgeschleppt.[24] Im Tumult bricht der Sprechchor[25] ab. Thadden, der nicht nur Sprechchöre, sondern auch das Werfen von Tomaten und Eiern gewöhnt ist, nützt seine Chance. Er beginnt zu reden und droht anderen Störenfrieden das gleiche Schicksal an.

KEIN DEMAGOGE

Bubi von Thadden sieht sehr dekorativ vor dem Plakat „NPD nötiger denn je"[26] aus. Er ist ein intelligenter und geschickter Redner, aber kein faszinierender Volkstribun. Er ist viel zu kühl und korrekt. Seine Sprache ist zu gewählt, zu hochdeutsch. Es fehlt ihm das Volkstümliche.[27] Mit einem Wort, er ist kein Demagoge. Er weiß das. Später sagt er mir, wie sehr er es bedauert, keinen Dialekt zu haben — wie

---

[18] **der Saalordner** usher
[19] **nicht zu knapp vertreten** not in short supply
[20] **fernhalten** keep away
[21] **Eintritt nehmen** charge admission
[22] **der Angegriffene** person under attack

[23] **der Schirmzerbrecher** person who broke the umbrella
[24] **hinausschleppen** drag out
[25] **der Sprechchor** chorus of chants
[26] **nötiger denn je** more necessary than ever
[27] **das Volkstümliche** the folksy touch

etwa Strauß. Applaus gibt es dennoch. Besonders wenn er von der Diskriminierung gegen seine Partei spricht. Mit Ironie erzählt er von einer Vertriebenenversammlung[28] in Berlin, bei der der Bürgermeister nicht erscheinen wollte, weil die NPD dabei war. Lächelnd macht er sich über das Durcheinander[29] auf außenpolitischem Gebiet lustig. Einerseits setzt Willy Brandt die NPD der SED (Sozialistische Einheitspartei)[30] gleich. Andererseits schreibt die *Prawda*, daß das Geld der NPD aus alten Nazikonten in der Schweiz und von Großindustriellen wie Krupp, Messerschmitt und Oetker kommt. Tatsächlich, verkündet er, hat die Partei noch nie eine Spende[31] über 5000 Mark erhalten. Der Parteiapparat wird aus den Monatsbeiträgen[32] von 3 Mark finanziert, davon geht eine Mark an den Kreisverband,[33] eine Mark an den Landesverband und eine Mark ans Hauptquartier, dessen Unkosten 28 000 DM im Monat betragen. Außerdem erhält die Partei Gelder von der Parteizeitung. Stolz betont er, daß die NPD eine Partei ohne Geldsorgen ist.

Viel Beifall findet auch seine Beurteilung[34] des Kommunismus, „dessen Ziele sich nicht geändert haben". Daß die in Deutschland seit 1956 verbotene kommunistische Partei virulent weiterlebt, weiß er, wenn er das Fernsehen anstellt. (Gemeint sind damit die von Liberalen kommentierten politischen Programme.) Und daß die Studentenrevolten von den Kommunisten geplant und finanziert sind, das scheint für ihn und sein Beifall klatschendes Publikum eine erwiesene[35] Tatsache zu sein.

Nur die Bemerkung: „Der russische Botschafter fordert das Verbot der NPD" hat nicht den gewünschten Effekt. Zwar gibt es Beifall, aber die Leute, die „mit Recht"[36] schreien, sind nicht zu überhören. Wieder bricht allgemeiner Tumult aus. An einem der Tische fliegt eine Bierflasche durch die Luft. In einer Ecke kommt es zur Schlägerei.[37] Diesmal befördern Polizisten Dutzende von jungen Leuten zur Tür hinaus.

Endlich kann Thadden fast ungestört weiterreden. Er fordert

---

[28] **die Vertriebenenversammlung** rally of expellees
[29] **das Durcheinander** the confusion
[30] *The Socialistic Unity Party is East Germany's government party.*
[31] **die Spende** donation
[32] **der Monatsbeitrag** monthly dues
[33] **der Kreisverband** county committee
[34] **die Beurteilung** assessment
[35] **erwiesen** proven
[36] **mit Recht** rightly so
[37] **die Schlägerei** fist fight

zu nationaler Besinnung und Selbstbehauptung[38] auf, zur Loslösung der beiden Teile Deutschlands aus den Militärblöcken als Vorstufe zur Wiedervereinigung.[39] Die Wiedervereinigung Deutschlands mit den Grenzen von 1937 ist der Hauptpunkt seines Programmes. Er fordert die Normalisierung des Verhältnisses zu den osteuropäischen Ländern, direkte Verhandlungen mit Moskau, das seiner Meinung nach allein über Teilung oder Nichtteilung Deutschlands entscheidet, und die Nichtaufgabe der Ansprüche[40] auf die Ostgebiete, einschließlich Danzig und Sudetenland. Nur wenn die Völker im westlichen Europa Bewegungsfreiheit[41] haben, kann es für sie nationale Selbständigkeit[42] geben. Nach der Räumung Europas durch Amerika und Rußland darf es aber kein Vakuum geben. Deshalb plädiert er — wie Strauß — für ein europäisches Verteidigungssystem.

Ähnliches sagen oder denken andere Politiker auch. Nachdem er von der Sicherheit der Arbeitsplätze zu reden beginnt, kommentiert ein junger Arbeiter enttäuscht: ,,Mit dem Käse[43] kann er doch kein Land gewinnen!" Den größten Beifall erntet er mit einer Attacke auf die protestierenden Studenten, denen er Fahrkarten nach China kaufen würde. ,,Die Hochschulen sind nicht für Happenings da, sondern zum Lernen!" Jetzt klatscht selbst der kritische junge Arbeiter.

Während im Saal alles unter Kontrolle ist, tut sich draußen einiges. An die hundert junge Leute haben sich auf der Straße versammelt, um den Neonaziführer beim Verlassen des Saals mit Stinkbomben und Tomaten zu begrüßen. Einige versuchen den Saal zu stürmen. Sie werden von einer hart zuschlagenden Polizeikette zurückgedrängt. Zum Zeitvertreib[44] intonieren sie ihr monotones ,,Thadden raus". Der Chor, der im Saal gedämpft zu hören ist, begleitet ominös den Rest der Ansprache. Thadden redet und redet in der Hoffnung, daß die Demonstranten des Wartens müde werden.

---

[38] **nationale Besinnung und Selbstbehauptung** national consciousness and self-assertion

[39] **die Vorstufe zur Wiedervereinigung** preliminary step to reunification

[40] **die Nichtaufgabe der Ansprüche** nonabandonment of claims

[41] **die Bewegungsfreiheit** freedom of movement, mobility

[42] **die nationale Selbständigkeit** national independence, autonomy

[43] **mit dem Käse** (*coll.*) with that sort of jazz

[44] **zum Zeitvertreib** to pass the time

FLUCHT DURCH DIE HINTERHÖFE[45]

Ich beginne mir über unseren Abgang[46] Gedanken zu machen.[47] Ich war mit Thaddens Wagen aus seinem Hauptquartier in Hannover nach Saarbrücken gekommen. Thadden wollte mich nach der Rede bis Frankfurt mitnehmen und am Flugplatz absetzen. Plötzlich kam mir zu Bewußtsein, daß das Verlassen des Saals in Begleitung Thaddens keine gefahrlose Sache war. Ich hatte keine Lust, mir von fanatischen Burschen Stinkbomben, Tomaten und womöglich[48] Bierflaschen an den Kopf werfen zu lassen. Aber was tun? Mich von Thadden zu separieren und die Nacht in Saarbrücken zu verbringen, erschien mir eine völlig unakzeptable Alternative.

[45] **der Hinterhof** backyard
[46] **der Abgang** exit

[47] **Gedanken machen** worry
[48] **womöglich** possibly

Adolf v. Thadden spricht

Adolf (Bubi) von Thadden

Links: Adolf von Thadden spricht auf einem NPD-Parteitag.

Thaddens Fahrer, Herr Meier, ein riesiger Exseemann mit enormen Schultern, scheint meine sorgenvollen Gedanken erraten zu haben. Er flüstert mir zu, daß unser Abgang über den Hinterhof durch eine von der Polizei gesperrte Seitentür gesichert ist. Da der „Chef" seine Rede bald beendet, soll ich mich schon in den wartenden Wagen setzen. Begleitet von zwei Polizisten schlüpfe ich durch eine schmale Seitentür in den dunklen Hof, auf dem Dutzende von Polizisten, teils als Reserve, teils zum Schutz[49] des Wagens herumstehen. Wie ich mich in den Mercedes setze, starrt mich ein junger Polizeileutnant frech und neugierig zugleich an. Ehe ich Zeit habe, darüber nachzudenken, ob er mich für Thaddens Frau oder Freundin hält, reißt Herr Meier die Wagentür für den „Chef" auf, springt hinter das Steuerrad und läßt den Motor an.[50] Ohne Scheinwerferlicht holpert der Wagen, von Polizisten gelotst,[51] durch die Dunkelheit in eine Gasse. Sie ist viel zu schmal für den breiten Mercedes. Zentimeterweise[52] bewegen wir uns vorwärts. Hinter uns ist immer noch das rhythmische „Thadden raus" zu hören. Endlich kommen wir an ein altes, auf eine Seitenstraße führendes Tor. Vorsichtig wird es von den Polizisten geöffnet. Einer von ihnen blickt sich auf der Straße nach allen Seiten um. Dann gibt er das Signal: die Bahn ist frei! Es ist den Demonstranten scheinbar nicht eingefallen, uns den Weg abzuschneiden. Ruhig zündet sich Thadden eine Zigarette an. „Mit zerbrochenen Fensterscheiben müssen wir immer rechnen", meint er gleichmütig.[53] „Den Wagen haben sie uns auch schon auf den Kopf gestellt",[54] setzt Herr Meier stolz hinzu, indem er die Scheinwerfer anschaltet und in forschem Tempo in die Seitenstraße fährt. Ängstlich sehe ich mich nach Verfolgern[55] um. Aber die Straße hinter uns ist leer. Ohne Zwischenfälle erreichen wir die Stadtmitte.

Aus einem der neben uns fahrenden Wagen lächelt aufgeregt eine Dame, die Thadden erkannt hat. Thadden, tief in Gedanken, bemerkt es nicht. Ich mache ihn auf seine Verehrerin[56] aufmerksam.[57]

---

[49] **teils zum Schutz** partly for protection
[50] **anlassen** start
[51] **lotsen** pilot
[52] **zentimeterweise** by centimeters, inch by inch
[53] **gleichmütig** indifferently

[54] **auf den Kopf stellen** overturn
[55] **der Verfolger** pursuer (person pursuing)
[56] **die Verehrerin** female admirer, fan
[57] **aufmerksam machen auf** call attention to

Thadden freut sich und winkt. Voller Begeisterung winkt die Dame zurück.

Plötzlich ist die Spannung wie weggeblasen. „Unsere Flucht durch die Hinterhöfe war wie eine Szene aus einem Film", sage ich amüsiert. Leicht fließt das Gespräch dahin. Thadden berichtet von ähnlichen Abenteuern in anderen Orten. Er erzählt von seinen beiden Töchtern und seiner Frau, einer Ärztin, ohne deren finanzielle Hilfe seine prekäre politische Karriere unmöglich gewesen wäre. Wir sprechen Englisch. Thaddens Englisch ist fließend und ohne Akzent. „Ich habe die Sprache als Kind von meinen englischen Cousins gelernt. Sie kamen uns jeden Sommer in Pommern besuchen", erklärt er. „Meine Mutter ist halbe Engländerin. Einer meiner Urgroßväter war David Hume."[58]

DIE FRÜHEN JAHRE

Thadden gehört zu der Generation, die von der Schulbank in den Krieg ging. Als Hauptmann kämpfte er in Polen, Frankreich, Griechenland und Rußland und wurde dreimal verwundet. Er hatte der Hitler-Jugend angehört, aber — so behauptet er — nicht der Nationalsozialistischen Partei. Sein Stiefbruder Reinhold, Mitglied der CDU, wurde dreimal von den Nazis verhaftet, und auch seine Stiefschwester Elisabeth hatte Schwierigkeiten mit Hitlers Regime. Nach seiner Entlassung[59] aus dem Kriegsgefangenenlager[60] nach Ende des Krieges machte er sich in die Heimat nach Pommern auf. Dort wurde er von den Polen als amerikanischer Spion verhaftet.

Als Vertriebener trifft er ein Jahr danach in Westdeutschland ein. Er betätigt sich als Journalist und kommt über die Vertriebenenverbände zur Politik. Er tritt der Deutschen Reichspartei[61] bei und wird 1949 als Abgeordneter nach Bonn geschickt. Da er nicht wiedergewählt wird, bemüht er sich, besonders nachdem er den Vorsitz der Partei führt, die kleinen rechtsstehenden Parteien und Gruppen zu einer national-

---

[58] *David Hume (1711–1776), Scottish philosopher, statesman, and historian.*
[59] **die Entlassung** release
[60] **das Kriegsgefangenenlager** prisoner-of-war camp

[61] *The party was dissolved in 1964; before 1950 it was known as **Deutsche Rechtspartei**.*

konservativen Partei zusammenzufassen.[62] Das Resultat ist die von ihm konzipierte NPD.

NAZI-IMAGE

Zu Thaddens Kummer haftet das Nazi-Image, das die Deutsche Reichspartei plagte, auch der neuen NPD an.[63] Humorvoll erzählt er von der Einladung einer amerikanischen Universität, die ihn wieder auslud,[64] nachdem sie herausfand, daß Thadden als „Neonazi" bekannt sei.[65] Eine Einladung vom kanadischen Fernsehen wurde ebenfalls zurückgenommen.

Offen spricht er über das Nazi-Image, das der Partei im Wege steht. „Wir versuchen, in dieser Hinsicht[66] besonders im Ausland und bei der Regierung aufklärend zu wirken. Wir müssen dieses Image im Ausland noch vor den Bundestagswahlen [1969] zum Verschwinden bringen. Wir wissen, daß wir es im Innern durch demokratisches Handeln beseitigen[67] können. Denn wir sind keine autoritäre, sondern eine demokratische Partei. Wir respektieren das Recht der Mehrheit und die Meinung der Minderheit.[68] Wir wollen das demokratische System nicht stürzen, sondern einen Platz innerhalb dieses Systems belegen. Wir bekennen uns zum Grundgesetz.[69] Wir haben kein Führerprinzip. Im Gegenteil. Wir fördern die freie Meinungsbildung innerhalb unserer Partei. Bei uns gibt es widersprüchliche[70] Meinungen zu den verschiedensten Fragen. Bei einer so jungen Partei kann das gar nicht anders sein."

Er gibt zu, daß im NPD-Vorstand von dreißig Mitgliedern immer noch zehn alte Nazis sind. Aber er vergißt nicht, zu erwähnen, daß es auch in anderen Parteien alte Nazis gibt. „In Bonn wird behauptet, ein Drittel unserer Mitglieder sind Nazis. Wie kann das sein, wenn fast die Hälfte unserer Mitglieder nach 1930 geboren wurden? Das Durchschnittsalter[71] unserer Mitglieder ist 41 Jahre. Wir sind eine junge Partei, wenn nicht die jüngste.

[62] **zusammenfassen** combine
[63] **haftet ... an** sticks to
[64] **ausladen** (*coll.*) "uninvite," withdraw the invitation
[65] **bekannt sei** is supposed to be known
[66] **in dieser Hinsicht** in this regard
[67] **beseitigen** remove, eliminate
[68] **die Minderheit** minority
[69] **zum Grundgesetz bekennen** acknowledge the basic law (constitution)
[70] **widersprüchlich** contradictory
[71] **das Durchschnittsalter** average age

Was er nicht sagt, ist die Tatsache, daß das Nazi-Image nicht nur schadet. Es bringt rechtsstehende und rechtsradikale Stimmen ein! Wie bei unserem ersten Treffen in Hannover fällt es mir wieder auf,[72] wie warm und sympathisch Thadden im Gespräch wirkt. Als Redner teilt sich nur das Reservierte mit. Gleich, was über Thadden und seine Partei gesagt wird: es ist unmöglich, sich den disziplinierten Gentleman Bubi mit den makellosen Manieren[73] als Volksverführer[74] vorzustellen.

Die Frage, ob Thadden ein Rechtsradikaler ist, hatte ich mir schon in Hannover gestellt, nachdem ich mich sechs Stunden lang in seinem Hauptquartier mit ihm unterhalten hatte.

Erst wenn man eine solche Frage zu beantworten sucht, versteht man, wie fließend die Grenzen zwischen Rechtsradikalismus und Konservatismus sind. Wie sehr sich die politischen Begriffe[75] und Programme überschneiden!

Oder könnte es sein, daß zwischen Thadden, Parteiprogramm und anderen Mitgliedern echte Differenzen bestehen? Paßt Thadden gar nicht zu seinen Anhängern? Ist er nur Aushängeschild?[76] Könnte es sein, daß die Partei an Schizophrenie leidet?

NATIONALDEMOKRATEN ODER NEONAZIS?

Entschieden lehnt Thadden die Beschuldigung ab, die NPD sei antisemitisch. „Das wäre doch pervers. Hier in Deutschland haben wir ja fast keine Juden mehr. Ich finde sogar, daß wir uns an der militärischen Effizienz der Israeli ein Beispiel nehmen sollen. Unsere Bundeswehr täte gut daran,[77] ihre Leute dort zu schulen! . . . Natürlich nehmen wir Juden in unsere Partei auf. Selbstverständlich haben wir auch jüdische Mitglieder."

Anders klingt es, wenn der Landesverband Nordrhein-Westfalen die Frage, ob Juden NPD-Mitglieder werden können, beantwortet.

---

[72] **es fällt mir wieder auf** it strikes me again
[73] **makellose Manieren** faultless manners
[74] **der Volksverführer** seducer of the people
[75] **der Begriff** concept
[76] **das Aushängeschild** window dressing, front
[77] **täte gut daran** would do well

„Natürlich", heißt es da, „wenn sie sich für Deutschland so kategorisch einsetzen wie in Palästina für den israelitischen Staat. Allerdings kann man sich nicht zur gleichen Zeit für zwei Staaten einsetzen." Einen ähnlich beunruhigenden[78] Kommentar findet man in der Parteizeitung *Deutsche Nachrichten* (Nr. 7, 1965). „Heine[79] ist Jude, und da die Lyrik noch mehr als jede andere dichterische Gattung[80] Ausdruck des Nationalcharakters und der Volksseele ist, so kann Heine unmöglich der größte Lyriker nach oder mit Goethe sein." Bedeutet das, daß ein Jude kein Deutscher sein kann?

Obwohl die NPD die Wiedergutmachung[81] befürwortet, ist sie gegen Waffenlieferungen[82] an Israel. Ihre Begründung[83] ist, daß dadurch die Freundschaft mit den Arabern verloren geht und „mit den von der Bundesrepublik bezahlten Waffen (im Werte von einigen 100 Millionen Mark) geschossen wird" (*Deutsche Nachrichten*, Juni 1967).

Auch wirft man der NPD Rassismus vor. Thadden sagt mir dazu, daß man kein Rassist ist, wenn man nach dem kalvinistischen Bruderprinzip die Ansicht vertritt, daß „die verschiedenen Rassen auf dieser Welt von Gott geschaffen wurden, damit sie nebeneinander, miteinander aber nicht durcheinander[84] leben. Die Entwicklung der Schwarzen treibt selbst dahin, sie wollen Selbstverwaltung."[85] Er prophezeit, daß Amerika eines Tages Studienkommissionen nach Südafrika schicken wird, um zu studieren wie vier Millionen Weiße mit vierzehn Millionen Schwarzen koexistieren. Er gibt zu, daß Apartheid (vom *Politischen Lexikon* der NPD befürwortet) keine Lösung für Amerika ist. Im Prinzip ist er nicht gegen Entwicklungshilfe,[86] die von der NPD heftig attackiert wird, sondern gegen einzelne Maßnahmen. „Ich bin für echte Hilfe, aber nicht Geschenke. Freunde kann man sich nicht kaufen."

Gegner der NPD schreiben der Partei einen emotionalen Fremdenhaß zu.[87] Tatsächlich tauchen die Wörter „fremd", „Überfremdung"

---

[78] **beunruhigend** disquieting
[79] *Heinrich Heine (1797–1856) one of Germany's greatest poets.*
[80] **die dichterische Gattung** poetic type, genus
[81] **die Wiedergutmachung** restitution
[82] **die Waffenlieferung** supply of weapons
[83] **die Begründung** reasoning, reason
[84] **durcheinander** mixed with each other
[85] **die Selbstverwaltung** autonomy
[86] **die Entwicklungshilfe** development aid
[87] **zuschreiben** attribute

und „Verfremdung"[88] recht oft in Manifest und Reden auf. „Fremde Gewalt lastet auf dem geteilten Deutschland im geteilten Europa", so beginnt das Programm der NPD. Weiter heißt es, „die Verfremdung kann nur überwunden werden, wenn Europa und Deutschland zu ihrem ursprünglichen Charakter zurückfinden . . ." Oder im Manifest: „Raumfremde Mächte entmündigen[89] die Völker Europas und halten gemeinsam die Teilung Deutschlands und Europas um ihrer eignen politischen Ziele willen aufrecht . . . Wir proklamieren eine von fremden Interessen unabhängige deutsche Politik."

Aus emotionalem Fremdenhaß, so behaupten die Opponenten, lehnt die NPD die Fremdarbeiter[90] ab. Dieser Beschuldigung tritt der Landesverband Nordrhein-Westfalen, wie auch Thadden, mit recht pragmatischen Gründen entgegen.[91] Sie finden es ungerecht, wenn Fremdarbeiter Jahresverträge[92] bekommen, wo deutsche Arbeiter kurzfristig entlassen[93] werden können. Die Gelder, die die ausländischen Arbeiter in ihre Heimat schicken, kosten die Regierung jährlich 3 Milliarden in Devisen. Es wäre wirtschaftlicher,[94] meint der Landesverband, wenn deutsche Firmen in anderen Ländern Filialen einrichteten, anstatt immer mehr fremde Arbeiter ins Land zu holen, deren Rentenansprüche[95] in wenigen Jahren Hunderte von Millionen kosten werden.

Wenn die NPD gegen die Überfremdung der Wirtschaft opponiert, geschieht das angeblich aus Fremdenhaß. Wenn andere Politiker das gleiche tun, basiert das auf ökonomischen Überlegungen, klagt Thadden.

GEGEN DEN STATUS QUO: GESPRÄCHE MIT MOSKAU

Xenophobie soll auch für ihre Ablehnung der NATO verantwortlich sein. Dazu sagt Thadden: „Die NATO hat ihren Zweck erfüllt. Sie sollte

---

[88] **Überfremdung und Verfremdung** foreign influence (infiltration) and alienation of the self
[89] **raumfremde Mächte entmündigen** powers alien to the area disfranchise...
[90] **der Fremdarbeiter** foreign worker
[91] **entgegentreten** oppose, stand up to
[92] **der Jahresvertrag** annual contract
[93] **kurzfristig entlassen** dismiss on short notice
[94] **wirtschaftlicher** more economical
[95] **der Rentenanspruch** social-security claim

durch eine Periode der europäischen bilateralen Schutz- und Beistands-
pakte[96] ersetzt werden." Er hebt hervor, daß eine NATO, die auf
gemeinsames politisches Handeln verzichtet, militärisch unglaubwürdig
wird. „Wer nicht einmal auf der politischen Ebene[97] für die Lösung der
deutschen Frage aktiv wird, kann nicht verlangen, daß wir auf seine
militärische Zuverlässigkeit[98] im Ernstfall vertrauen. Weil das in Asien
und zu Hause gebundene Amerika die Dulles-Politik des ‚rollback' nicht
fortsetzen kann, fehlt die Prämisse des totalen Mitmachens[99] der USA in
Europa. Die ‚balance of fear' hat sich verändert. Deswegen muß eine neue
Politik versucht werden. Es muß ein machtpolitischer Ausgleich[100]
geschaffen werden." Aus diesem Grunde dringt er auf ein europäisches
Sicherheitssystem und direkte Verhandlungen mit den Russen.
Europas Einheit setzt die Überwindung der Teilung Deutschlands
voraus.[101]

„Mit den Russen ist über den Status quo noch nie gesprochen
worden. Als unser Botschafter [Hans] Kroll das in Moskau versuchte,
wurde er von der CDU/CSU zurückgerufen", erklärt Thadden, der
immer wieder betont, daß sich die Deutschen mit der Teilung nicht
abfinden.[102]

Daß die NATO tot ist, verkünden andere Politiker auch. Und vom
europäischen Verteidigungssystem und machtpolitischen Ausgleich
redet Strauß seit einem Jahrzehnt.

Überraschend ist, daß die nationalistische NPD keine Atombomben
für Deutschland verlangt. Sie will nicht mal, wie Strauß, einen Finger
am „atomic trigger". „Eine Atombombe für Deutschland ist völliger
Unsinn", kommentiert Thadden. „Es genügt, wenn Frankreich über
Atombomben verfügt."[103] Allerdings findet er es richtig, daß Deutsch-
land die französischen Atombomben mitfinanziert. Auch würde er
Waffen nicht in Amerika, sondern beim Nachbarn Frankreich kaufen.
Zudem kann er sich eine deutsch-französische Kooperation an dem
Fernlenkgeschoßprojekt[104] vorstellen, das Frankreich 30 Milliarden

---

[96] **der Schutz- und Beistandspakt** protection and aid agreement
[97] **die Ebene** level
[98] **die Zuverlässigkeit** reliability
[99] **totales Mitmachen** total involvement

[100] **der Ausgleich** balance
[101] **voraussetzen** presuppose
[102] **abfinden** put up with
[103] **verfügen** dispose
[104] **das Fernlenkgeschoß** guided missile

kostet. „Ich rechne nicht mit einem russischen Angriff, solange wir eine überzeugende Abschreckungskraft[105] haben."

Wie so viele deutsche Politiker würde Thadden den Atomsperrvertrag nicht unterschreiben. Es sei denn,[106] Rußland garantiert Kontrollrechte oder totale Abrüstung. „Totale Abrüstung[107] kann es aber nicht geben, weil 800 Millionen Chinesen vor Rußlands Tür stehen. Selbst wenn es wollte, kann Rußland nicht auf Atombomben verzichten. Aber wenn Rußland nicht darauf verzichten kann, kann es Amerika auch nicht. Im Kernpunkt ist die Frage der Abrüstung obsolet."

KEINE ALLEINSCHULD[108] AM KRIEG

Die NPD lehnt es ab, das Hitler-Regime für den Ausbruch des Krieges verantwortlich zu machen. Weil sie das nicht tut, akzeptiert sie auch nicht die Folgen des verlorenen Krieges. Sie weigert sich,[109] die Realität der „kommunistischen Eroberungen[110] von 1945" anzuerkennen. Deshalb lautet ihre These vom freien Vaterland: Das ganze Deutschland soll es sein!

Im Programm heißt es:

Die NPD verabscheut[111] Massenmord und Kriegsverbrechen[112] aller Zeiten und aller Völker. Seit Jahrzehnten lähmen die Bereitschaft zur Unterwerfung[113] und die Anerkennung der Kollektivschuld die deutsche Politik. Wir weisen die Behauptung der Allein- oder Hauptschuld Deutschlands an den Weltkriegen entschieden zurück.[114]

Thadden drückt sich mir gegenüber diplomatischer über Krieg und Nationalsozialismus aus. „Man kann nicht preisen, was mit einer Katastrophe endete. Es wäre zu keinem Krieg gekommen am 1. September 1939, wenn es nicht den deutsch-russischen Vertrag gegeben hätte. Neben Hitler ist auch Stalin verantwortlich."

---

[105] **die überzeugende Abschreckungskraft** convincing power of deterrence
[106] **es sei denn** unless, except
[107] **die Abrüstung** disarmament
[108] **die Alleinschuld** exclusive guilt *or* blame
[109] **sich weigern** refuse

[110] **die Eroberung** conquest
[111] **verabscheuen** abhor
[112] **das Kriegsverbrechen** war crime
[113] **die Bereitschaft zur Unterwerfung** readiness for submission
[114] **zurückweisen** reject

Im *Politischen Lexikon* wird man jedoch darüber informiert, daß „die Kriegstreiberei[115] der Vereinigten Staaten weitgehend[116] auf den Einfluß jüdischer Berater Roosevelts" zurückzuführen ist. Von anderen NPD-Leuten wird Hitler gern als Kämpfer gegen den Bolschewismus charakterisiert. In den *Deutschen Nachrichten* (Nr. 46, 1967) wird der Attentatsversuch[117] auf Hitler als verantwortungslos getadelt. Und das NPD-Vorstandsmitglied[118] Professor H. B. von Grünberg, ein ehemaliger Nationalsozialist, stempelt die Widerstandskämpfer[119] gegen Hitler zu Landesverrätern (*Deutsche Nachrichten*, Nr. 40, 1967). Geradezu erschreckend ist Peter Stöckichts Äußerung: „Der Krieg wurde durch den inneren Feind und das internationale Judentum[120] verloren." Rechtsanwalt Stöckicht ist NPD-Vorstandsmitglied in Baden-Württemberg.

Tröstlicher erscheint, was Thadden und seine Partei zum Kapitel Krieg und Frieden für die Gegenwart zu sagen haben. Auf dem Parteitag 1967 gab Thadden die „feierliche Versicherung",[121] daß „wir unter keinen Umständen einen Krieg beabsichtigen. Gerade wir Nationaldemokraten, deren oberstes Ziel das Überleben des deutschen Volkes ist, lehnen es aus tiefster Verantwortung ab, die Lösung der deutschen Frage durch den Krieg herbeizuführen, denn jeder Krieg auf europäischem Boden wäre der Untergang[122] des deutschen Volkes . . . Gerade als Deutsche lehnen wir es ab, unser Volk, das ohnehin durch die Teilung in beide Gesellschaftsordnungen eingezwängt[123] ist, in einen Krieg zwischen Kapitalismus und Kommunismus zu opfern. Deshalb ist eine nationale Partei heute die größte Garantie für die Erhaltung des Friedens, sie kann ihrem Wesen nach[124] weder Kriegsdienste für den Kapitalismus noch für den Kommunismus leisten."

---

[115] **die Kriegstreiberei** warmongering
[116] **weitgehend** to a large extent
[117] **der Attentatsversuch** attempt at assassination
[118] **das Vorstandsmitglied** member of the party's national committee
[119] **der Widerstandskämpfer** resistance fighter

[120] **das Judentum** Jewry
[121] **die feierliche Versicherung** solemn assurance
[122] **der Untergang** destruction, ruin
[123] **in beide Gesellschaftsordnungen eingezwängt** constrained by both social orders
[124] **ihrem Wesen nach** by its very nature

WIEDERVEREINIGUNG MIT DEN GRENZEN VON 1937

Wie aber reimt sich diese Garantie des Friedens mit dem Hauptpunkt des Programms, der Wiederherstellung der staatlichen Einheit[125] Deutschlands, also der Wiedervereinigung mit den Grenzen von 1937? Kann eine Revision des Kriegsergebnisses wirklich auf friedlicher Basis erfolgen?

Thadden und die NPD haben ihre Vorstellungen darüber. Über die Verwirklichung geben sie leider keine Auskunft. Gemeinsam mit den europäischen Nachbarn soll die Freigabe[126] Europas durch fremde Mächte (Amerika und Rußland) angestrebt werden. Ziel ist ein europäischer Staatenbund und ein europäisches Verteidigungssystem. Also eine Europäisierung der Deutschlandfrage im Sinne von Strauß? Thadden hält ohne die Wiedervereinigung Deutschlands kein geeintes Europa für möglich. Da weder Amerika noch Rußland unter der Teilung Deutschlands moralisch oder materiell leiden, muß sich Deutschland selbst um die Wiedervereinigung kümmern. In Europa wird es keine Ruhe geben, solange die Teilung besteht.

Im Manifest erfährt man es noch genauer: „Ohne ein wiedervereinigtes, unabhängiges Deutschland wird es kein einiges, befriedetes[127] Europa geben. Darum zuerst Deutschland, dann Europa!"

Wie beim Straußschen Konzept fragt man sich auch hier: Wer macht da mit?

Thadden, der im Gegensatz zur CDU/CSU für de Gaulles Alleingänge[128] nach Moskau dankbar ist, hofft auf Verständigung mit Frankreich. Wie der ehemalige französische Präsident will er nicht ein integriertes Europa, sondern ein Europa der Vaterländer, das unabhängig vom atlantischen Machtblock und von sowjetischer Diktatur ist. Von dieser Prämisse ausgehend,[129] glaubt er, daß Frankreich beim Kompromiß einer Wiedervereinigung mitreden wird. Keine Minute gibt er sich der Illusion hin, daß eine Wiedervereinigung mit Einheit der Systeme

---

[125] **die Wiederherstellung der staatlichen Einheit** restoration of national unity
[126] **die Freigabe** release
[127] **befriedet** pacified
[128] **der Alleingang** individual approach
[129] **ausgehend** starting

erreicht werden kann. Die liberale kapitalistische Wirtschaftsform wird der kommunistischen gegenüberstehen.

Wie und wann er die Russen an den Verhandlungstisch bekommt, weiß Thadden auch nicht. Nüchtern beurteilt er die Situation in Bezug auf die Ostgebiete. „Schlesien bleibt polnisch", meint er. Aber man muß den gesamten Anspruch darauf aufrecht erhalten, um bei den Friedensverhandlungen[130] etwas herauszuschlagen.[131] Thadden arbeitet auf lange Sicht. „So absurd und unrealistisch die Rückgewinnung[132] der Ostgebiete heute erscheinen mag, niemand kann sagen, ob die Russen in acht oder zehn Jahren nicht in einer ganz anderen Lage sind. Die Spannung zwischen Ost und West muß nicht Dauerzustand[133] sein. Es kann sich eine Situation in Asien ergeben, die zu völlig neuen Konstellationen führt. Auch deshalb dürfen wir unsere Ansprüche nicht aufgeben."

NATIONALISTISCHE TÖNE

Das Gefährlichste an Thaddens Forderung zur Restaurierung des „Vaterlandes" ist, daß sie utopische Hoffnungen im Volk erweckt, die zu Unzufriedenheit und Ressentiments führen müssen. Es sind mit nationalistischen Explosivstoffen geladene[134] Träume!

Dazu kommt ein nationaler Idealismus, der bewußt mit patriotisch-emotionalen Vokabeln wie „Nationalstolz", „National-gefühl", „Nationalbewußtsein", „nationale Würde", „Vaterland" oder „nationaler Notstand"[135] die Gefühle ansprechen soll. Gepaart mit anti-kommunistischer Propaganda und Protest gegen den amerikanischen Materialismus, ist er dazu angetan,[136] gerade bei den Jugendlichen nationalistische Leidenschaften zu entfachen.[137]

Genauso unsympathisch wie die nationalistisch-politische Sprache ist der kulturelle Jargon der NPD. Die Intoleranz gegen das Avant-

---

[130] **die Friedensverhandlungen** peace negotiations
[131] **herausschlagen** make the most of it, strike a bargain
[132] **die Rückgewinnung** recovery
[133] **der Dauerzustand** permanent situation

[134] **geladen** charged
[135] **nationaler Notstand** national emergency
[136] **ist ... dazu angetan** is likely to
[137] **entfachen** kindle

gardistische in der Kunst erinnert an die des Dritten Reiches. In einer der Musterreden[138] ist von der „kulturellen Überfremdung" die Rede. Da wird Jazz und Beat mitsamt der Zwölftonmusik Arnold Schönbergs[139] als atonaler Krach abgetan. Wütend kritisiert das Parteiblatt das Land Nordrhein-Westfalen, weil es 440000 Mark für ein „primitives geometrisches Gemälde" von Piet Mondrian[140] „verschleudert" hat. Moderne Kunst wird als Scheinkunst bezeichnet, als Produkt „krankhafter[141] Phantasie". Thomas Manns[142] entmythologisiertes Goethe-Porträt in seinem Roman *Lotte von Weimar* wird als „Haßpropagandawalze"[143] eines „Renegaten" angegriffen, der sich darüber ärgerte, daß er nicht Goethe war. Thomas Mann, der 1933 auswandern mußte, wird gar als „propagandistischer Zutreiber[144] des Feindes", als eine Art Landesverräter beschrieben (*Deutsche Nachrichten*, Nr. 36, 1968).

Das ist genau die Einstellung zu Kunst und Kultur, die man bei den Nazis unter der Rubrik „entartete Kunst"[145] fand.

Besonders alarmierend ist jedoch die Staatsmythologie, wie sie von dem ehemaligen Nationalsozialisten-Pädagogen Professor Ernst Anrich gepredigt wird. Seine autoritären Konzeptionen vom Staat im Sinne eines biologischen Kollektivismus hat er auf dem Parteitag 1966 propagiert. Die Ansichten des NPD-Leiters für politische Schulung bezeichnet die Partei als „geistige Basis" der nationaldemokratischen Politik.

STAATSMYTHOS

Wie bei den Nazis ist die Volksgemeinschaft[146] für Anrich eine mythische Größe:[147] „Die Gemeinschaft ist vor dem Einzelnen da, der Mensch lebt in einem Teil seines Wesens aus ihr." Dieser Satz wird

---

138 **die Musterrede** sample speech. *A speech issued by the party.*

139 *Arnold Schönberg (1874–1951), Austrian composer, originator of twelve-tone scale music.*

140 *Piet Mondrian (1872–1944), Dutch abstract constructivist painter.*

141 **krankhaft** sick, diseased, abnormal

142 *Thomas Mann (1875–1955), German novelist.*

143 **die Haßpropagandawalze** steamroller propaganda of hatred

144 **der Zutreiber** pusher

145 **die entartete Kunst** degenerated art

146 **die Volksgemeinschaft** national community

147 **die mythische Größe** mythical quantity

biologisch erklärt. „Nicht Buchen sind vor der nächsten Buche und waren vor der ersten da, sondern: die Artkraft,[148] Buche sein zu können. Ein Ganzes, eben jenes ‚Es' des Menschentums, ist vor jedem und vor allen einzelnen Menschen und allen Menschengruppen da . . . Eine Gemeinschaft ist also nicht beschlossen, sondern ersprossen."[149]

Unter Kollektivismus wird die „Zugehörigkeit zu organisch gewachsenen, genetisch festgefügten[150] Gruppen, beispielsweise zu Sippen, Stämmen oder Rassen" verstanden. „Ein ursprünglich gewachsenes Kollektiv ist in seinen bestimmenden Eigenschaften unveränderlich." Das Kollektiv ist dem „liberalistischen, gemeinschaftsfremden Individualismus überlegen." Das Bewußtsein, einem Kollektiv anzugehören, führt zu einem natürlichen Kollektivstolz. Das „Ich-Gefühl wird zum Wir-Gefühl" (*Politisches Lexikon*). Direkt aus der Hitler-Zeit könnte der Satz kommen: „Die Ehrfurcht vor dem Einzelleben[151] gerät leicht in Konflikt mit der Notwendigkeit der Erhaltung[152] des Lebens als Ganzem."

Das bedeutet also, die Unterordnung des einzelnen unter das höhere Wesen Staat. Der Wert des einzelnen wird von seinem Nutzen für die Gemeinschaft bestimmt. Weder Freiheit noch Menschenrechte[153] sind garantiert. Das Wohl der Gemeinschaft rechtfertigt den Eingriff ins Privatleben. Dazu noch einmal Anrich: „Der Staat ist höher als der Mensch . . . er hat Souveränität über sie [die Menschen], denn er vertritt das Volk als Ganzes." In der supraindividualistischen Tendenz, die dem Staat Priorität vor dem Einzelnen gibt, sieht das Bundesverfassungsgericht[154] ein ideologisches Symptom der Staatsauffassung antidemokratischer Parteien.

Auch die Nazis schrieben Volk, Gemeinschaft und Vaterland mystische absolute Werte zu. Wie Hitler hält die NPD nichts „vom zersetzenden"[155] Individualismus (*Deutsche Nachrichten*, Nr. 2, 1967).

---

[148] **die Artkraft** "life force" of the species. ***Art,*** *a concept between **Rasse** and **Volk,** was a favorite word in the Nazi vocabulary.*
[149] **ersprießen** sprout forth, grow
[150] **festgefügt** firmly joined

[151] **die Ehrfurcht von dem Einzelleben** reverence for the life of the individual
[152] **die Erhaltung** preservation
[153] **die Menschenrechte** human rights
[154] **das Bundesverfassungsgericht** federal supreme (constitutional) court
[155] **zersetzend** destructive. *A Nazi term.*

Es stimmt, die NPD haut kräftig auf die nationale Pauke.

Es wäre töricht, ihre starken nationalistischen Tendenzen zu unterschätzen. Ebenso töricht wäre es jedoch, sie zu dämonisieren.

Zum Glück ist Bubi von Thadden — trotz seiner aggressiven Wiedervereinigungsformel: Das ganze Deutschland soll es sein! — kein Hitler.

Doch wenn es irgendwo in deutschen Landen einen Politiker mit Diktatorengelüsten[156] gibt, wird er sich dieser Partei anschließen. Denn es ist die Partei, die ihm am sichersten das ideologische Fundament zur Bildung eines autoritären Staates liefert.

[156] **die   Diktatorengelüste**   yen   for dictatorship

Zweiter Teil

Engagierte und nichtengagierte Literaten

8. Martin Walser:
Geistige Abenteuer und Eloquenz

ER macht Dinge mit der deutschen Sprache, die man nicht für möglich hält. Er hat die Eloquenz Norman Mailers und legt Regungen des Bewußtseins bloß[1] wie James Joyce. Sein Realismus ist kritisch, seine Beobachtung präzise mit einem Schuß[2] Humor und Ironie. Er gehört zu den brillantesten deutschen Wortkünstlern.

Für seine Romane und Schauspiele[3] erhielt Martin Walser, 1927 in Wasserburg am Bodensee geboren, eine ganze Sammlung von Auszeichnungen:[4] 1955 den Preis der Gruppe 47;[5] 1957 den Hermann-Hesse-Preis; 1962 den Gerhart-Hauptmann-Preis; 1965 den Schiller-Gedächtnis-Förderpreis; und 1967 den Bodensee-Literaturpreis.

Walser betont immer wieder, daß er im Grunde nur über sich selbst schreibt, nur über die eigenen Schwierigkeiten. Seine in viele Sprachen übersetzten Romane[6] sind daher von faszinierender Subjektivität, verblüffender Empfindsamkeit[7] und unglaublicher

---

[1] **Regungen des Bewußtseins bloßlegen** lay bare the stirrings of consciousness

[2] **mit einem Schuß** with a dash

[3] **das Schauspiel** play

[4] **eine ganze Sammlung von Auszeichnungen** a whole collection of awards

[5] *Gruppe 47, literary group concerned with political involvement and esthetics.*

Formed in 1947 (hence its name) by Hans Werner Richter.

[6] *Ein Flugzeug über dem Haus, 1955; Ehen in Philippsburg, 1957; Halbzeit, 1960; Das Einhorn, 1966;* Frankfurt: Suhrkamp Verlag.

[7] **verblüffende Empfindsamkeit** stupefying sensitivity

Intimität. Ihn interessieren keine „großen Themen", keine historischen Leinwände, keine Helden. Die Frage, die er auch später auf der Bühne immer wieder stellt, ist: Wie kann man überhaupt leben? Und dann auch noch mit anderen?

Seine Helden sind Menschen des heutigen Alltags.[8] Die Welt um sie herum ist ihr Antagonist. Seine Werke leben von der Spannung zwischen ihren geistigen Abenteuern und der Realität. Statt eines großen dramatischen Konfliktes, gibt es bei ihm Serien von Konflikten, Krisen am laufenden Band,[9] die Entscheidungen verlangen, aber zumeist unentschieden bleiben. Statt einer kunstvoll verwobenen Handlung gibt es lose, nicht immer sinnvoll aneinandergereihte[10] Szenen. Oft findet die eigentliche Handlung nur im Geiste seiner handlungsunfähigen Charaktere statt.[11]

Durch subjektive Wortakrobatik beflügelt,[12] durch objektivierenden Humor in Perspektive gebracht, vermitteln[13] Walsers privat anmutende Erzählungen[14] Einsichten in die politischen, geschäftlichen und sexuellen Attitüden der deutschen Gesellschaft, die alle demoskopischen Umfragen[15] in den Schatten stellen.

„DAS EINHORN"[16]

Sein zelebrierter Roman *Das Einhorn* verrät kaum eine Spur von Handlung.[17] Ein Autor, Anselm Kristlein, bekommt von einer Schweizer Verlegerin den Auftrag ein Erotikon zu schreiben. Auf der Suche nach Material lernt er auf einer Party ein Mädchen kennen, mit dem er eine Weile lebt und liebt. Dann kehrt er, reich an Erfahrungen in der Liebe, aber arm an Buchseiten, wieder zu Frau und Kindern zurück und träumt von vergangenen Möglichkeiten. Was nach dem Lesen in Erinnerung bleibt, ist nicht Anselms Geschichte, sondern Bilder, Szenen und Gespräche. Etwa eine Szene im Zug, wo Anselm überlegt,

---

[8] **der Alltag** everyday
[9] **am laufenden Band** coming in succession, on the conveyor belt
[10] **aneinandergereiht** lined up next to each other
[11] **im Geiste stattfinden** take place in the mind
[12] **beflügelt** accelerated
[13] **vermitteln** convey, provide
[14] **privat anmutende Erzählungen** seemingly private stories
[15] **die Umfrage** poll
[16] **das Einhorn** unicorn
[17] **verrät kaum eine Spur von Handlung** reveals barely a trace of action

Martin Walser

ob er eine hübsche, in der Nase bohrende Mitreisende ansprechen[18] soll oder nicht. Er tut es nicht. Oder: eine schreckliche Party in der Villa eines Fabrikanten am Bodensee, bei der die ganze deutsche Wirtschaftswundergesellschaft versammelt ist. Oder: Eine köstliche Satire über Diskussionsabende und Diskutanten. Außerdem: viel Sexvokabular und viel Sex. Anselm mit der Geliebten im Zelt im Regen. Anselm mit einer ehemaligen Freundin im Hotel. Anselm bei einem Mädchen in der Wohnung...

Das Merkwürdige ist, daß Walsers Romane, obschon[19] sie in Deutschland spielen,[20] keine „deutschen" Romane sind. Im *Einhorn* sind zugleich alle westlichen Konsumgesellschaften eingefangen. Wie die revoltierenden Studenten, mit deren Ideen er sympathisiert, gehört Walser zu der Generation der jüngeren deutschen Kosmopoliten,

---

[18] **ansprechen** start a conversation
[19] **obschon** = **obgleich, obwohl**
[20] **spielen** take place

die einen offenen Blick für die Welt haben. Für sie gibt es kaum noch ein isoliertes nationales Problem. In diesem Sinne ist Walser einer der Hellhörigsten[21] unter den Schriftstellern. Interpretieren Günter Grass, Heinrich Böll[22] und Uwe Johnson die Deutschen in erster Linie im Zusammenhang mit der deutschen Geschichte und dem deutschen Charakter, so sieht Walser über die Grenzen hinweg. Er analysiert sie und die deutschen gesellschaftlichen Symptome in weltweitem Rahmen. Sein Vokabular spiegelt[23] dieses internationale Empfinden deutlich wider. Es wimmelt von französischen Ausdrücken, englischen Redewendungen, lateinischen Weisheiten, Schwyzertütsch,[24] italienischen Brocken[25] und amerikanischen Slogans.

Mit seinen Erinnerungsreigen[26] und der Fülle „unscheinbarer Situationen des Alltags" beschwört *Das Einhorn* Marcel Proust[27] herauf. — Aber als Kritik des Proustschen Zeitempfindens![28] Denn für Walser liefern Erinnerungen nur Verluste. Die Suche nach der vergangenen Zeit rettet nichts. Das Charakteristische aber — neben dem dynamischen Feuerwerk seiner phantasievollen sprachlichen Erfindungen, dem atemlosen Strom von Worten — sind Walsers zwischen Einsamkeit und Gemeinschaft balancierende Alltagshelden. Prekär bewegen sich die Unzulänglichen[29] in einer Welt gedachter Möglichkeiten und Wirklichkeit. Es sind Einzelgänger,[30] denen das Einhorn zum Symbol wird.

Mit kompromißloser Ehrlichkeit seziert[31] der Autor die Psyche des modernen mittelmäßigen[32] Menschen. Am individuellen Dilemma läßt sich der Verfall[33] der gesamten westlichen Gesellschaft ablesen. Das Kunststück gelingt:[34] Durch Verstand und Bewußtsein gefiltert,

---

[21] **einer der Hellhörigsten** one of the most keenly tuned-in persons

[22] *Heinrich Böll (1917–), post-World War II German author.*

[23] **widerspiegeln** reflect, mirror

[24] **Schwyzertütsch = Schweizerdeutsch**

[25] **der Brocken** fragment

[26] **der Erinnerungsreigen** roundelay of remembrances

[27] *Marcel Proust (1871–1922), French novelist, author of the monumental*

Remembrance of Things Past, A la Recherche du temps perdu.

[28] **das Zeitempfinden** perception of time

[29] **der Unzulängliche** inadequate person

[30] **der Einzelgänger** lone wolf

[31] **sezieren** dissect

[32] **mittelmäßig** mediocre

[33] **der Verfall** deterioration

[34] **das Kunststück gelingt** the trick comes off

werden subjektive Erlebnisse und Beobachtungen zu[35] Situationen, mit denen sich Leser in Berlin und New York identifizieren können.

GESPRÄCH IM ARBEITSZIMMER

Walser, der von 1946 bis 1948 in Tübingen Germanistik studiert hat, begann seine Karriere beim Rundfunk in Stuttgart. Später war er dort auch beim Fernsehen tätig. Erst nachdem er sich ganz dem Schreiben gewidmet[36] hatte, siedelte er nach Friedrichshafen am Bodensee und von dort aus in ein nahes Dorf über. Drei Zugstunden[37] von Stuttgart entfernt finde ich den Schriftsteller in einem bürgerlichen, grauen Haus inmitten eines Obstgartens.[38]

Er ist mittelgroß. Blaß. Unter in die Stirn gekämmten dunkelblonden Haaren wölbt sich eine breite Stirn, eine gerade Nase, ein weicher Kindermund, den er einmal als „Kälbermund" bezeichnet hat. Hinter funkelnden Brillengläsern Augen, die in die Ferne blicken. Er ist von zurückhaltender Freundlichkeit. Man hat das Gefühl, er würde wärmer, offener sein, wäre man nicht als Journalist mit der Absicht eines Interviews zu ihm gekommen.

Muß er sich erst an neue Gesichter gewöhnen? Langweilt es ihn vielleicht, über sich selbst zu sprechen?

Wir sitzen in seinem Arbeitszimmer. Durchs offene Fenster leuchtet grün der Obstgarten. Es ist kein ungewöhnliches Arbeitszimmer. Mit seinen zusammengetragenen Möbeln[39] und Bücherregalen könnte es auch einem Professor gehören. Auffallend und rührend zugleich die ungelenke Kinderzeichnung[40] eines Einhorns in farbiger Kreide in der Mitte eines Regals! Walser hat vier junge Töchter. Neugierig dringen sie der Reihe nach[41] unter allerlei phantasievollen Vorwänden in Vaters Arbeitszimmer vor und werden taktvoll und behutsam[42] auf den Weg geschickt.

Was ein literarisches Gespräch werden sollte, beginnt als politischer

---

[35] **werden ... zu** to grow into
[36] **sich widmen** devote oneself
[37] **die Zugstunde** hour by train
[38] **der Obstgarten** orchard
[39] **zusammengetragene Möbel** furniture haphazardly put together
[40] **die ungelenke Kinderzeichnung** awkward child's drawing
[41] **der Reihe nach** in turn
[42] **behutsam** discreetly, gently

Kommentar. Wie viele der jüngeren Schriftsteller, gehört auch Walser
zu den Engagierten.

   „Die Studenten sind nicht die einzigen, die ernsthafte Zweifel
daran haben, ob die Bonner Parteien das parlamentarische System mit
Leben erfüllen können", beginnt er ruhig. „Bei uns gibt es eine verbreitete
Desillusionierung. Die Gründe sind in der Abkapselung[43] Bonns und
der Politiker zu suchen. Sie entscheiden Dinge wie Machtwechsel und
Koalitionen unter sich und machen die parlamentarische Demokratie
unglaubwürdig. Der Inhalt der Bonner Weltanschauungspolitik[44] ist
veraltet. Es ist seit langem keine Politik mehr gemacht worden. Es
fehlt an klaren Zielen und Ideen. Keiner weiß, wie dieses Land in zehn
Jahren aussehen wird." (Das Gespräch fand vor der SPD/FDP
Koalition statt.)

DIE PARTEIEN: ALLERCHRISTLICHSTE SELBSTGEFÄLLIGKEIT[45] UND ABSOLUTISTISCHES DENKEN

   Von einer Partei wie die CDU, die „Keine Experimente" als Slogan
hat, verspricht sich Walser eher Stabilität als Veränderung. Sich
„kleinmütig[46] an das Erreichte zu hängen" bezeichnet er als typisch
deutsche Krankheit. „Die CDU als staatskonservative Partei ist
ängstlich und einfallslos geworden, besonders auf dem Gebiet der
Verwaltung und der Bildung." Die CDU Politiker, meint der Autor,
gefallen sich[47] in „allerchristlichster Selbstgefälligkeit". Kiesinger
verkörpert das „abendländische konservative Bürgertum, das mit
mittelalterlichen Kreuzzugsgedanken spielt". „Ich kenne dieses Mittel-
alter", seufzt er ironisch, „diese politische Schranke[48] gegen den
Sozialismus." Es regt ihn sichtlich auf, daß der Sozialismus in Deutschland heute noch als „illegal und lumpenhaft"[49] diffamiert werden kann.
„Aufgeklärte Liberale wie Professor Ralf Dahrendorf werden von der
CDU als ideologische Vorkämpfer der Linksliberalen persönlich

---

[43] **die Abkapselung** shutoff, insulation
[44] **die Weltanschauungspolitik** politics
   based on Weltanschauung (ideology)
[45] **die allerchristlichste Selbstgefälligkeit**
   most Christian complacency *or* con-
   ceit

[46] **kleinmütig** fainthearted, meek
[47] **sich gefallen** be pleased with oneself
[48] **die Schranke** barrier
[49] **lumpenhaft** mobbish, base
[50] **verunglimpfen** disparage, defame
[51] **hoch anrechnen** give high credit

verunglimpft!"[50] Walser rechnet es der FDP hoch an,[51] daß sie neben den „selbstgerechten[52] Unionsparteien" als einzige Partei eine selbständige Politik betreibt.

„Und die Sozialdemokraten?"

Walser schüttelt den Kopf. „Die SPD ist müde und konservativ geworden. Sie will mitmachen und mitbestimmen. Sie hat keine eigenen Ideen, keine Kraft und Energie mehr. Sie kann sich nicht freischwimmen. Es ist eine traurige Partei."

„Doch scheint Ihr Freund Grass anzunehmen, daß man sie von innen her beleben kann."

„Mit seiner innerparlamentarischen Opposition kann Grass auch nichts retten", antwortet Walser kurz. „Die Große Koalition läßt sich nicht rückgängig machen.[53] Dieses nach rechts tendierende Einparteiensystem hat die Entwicklung der sozialen Verhältnisse gestoppt. Es ist wie im Kaiserreich. Die SPD empfindet es als Majestätsbeleidigung,[54] wenn das Grundgesetz angegriffen wird. Ihr absolutistisches Denken gleicht einem Feudalismus, der das Bürgertum überwunden[55] hat. Mein Freund Grass macht noch einen anderen Fehler: er glaubt an die totale Meßbarkeit[56] politischer Wirkungen."

„Dann bleibt nur noch die FDP und die studentische außerparlamentarische Opposition?"

Walser nickt. „Ich habe mich vom zwanzigsten bis zum dreißigsten Lebensjahr von der westlichen Demokratie einlullen[57] lassen. Für mich ist die Studentenbewegung das Positivste, was sich in der deutschen Politik ereignet hat. Früher liefen die Studenten bei uns den alten Herren[58] nach. Der SDS ist eine Entwicklung, die hier fast nicht mehr für möglich gehalten wurde."

„Stimmt es, daß die Studentenunruhen Schuld am Wachsen der rechtsradikalen NPD tragen?"

„Das sagen Kiesinger und Brandt", entgegnet er schnell. „Sie wollen die Linke für die Rechte verantwortlich machen. Damit erheben

---

52 **selbstgerecht** self-righteous
53 **läßt sich nicht rückgängig machen** cannot be reversed *or* revoked
54 **die Majestätsbeleidigung** lese majesty

55 **das Bürgertum überwinden** overcome the bourgeoisie
56 **die Meßbarkeit** measurability
57 **einlullen** lull to sleep
58 **alte Herren** alumni

sie die NPD zum Schiedsrichter."[59] Walser findet es lächerlich, sich bei politischen Aktionen danach zu richten, ob es der NPD nützt oder schadet. Er läßt keinen Zweifel darüber, daß die NPD durch die gewaltige Enttäuschung über die Große Koalition Wasser auf ihre Mühle bekam. Vom Aufschwung der Nationaldemokraten kommen wir auf die deutsche Vergangenheit zu sprechen.

Walser, der das Hitler-Phänomen aus der politischen Unerfahrenheit[60] und dem unentwickelten politischen Bedürfnis der Deutschen zu erklären sucht, wehrt sich[61] gegen das Konzept der Belastung durch die Vergangenheit.[62] Auf die Geschichtslosigkeit der Deutschen hinweisend, schreibt er zu diesem Thema in dem Essay „Ein deutsches Mosaik".[63]

Man kann das einem Volk nicht zum Vorwurf machen, das zum ersten Mal in seiner Geschichte einem politischen Abenteurer zum Opfer fiel. Wilhelm der Zweite[64] war ja fast noch ein legaler Nachfahre des Mittelalters gewesen. Was man an seinem Versagen gelernt hatte, ließ sich auf Hitler nicht anwenden.

Der Schriftsteller macht es klar, daß er die Studentenunruhen als „Test der politischen Haltung" der Regierung betrachtet. Heftig kritisiert er die Autorität, die nicht in ständiger Diskussion mit dem Bürger bereit ist, Gründe für ihre Aktionen zu geben. Als Gegenbeispiel[65] führt er die FDP an, die Fragen wie die Oder-Neiße-Linie, zu der ihre Führenden keine uniforme Haltung haben, öffentlich diskutiert. „Warum diskutieren die Regierungsvertreter nicht mit den Studenten? Nur Dahrendorf fuhr während der Studentenaufstände nach Berlin, um zu sehen was los war.[66] Das Fehlen einer sachlichen Auseinandersetzung führt zu einer Verhärtung[67] der politischen Fronten, für die ein Preis zu zahlen sein wird." Zutiefst entsetzt zeigt Walser sich über Politiker,

---

[59] **der Schiedsrichter** umpire, referee
[60] **die Unerfahrenheit** inexperience
[61] **sich wehren** resist
[62] **die Belastung durch die Vergangenheit** burden of the past, liability for the past
[63] *Erfahrungen und Leseerfahrungen,* Frankfurt: Suhrkamp Verlag, 1965.

[64] *William II (1899–1941), emperor of Germany and king of Prussia (1888–1918).*
[65] **das Gegenbeispiel** counterexample
[66] **was los war** what was going on
[67] **die Verhärtung** hardening

die angesichts der Studentenproteste erklärten, nun werden sie „erst
recht" für die Notstandsgesetze stimmen.

REVOLUTION AUF RATEN

Im Sinne der Studentenbewegung hat sich Walser für eine „ständige
Veränderung ohne Umsturz" erklärt. Im Wochenmagazin *Der Spiegel*
(Nr. 15, 1968) schrieb er darüber:

„Sicher ist — und das sollten Mao-lesende Studenten wissen —, daß eine
Revolution nicht importiert werden kann. Ebenso sicher ist: Wer bei uns,
gelenkig vor lauter Realismus,[68] die Evolution als einzig fromme Gegenwart
predigt, der ist schon von der Vertröstung geschluckt[69] . . . Wer die Revolution
wirklich will, der muß die Revolution betreiben. Das heißt: Er muß die
Demokratisierung dieser Gesellschaft fordern bis zu einem Grad, der von den
jetzigen Stoppern als sündhaft, gesetzeswidrig[70] oder gar kommunistisch
diffamiert wird". Walser macht klar, daß die Parteien als etwas „Vorläufiges"[71]
anzusehen sind. „Unsere demokratische Geschichte hat gerade erst begonnen
und wird noch 100 oder 100000 Jahre dauern; da ist es ein bißchen sehr
kühn, wenn uns SPD und CDU und ihr intellektueller Set bedeuten wollen,
prinzipiell hätten wir mit dem angelsächsischen Muster der Privilegien-
Demokratie schon das Ziel unserer Geschichte erreicht. Im Gegenteil: Wir
sind am Anfang. Die Revolution — auf Raten — geht weiter."

„Streben Sie einen Sozialismus an?" frage ich den Autor.

„Es muß eine soziale Symmetrie hergestellt werden", antwortet
Walser sachlich. Er stellt sich das in Form einer Vergesellschaftung
der Industrie und der Erziehung unter Kontrolle von Kommune, Land
und Bund[72] vor. Wie viele Intellektuelle ist er unzufrieden mit der
Pressekonzentration und der Springer-Presse, die es durch „das
Verketzern[73] einer Gruppe [Studenten der APO] in Berlin praktisch
unmöglich machte, ein veränderbares Klima zu schaffen."[74] Der
Boykott der Springer-Presse durch die einflußreiche literarische Gruppe

---

[68] **gelenkig vor lauter Realismus** pliable
from all that realism
[69] **von der Vertröstung geschluckt** swal-
lowed up by consolation
[70] **gesetzeswidrig** unlawful
[71] **etwas Vorläufiges** something provi-
sional *or* temporary

[72] **Kommune, Land und Bund** community,
state, and federal government
[73] **das Verketzern** abusing, witch hunting
[74] **ein veränderbares Klima schaffen**
create a changeable climate

47 war Walsers Idee. Er möchte Wege finden, die den Journalisten
unabhängig von seinem Verleger machen. Eine demokratische Presse
könnte er sich deshalb auch als öffentliche Körperschaft[75] nach dem
Modell des deutschen Rundfunks denken.

Kritisch steht der Schriftsteller einer Bildungspolitik gegenüber,
die nicht jedem gleiche Bildungschancen gibt. Hochschulreform,
Neugründungen von Universitäten und Verkürzung der Studienzeit
sollen die Chancen zur Bildung verbessern. Befürwortend spricht er
von Professor Dahrendorf, Rektor der Universität Konstanz, der die
Verhältnisse so zu gestalten sucht, daß sich die ungleichen Chancen
egalisieren. Aber er glaubt nicht, daß Dahrendorf und die FDP das
schaffen[76] können.

POLITISIERUNGSANLASS

„Seit einigen Jahren haben Sie durch Proteste und Reden politisch
Stellung genommen. Was bewegte Sie dazu?"

„Seit 1945 ist vieles geschehen. Man kann sich nicht mehr distan-
zieren von der Gesellschaft, in der man lebt. Man muß mitverkraften,[77]
was die westliche Welt anstellt, muß darauf reagieren. Wie einst Algerien,
wurde für uns die außerparlamentarische Opposition Politisierungsanlaß",[78] erklärt er. „Als ich 1958 nach Harvard reiste, hatte man das
angenehme Gefühl, auf der richtigen Seite der Welt zu sein. Drüben
stalinistischer Terror — hier der Prozeß der Demokratisierung im
Gange. Damals war die SPD noch akzeptabel. Der Abbau des
schüchternen Demokratisierungsversuchs[79] kam erst später." Er blickt
gedankenvoll in den Obstgarten. Wenn er von Harvard spricht, leuchten
seine Augen. „Krampfhaft[80] nach der Antwort des Westens suchend"
nahm er die Einladung zum Internationalen Seminar an. Teilnehmer
aus 41 Nationen hatten sich zum Sommerkursus eingefunden. Professor

---

[75] **die öffentliche Körperschaft** public
corporation
[76] **schaffen** bring it off
[77] **mitverkraften** (*coll.*) cope with, endure
along with others
[78] **der Politisierungsanlaß** cause for
becoming politically active

[79] **der Abbau des schüchternen Demo-
kratisierungsversuch**s dismantling
of the timid attempt at democrati-
zation
[80] **krampfhaft** frantic, compulsive

Kenneth Galbraith sprach zu ihnen und Mrs. Eleanor Roosevelt, die Walser „ein bißchen komisch" fand, Thornton Wilder war da und andere Größen aus Kultur, Politik und Wissenschaft. Es war so faszinierend, erinnert sich Walser, daß er ein ganzes Vierteljahr die Universität nicht verließ.

Zwar blieb seine Harvard-Erinnerung ungetrübt, aber nicht sein Amerika-Bild.

DAS VIETNAM-BÜRO

Walser ist gegen Krieg. Doch die Bezeichnung Pazifist lehnt er ab. „Das klingt nach Partei, das klingt besserwisserisch[81] und hat einen sektiererischen Beigeschmack",[82] meint er. Im Gegensatz zu den Pazifisten ist er nicht gegen die Wehrpflicht,[83] sondern für die Verkürzung des Wehrdienstes von achtzehn auf zwölf Monate.

Obwohl Walser, wie er sagt, nicht zur Politik neigt, fühlt er sich von den Umständen gezwungen, sich politisch zu betätigen. „Ich bin provoziert und habe dieser Provokation nachgegeben. Aber gerade seitdem ich Reden halte, habe ich entdeckt, daß Politiker eine andere Muskulatur haben. Ich muß mir nämlich alles aufschreiben", lächelt er mit einiger Verlegenheit. Denn das Ablesen[84] politischer Reden hält er für völlig unwirksam.

Durch den Krieg in Vietnam fühlte sich Walser so provoziert, daß er 1966 ein Vietnam-Büro gründete. Durch eine Unterschriftensammlung[85] für eine Bittschrift sollte der Bundestag veranlaßt[86] werden, Vietnam und den Anteil Deutschlands am Krieg zur Debatte zu bringen. Zum anderen sollte auf eine bessere Dokumentation der Vietnam-Berichterstattung[87] gedrungen werden.

„Über Vietnam haben wir erst spät, erst seit die Amerikaner verloren, ausführliche Presseberichte erhalten", kommentiert er. „Erst dann nämlich rückte man in Deutschland von der Befürwortung des Krieges ab. Wenn die USA gewonnen hätten, wäre das anders", philosophiert

---

[81] **das klingt besserwisserisch** that has a know-it-all quality
[82] **der sektiererische Beigeschmack** sectarian (bigoted) flavor
[83] **die Wehrpflicht** military draft
[84] **das Ablesen** reading from a script
[85] **die Unterschriftensammlung** collection of signatures
[86] **veranlassen** induce
[87] **die Berichterstattung** news coverage

er bitter über das „Naturgesetz der Geschichte." Walsers Vietnam-Büro
wollte 100000 Unterschriften sammeln, brachte es aber nur auf 30000.
„Die nicht formierbare außerparlamentarische Opposition war dabei
keine große Hilfe", konstatiert er trocken über den Mißerfolg.

Zum Thema Vietnam äußerte sich Walser bei einer Protestaus-
stellung[88] deutscher Künstler in München:

„Dieser Krieg hat bei uns eine freundliche Presse . . . Die Tagesschau[89]
und hundert hilfswillige Zeitungen singen das Lied vom grausamen
Krieg, den die USA widerwillig,[90] aber sachlich tapfer führen, eine
von Computern befohlene und gedeckte Menschenjagd . . . Wenn wir
schon nichts vermögen[91] gegen den Verfall der USA und gegen unsere
eigene Verfallenheit[92] an dieses seit zehn Jahren rasant dekadierende
System, dann kann es nicht sinnlos sein, diesen Verfall und unsere
Verfallenheit wenigstens festzustellen . . . Ein Verbrechen ein Verbrechen
zu nennen, kann nicht sinnlos sein . . . In der Bevölkerung, sagen die
Meinungsforscher,[93] wächst allmählich die Ablehnung, aber diese
Ablehnung findet nicht den geringsten politischen Ausdruck, weder im
Parlament noch in der Regierung . . . Frankreich hat sich [gegen den
Krieg] ausgedrückt, England auch . . . Es charakterisiert uns doch wohl
als Gesellschaft, wen wir unterstützen und wen wir bekämpfen."

SCHREIBEN—EINE IDIOTISCHE SPEZIALISTENKRANKHEIT

Mit komischer Verzweiflung stellt der Schriftsteller fest, daß das
Schreiben in so einer Zeit nicht mehr genügt. „Das Schreiben ist eine
idiotische Spezialistenkrankheit! Wenn man nicht dabei wäre[94] . . . "
er macht eine hilflose Geste und läßt das Ende des Satzes in der Luft
hängen. Fast leise fährt er fort: „Man tut es nicht freiwillig, sondern
notgedrungen."[95] Das klingt wie eine Entschuldigung.

Bei „notwendiger Schreiberei" handelt es sich immer um[96] Ver-

---

[88] **die Ausstellung** exhibition
[89] **die Tagesschau** TV news
[90] **widerwillig** unwillingly
[91] **vermögen** be able to do, capable of
   doing
[92] **die Verfallenheit** addiction
[93] **der Meinungsforscher** pollster

[94] **wenn man nicht dabei wäre** if one were
   not engaged in it
[95] **notgedrungen** forced by necessity,
   compulsively
[96] **bei notwendiger Schreiberei handelt
   es sich immer um** concerning necessary writings it is always a matter of

teidigung, schreibt er in „Freiübungen".[97] Aber auch der Schreiber, der angreift, handelt aus der Situation der Notwendigkeit heraus. Nur, urteilt Walser, kann er „selten die Blindheit übermitteln, mit der er gesegnet ist, die ihn zum Angriff fähig macht."

Auf die unvermeidliche Frage, welche Dichter ihn am meisten beeinflußt haben, lächelt Walser gelassen.

„Diese Wirkungen kann man nicht messen, soll man nicht rechnen." Er spricht von beabsichtigten und unbeabsichtigten Wirkungen in der Arbeit und den zahlreichen Mißverständnissen darüber. „Anlaß zum Schreiben sind mir allein die eigenen Schwierigkeiten", weicht er aus.[98]

Aus seinen Schriften wird jedoch klar, welche Schriftsteller ihn beschäftigt und fasziniert haben. Er berichtet, daß er im Alter von 15 Jahren Hölderlin[99] auf dem Dachboden[100] gefunden und mit einer Begeisterung gelesen hat, die keineswegs verblaßt[101] scheint. Heinrich Heine las er im Gefangenenlager. Er ist mit den Charakteren Thomas Manns aufs intimste vertraut und bewundert die Proustsche Bewußtseinsforschung.[102] In „Leseerfahrungen mit Marcel Proust" stellt er fest, „daß Proust mir täglich viele Male in Erinnerung gerufen[103] wird, und daß ich durch diese Erinnerung in meiner Meinung, in meinem Urteil wahrscheinlich beeindruckt werde, ob ich will oder nicht." Nur Prousts Suche nach der „verlorenen Zeit" macht ihm Schwierigkeiten. In seinen „Erinnerungsfeiern",[104] so Walser, diesen „der Zeit entzogenen Fragmenten" will Proust mit Hilfe der Kunst die „Ordnung der Zeit" aufheben[105] und uns den „Gedanken an den Tod weniger schrecklich, ja sogar leicht machen". „Das habe ich zwar interessiert gelesen", kommentiert er, „weil es ja vom Tod handelt, aber es ist mir weder ein- noch aufgegangen,[106] wieso eine wiedergefundene Zeit und

---

[97] **Freiübungen** (mental) gymnastics; *Erfahrungen und Leseerfahrungen,* Frankfurt: Suhrkamp Verlag, 1965
[98] **ausweichen** evade, dodge
[99] *Friedrich Hölderlin (1770–1843),* German poet.
[100] **der Dachboden** attic
[101] **verblassen** become pale
[102] **die Bewußtseinsforschung** investigation of consciousness

[103] **in Erinnerung rufen** call to mind
[104] **die Erinnerungsfeier** celebration of remembrances
[105] **aufheben** invalidate, cancel out
[106] **es ist mir weder ein- noch aufgegangen** I have neither comprehended nor understood

ihre Auferstehung im Kunstwerk[107] die Zeit aufheben soll." In „Frei-übungen" kommt er auf den „Irrtum" Prousts zurück. Gedächtnis und Erinnerung retten nichts. „Gerettet wird nichts. Auch nicht durch die Kunst", heißt es da. „Das Muster wird gemacht und dann zerstört. Die Kunst zeigt nur, daß nichts gerettet wird."

Voller Anerkennung charakterisiert er den besonders geschätzten Franz Kafka,[108] „dieses bis zum Irrsinn zarte Gewissen". Mit Bewunderung stellt er fest: „Aber Kafka, dieser absolute Moralist, kann tatsächlich nur übertönt, nie aber überholt werden."[109] Und an anderer Stelle. „Wie schwierig es ist, ein Gewissen zu haben und doch abends noch lachend auf die Straße zu gehen, das ist uns ja kaum mehr gesagt worden seitdem".

Beeindruckt zeigt er sich aber auch von literarischen Größen wie Robert Musil, Walter Benjamin und dem Schweizer Robert Walser,[110] die alle wie Kafka und er selbst „fast nur über sich schreiben."

Wir sprechen vom Schicksal des Romans. — „Kann man heute überhaupt noch Romane schreiben?"

Wieder lächelt er sein gelassenes Lächeln. „Die Existenz des Romans ist seit vielen Jahren in Frage gestellt worden. Bei uns in Deutschland wurde die Diskussion durch das Dritte Reich verzögert.[111] Der deutsche Roman der fünfziger Jahre ist deshalb noch anachronistisch." Walser scheint nicht besorgt um den Roman, auch wenn er im Augenblick dazu neigt, in Sachgebiete und ins Absurde zu entfliehen.[112] Der ungegenständliche[113] Roman wird von ihm nicht befürchtet und nicht erhofft. „Die Wörter sind dagegen. Sie stammen genauer von Gegenständen ab als der Hund vom Wolf." Es klingt durchaus zuversichtlich, wenn er sagt: „Es wird immer wieder eine neue Form gefunden werden."

---

[107] **die Auferstehung im Kunstwerk** resurrection in a work of art

[108] *Franz Kafka (1883–1924), Austrian writer.*

[109] **kann . . . nur übertont, nie aber überholt werden** can only be drowned out but never surpassed

[110] *Robert Musil (1880–1942), Austrian novelist; Walter Benjamin (1892–1940), German writer; Robert Walser (1878–1956), novelist and poet.*

[111] **verzögern** delay, postpone

[112] **in Sachgebiete . . . zu entfliehen** escape into nonfictional subjects

[113] **ungegenständlich** nonobjective

WÖRTER SIND FÜR DIE KATZ[114]

Aber wie alle Schriftsteller hat auch Walser seine Zweifel. In „Freiübungen" kommen sie deutlich zum Ausdruck. „Da aber eher ein schwankender Berufsglaube[115] nervös verteidigt wird, eine etwas bodenlose Losgelöstheit[116] beansprucht wird, darf man annehmen, daß wir unsere Zweifel haben. Vor der Arbeit und nach der Arbeit. Schreibend verdrängen[117] wir sie."

Trotz aller Skepsis über die Rolle der Literatur — „weil sie als Kampfmittel nicht mehr notwendig ist, dient sie jetzt zur Ausstattung"[118] —, bewahrt Walser einen zähen Optimismus. Die Hoffnung, Literatur könne doch eine Veränderung der Gesellschaft bewirken, dringt immer wieder durch. Zwar verkündet er: Wörter sind für die Katz. Also, Wörter werden nichts ändern. Aber er überzeugt niemanden von dieser These, nicht den Leser, nicht sich selbst.

Diese relative Traurigkeit, die sich einstellt,[119] wenn er [der Autor] weiß, alle seine Wörter sind für die Katz, das ist bei ihm der Grund der ganzen Schreiberei. Vor Hoffnung muß er sich hüten.[120] Das heißt positiv: er ist andauernd in Gefahr, doch auf Veränderungen zu hoffen . . . Offensichtlich ist er nicht durch und durch klug.

Aus Zweifel und Hoffnung des Gehörtwerdens[121] bezieht Walser seine Ironie. Aus dieser pikanten Mischung von Erwartung und Resignation wächst aber auch das Subjektive, das Interesse an eigener Bewußtseinsforschung.

Der Schreiber kümmert sich endlich ganz um sich selbst und wenn er sich aus dem Sattel gehoben hat, stellt sich heraus, daß er alle mitriß,[122] die im Sattel saßen. Das ist sicher Utopie. Aber vielleicht nützt es, an ihrer Realisierung zu scheitern.

Wahrscheinlich ist seine Auffassung,[123] daß alle Wörter in den Wind gesprochen sind, zugleich für den generösen Wortkonsum

114 **für die Katz** to no purpose, good for nothing
115 **schwankender Berufsglaube** teetering belief in the profession
116 **bodenlose Losgelöstheit** excessive loosening, liberation
117 **verdrängen** push aside
118 **die Ausstattung** embellishment
119 **sich einstellen** set in
120 **sich hüten** be on one's guard, beware
121 **des Gehörtwerdens** of being heard
122 **mitreißen** sweep along
123 **die Auffassung** conception

verantwortlich, seine phantastische Manipulation der Sprache, die seine Romane wie eine Signatur charakterisieren.

Gern erzählt Walser eine Anekdote über Uwe Johnson, der im Gegensatz zu ihm dem Wort eine übergroße Bedeutung beimißt.[124] Die beiden waren auf einer Reise, als Walser eines Tages den Vorschlag machte, am Abend einmal früh schlafen zu gehen, vielleicht schon gegen zehn. Johnson nickte zustimmend. Am Abend fanden sich die Autoren aber in einer besonders netten Runde von alten Freunden und guten Gesprächen. Pünktlich um zehn stand Uwe Johnson jedoch auf und sagte „gute Nacht". Walser starrte ihn erstaunt an und suchte ihn zum Bleiben zu überreden.[125] Johnson begriff nicht. Er guckte den Freund verständnislos an. „Du hast doch aber gesagt, daß du um zehn Uhr ins Bett gehen willst", murmelte er ernst und verschwand mit vorwurfsvollen Blicken.

ANSICHTEN ÜBERS THEATER

Auch als Bühnenschriftsteller[126] schreibt Walser über die Schwierigkeiten des eigenen Lebens. Sein erstes Stück, ein Einakter[127] namens *Der Abstecher*,[128] wurde 1961 aufgeführt. Den Stoff für *Eiche und Angora* (1962), *Überlebensgroß*[129] *Herr Krott* (1964) und *Der schwarze Schwan* (1964) bezog er aus der Problematik der Zeit. Erst später wieder, bei der Gestaltung der *Zimmerschlacht*[130] (1967) verläßt er sich auf das eigene Erleben und Bewußtsein. Bewußtseinstheater nennt er diesen neuen Realismus.

Glaubte er anfangs an die pädagogische Funktion des Theaters, so entfernte er sich im Laufe der Jahre immer mehr von diesem Konzept. „Ich dachte, das Theater müßte vor allem politische Auseinandersetzung betreiben", erklärt er heute. Damals glaubte er, daß er sich an den Auseinandersetzungen des politischen Theaters beteiligen müsse. Wie Brecht ging er den Parabelweg.[131] Er hielt es für notwendig, „die

---

[124] **Bedeutung beimessen** attribute significance to
[125] **zum Bleiben überreden** talk into staying
[126] **der Bühnenschriftsteller** playwright
[127] **der Einakter** one-act play
[128] **der Abstecher** detour, digression
[129] **überlebensgroß** larger than life
[130] **die Zimmerschlacht** chamber fight
[131] **ging . . . den Parabelweg** chose the way of the parable

Fabeln ganz weit weg und ganz allgemein" zu machen. Objektivität ging ihm über „Bewußtsein-Internes". Weil er es nicht wagte, sie mit „privaten Zügen auszustatten", kamen seine Charaktere zu kurz. Sie wurden zu Symbolgestalten, die bestimmte politische Funktionen zu erfüllen hatten.

Im Gegensatz zu den ersten Stücken, die mit viel ideologischem Ballast beladen waren, strebt er heute ein ideologisches Minimum an.

Walser zeigt wenig Verständnis für Regisseure,[132] die griechische Dramen, Shakespeare, Goethe, Molière — mit einem Wort alte Stücke — aktualisieren. „Meiner Meinung sollte man uns aber die alten Stücke vorspielen, um uns zu zeigen, wie es früher war. Ich kann mir keinen besseren und schöneren Geschichtsunterricht denken als ein altes Theaterstück. Nirgends sind die Formen menschlichen Zusammen-lebens[133] besser bewahrt",[134] schreibt er in einem Essay übers Theater, *Imitation oder Realismus.* Vielleicht, fragt er, wäre das dem Regisseur und auch dem Zuschauer zu wenig? Oder ist es so, daß „das Vergangene nicht als Vergangenes" gezeigt werden darf, weil man „gebildet ist" und von Jugend auf dazu trainiert wird, „historische Haltungen zu imitieren"?

BRECHT IST SCHON HISTORISCH

Walser ist der Ansicht, daß sich zwar die Charaktere als unver-gänglich erweisen, nicht aber die gesellschaftlichen Bedingungen.[135] „Aktualisieren wollen überhaupt nur die Opportunisten", meint er ärgerlich. „Die Geschichte wird vergewaltigt,[136] indem man ihr Bedeu-tungen und Akzente aufsetzt, die der Zeit, in der sie entstanden, fremd waren." Das trifft selbst auf Brecht zu. Die sozialen Probleme zu Brechts Zeiten hießen Krieg und Ausbeutung. Damals war es gefährlich und mutig, gegen Krieg und Ausbeutung zu sein. Inzwischen ist jeder dagegen. Es ist leicht geworden, die Brechtsche Haltung einzunehmen.[137]

---

[132] **der Regisseur** stage director
[133] **menschliches Zusammenleben** human coexistence
[134] **bewahren** preserve

[135] **gesellschaftliche Bedingungen** social conditions
[136] **vergewaltigen** violate, assault
[137] **einnehmen** assume

„Deshalb frage ich mich, ob es nicht besser wäre, Brechts Stücke als Zeugnisse[138] eines vergangenen Kampfes zu interpretieren. Durchaus zum Gebrauch. Man zeigt damit: so war es einmal."

Nicht ohne Grund wirft er Brecht vor, daß der Autor für seine Abbildungen[139] wirklichen Lebens jedesmal in ein „irdisches Jenseits" auswich. Brecht hatte in der Tat, wie Walser es formuliert, eine „unabwindbare Scheu,[140] die Wirklichkeit auf der Bühne abzubilden". Er suchte am liebsten „exotische Bilder", um seine Moral spielbar zu machen. „Moabit[141] oder das Ruhrgebiet taugten[142] ihm offensichtlich nicht, die Verhältnisse so ideal abzubilden, wie er es wollte."

Wenig hält Walser vom modernen Dokumentartheater, bei dem der Zuschauer nur Zeuge von Imitationen wird. Zwar läßt er Peter Weiss' Vietnam-Stück (*Diskurs über Viet Nam*) als „Ergänzung[143] der mangelhaften Presseinformationen "gelten.[144] Aber im Grunde findet er, daß Stücke wie Rolf Hochhuths *Stellvertreter* und *Soldaten* oder Weiss' erfolgreicher *Marat/Sade*, bei aller getreuen Nachahmung des Handlungsprozesses, doch nur als „möglichst genaue Imitationen" hinter der Wirklichkeit herlaufen, „ohne ihr nahe zu kommen". Er warnt, daß die Imitation auf der Bühne „zum harmlosen Abbild der Realität wird". Als Zeuge, als Voyeur sieht der Zuschauer den Ersatz einer Wirklichkeit, an der er zum Glück nicht teilzunehmen brauchte. „Er hat Kunst gesehen, die sich für Realität ausgab."

Der Dramatiker möchte zumindest einen Teil des Theaters von seinen „Abbildungslasten" befreit sehen. Was ihm vorschwebt, ist die Selbständigkeit der Theateraufführung gegenüber dem „realen Vorkommen".[145] Was auf der Bühne gespielt wird, soll selbst Wirklichkeit sein, „eine Wirklichkeit aber, die nur auf der Bühne vorkommt". Sie soll weder Abbildung noch Imitation sein. In Samuel Beckett sieht Walser den ersten Dramatiker, der mit der Tradition der Imitation brach.

---

[138] **das Zeugnis** testimony, evidence
[139] **die Abbildung** picture, copy
[140] **unabwindbare Scheu** insurmountable dread
[141] *Moabit is one of the poorest sections of Berlin.*

[142] **taugen** serve, be of use
[143] **die Ergänzung** supplement
[144] **gelten lassen** let pass
[145] **reales Vorkommen** real happening

BEWUSSTSEINSTHEATER STATT IMITATION

Davon ausgehend, daß der Zeitgenosse, der abends ins Theater geht, am meisten an sich selbst interessiert ist, fordert Walser das sogenannte Bewußtseinstheater. Das moderne Theater soll nicht länger „Ruhestätte des Bewußtseins" sein, wo dem Zuschauer geschmeichelt wird. Vielmehr soll es ein Ort selbständiger Handlungen sein. Denn nur so wäre es in der Lage, unser „unglückliches Bewußtsein" genauer auszudrücken.

Unsere gesellschaftliche Lage, unsere politische Lethargie, unsere bodenlosen Vokabulare . . . all das fordert andere Handlungen als die der raffinierten Nachäffung.[146] Die Entartung[147] der amerikanischen Weltmission ist nicht auf der Bühne nachzubauen. Auszudrücken wäre vielleicht, wie wir uns vorkommen als Zuschauer und Komplicen dieses Verfalls einer ehedem hoffnungsreichen Politik. („Tagtraum vom Theater", *Theater heute* November, 1967.)

Walser glaubt, daß das Bewußtsein erst dann nach Ausdruck verlangt, wenn es zuviel Erfahrung hat. Und dann imitiert es sich nicht, sondern drückt sich aus. Dieses Bewußtsein aber hat keinen anderen öffentlichen Ort außer der Bühne, wo es sich zeigen darf.

Wenn auch in unserer Wirklichkeit nichts mehr stattfindet, was die „Handlung eines Dramas nähren könnte", entdeckt Walser doch in der Konditionierung des Menschen durch Gesellschaft und Umwelt dramatischen Stoff. Hochinteressant ist für ihn dabei das Problem des freien Willens und der Freiheit und ihre Aufhebung dadurch, daß viele Freiheiten miteinander konkurrieren und einige „brutal konkurrenzfähiger"[148] sind als andere. Walser spricht gern von der „inflationistischen Wendung der Entwicklung zur Freiheit". Unser Dilemma ist, daß wir die Fülle der Möglichkeiten nicht realisieren können. „Wir, die Gefangenen, denen alles zur Freiheit wird, können nichts anfangen damit."[149]

„DIE ZIMMERSCHLACHT"

Sein Zwei-Personen-Stück *Die Zimmerschlacht* ist reines Bewußtseinstheater. Wenn es ein wenig an Edward Albees „Wer hat Angst

---

[146] **die raffinierte Nachäffung** clever aping
[147] **die Entartung** degeneration
[148] **konkurrenzfähiger** more competitive, better equipped to compete

[149] *Imitation oder Realismus, Erfahrungen und Leseerfahrungen* Frankfurt: Suhrkamp Verlag, 1965.

vor Virginia Woolf?" und Tennessee Williams psychologische Dramen erinnert, dann nur an der Oberfläche.[150] Denn im Grunde zeigt sich Walser vom psychologischen Drama, das auch von Abbildung und Imitation abhängig ist, unbeeindruckt. „Die Psychoanalyse ist nur der erste und längst überholbar gewordene[151] wissenschaftliche Versuch, von unserem Bewußtsein konkret zu sprechen."

Die Zimmerschlacht wurde im Winter 1962/63 als Einakter geschrieben und im Rundfunk und Fernsehen aufgeführt. Thema ist die Balance zwischen Alleinsein und Gesellschaft. Ein normales, eine unproblematische Ehe führendes Ehepaar ist einen Abend aufeinander angewiesen[152] und hält das Alleinsein nicht aus.[153] Ohne Anschluß an die Gesellschaft ist die Ehe nicht lebensfähig.[154] Abgeschnitten von der Umwelt[155] wird die kleinste Zelle der Gemeinschaft auf eine harte Probe gestellt[156] — und besteht sie nicht.[157] Walser bringt die Schwierigkeiten des Zusammenlebens in allen Varianten auf die Bühne — aber ohne die kreischende Hysterie und die psychopathische Fußnote von Albees Virginia Woolf! Diese beiden Menschen, die es gut miteinander meinen, werden durch die Veränderung — das Alleinsein — zum Kampf gegeneinander gezwungen. Alles, was die Partner an „Schonung,[158] in der Vorsicht, im Nichtzuviel, im Nichtzuwenig" gelernt haben, wird an diesem Abend exerziert. Dennoch bricht die Einheit. Sie werden zu Individuen, die um Selbstbehauptung ringen. Schließlich fliehen sie voneinander und miteinander auf eine Party.

„Das ist eben komisch und auch wieder nicht komisch", kommentiert der Autor. Bei diesem halb komischen, halb ernsten Einakter wäre es geblieben, hätte sich Walser nicht von Fritz Kortner, Regisseur der „Münchner Kammerspiele", zu einem zweiten Akt überreden lassen. Trotz des Erfolges des Stücks betrachtet er diesen zwanzig Jahre später spielenden Akt als mißglückt. Er hat recht. Die subtile

---

[150] **die Oberfläche** surface

[151] **längst überholbar geworden** long since due for updating

[152] **aufeinander angewiesen sein** rely upon one another

[153] **das Alleinsein nicht aushalten** not be able to stand being alone

[154] **lebensfähig** capable of living

[155] **die Umwelt** environment

[156] **auf die Probe stellen** (put to a) test

[157] **nicht bestehen** not pass

[158] **die Schonung** consideration

Bewußtseinschoreographie des ersten Aktes wird durch die,, fortgeschrittene Kampfart" des zweiten Aktes nicht bereichert, sondern abgeschwächt.

Experimentierfreudig versuchte sich Martin Walser in Berlin im aktuellen Bewußtseinstheater. Was als ,,Etüde über das Theater, seine Möglichkeiten und Unmöglichkeiten, was als Parodie der Imitation" gedacht war, sah einem Happening zum Verwechseln ähnlich.[159] *Wir werden schon noch handeln* sollte das Experiment heißen, das als *Der schwarze Flügel*[160] bekannt wurde, weil ein schwarzer Flügel auf der Bühne stand. Statt Handlung gab es Verhaltensforschung:[161] ein Gewohnheitsraucher[162] kämpft gegen das Rauchen an. Jemand spricht gegen den Krieg in Vietnam. Jemand parodiert den marxistisch-marcuseschen Studentenjargon. Ein junges Paar umarmt sich und sinkt hinter dem schwarzen Flügel zu Boden ...

Auf der Suche nach Authentizität wurde der Dichter zum Herausgeber[163] des Tagebuches einer Frau, die ihren Liebhaber erschossen hat. Gisela Kreutzmanns Tagebuch wurde auf Vorschlag Walsers im Frauengefängnis Lübeck verfaßt. Was ihn an dem Mord interessierte? ,,Die Unfreiheit, die zur Tat führte!" Sobald er aus der Mordgeschichte einen Film gemacht hat, will er ein neues Stück schreiben. Titel: *Die Straßenschlacht.*

Walser scheint zu glauben, daß der Rhythmus des Schreibens in den nächsten Jahren vielleicht langsamer wird. Doch eins scheint ihm gewiß: was immer der Stoff sein mag, er wird die Erfahrungen und Probleme seines Lebens widerspiegeln. Im Ausdruck des eigenen Bewußtseins erblickt Walser die einzige Brücke zum Leser.

Darin stimmt er mit Proust überein: ein Leser ist, wenn er liest, ,,ein Leser seiner selbst". Das Werk des Schriftstellers ist nur ,,eine Art von optischem Instrument, das der Autor dem Leser reicht, damit er erkennen möge, was er in sich selbst vielleicht sonst nicht hätte erschauen können".

---

[159] **sah . . . zum Verwechseln ähnlich** looked confusingly like ...
[160] **der Flügel** grand piano
[161] **die Verhaltensforschung** behaviorism
[162] **der Gewohnheitsraucher** habitual smoker
[163] **der Herausgeber** editor

9. Peter Hacks:
Poetisches Theater und
Sozialismus

PETER HACKS ist der einzige in der DDR lebende Dramatiker, der in der Bundesrepublik mit regelmäßiger Begeisterung gespielt wird. In mehr als einer Saison konnten die westdeutschen Theaterleute von einer Hacks-Invasion sprechen. Als der 1928 geborene Bühnenschriftsteller seinen vierzigsten Geburtstag feierte, hatte er acht Stücke und vier Adaptationen, darunter den *Frieden* von Aristophanes, geschrieben. Dazu kommen Übersetzungen aus dem Englischen wie J. M. Synges[1] *The Playboy of the Western World* (*Der Held der westlichen Welt*) und Stücke von William Wycherley,[2] Hör- und Fernsehspiele,[3] Gedichte, Essays und Märchen. So ist es keine Seltenheit, wenn Hacks-Stücke zur gleichen Zeit in verschiedenen Theatern zu sehen sind.

Diese Tatsache erscheint erwähnenswert,[4] weil der Breslauer Rechtsanwaltssohn überzeugter Sozialist ist. In München hatte er Germanistik, Theaterwissenschaften und Soziologie studiert und mit einer Arbeit über das Theater des Biedermeier seinen Doktor gemacht. Als treuer Anhänger von Marx zog er die Konsequenzen. Er tat das, was kaum jemand tut. Er emigrierte vom Westen in den Osten!

---

[1] *John Millington Synge (1871–1909), Irish poet and dramatist.*

[2] *William Wycherley (1640?–1716), English dramatist during the Restoration.*

[3] **Hör- und Fernsehspiele** radio and TV plays

[4] **erwähnenswert** worth mentioning

Nach der Aufführung seines ersten Stückes, *Eröffnung des indischen Zeitalters*,[5] für das er den Dramatikerpreis der Stadt München bekam, reiste er 1955 in die DDR. Er ließ sich in Ost-Berlin nieder, ging bei Bertolt Brecht[6] in die Lehre,[7] studierte Marxismus, gewann den Lessingpreis der Deutschen Demokratischen Republik und wurde Theaterdichter am Deutschen Theater. Dort schrieb er seine epischen Schauspiele und Lustspiele,[8] in denen die Geschichte und ihre Helden auf höchst originelle und unterhaltsame Weise marxistisch interpretiert werden.

MARXISTISCH INTERPRETIERTER COLUMBUS

Zum Beispiel betrachtet er in *Eröffnung des indischen Zeitalters* die Entdeckung Amerikas durch Columbus als gesellschaftlichen Umbruch.[9] Mit der Entdeckung der Neuen Welt beginnt das bürgerliche Zeitalter, oder marxistisch gesprochen, das Zeitalter der Vernunft. Die Herrschaft des Adels[10] und der Kirche wird gebrochen und die kapitalistische Epoche, die ,,Gold- und Gierzeit",[11] mit all ihren Widersprüchen eingeleitet. Columbus symbolisiert eine neue Klasse. Der Kampf um sein Projekt, vom Volk sofort verstanden, aber von Gelehrten und Herrschenden abgelehnt, wird als eine Art Klassenkampf vorgeführt. Mit dem ,,Kehricht"[12] Spaniens fährt Columbus mit seiner Santa Maria übers Meer. ,,Die spanischen Herren haben das alte Granada erobert. Das spanische Volk: das neue Indien."

Noch einfallsreicher als die Columbus-Fabel ist sein *Müller von Sanssouci*. Hier dreht er die berühmte Anekdote von der Gerechtigkeitsliebe[13] des Alten Fritzen[14] einfach um. Hacksens Müller mit der klappernden Mühle, die den König stört und darum abgerissen werden soll, droht seinem Herrscher keineswegs mit Klage[15] und Gerichten. Vielmehr ist es der Alte Fritz, der seinen Müller dazu auffordert, für

---

[5] **das Zeitalter** age
[6] *Bertolt Brecht (1898–1956), German dramatist.*
[7] **ging . . . in die Lehre** worked as an apprentice
[8] **das Lustspiel** comedy
[9] **gesellschaftlicher Umbruch** social revolutionary change
[10] **der Adel** aristocracy
[11] **die Gierzeit** time of greed

[12] **der Kehricht** refuse, dregs
[13] **die Gerechtigkeitsliebe** love of justice
[14] **Alter Fritz** *Nickname of Frederick II (1712–1786), king of Prussia. The rococo castle Sans Souci, near Potsdam and situated in a magnificent park, was his residence for forty years.*
[15] **mit Klage drohen** threaten with a lawsuit

sein Recht zu kämpfen. Das Ganze ist ein königlicher Propagandatrick. Müller und Mühle sollen dazu dienen, dem Volk zu beweisen, daß in Preußen alle gleich sind vor dem Gesetz. Tragikomisch und unvergeßlich ist die Szene, in der der verängstigte und durchaus unterwürfige Müller vom König selbst zum Protest überredet[16] werden muß.

Am erfolgreichsten und dramatisch effektvollsten ist die Antikriegskomödie *Die Schlacht von Lobositz*. Der Stoff, wiederum aus der Geschichte, stammt aus einem autobiographischen Bericht vom Siebenjährigen Krieg.[17] Der Schweizer Musketier Ulrich Braeker ist durch die List eines Werbeoffiziers[18] in die Armee Friedrichs II. geraten. Vor der Schlacht entwickelt sich der subalterne Lakai zum denkenden Soldaten und damit zum Deserteur. Daran ändern auch die Bemühungen des Leutnants, ,,menschliche Beziehungen" zwischen Offizieren und Soldaten herzustellen, nichts. Braeker desertiert trotzdem. Er hat keine Lust, sich für eine Sache erschießen zu lassen, die ihn nichts angeht.[19]

Überzeugend wird das Spiel dadurch, daß weder der proletarische Held noch die Offiziere glorifiziert werden. Dem Autor geht es allein darum, etwas von den ,,Bemühungen zur Abschaffung[20] des Krieges" zu zeigen.

KRITIK AM SOZIALISMUS DER GEGENWART

Hacks bleibt aber nicht bei der marxistischen Analyse der Geschichte. Manchmal treibt es ihn auch, die sozialistische Gegenwart kritisch zu betrachten. Denn die sozialistisch-kommunistische Wirklichkeit ist dem marxistischen Idealzustand noch fern. Gerade durch den Gegensatz von existentieller Situation und futurischer Möglichkeit erhalten diese Stücke ihre dramatische Spannung. Die Kritik am Sozialismus brachte jedoch manche unbeabsichtigte Spannung[21] ins private Leben des Dichters.

Die Sorgen um die Macht machten ihm die meisten Sorgen. Das

---

[16] **überreden** talk into

[17] **Siebenjähriger Krieg** *Seven Years' War (1756–1763), in which Prussia fought for Silesia against Austria and her allies.*

[18] **der Werbeoffizier** army recruiting officer

[19] **nichts angehen** not concern

[20] **die Abschaffung** abolition

[21] **die unbeabsichtigte Spannung** unintentioned tension

Stück, das die Probleme des Aufbaus der sozialistischen Industrie in der DDR beleuchtet, wurde nach wenigen Aufführungen in Ost-Berlin abgesetzt.[22] Obendrein verlor Hacks seine Stellung als Theaterdichter und die damit verbundenen 1 000 Mark im Monat.

In diesem sozialistisch-realistischen Stück fabriziert eine Brikettfabrik doppelt so viel wie die Planung verlangt. Aber sie liefert schlechte Qualität. Die Briketts, die an eine Glasfabrik gehen, sind so miserabel, daß sie die Produktion der Glasarbeiter beeinträchtigen.[23] Während die Löhne der Brikettarbeiter immer höher steigen, sinken die Löhne der Glasarbeiter. Schuld daran sind die Planstrategen der Partei, die sich

[22] **absetzen** drop   [23] **beeinträchtigen** impair

Peter Hacks

nur für Produktionsziffern interessieren. Durch den gutverdienenden[24] Brikettarbeiter Max, der die schlechtverdienende Glasarbeiterin Hede liebt, lernen die anderen Brikettarbeiter, daß sie für das allgemeine Wohl[25] Opfer zu bringen haben. Sie verstehen das sofort, machen gute Briketts und verdienen weniger. — Daß nun aber die Arbeiter und nicht die Funktionäre im Stück die richtigen kommunistischen Entscheidungen trafen, nahm die Partei übel.[26]

Sein *Moritz Tassow*, der von Landreform handelt und der Frage, ob ein Gut[27] in kleine private Parzellen aufgeteilt werden soll oder als Kollektiv zu bewirtschaften ist, hatte ein ähnliches Schicksal. Das Lustspiel, das weder für Kollektiv noch Parzellierung plädiert, erlebte nur wenige Aufführungen im Osten. Es verschwand aber nicht aus politischen Gründen von den Bühnen, sondern weil der Autor angeblich ,,noch einige Szenen umschreiben[28] wollte".

UNTERHALTSAME REFLEXIONEN ÜBER KUNST UND LEBEN

In den letzten Jahren hat Hacks in seinen Lustspielen über die menschliche Vollkommenheit[29] (*Amphitryon*) und die Rolle des Künstlers und der Kunst in der Gesellschaft (*Margarete in Aix*) die sozialistische Dialektik von Fortschritt und Rückschritt,[30] Eigennutz[31] und Solidarität vergessen.

Ist er aus dem Sozialismus in das Reich der Gedanken entflohen? ,,Der Weisheit Krone ist die Seelenruhe",[32] sagt sein stoischer Philosoph in *Amphitryon*.

> Drum gilt für weise, wer nichts wissen will
> Denn zweifellos ist alles zweifelhafte
> Des Forschens Ende ist, daß man es läßt.[33]

Aber Hacksens Held ist nicht der skeptische Philosoph, der, ,,weil er an nichts glaubt, als was ewig ist", an nichts glaubt, sondern Jupiter, der vollkommene Mensch: die ,,Zusammenfassung und Verkörperung

---

[24] **gutverdienend** well paid
[25] **das allgemeine Wohl** common welfare
[26] **übel nehmen** take offense
[27] **das Gut** estate
[28] **umschreiben** rewrite
[29] **Vollkommenheit** perfection

[30] **Fortschritt und Rückschritt** progress and regress
[31] **der Eigennutz** self-interest
[32] **die Seelenruhe** tranquillity
[33] **es lassen** refrain from it, leave it alone

aller menschlichen Vermögen".[34] Der vollkommene Mensch erscheint jedoch unter wirklichen Leuten „wie Tarzan unter den Affen", bemerkt Hacks sarkastisch. „Lieben denn Menschen gar nicht?" fragt Jupiter verstört. Jupiter, der Produktive, verachtet die Gelassenheit[35] des Philosophen, „diesen Quell der Trockenheit, Leuchtturm des Nichts und Herrn der langen Weile". Ungeduldig ermahnt er ihn:

> Mann, Mann, Mann,
> Nimm deine Mängel[36] nicht als selbstverständlich,
> Nimm nicht das Maß, dran du dich mißt, aus dir...

Und an anderer Stelle: „Nichts ist gelöst im Denken und im Sein."

Kühn vereint Hacks hier die marxistische These der Produktivität mit dem idealistischen Goethe-Prinzip vom ewigen Werden.[37] Wer im Sinne Goethes „immer strebend sich bemüht", also wer produktiv ist und als guter Marxist die Welt verändern will, der ist ein vollkommener Mensch!

Der ewige Konflikt zwischen Kunst und Leben, Künstler und Gesellschaft, wird am lustigsten und zugleich am ernstesten in *Margarete in Aix* dramatisiert. In diesem Künstler-Drama singt der im Dienst des Königs stehende „Trobador" pflichtgemäß[38] für seine Herrscherin. Aber in seiner freien Zeit, wenn er seinen Neigungen nachgehen kann, singt er ganz andere Lieder für ganz andere Damen. „Liebe ist die Materie der Kunst", philosophiert der Trobador. „Mit der Liebe meinen wir Dichter alles Erstrebenswerte,[39] die Zukunft und den Himmel..." Doch der Künstler, der die Menschen für die Liebe empfänglich macht, geht leer aus. Er ist durch seine Kunst vom Leben getrennt. Hacksens Trobadore werden weder von Herrschern noch Bürgern geliebt. „Die Dichter aber, was sind sie? Anmaßliche Bettler!"[40]

---

[34] **Zusammenfassung und Verkörperung aller menschlichen Vermögen** summary and embodiment of all human capabilities
[35] **die Gelassenheit** resignation
[36] **der Mangel** defect, deficiency
[37] **vom ewigen Werden** of eternal growth, becoming
[38] **pflichtgemäß** dutifully
[39] **alles Erstrebenswerte** everything worth striving for
[40] **anmaßliche** (*arch.*) = **anmaßende Bettler** presumptuous beggars

heißt es da. Ja, sie sind der Gesellschaft geradezu suspekt: „Wer dichtet, reimt; wer reimt, lügt; wer lügt, lästert[41] Gott..."

Seit langem ist der Dramatiker Hacks, der einen westdeutschen Verleger hat, in der Bundesrepublik populärer und respektierter als in dem von ihm gewählten Ostdeutschland. Und wenn der Autor bisher noch keinen internationalen Ruhm errungen[42] hat, dann liegt das vor allem an[43] einer schwer übertragbaren parodistischen Doppelbödigkeit,[44] einer Verfremdung durch dem deutschen Publikum bekannte Assoziationen, seiner subtilen Ironie und seiner sprachlichen Artistik. Hacks hat seinen eigenen Sprachstil erfunden: eine virtuose Mischung aus aparten altmodischen Wendungen,[45] originellen Metaphern, biederem Witz,[46] feinen Stilisierungen und frechen Wortspielen. Das Resultat ist eine pointierte Prosa von klassischer Eleganz und poetischem Charme.

Hacks gehört zu den wenigen deutschen Dichtern, die in Versen schreiben. Mit einer an Schlegel[47] und Shakespeare erinnernden Gewandtheit[48] beherrscht er den Blankvers. In eleganten fünffüßigen Jamben, die durch eigenwillige Verkürzungen einen klassizistischen Charakter bekommen, klingt sein *Moritz Tassow* und sein *Amphitryon* von der Bühne.

„Warum halten wir an Hacks fest?" fragte der Theaterkritiker Henning Rischbieter einmal. „Seiner Sprache wegen."

BRECHTS EINFLUSS

Nicht alle Kritiker und Theaterliebhaber sind von Hacksens dramatischen Künsten begeistert. Immer wieder wird die Kritik hörbar, daß Hacks nur Brecht-Epigone ist. Manche finden, daß seine Stücke von zu leichter Substanz sind und einen märchenhaften, der Realität aus-

---

[41] **lästern** blaspheme
[42] **erringen** gain, achieve
[43] **dann liegt das . . . an** then this is due to ...
[44] **die Doppelbödigkeit** ambiguity
[45] **altmodische Wendungen** old-fashioned turns of expressions *or* phrases

[46] **biederer Witz** homely wit
[47] *August Wilhelm von Schlegel (1767–1845), German writer and translator of Shakespeare.*
[48] **die Gewandtheit** adroitness, skill

weichenden Charakter haben. Andere beklagen sich über zu viel marxistische Propaganda und zu wenig Originalität. In seinen Figuren sehen diese Kritiker flache, marionettenhafte Konstruktionen, die den Zweck haben, sozialistische Fabeln zu veranschaulichen.[49]

Wie mancher andere Dramatiker hat auch Hacks vieles mit Brecht gemeinsam. Wie Brecht holt er sich den Stoff aus der Geschichte und interpretiert ihn im marxistischen Sinn. Auch Hacksens Helden werden von sozialen und ökonomischen Kräften gelenkt. Wie Brecht liebt er den dialogisch-dialektischen Kunstgriff der Verfremdung[50] durch Songs und eingeschobene[51] Fabeln. Nicht zuletzt basiert auch die Struktur seiner Stücke auf marxistisch-materialistischer Dialektik, nämlich These, Antithese und Synthese.

Aber vielen dieser künstlerischen Elemente begegnet man bei Shakespeare auch, sogar dem Märchenhaften! Gewiß, ein Vietnam-Stück wie Peter Weiss wird Hacks nicht schreiben. Und Enthüllungen[52] über Persönlichkeiten unserer Zeit, mit denen Rolf Hochhuth im *Stellvertreter* und in den *Soldaten* in der Welt Sensation machte, sind von ihm nicht zu erwarten. Hacks ist nicht der einzige, der das Dokumentartheater als künstlerische Prostitution ablehnt.

Wie weit sich Hacks von Brechts Lehrstücken[53] entfernt hat, zeigt sich nicht nur in den letzten Stücken, sondern schon in den sozialistischen Komödien. Denn hier erfährt man, daß sich sein Lebensgefühl[54] von dem Brechts entschieden unterscheidet — unterscheiden muß. Während Brecht in den dreißiger Jahren in erster Linie gegen Armut, Hunger und Ausbeutung, also soziale Ungerechtigkeit kämpfte, protestiert der im Wirtschaftswunder des Westens aufgewachsene Hacks eher gegen das „zu viel" einer egoistischen Konsumgesellschaft, die um des Produzierens willen[55] produziert. Aber wo Brecht mit erhobenem Zeigefinger predigt und das Publikum mit Fabeln von Schock und Horror zum Denken zwingt, sucht Hacks den Zuschauer durch Witz und Amüsement in

---

[49] **veranschaulichen** visualize
[50] **der Kunstgriff der Verfremdung** artist's device of alienation
[51] **eingeschoben** inserted
[52] **die Enthüllung** exposé

[53] **das Lehrstück** didactic play
[54] **das Lebensgefühl** sense of life
[55] **um des Produzierens willen** for the sake of producing

den Denkprozeß einzuschalten[56] und aus seiner Lethargie zu rütteln. Und es ist diese Art der weltbetrachtenden Kritik, die seinen Stücken den Ruf, „ohne geistige Substanz zu sein", einbrachten. Denn in Deutschland gilt[57] auch heute nur der, der die Welt und sich ernst nimmt, als tief und profund.

„Die Ästhetik Brechts ist ein System von Methoden, die geeignet sind, die Wirklichkeit in ihrer totalen Dialektik künstlerisch zu erfassen. Jede Methode, die das tut, ist orthodox brechtisch", schrieb Hacks einmal. Für ihn bleibt Brechts Leistung, „wie jede Leistung des menschlichen Geistes", historisch. „Sie ist vergänglich[58] und ewig. Ihre Fortsetzung kann nur auf dem Weg der Negation erfolgen, nicht auf dem Weg des Verlängerns."[59]

Bei meinem Besuch in seiner Wohnung in Ost-Berlin sagt Hacks zum Thema Brecht folgendes: „So, wie es heute keinen Dramatiker gibt, der nicht von Shakespeare beeinflußt ist, so ist auch keiner ohne Brecht-Einfluß. In meinen ersten Stücken, besonders im Columbus-Stück, das im Zeichen von Brechts *Galilei* steht, erinnert vieles an seine Dramentechnik. Später habe ich mich davon ganz befreit. Meine Stücke sind in abnehmendem Grade mit ‚message' beladen. Wenn es darum ginge,[60] den Kapitalismus zu widerlegen, würde ich das anderen überlassen. Zum Beispiel hat Brecht das besser gekonnt. Für mich ist die Bühne nicht dazu da, soziologische oder politische Formeln zu verbreiten. Der Zweck aller Kunst ist das Umsetzen[61] der Wirklichkeit in ästhetische Fragestellungen. Die Leute gehen ins Theater, um sich vorschlagen zu lassen wie man lebt, nicht um zu hören, welche politischen Maßnahmen ergriffen werden sollen."

Später erzählt er mir, daß Brecht im Grunde nicht viel mit den jüngeren Autoren anfangen konnte.[62] Für ihn war das Theater „a way of life", er lebte dort von morgens um sieben bis abends um elf.

---

[56] **einschalten** tune in
[57] **gelten** be considered
[58] **vergänglich** transitory
[59] **nicht auf dem Weg des Verlängerns** not by way of prolonging

[60] **wenn es darum ginge** if it were a question of
[61] **das Umsetzen** transformation
[62] **nicht viel mit . . . anfangen konnte** did not know what to do with (had not much rapport with)

HACKSENS WOHNUNG: ELEGANZ IM PROLETARISCHEN MIETSHAUS[63]

Peter Hacks ist groß, schlank, blond. Er hat eine sanfte Stimme und eine milde, unaufdringliche Art[64] seine Ansichten vorzutragen. Er trägt einen makellosen grünen Pullover über grauen Sporthosen. Seine Gesten sind von derselben ungezwungenen[65] Eleganz wie seine Kleidung.

Da man von West-Berlin nicht nach Ost-Berlin telefonieren kann, komme ich unangemeldet zu ihm. Dennoch behandelt er mich wie einen mit Freuden erwarteten Gast. Obwohl er nicht zu den Spontanen gehört, fällt er in die Kategorie jener Menschen, mit denen man schnell warm wird. Er strömt auf vorsichtige und besonnene Weise[66] ein Vertrauen aus,[67] auf das man nur mit dem gleichen Grad von Vertrauen reagieren kann.

Angenehm überrascht ist man von seiner eleganten Wohnung im obersten Stock eines unschönen, nach Essen und kleinen Kindern riechenden Mietshauses. Ja, diese geschmackvolle Wohnung mit dem grandiosen Kronleuchter[68] im Wohnzimmer, den schönen Biedermeiermöbeln, kostbaren Antiquitäten, feinen Teppichen und der exquisiten Vasensammlung, auf die der Hausherr mit Recht stolz ist, steht im schreienden Gegensatz zu ihrer fast proletarischen Umgebung. Ebensowenig[69] will das Mädchen im weißen Kittel, das die Tür öffnet und Tee und Kuchen serviert, ins Bild passen. So lebt ein sozialistischer Dichter?

Die Frage, warum er vom Westen nach dem Osten ging, wird in dieser luxuriösen Atmosphäre besonders dringlich.[70]

ANSICHTEN ÜBER THEATER UND POLITIK

„Als Künstler ist die DDR für mich durchaus richtig. In Westdeutschland fällt einem nichts ein, worüber man Stücke schreiben

---

[63] **das Mietshaus** apartment building
[64] **die unaufdringliche Art** unobtrusive way
[65] **ungezwungen** casual, unaffected
[66] **auf . . . besonnene Weise** in a considerate manner
[67] **ausströmen** emanate
[68] **der Kronleuchter** crystal chandelier
[69] **ebensowenig** just as little
[70] **wird...besonders dringlich** becomes... especially urgent

könnte. Will man die kapitalistische Gesellschaft attackieren, müßte man revolutionäre Stücke schreiben, die voraussetzen,[71] daß die Revolution das Ende aller Dinge ist. Aber solche Stücke sind einseitig und langweilig."

Im Gegensatz zu Dramatikern im Westen, bei denen das Experiment im Mittelpunkt steht, hält Hacks wenig vom[72] Experimentiertheater. „Experimente haben nur Sinn, wenn sie von Leuten konzipiert werden, die alles können, um es besser zu machen." Nachdem der Dichter seine Distanz zu esoterischen *l'art pour l'art* Strömungen und dem engagierten Theater bekundet hat, kommen wir auf das „Living Theatre" zu sprechen.

„The *Brig* [von Kenneth H. Brown] war sehr eindrucksvoll", kommentiert er. „Aber eben doch von Leuten gemacht, die sich in allem irren."[73] Auch das Absurde Theater Ionescos und Becketts[74] findet keinen Beifall bei ihm. „Das Absurde Theater interessiert selbst als Experiment nicht. Diese Stücke sind reine Novitäten. Sie provozieren nicht mal, sie rufen nicht einmal ein Antischreiben hervor."

Unter Avantgardismus versteht er im Sinne Shakespeares das Ausprobieren[75] klassischer Mittel. Wie der gleichfalls in der DDR lebende Dramatiker Heiner Müller beschäftigt sich auch Hacks mit dem antiken Theater. Das Problem der Wiederherstellung der Kunst, von dem im sozialistischen Lager viel gesprochen wird, fasziniert den Autor als künstlerische Aufgabe.

Bisher hat er noch kein einziges Stück über Ost-West-Beziehungen geschrieben. Interessiert ihn das Thema nicht?

„Sogar sehr", erklärt Hacks mit einem amüsierten Lächeln, „ich begrüße das Klima der Koexistenz!" Im gleichen Atemzug macht er sich über das von der kapitalistischen westdeutschen Gesellschaft restaurierte Biedermeier lustig. Im Hinblick auf eine Lösung der „deutschen Frage" ist er skeptisch. „Dazu ist es vielleicht schon zu spät. Durch die Notstandsverfassung, den ganzen militärischen Apparat und die politischen

[71] **voraussetzen** presuppose
[72] **hält . . . wenig vom** does not think much of
[73] **sich in allem irren** be mistaken in everything

[74] *Eugène Ionesco (1912–), Rumanian-French playwright; Samuel Beckett (1906–), Irish-French playwright and novelist.*
[75] **das Ausprobieren** trying out, testing

Diktaturen hat sich die Lage sehr stabilisiert. Zu einer Konföderation hätte es 1950 kommen können. Damals hatte die DDR ein Wiedervereinigungsangebot gemacht, das nicht nur eine Neutralisierung, sondern ein Herausgehen[76] aus dem sozialistischen Lager versprach."

In der Entspannungspolitik sieht der Dichter Wege zur Verständigung. Harsch verurteilt er den Krieg in Vietnam „als Eroberungskrieg[77] und Kolonialkrieg wie alle anderen Kriege". Zu einer wirklichen Verständigung zwischen Osten und Westen kann es nur durch allgemeine Abrüstungsverhandlungen kommen, erklärt er in einem Ton, der alles andere als optimistisch ist.

Etwas zynisch über die Permanenz der Teilung Deutschlands fügt er hinzu, daß den beiden Deutschlands im Moment eine glänzende Chance zur Bewährung[78] gegeben wird. „Ost und West haben die einmalige Chance, eines Tages zu zeigen, wer das bessere Land macht, wessen Gesellschaft ethischer ist."

Für den sozialistischen Dichter besteht kein Zweifel, daß der Osten in diesem Wettbewerb den Sieg davontragen wird.

---

[76] **ein Herausgehen** a departure, leaving   [78] **die Bewährung** probation
[77] **der Eroberungskrieg** war of conquest

10. Uwe Johnson:
Der stille Intellektuelle

UWE JOHNSON, Jahrgang[1] 1934, ist einer der eigenwilligsten[2] und einflußreichsten Interpreten von Zeit und Gesellschaft unter den deutschen Dichtern. Wie Günter Grass und Heinrich Böll gehört er zur Gruppe 47, die man als eine Art nationales Gewissen[3] charakterisieren könnte. Für seinen ersten Roman, *Mutmaßungen über Jakob*, erhielt er 1960 den Fontane-Preis der Stadt Berlin. Zwei Jahre später brachte ihm *Das dritte Buch über Achim* den Internationalen Verlegerpreis Formentor und internationalen Ruhm. Auch sein dritter Roman, *Zwei Ansichten*,[4] hat das gespaltene, fast zur ,,gewohnten Wirklichkeit" gewordene Deutschland zum Thema.

Johnson wohnt in Berlin-Friedenau, gleich neben seinem Freund Grass. Doch bei meiner Ankunft in Berlin erfahre ich, daß er in New York ist. Nach meiner Rückkehr in die USA rufe ich ihn an.[5]

Die Adresse, die mir Uwe Johnson übers Telefon gegeben hat, ist eins der schäbigen, müden Appartementshäuser am Riverside Drive. Ein zittriger Fahrstuhl bringt mich in den vierten Stock. Uwe Johnson steht schon in der Tür, hünenhaft,[6] freundlich; wie immer in schwarzer Lederjacke, schwarzer Lederkrawatte,[7] Kordhosen, die unvermeidliche Pfeife in der Hand.

[1] **der Jahrgang** year of birth
[2] **eigenwillig** willful
[3] **das Gewissen** conscience
[4] **Mutmaßungen über Jakob** Speculations about Jacob, 1959, **Das dritte Buch über Achim** The Third Book about

Achim, 1961, **Zwei Ansichten** *Two Views*, 1965, Frankfurt: Suhrkamp Verlag.
[5] **anrufen** phone
[6] **hünenhaft** like a Nordic giant
[7] **die Lederkrawatte** leather necktie

Sein rosiges pommersches Gesicht mit dem besorgten Ausdruck nimmt sich fremd aus gegen die rauchschwarze[8] New Yorker Silhouette. Der Raum aber, spartanisch mit zwei Stühlen, Tisch, Sofa und Kochnische[9] dekoriert, paßt zu ihm. Teppichlos,[10] sozialistisch simpel ist auch seine Berliner Wohnung. Mit sanfter Stimme bietet er mir den weniger wackligen Stuhl an. Er fragt, ob mir Gin recht ist.[11] Er selbst trinkt Bier, mit viel Appetit, wie sein Fotograf Dietbert im Roman *Zwei Ansichten*. Im Laufe des Abends sind es sechs, acht Flaschen.

Was Uwe Johnson in New York tun wird?

„Ich mache ein Schulbuch, eine Anthologie von Autoren aus Ost und West, die nach 1945 geschrieben haben. Drei Gedichte von Grass sind dabei, Essays von Martin Walser, kleine Prosageschichten von Wolfgang Koeppen und Sachen von Johannes Bobrowski, Günter Eich, Stephan Hermlin und anderen." Er sagt das so vor sich hin, wie jemand, der laut denkt.

Und sonst? Er hebt das über den Tisch gebeugte Gesicht. Hinter der unkleidsamen[12] Stahlbrille blitzen helle blaue Augen. „Sonst sehe ich mir New York an. Ich war zum ersten Mal 1961 auf Einladung der Wayne State Universität in Detroit hier. Damals sprach ich auch im Internationalen Seminar der Harvard-Universität. Später kam ich mit Günter Grass, aber nur in der Situation des Touristen. Zwischen Flugplätzen, Vortragssälen,[13] Bars und Hotelzimmern erfährt[14] man wenig. Diesmal bin ich hier, um etwas zu erfahren. Auch das, was Einheimische nicht wissen", erklärt er vergnügt. „Zum Beispiel weiß ich nun woher der Ausdruck ‚red tape' kommt. In Washington wurden die Akten früher mit rotem Bindfaden[15] zusammengehalten."

Mit Stolz berichtet der an literarischen Ehren so reiche Dichter, daß er in New York als Angestellter eines Verlages[16] arbeitet, genauer genommen als Redakteur. „Mit Bürostunden von neun bis fünf, Social Security Nummer, einer echten Arbeitserlaubnis und täglichen Reisen in der Untergrundbahn!"

---

8 **rauchschwarz** sooty-black
9 **die Kochnische** cooking alcove
10 **teppichlos** rugless
11 **ob mir Gin recht ist** if gin is agreeable
12 **unkleidsam** unbecoming

13 **der Vortragssaal** lecture hall
14 **erfahren** experience, learn
15 **der Bindfaden** string, tape
16 **als Angestellter eines Verlages** as employee of a publishing house

Längst hat er in Manhattan, vor allem oberhalb der 20. Straße, einen erstaunlichen Grad von Höflichkeit entdeckt. Er findet die Wirklichkeit ganz anders als die Märchen über New York, in denen angeblich alle gegen alle stehen. „In den Märchen rasen die Passanten nach der Arbeit über die Bürgersteige",[17] erklärt er. „Tatsächlich lassen sie sich Zeit,[18] und es ist eher die europäische Art von Eile, die in den radarähnlich gesicherten Abständen[19] zwischen den Fußgängern aneckt.[20] Es heißt auch, das Gedränge in den Untergrundbahnen vor und nach Büroschluß sei infernalisch; dabei wird aber übersehen, daß das System jeden Tag funktioniert. Und wenn es stimmt, daß der amerikanische Mann aufblickt zur amerikanischen Frau, so tut er das von seinem Sitzplatz aus."

Etwas verlegen gesteht[21] Johnson, daß er in der Untergrundbahn nie sitzt, weil er von den Männern nicht scheel angesehen werden[22] möchte, wenn er einer Frau Platz macht.

Obwohl er es nicht zugibt, weiß man, daß er eines Tages ein Buch über dieses New York mit den wandelbaren[23] Gesichtern schreiben wird. Für New York, das er unermüdlich zu Fuß durchwandert, scheint er täglich neue Versionen zu finden. Johnson, der sich in Chicago und San Franzisko in „sehr merkwürdigen" Hotels aufhielt, hat keine Angst vor Verbrechen, wohl aber vor Verallgemeinerungen.[24] „Statistisch hätte ich während meiner drei Aufenthalte[25] wenigstens einmal überfallen werden[26] müssen!"

Das klingst spöttisch.

Absichtlich[27] hat der Autor, dessen von Marx beeinflußter Sozialismus keine bloße intellektuelle Pose ist, die von Chinesen und Portorikanern überschwemmte Nachbarschaft am oberen Riverside Drive dem Künstlerleben im Greenwich Village vorgezogen. Einmal, weil das Leben im Village „reichlich[28] ideologisiert" ist, weil dort eine gewisse

---

[17] **der Bürgersteig** sidewalk
[18] **sich Zeit lassen** take one's time
[19] **radarähnlich gesicherte Abstände** radarlike secured distances
[20] **anecken** (*coll.*) collide
[21] **gestehen** confess
[22] **scheel angesehen werden** be looked at resentfully

[23] **wandelbar** changeable, variable
[24] **die Verallgemeinerung** generalization
[25] **der Aufenthalt** stay, sojourn
[26] **überfallen werden** be assaulted
[27] **absichtlich** intentionally
[28] **reichlich** amply, quite

Norm herrscht. Zum anderen aber, damit seine Frau, eine dunkelhaarige Indologin,[29] an der nahen Columbia-Universität ihr Studium fortsetzen kann.

Wie sein Töchterchen in der Schule hat auch Vater Johnson Schwierigkeiten mit der Sprache. Er beherrscht sie nur vom Lesen her,[30] ohne besondere Sprechpraxis. „In der Schule haben wir Poe gelesen und Stalins Essay *Is War Inevitable?* Mein Wortschatz[31] ist praktikabel, aber für feinste spirituelle Polemiken nicht geeignet."

Wochen später finde ich diese Bemerkung bestätigt. Bei einer Versammlung des Amerikanischen Jüdischen Kongresses höre ich ihn im Hotel Roosevelt in hölzernem Englisch über Neonazismus sprechen. Dieser stille bescheidene Riese mit dem beweglichen Geist[32] ist kein faszinierender Redner wie sein Freund Grass. Johnson, der gern behauptet, daß Theater etwas ist, was ihm nicht liegt,[33] hat tatsächlich kein theatralisches Talent. Mit roten Ohren läuft er vor der Rede nervös in der Hotelhalle auf und ab. Er scheint nur einen Wunsch zu haben, all das möglichst bald hinter sich zu bringen! Mit ihm auf dem Programm stehen der Rabbiner Dr. Joachim Prinz und New Yorks Baukommissar. Johnsons sanfte Stimme ist kaum übers Mikrofon zu hören. Die Rufe „Lauter!" und „Man versteht kein Wort!" machen ihn noch nervöser.

Sachlich setzt er die Akzente der deutschen Geschichte seit 1945: Wirtschaftswunder, Wiedergutmachung, Wiedervereinigungstrauma. Er erklärt den konservativen Standpunkt der Sozialdemokraten (sie waren der Opposition müde) und konstatiert die neonazistischen Symptome: Schulbücher, die Naziverbrechen verschwiegen[34] haben — Adenauers Staatssekretär Hans Globke und seine Nazi-Vergangenheit — Exnazis in Bonn — den Skandal vom Abhören[35] privater Telefongespräche — die *Spiegel*-Affäre und die polizeistaatlichen Methoden des damaligen Verteidigungsministers Franz Josef Strauß, der im Kiesinger Kabinett Finanzminister wurde.

---

[29] **die Indologin** Orientalist
[30] **nur vom Lesen her** only from reading
[31] **der Wortschatz** vocabulary
[32] **beweglicher Geist** lively mind

[33] **was ihm nicht liegt** for which he has no aptitude
[34] **verschweigen** keep secret, conceal
[35] **das Abhören** wire tapping

Auch die Einigung[36] der CDU und SPD auf Kiesinger rechnet er zu den Symptomen, obwohl Kiesinger nicht wegen seiner Nazi-Vergangenheit zum Kanzler gewählt wurde. Trotzdem kann Johnson die zahlenmäßig kleinen Erfolge der Nationaldemokraten (NDP) nicht ernst nehmen, nicht als neonazistische Gefahr betrachten. Schließlich war die Hälfte der Deutschen noch nicht einmal geboren, als Hitler an die Macht kam! Dieses Argument wird von Dr. Prinz, der anderer Meinung ist, stark angegriffen. Als wieder einmal jemand im Publikum „Lauter!" ruft, verliert Johnson fast die Geduld.[37] „Ich habe nicht die Absicht, hier zu schreien", antwortet er humorlos. Er ist viel zu ernst. Es fehlt ihm die Leichtigkeit, das witzige Bonmot.

Gewiß ging ihm der quasi politische Auftritt auch aus anderen Gründen gegen die Natur. Hat er doch oft genug gesagt, daß er sich nicht politisch betätigt.[38] „Ich sehe nicht ein,[39] warum sich ein Schriftsteller als politischer Experte hinstellen soll. Wieso er die Annahme[40] der eigenen Version fordert!" Um nicht mißverstanden zu werden, fügt er schnell hinzu, daß er damit natürlich nicht meint, Schriftsteller „sollen das Maul halten."[41]

Selbst Pazifist, betrachtet er einen Pazifisten als jemanden, der natürliche Empfindungen[42] hat und genug vom Krieg gesehen hat, um zu wissen, was Krieg bedeutet. Dennoch hat Johnson für die protestierende Jugend Amerikas nicht viel übrig[43] „Dem Expansionsstreben des mächtigsten Staates, dem Egoismus eines Staates mit Slogans wie ‚Macht Liebe, nicht Krieg' entgegenzutreten", findet er nicht witzig, sondern kindisch.

Wie die *New York Times* und die meisten Intellektuellen sieht er den Krieg in Vietnam als Bürgerkrieg an. Warum ein demokratischer Staat wie die USA ein unfähiges System unterstützt — die wirtschaftliche Zuwachsrate im Norden war nun mal höher — ist ihm ein Rätsel.

---

[36] **die Einigung** agreement
[37] **die Geduld verlieren** lose one's patience
[38] **sich betätigen** be active
[39] **ich sehe nicht ein** I don't see
[40] **die Annahme** acceptance
[41] **das Maul halten** (*coll.*) shut up
[42] **die Empfindung** feeling
[43] **nicht viel übrig haben für** not care much for

„Hinter beiden Bewegungen steht nationaler Egoismus," kommentiert er in sein Glas sinnend. Nachdem Franzosen, Japaner und Amerikaner alle nationalen Ansätze[44] verhinderten, gab es für die Vietnamesen keine andere Möglichkeit, eine Nation zu werden. Johnson hat kein Verständnis[45] dafür, wenn die USA, ein Staat, der aus einer Revolution hervorgegangen ist, sich einmischt und sich das Recht nimmt zu sagen: Was Revolution ist, bestimme ich!

[44] **der Ansatz** beginning

[45] **kein Verständnis haben** show no sympathy

Uwe
Johnson

Von Vietnam zur Wiedervereinigung ist es nur ein Gedankensprung.[46] In der Anerkennung der Oder-Neiße-Linie und im Austritt[47] aus der NATO sieht der Dichter Wege dazu. „Die DDR läßt sich nicht mit politischer Stärke kaufen", meint er nachdenklich.

Besorgt beklagt[48] er das Land, das Helden braucht. „Was wir brauchen sind durchschnittliche Typen, die etwas vom Fach verstehen.[49] Leute, die keine Flugzeuge herunterfallen lassen. Auch in der Wirtschaft sind keine Übermenschen nötig." In der SPD sieht er verschiedene integere Politiker, die aber noch beweisen müssen, was sie leisten können.

Und wie kam es, daß er vom Osten zum Westen ging?

Zur Beantwortung der Standardfrage holt er weit aus.[50] — „Ich wurde 1934 in Cammin in Pommern geboren und wuchs durch Zufall in Anklam auf. Durch eine Begabtenauslese[51] der Nazis kam ich auf eine städtische Heimschule bei Poznan. Ja, ich war begabt, aber ich hatte einen großen Fehler: schlechte Augen . . ." Er lächelt still vor sich hin und stößt, vielleicht um instinktiv von sich abzulenken,[52] das vor ihm stehende Bierglas um.[53] Man merkt, daß er sich unbehaglich[54] fühlt, wenn er über sich selbst redet. „Nach dem Krieg ging ich in Güstrow auf die Oberschule und studierte dann in Rostock und Leipzig Germanistik", erzählt er beim sorgfältigen Aufwischen der braunen Flüssigkeit. Damals wollte er eine wissenschaftliche Laufbahn einschlagen. Am liebsten wäre er Lehrer geworden. Doch während der innenpolitisch bewegten Jahre zwischen 1952 und 1956 erwartete der Staat von seinen jungen Intellektuellen eine Stellungnahme.[55] Uwe Johnson bekam keine Anstellung.

Er blieb noch drei Jahre. Doch an dem Tag, als sein Name auf das Titelblatt seines ersten Buches gedruckt wurde, (1959) zog er nach

---

[46] **der Gedankensprung** leap of thought
[47] **der Austritt** withdrawal
[48] **beklagen** pity, deplore
[49] **etwas vom Fach verstehen** know something about one's business (profession)
[50] **weit ausholen** go far back

[51] **die Begabtenauslese** selection of gifted (children)
[52] **um . . . von sich abzulenken** in order to turn attention away from himself
[53] **umstoßen** knock over
[54] **unbehaglich** ill at ease
[55] **die Stellungnahme** expressed opinion, point of view

West-Berlin um.[56] Er ging nicht als Flüchtling,[57] nicht mit hohem Risiko, sondern mit seiner Schreibmaschine, Zahnbürste und Zuzugserlaubnis.[58] Offensichtlich hat er es nicht bereut, nach dem Westen gegangen zu sein.

Heute lehnt Johnson den Kommunismus ab. Doch erscheint ihm der Sozialismus als attraktive Alternative. Johnson ist viel zu komplex, um eine Idee ohne Vorbehalt[59] zu akzeptieren. Zwar sagt er ja zum Sozialismus, aber nicht, solange die sozialistische Meinung in der DDR über Kunst vom „Gebrauchswert"[60] abhängt. Nicht, wenn sie „aktivistische Definition" ist, die den Zweck hat, das Bewußtsein der Bürger entsprechend der Lage[61] zu verändern.

Dann kommt er auf den Kernpunkt zu sprechen. Ein bißchen umständlich, stets nach dem richtigen Wort suchend, um ja nicht mißverstanden zu werden, erklärt Johnson, daß der Sozialismus nicht länger an wissenschaftlicher Theorie interessiert ist, sondern daran, daß alle mit einer offiziell genehmigten[62] Situation übereinstimmen. „Nachdem ein paar Generationen das Lehrgeld gezahlt[63] haben, könnte sich daraus ein ziemlich vergleichbares[64] System entwickeln. Die Frage ist, ob eine Kategorie der Vernunft zugelassen wird." Er macht eine Pause und setzt mit leichter Ironie hinzu: „Aber da sich die Politiker drüben gern Wissenschaftler nennen, werden sie das vielleicht schaffen. Die Leute müssen auch lernen. Der Bruch mit der Tradition ist noch kein halbes Jahrhundert alt." — Er zündet sich die kalt gewordene Pfeife an.

Wir sprechen eine Weile von künstlerischen Belangen.[65]

Hier macht der avantgardistische Schriftsteller die überraschende Bemerkung, daß er vielleicht schon zum alten Eisen gehöre.[66] „Es werden immer neue Wahrheiten gefunden in der Literatur. Ich begrüße

---

[56] **umziehen** move
[57] **der Flüchtling** refugee
[58] **die Zuzugserlaubnis** permission to take up residence
[59] **ohne Vorbehalt** without reservation
[60] **der Gebrauchswert** utilitarian value
[61] **entsprechend der Lage** according to the situation

[62] **offiziell genehmigt** officially approved
[63] **Lehrgeld zahlen** pay for one's experience
[64] **vergleichbar** comparable
[65] **künstlerische Belange** artistic concerns
[66] **zum alten Eisen gehören** (*coll.*) be over the hill

das. Denn es sind Wahrheiten dabei, die ich nicht finden könnte. Deshalb würde es mir nichts ausmachen,[67] als altes Eisen angesehen zu werden." Ist es zum Gedankenaustausch mit der literarischen Elite Amerikas gekommen?

Johnson legt seine großen breiten Bauernhände um das leere Glas. Er läßt mich wissen, daß ihm an diesen subjektiven Begegnungen nicht viel liegt.[68] Einmal hat er versucht, mit William Faulkner ins Gespräch zu kommen. Er reise ihm sogar nach, wurde auch in Faulkners Haus eingeladen — aber zu einer Unterhaltung kam es nur mit Faulkners Frau. Die Erinnerung an diese Episode, die viele Jahre zurückliegt, ist Johnson heute noch unangenehm.

Man merkt es dem stillen Intellektuellen, diesem in-sich-gekehrten[69] Gelehrtentyp und seinen bedächtigen[70] Formulierungen an: für literarisches Palaver hat er keine Ader.[71] Eine Eigenschaft übrigens, die ihm in den „swinging" literarischen Kreisen Manhattans schnell den Ruf eines „square" und pommerschen Dickschädels[72] einbrachte. In Wirklichkeit ist er eher so wie er eine seiner Romanfiguren in *Mutmaßungen über Jakob* beschrieben hat. Dort erscheint „der Lange mit der randlosen Brille — langbeinig in seinen Corduroyhosen". Wie dieser Lange ist auch Johnson: „denklustig[73] angreiferisch . . . ein vorsichtig zögernder Pfeifenraucher von äußerem Benehmen und unsteter Abenteuerlichkeit."[74]

Wie viele der jungen Romanciers schreibt auch Johnson keine Geschichten. In einer Welt, in der alle Begriffe flüssig, alle moralischen und politischen Konzepte fragwürdig erscheinen, besteht für ihn nur noch die *Möglichkeit* zum Roman. Der Versuch also, Zeit, Geschehen[75] und Individuum zu interpretieren. Von Handlung ist bei ihm kaum die

---

[67] **nichts ausmachen** not mind
[68] **daß ihm an . . . Begegnungen nicht viel liegt** that he does not care much for . . . encounters
[69] **in-sich-gekehrt** turned inward, introverted
[70] **bedächtig** deliberate
[71] **keine Ader** (*coll.*) no bent
[72] **pommerscher Dickschädel** Pomeranian pigheadedness
[73] **denklustig** fond of reasoning
[74] **die unstete Abenteuerlichkeit** unstable adventuresomeness
[75] **das Geschehen** event, happening

Rede. Leitmotiv ist das gespaltene Deutschland mit seinen politischen und emotionellen Spannungen.

Als erster deutscher Schriftsteller ergriff[76] er das Thema. Fast könnte man sagen: als einziger. Während andere Autoren sich mit der unbewältigten Vergangenheit herumschlugen,[77] schrieb er über die mißverstandene Gegenwart, das explosive Erbe![78] Nicht zuletzt fußt sein großer Erfolg auf der ungeschminkten Schilderung[79] der Beziehungen zwischen Ost und West: Sozialismus und Kapitalismus, die sich seit Jahrzehnten gegenseitig den Untergang prophezeien.[80] Johnson hat ein feines Gefühl für das Absurde dieser Situation. Und er läßt keinen Zweifel darüber, daß beide Systeme zu wünschen übrig lassen.[81] Die immer wieder neue Opfer verlangende sozialistische Bürokratie im Osten, in der es zwar viel besser geht als der Westen denkt, leidet unter Verboten, Regeln, Grenzen, Minengürteln und anderen polizeistaatlichen Symptomen. Dagegen erstickt der satte, überhebliche westliche Kapitalismus allen existentiellen Sinn und Zweck in seinem krassen Materialismus.

Es besteht keine Frage: Johnsons Bücher haben das Problem der Wiedervereinigung, von ihm einmal „das neurotische deutsche Dilemma" genannt, aktualisiert und zu Bewußtsein gebracht.

Mit Respekt und gütiger, man könnte auch sagen, passiver Ironie skizziert der Autor seine Charaktere. Keineswegs steht er mit ihnen auf du und du.[82] Denn jeder Geist ist für Johnson einmalig und kreiert seinen höchst persönlichen Weltspiegel. Deshalb brauchen individuelle Erkenntnisse keine allgemeine Gültigkeit[83] zu haben. Im Grunde zweifelt er an der Idee eines einheitlichen Charakters. Er weiß um die Schwierigkeiten der Kommunikation. So kommt es zu *Mutmaßungen über Jakob*, den Eisenbahner,[84] der nach dem Westen geht und in den

---

[76] **ergreifen** take up
[77] **sich mit der unbewältigten Vergangenheit herumschlagen** struggle with the undigested past
[78] **das Erbe** heritage
[79] **die ungeschminkte Schilderung** unvarnished depiction
[80] **sich gegenseitig den Untergang prophezeien** predict each other's destruction
[81] **zu wünschen übrig lassen** leave much to be desired
[82] **auf du und du stehen** be intimate with
[83] **die allgemeine Gültigkeit** general validity
[84] **der Eisenbahner** railwayman

Osten zurückkehrt. Keiner weiß, ob sein Tod auf den Gleisen wirklich nur ein „tragischer Unglücksfall" war.

Vieles andere bleibt offen. In allen Büchern gibt es Spekulationen, Andeutungen, Illusionen, Möglichkeiten, profunde Skepsis („Freiheit" ist eher ein Mangelbegriff,[85] insofern: sie kommt nicht vor.[86] Wer auf die Welt kommt redet sich an mit Ich, das ist das Wichtigste für ihn.), Zweifel, viele Fragezeichen und lebenswichtige Fragen. Etwa:

Kann eine Revolution zu Ende sein? — Oder: Was ist notwendig der Gruppe[87] der „guten, auch besten Leute", damit sie gerechter Weise obsiege?[88] — Oder: Sind Fehler möglich? Kann eine gute Sache schlecht sein? — Oder: Ist die Person erhaben,[89] die imstande ist abzusehen von sich selbst?[90] Ja. Ist sie denkbar? — Oder: Wann beginnt ein Fehler ein Verbrechen zu sein? Sind Fehler straffällig?[91] — Oder: Glauben Sie an ein moralisches Subjekt des Menschen, meinen Sie daß die Eigensucht zu brüderlicher Menschenliebe umgewandelt werden kann?

Das dritte Buch über Achim erzählt warum und wieso das dritte Buch über Achim nicht geschrieben werden kann. Karsch, ein westdeutscher Journalist, geht nach Ost-Berlin, um dort Material über den berühmten, vom Regime mit Orden und Titeln geehrten Radrennfahrer[92] Achim zu sammeln. Mit spielerischer Eleganz verwickelt Johnson den Leser in die Möglichkeiten des Romanschreibens.[93] Humorvoll beginnt er:

da dachte ich, schlicht und streng anzufangen so: sie rief ihn an, innezuhalten mit einem Satzzeichen,[94] und dann wie selbstverständlich hinzuzufügen: über die Grenze, damit du überrascht bist und glaubst zu verstehen.

Beim amüsanten Spiel mit den unbegrenzten Möglichkeiten zeigt er, was für eine subjektive, ungewisse, prekäre Sache es ist, die Tatsachen des Lebens im Alphabet einzufangen.[95]

---

[85] **der Mangelbegriff** concept of absence
[86] **insofern: sie kommt nicht vor** inasmuch as: it does not occur
[87] **der Gruppe** for the group
[88] **damit sie gerechter Weise obsiege** so that it justly becomes victorious
[89] **erhaben** sublime, noble
[90] **absehen von sich selbst** disregard itself

[91] **straffällig** punishable
[92] **der Radrennfahrer** one who participates in bicycle races
[93] **das Romanschreiben** writing a novel
[94] **innehalten mit einem Satzzeichen** make a pause with a punctuation mark
[95] **einfangen** capture

Welchen Spaß macht es ihm, den Leser auf seine Erkundungs-fahrten[96] ins ungewisse Terrain von Dichtung und Wahrheit mitzu-nehmen!

A. Nun wollte Karsch nicht alle zehn Radfahrerjahre nacheinander beschreiben, sondern sie versammeln in Achims letzter Rennsaison[97] ...

B. Oder nicht den Anfang hinter das Gegenwärtige gesetzt sondern eins nach dem anderen ...

C. Ein anderes Verfahren[98] konnte Achims Berühmung[99] zeigen als wär sie vergleichbar dem Aufstieg zu Höhen gesellschaftlicher Macht ...

D. Oder physiologisch. Der Körper eines Straßenrennfahrers muß tüchtig sein übers ganze Jahr. Er darf nicht unregelmäßig schlafen ...

E. Oder als Film. Im Bild erscheint unwiderlegbar[100] der dreißigjährige Held vor dem tosenden schrägen Zuschauerwall[101] ...

F. Oder als Anekdote. Dem berühmten Radrennfahrer Joachim T. wurde einmal die Frage gestellt ...

So bombardiert Johnson den Leser so lange mit den verschiedensten Versionen, die er alle mit ironischer Gewissenhaftigkeit[102] ausführt, bis Fiktion und Fakten, Imagination und Tatsachen, Illusion und Realität nicht mehr voneinander zu unterscheiden sind, bis sie eins werden.

Überall trifft man auf vage Monologe, abgebrochene Gespräche, Personen, die aneinander vorbeireden,[103] und verschiedenste Ansichten und Meinungen.

Die Sprache ist nüchtern und neutral, realistisch, ohne Metaphern, manchmal ein bißchen archaisch und voller ungewisser, zögernder, zweifelnder Oder, Aber, Würde, Wäre und Hätte.

Wie tachistische Bilder setzen sich die Romane aus minutiösen Details zusammen. Man sieht den Tropfen auf dem Tischtuch und die dreiundzwanzig Barthaare der Katze.

---

[96] **die Erkundungsfahrt** scouting trip
[97] **die Rennsaison** racing season
[98] **das Verfahren** procedure
[99] **die Berühmung = Berühmtheit** re-nown, fame
[100] **unwiderlegbar** irrefutable

[101] **vor dem tosenden schrägen Zu-schauerwall** in front of the slanted embankment of roaring spectators
[102] **die Gewissenhaftigkeit** conscientiousness
[103] **aneinander vorbeireden** talk past one another

Aus solchen Bestandteilen zaubert Johnson seine intensiven, sich ballenden und verfliegenden[104] Bilder und Impressionen. Sie haben eine eigene Realität, sind auf eigene Art authentisch. Denn unter dem feinen Netz von Fragment und Impression zeichnen sich höchst anschauliche, lebendige Bilder und konkrete Konturen der Existenz im Osten und Westen ab. Darin liegt das Originäre und die Überzeugungskraft der Johnsonschen Bücher.

Entschieden muß der Vorwurf einiger Kritiker abgewiesen werden, Johnson benütze Zweifel und Ungewißheit als Stilmittel,[105] als künstlerischen Trick. Dazu wäre zu sagen, daß Zweifel und In-Frage-Stellen seit je zum Handwerkszeug der Dichter gehörten, die etwas zu sagen haben. Zur artistischen Pose ist Johnson im übrigen viel zu klug, ehrlich und verantwortungsbewußt — und viel zu begabt!

Daß Illusion Wirklichkeit sein kann, demonstriert er glaubhaft in *Zwei Ansichten*. Weil die Berliner Mauer als Symbol der Trennung in diesem Roman eine Rolle spielt, ist er oft nur politisch interpretiert worden. In Wirklichkeit ist das Thema die durch Trennung herbeigeführte[106] Illusion der Liebe. Der Autor vergleicht die Geschichte der Krankenschwester[107] in Ost-Berlin, die von ihrem Freund, einem Fotografen im Westen, durch die Mauer getrennt wird, mit dem Hero-und-Leander-Thema.[108] Durch die Trennung wird der Flirt, der sonst längst aus wäre,[109] zur Illusion der großen Liebe. Schon Stendhal[110] war von diesem Phänomen fasziniert. Auch er hatte erkannt, daß Sehnsucht[111] Fehler berichtigt und die Partner mit idealen Eigenschaften ausstattet (die sie nicht haben), bis sie sich einbilden,[112] die Trennung sei das größte Unglück ihres Lebens. Aber Johnson läßt die Illusion platzen. Seine Krankenschwester flieht nach West-Berlin. Sobald die beiden ungehindert zueinander können, verliert sich das Interesse.

---

[104] **sich ballende und verfliegende . . .** concentrating and evaporating...
[105] **das Stilmittel** means to create a style, mannerism
[106] **herbeiführen** bring about, give rise to
[107] **die Krankenschwester** nurse
[108] **das Hero-und-Leander-Thema** *A theme from Greek mythology dramatized by* the German dramatist Franz Grillparzer *(1791–1872)*.
[109] **der sonst längst aus wäre** which otherwise would have been finished long ago
[110] *Stendhal (1783–1842), French writer.*
[111] **die Sehnsucht** longing
[112] **einbilden** imagine, believe

Die Erklärung dieses psychologischen Enigmas macht Johnson offensichtlich Freude. „Diese Liebe wird zur kühlen Gleichgültigkeit, weil sie nicht empfunden, sondern anempfunden[113] war."

Was aber, wenn man die Krankenschwester und den Fotografen als Symbole der Wiedervereinigungsbestrebungen[114] in Ost und West ansehen würde? Sind sie auch nur Illusion? Auch nur anempfunden?

Würde das Fallen von Mauern und Grenzen möglicherweise offenbaren,[115] daß es in Deutschland doch zwei Ansichten gibt?

Das sind Gedanken, die keiner zu denken wagt.

---

[113] **nicht empfunden, sondern anempfunden** not felt emotion but projected feelings (empathy)

[114] **die Wiedervereinigungsbestrebung** striving for reunification

[115] **offenbaren** reveal

11. Offener Brief an Günter Grass

SEHR geehrter Herr Grass,[1]

im Gegensatz zu Ihnen habe ich noch nie einen offenen Brief geschrieben. Dieser wurde notwendig, weil es mir nicht möglich war, mit Ihnen ins Gespräch zu kommen. Zweimal rief ich Sie in Berlin an. Das erste Mal waren Sie auf dem Weg nach Ungarn.[2] Das andere Mal arbeiteten Sie an einer Rede zum Ersten Mai. Mit geduldiger Freundlichkeit erklärten Sie übers Telefon, daß Sie keine Zeit hatten. Diese Viertelstunde hätte wahrscheinlich für meine Fragen genügt.

Von Martin Walser erfuhr ich von Ihrem Arbeitskreis,[3] in dem Sie „innerparlamentarische Opposition" betreiben wollten. Ich fragte, ob ich vielleicht zu so einem Treffen[4] kommen könnte. Das lehnten Sie strikt ab. Ich war verdutzt.[5] Denn demokratische Auseinandersetzungen sind gewöhnlich keine elitären Angelegenheiten. Das Offene ist ja gerade der Sinn des Demokratischen. Das verstehen die Leute von der APO; die freuten sich, daß jemand aus Amerika, der mit Studenten zu tun hat, für ihr Anliegen[6] Interesse zeigte.

---

[1] *Grass wurde 1927 in Danzig geboren. Siebzehnjährig wurde er Soldat und amerikanischer Kriegsgefangener. 1946 begann er an der Kunstakademie Düsseldorf zu studieren. Ab 1952 setze er das Studium der Bildhauerei in West-Berlin fort. 1955 erhielt Grass einen Preis im Lyrikwettbewerb des Süddeutschen Rundfunks. Nachdem er einige Jahre in Paris als freier Schriftsteller, Maler, Grafiker und* Bildhauer *gelebt hatte und 1959 den Preis der Gruppe 47 für seinen Roman* **Die Blechtrommel** *bekommen hatte, kehrte er nach West-Berlin zurück.*

[2] **Ungarn** Hungary

[3] **der Arbeitskreis** working committee, study group

[4] **das Treffen** meeting

[5] **verdutzt** puzzled

[6] **das Anliegen** concern

Ein dritter Versuch, bei einer Party Ihres Verlags während der Frankfurter Buchmesse Kontakt zu machen, scheiterte an der großen Zahl Ihrer Verehrer und Verehrerinnen, die Sie isolierend umgaben.

So bleibt denn dieser offene Brief zu schreiben. Denn in dieses Buch, das amerikanischen Studenten etwas über die Deutschen und das, was sie wollen, berichten soll, gehören Sie. Zum einen belegen Sie darin als prominenter engagierter deutscher Romanschriftsteller[7] einen Platz, zum anderen als Dramatiker. *Die Plebejer proben den Aufstand*[8] (1967), Ihr Stück über Brecht, das ja wohl die Situation des deutschen Intellektuellen und sein Unvermögen, die Idee der Revolution in die Tat umzusetzen zum Thema hat, ist bei uns noch unbekannt. Es ist fraglich, ob Ihr dialektisches Stück *Davor* (1969), in dem ein Teenager seinen Hund verbrennen will, um auf den Terror in Vietnam aufmerksam zu machen, anderswo mehr Applaus finden würde als in West-Berlin. Off-Broadway mystifizierten uns Ihre mit Symbolen überladenen *Bösen Köche* (1959). Lieben lernten wir Ihre subtilen, dunklen Zeichnungen[9] während einer Ausstellung in New Yorks Goethe-Haus.

Sie lehnen das Wort „engagiert" ab. Sie finden, daß Sie als Schriftsteller und Bürger nur das „Selbstverständliche" tun,[10] wenn Sie politisch tätig sind. „Denn der Schriftsteller ist aufgerufen,[11] die Stimme zu erheben, wenn sich in unserem Land wieder einmal das Unrecht zum Gewohnheitsrecht mausern[12] will." Der Platz des Schriftstellers ist mitten in der Gesellschaft, und nicht abseits oder über ihr, heißt es in einer Ihrer Reden. Wie manche Deutsche sehen Sie die parlamentarische Demokratie in Gefahr und die Teilung Deutschlands als Resultat einer „egoistischen" Politik, die Antikommunismus als Ersatz für Außen-

---

[7] *Die Blechtrommel The Tin Drum*, 1959; *Katz und Maus Cat and Mouse*, 1961; *Hundejahre Dog Years*, 1963; *Örtlich betäubt Local Anesthesia*, 1969, Neuwied and Berlin: Luchterhand Verlag.

[8] **den Aufstand proben** rehearse the uprising

[9] **die Zeichnung** drawing

[10] **das Selbstverständliche tun** do the obvious *or* self-evident. *Über das Selbstverständliche Speak Out!* Neuwied and Berlin: Luchterhand Verlag, 1968. *A collection of speeches, essays, open letters, and commentaries.*

[11] **aufgerufen** called upon

[12] **sich zum Gewohnheitsrecht mausern** change *or* puff itself up into a law of habit

politik betrieb. „Wir haben geduldet,[13] daß dieser Frieden in geistlosem Wohlstand erstickt[14] wurde", klagen Sie.

Sie wollen die kränkelnde[15] Demokratie kurieren und das geteilte Land vereinen. Schon einmal, betonen Sie, ist Deutschland „hundert Jahre vor Bismarck,[16] durch deutsche Schriftsteller und Philosophen, die den Geist der Aufklärung durch dieses Land wehen ließen, kraft[17] der Sprache geeinigt worden".

Sie appelieren an die Vernunft.

Sie schreiben offene Briefe an Ludwig Erhard, Kurt Georg Kiesinger und Willy Brandt. Die CDU-Politiker baten Sie, vom Kanzleramt und ihrer der Demokratie gefährlichen Politik zu lassen.[18]

Für Willy Brandt hatten Sie Lob.[19] „Skeptisch vertrauen" Sie diesem Staatsmann, der „kein Genie" ist. Überhaupt vertrauen Sie den Sozialdemokraten, deren „reformistische Tradition auf Vernunft und Aufklärung" basiert. Sie sind Sozialdemokrat. Sie wollen sogar Sozialdemokrat bleiben! Weil Sie fest an die parlamentarische Demokratie glauben, gehören Sie heute zu den wenigen Schriftstellern und Intellektuellen, die nicht mit der außerparlamentarischen Opposition kokettieren. Dabei sehen Sie klar, daß diese westliche Demokratie dabei ist, „sich selbst zu korrumpieren" und als Vorstufe der Diktatur „schon auf dem Weg nach Portugal" und Griechenland ist.

„Nicht die NPD bei uns, nicht Goldwater in den Vereinigten Staaten, keine kommunistische Verschwörung[20] bedrohen ernsthaft die Demokratie", schreiben Sie. Es ist die Oligarchie der Parteien, die Selbstzufriedenheit,[21] mit der sie Macht verwalten und verteilen, ein Pragmatismus, der seine Fahnen in jeden Wind hängt, die Lähmung[22] des Parlaments durch Interessengruppen, die nicht mehr funktionierende

---

[13] **dulden** tolerate
[14] **in geistlosem Wohlstand ersticken** suffocate in mindless (unspirited) affluency
[15] **kränkelnd** sickly, ailing
[16] *Otto von Bismarck (1815–1898), German statesman, unified the German states and became Germany's first chancellor (1871–1890).*
[17] **kraft** by virtue of
[18] **zu lassen** let go
[19] **das Lob** praise
[20] **die Verschwörung** conspiracy
[21] **die Selbstzufriedenheit** self-satisfaction, self-contentment
[22] **die Lähmung** paralysis

Günter Grass

parlamentarische Kontrolle und die seit Hegel[23] praktizierte ,,Verabsolutierung[24] des Staates", die sie aushöhlt.[25]

Dennoch glauben Sie, daß sich die parlamentarische Demokratie auf evolutionäre Weise reparieren läßt. Nicht sie hat versagt, ,,vielmehr ist den gewählten Repräsentanten dieser so differenzierten wie empfindlichen Gesellschaftsform die Kontrolle über die ihr auf Zeit verliehene Macht[26] aus den Händen geglitten".[27]

---

[23] *Georg Wilhelm Friedrich Hegel (1770– 1831), German philosopher.*

[24] **die Verabsolutierung** the quality of making an absolute out of a concept, idea, doctrine, etc.

[25] **aushöhlen** hollow out, undermine

[26] **auf Zeit verliehene Macht** temporarily bestowed power

[27] **gleiten** slide, slip

Aus den Händen geglitten? Ist es nicht eher so, daß die Repräsentanten die Kontrolle nur allzu fest in Händen haben und dadurch unkontrollierbar geworden sind?

Als renommierter Schriftsteller reisen Sie durch die Lande und sagen das Selbstverständliche. Sie sprechen von der schleichenden[28] Krise der Demokratie, deren Folge die Große Koalition war. Sie kritisieren die undemokratischen Praktiken Herbert Wehners, bezeichnen Franz Josef Strauß als Lügner vorm Parlament und Herrn Kiesinger als opportunistischen Nazi-Mitläufer.[29] Sie stellen fest, daß sich im Schatten Adenauers ein Obrigkeitsbegriff[30] restaurierte und erinnern peinlich daran, daß Deutschland allein die Schuld am Krieg trägt, den es verlor, und dafür bezahlen muß. Ja, das sind Selbstverständlichkeiten, die im Land des Wirtschaftswunders nicht gern gehört[31] und oft laut bestritten[32] werden.

Außerdem wollen Sie die Oder-Neiße-Linie anerkennen und mit der DDR eine Konföderation machen. Sie haben sogar eine recht reale, auf der föderalistischen Struktur beider Deutschland basierende Vorstellung[33] von dieser Konföderation mit ihren alternierenden Gremien in Leipzig und Frankfurt. Statt Wiedervereinigung der beiden deutschen Staaten, die Dekaden vom ,,Gegeneinander gelebt haben'' — nachdem die Bundesrepublik unter Adenauer die Wiederbewaffnung[34] der Wiedervereinigung vorzog[35] —, verkünden Sie die Konföderation als neue und vielleicht letzte Chance.

Ja, das sind Tabus, an die Sie da rühren!

Inzwischen haben Sie mehr Reden gehalten als mancher Bundestagsabgeordneter. An Leuten, die den ,,Blechtrommler'' bestaunen[36] wollen, fehlt es nicht. Ob sie ihm zuhören, ist eine andere Frage. Jedenfalls[37] sammelten Sie mit Ihren Reden viel Geld ein. Für die ersten 20 000 Mark kauften Sie Bücher für Soldaten. In sechs Biblio-

---

28 **schleichend** creeping
29 **der Mitläufer** fellow traveler, conformist
30 **der Obrigkeitsbegriff** authoritarian concept
31 **nicht gern hören** not like to hear
32 **bestreiten** deny, dispute
33 **die Vorstellung** concept, idea
34 **die Wiederbewaffnung** rearmament
35 **vorziehen** prefer, give preference to
36 **bestaunen** regard with wonder *or* pleased approval
37 **jedenfalls** at any rate

theken der Bundeswehr[38] ruhen jetzt friedlich Kriminalromane[39] neben Marx und Engels. Sie wollen Soldaten zu denkenden Bürgern erziehen.

Bei Ihrer politischen Aktivität berufen Sie sich gern auf Walt Whitman. Auch Sie wollen die Demokratie besingen:[40] „die geliebte, penetrante, die immerfort unzulängliche,[41] zum Überdruß[42] reizende, in Kerkern ersehnte,[43] komplizierte und immer auf Wandel und Wechsel sinnende,[44] ermüdende, teuer erkaufte,[45] heilig nüchterne Demokratie."

Whitman hatte es leichter. Damals war die Demokratie noch jung. Kinderkrankheiten sind heilbar. Heute ist sie müde und mißbraucht, durch korrupte Politiker und desinteressierte Bürger in schlechten Ruf gebracht[46] und hilflos im Gewebe einer Jahrzehnte alten Bürokratie. Ungeduldig will die Jugend nicht nur die autoritären Verknotungen zerschneiden,[47] sondern das ganze Gewebe.

Aber Sie haben recht, Herr Grass, es gibt keine Alternative. — Zumindest keine, die wir uns im Moment vorstellen können.

Nein, Politik ist keine Geheimwissenschaft. Deshalb ist es zu begrüßen, wenn nicht nur Politiker ihr politisches Glaubensbekenntnis[48] propagieren. Mit ihren Wahrheiten bringen Schriftsteller auch in Amerika Unruhe ins Establishment.

Sie machen das nun schon eine ganze Weile. Ist ein Amateurpolitiker aus dem Autor der *Blechtrommel* geworden? — jenes monumentalen Romans, der das deutsche Drama der Verkrüpplung[49] durch kaiserliche Autorität, Nazi-Ideologie und Wirtschaftswunder-Kapitalismus an Hand[50] des nicht-wachsen-wollenden Zwerges Oskar Matzerath sichtbar macht. Sie haben lange keinen Roman geschrieben. Dafür

---

[38] **Bibliotheken der Bundeswehr** libraries of the federal armed forces
[39] **der Kriminalroman** detective novel
[40] **besingen** sing about
[41] **unzulänglich** inadequate
[42] **der Überdruß** disgust
[43] **in Kerkern ersehnt** longed for in dungeons
[44] **auf Wandel und Wechsel sinnend** speculating about change and variation

[45] **teuer erkauft** dearly paid for
[46] **in schlechten Ruf bringen** give a bad reputation
[47] **Verknotungen zerschneiden** slash the knots
[48] **das Glaubensbekenntnis** creed
[49] **die Verkrüpplung** mutilation
[50] **an Hand** by means of

publizierten Sie politische Gedichte und Reden. Füllte der Dichter eine
künstlerische Atempause[51] mit Politik?

Wie lange werden Sie den prekären Balanceakt, der Sie unter Politikern und Künstlern gleichermaßen[52] suspekt macht, aufrecht erhalten[53]
können? Es mag sich vergnüglich sitzen zwischen den Stühlen der
Literatur und Politik. Der Anblick amüsiert und bringt Publizität ins
Haus.

Wie aber steht es um die Wirkung?

Immer wieder räsonieren Sie gegen die „hemmnungslose[54] Regie-
rungsloyalität" des deutschen Bürgers. Sie scheinen der Meinung zu
sein, die Demokratie regeneriere sich von allein, wenn man genug
autoritäre Gesinnung zerschmettert.

Sie haben selbst einmal angedeutet, daß der Obrigkeitsbegriff im
Legalistischen wurzelt. Die Frage drängt sich auf:[55] War es die Regie-
rungsloyalität des Bürgers, die es möglich machte, daß unter Hitler
„zum ersten Mal in der Geschichte der Menschheit die systematische
Vernichtung der Menschheit[56] geplant, organisiert und durchgeführt"
wurde? Oder war es vielmehr die Tatsache, daß das alles auf legale
Weise geschah? Gegen Gesetze verstößt der Bürger nicht gern. Daß
einer kam, der das Verbrechen[57] legalisierte, das hat bis heute noch
nicht jeder verstanden. Nazi gewesen zu sein ist legal. Nicht alle trifft
kriminelle Schuld. Es ist zwischen krimineller und moralisch-politischer
Schuld zu unterscheiden. Moralische Schuld ist nicht justitiabel. So
konnte der von Ihnen oft zitierte Hans Globke, Kommentator der
Nürnberger Gesetze,[58] ungestört bei Adenauer mitarbeiten und mancher
andere Exnazi in Bonn Karriere machen.

Der Hang[59] zum Legalistischen verbaute[60] dann auch den Weg zur
Wiedervereinigung. Sie klagen Adenauer als Separatisten an. Aber
er hatte es leicht mit seiner antikommunistischen, die Teilung zementie-

---

[51] **die künstlerische Atempause** artistic
respite
[52] **gleichermaßen** equally
[53] **aufrecht erhalten** keep up
[54] **hemmungslos** unrestrained, un-
checked
[55] **sich aufdrängen** obtrude

[56] **die Vernichtung der Menschheit** ex-
termination of mankind
[57] **das Verbrechen** crime
[58] **Nürnberger Gesetze** *Nuremberg Laws.
Racial laws issued in 1935 stripping
Jews of civil rights; abolished in 1945.*
[59] **der Hang** disposition, bent
[60] **verbauen** block up, obstruct

renden Politik der Stärke. Das DDR-Regime war nicht vom Volk gewählt worden, war also keine legale Regierung. Folglich konnte die Bundesrepublik das Regime ignorieren und sich als legitime Nachfolgerin des Reiches mit den Grenzen von 1937 etablieren. Das, was Sie als „Fiktion" bezeichnen, wurde politische Tatsache.

Lieber Herr Grass, Sie sprechen zu den Bürgern und zweifeln an der Wirkung. Wer dieser Demokratie helfen will, müßte sich in die Höhle des Legalistischen stürzen;[61] das heißt: sich um einen Sitz im Bundestag bemühen.[62] Denn dort an der Wurzel, wo Gesetze konzipiert werden und das Legalistische leicht ins Kraut schießt, lassen sich undemokratische Ideen und Vorschläge bekämpfen, ehe sie als respektierte Gesetze das Haus verlassen.

Wie bisher gegen den Krieg kein Stück half — von *Lysistrata* bis *Mutter Courage* und *Vietrock* — so waren alle Manifeste, Proteste und Reden gegen die Notstandsgesetze vergebens. Wohl aber, kann man sich vorstellen, hätte die Debatte im Bundestag eine andere Richtung nehmen[63] können, wenn es mehr Abgeordnete Ihrer Gesinnung geben würde.

Der Weg nach Bonn mag vielen zu umständlich und zeitraubend[64] erscheinen. Nein, dieser Weg gehört nicht zum Selbstverständlichen, von dem Sie reden. Er erfordert existentielle Abenteurerlust und Opfer.[65] Ihre literarischen Freunde würden die Stirnen runzeln und einige Ihrer sozialdemokratischen Freunde auch. Denn ein Bundestagskandidat, der für Anerkennung der Oder-Neiße-Linie, Konföderation, Abrüstung und Abtreibung[66] ist, dürfte kaum in allen Kreisen der SPD populär sein.

Sprechen wir also vom Selbstverständlichen! Bücher für Soldaten und Aufklärung für den Bürger, das sind bedeutende Aufgaben. Ich wünsche Ihnen dabei viel Erfolg und Freude und hoffe im Stillen auf neue Romane von Günter Grass!

---

[61] **sich in die Höhle des Legalistischen stürzen** plunge into the den of legalistic thinking
[62] **sich bemühen** take the trouble to get, trouble oneself
[63] **eine andere Richtung nehmen** take another direction
[64] **zeitraubend** time-consuming
[65] **Abenteurerlust und Opfer** adventuresomeness and sacrifice
[66] **die Abtreibung** (legal) abortion

12. Klaus Wagenbach:
Bücher ohne Rücksicht
auf[1] Pässe und Profit

so stellt man sich keinen deutschen Verleger vor: mit langen, wirren Haaren, verbeulten Kordhosen und offenem rosa Hemd. Und wer hat schon von einem Verlagsbüro[2] gehört, wo der Besucher nicht von einer hochmütigen[3] Sekretärin, sondern von einer freundlichen Kinderschar — nämlich den Kindern des Verlegers und ihren Freunden — empfangen wird? Welcher seriöse Verleger hat überhaupt sein Büro in der Wohnung? Die Antwort ist jedesmal: der Berliner Klaus Wagenbach, wahrscheinlich Deutschlands jüngster, bestimmt aber umstrittenster und avantgardistischster Verleger. Sein Verlagshaus — das klingt viel zu pompös für die Wohnung in der Jenaerstraße — wirde erst 1965 gegründet. Aber seine Quarthefte, billige Bücher mit schlichten, schwarzen Pappeinbänden,[4] kennt jeder.

Ich wurde durch Professor Karl Schiller, als er noch Berliner SPD-Abgeordneter in Bonn war, auf Wagenbach aufmerksam. Bei einem Besuch im Bonner Bundeshaus drückte mir Schiller ein Buch mit dem Titel *Wir Unternehmer*[5] in die Hand. Der Autor war C. F. Delius, der sich den Spaß gemacht[6] hatte, die bei einem Wirtschaftstag[7] der CDU/

---

[1] **ohne Rücksicht auf** without regard for
[2] **das Verlagsbüro** publisher's office
[3] **hochmütig** haughty, arrogant
[4] **der Pappeinband** cardboard cover
[5] **der Unternehmer** business executive *or* owner

[6] **sich den Spaß machen** consider it to be good fun
[7] **der Wirtschaftstag** economic conference

CSU vorgetragenen Reden mit einigen spitzen Kommentaren wiederzugeben. „Das ist wunderbare Satire", schmunzelte Schiller. „Klaus Wagenbach in Berlin ist der Verleger. Den sollten Sie mal besuchen. Ich glaube, er ist der erste westdeutsche Verleger, der ostdeutsche Autoren verlegt hat."

Ich folgte diesem Rat und fand in dem 1930 geborenen Wagenbach einen ebenso sympathischen wie feinfühligen Gesprächspartner. Er hatte in Frankfurt und München Germanistik, Kunstgeschichte und Archäologie studiert und sich dann zum Verlagsbuchhändler[8] ausbilden[9] lassen. Bei renommierten Verlagen wie Fischer und Suhrkamp, bei denen er auch als Lektor[10] arbeitete, lernte er, was zu lernen war. Zwischendurch[11] hatte er Rundfunksendungen über deutsche Literatur gemacht, ein Kafka-Symposium zusammengestellt und eine Monographie über Kafkas Jugend geschrieben, die als populäre Kurzfassung[12] bei Rowohlt erschien.

Als er eines Tages seine Briefmarkensammlung[13] verkaufte und mit dem Geld seinen eigenen Verlag aufmachte, wußte er genau, was er wollte: einen Verlag für zeitgenössische Literatur mit Erstausgaben[14] jüngerer Autoren. Durch die billigen Preise seiner Bücher — die Quarthefte sind schon für 5,80 DM zu haben — wollte er gerade den jüngeren Autoren die Möglichkeit geben, ein breites Publikum anzusprechen.

Daß im Verlag Wagenbach auch ostdeutsche Autoren und das literarische Experiment zu Wort kommen, war für ihn von Anfang an eine Selbstverständlichkeit. „Man kann Literatur nicht von Paßverhältnissen[15] abhängig machen. Die Frage, die ich stelle, ist nicht, ob der Autor Kommunist ist, sondern ob er ein guter Schriftsteller ist."

Wagenbach, der in jenen Tagen Reden für prominente SPD-Politiker schrieb, hielt wenig vom kalten Krieg. Er hat immer das Prinzip der Annäherung an den Osten vertreten und ist der Meinung,

[8] **der Verlagsbuchhändler** publishing-business executive
[9] **ausbilden** train, educate
[10] **der Lektor** reader
[11] **zwischendurch** in between
[12] **die Kurzfassung** digest, short version
[13] **die Briefmarkensammlung** stamp collection
[14] **die Erstausgabe** first printing *or* edition
[15] **Passverhältnisse** passport conditions

daß manche Chance, mit den Ostdeutschen ins Gespräch zu kommen, durch die Bonner CDU/CSU Regierungen verpaßt wurde.

Durch die Publikation ostdeutscher Autoren wie Johannes Bobrowski, Wolf Biermann und Stephan Hermlin setzte er seine politischen Ideen in die Tat um.[16] Er wagte, was damals noch kaum ein westdeutscher Verleger gewagt hatte! Daß er deshalb in konservativen Kreisen als Kommunist und Kommunistenverleger angegriffen wurde, störte ihn ebensowenig wie die Bezeichnung „Frontstadtideologe"[17] durch die Regierung der DDR. Denn in der ostdeutschen Demokratischen Republik sah man die Publikation der satirischen Balladen des Sozialisten-Autors Wolf Biermann in West-Berlin gar nicht gern. Biermann, der seine Pfeile bisweilen auch gegen das eigene Regime richtete, bekam wiederholt Reise- und Auftrittsverbot.[18] Seinem Verleger Wagenbach wurden Reisen in die DDR einfach untersagt.

So gern sich Wagenbach über die ins neunzehnte Jahrhundert passenden literarischen Vorstellungen in der DDR lustig macht, so nervös macht ihn die dauernde Gegenüberstellung[19] von Kapitalismus und Kommunismus, besonders in Deutschland. „Wir sollten uns lieber alle bemühen, zu verhindern, daß Deutschland in den nächsten dreißig Jahren mal keinen Krieg anfängt."

Indessen verkauften sich seine Quarthefte sofort glänzend. Von fünfzehn Ausgaben dieser Buchreihe konnte er je rund 120 000 Stück absetzen![20] Damit der Verlag nicht in Schulden gerät,[21] zahlt er sich selbst kein Gehalt.[22] Die Profite steckt er ins Verlagsunternehmen. Den nötigen Unterhalt verdient er sich mit essayistischen Arbeiten und Rundfunksendungen.

Auf die Frage eines Lesers, ob es in seinem persönlich geführten Verlag eine ungewöhnliche Macht- und Profitverteilung[23] gibt, antwortete er: „Ja. 1. Die Verlagskosten liegen etwa 30 Prozent unter dem

---

[16] **in die Tat umsetzen** convert into action
[17] **der Frontstadtideologe** *This refers to West Berlin's image as Frontstadt.*
[18] **das Reise- und Auftrittsverbot** withdrawal of permission to travel and appear
[19] **die Gegenüberstellung** comparison, confrontation
[20] **absetzen** sell
[21] **in Schulden geraten** run into debt
[22] **das Gehalt** salary
[23] **die Verteilung** distribution

Satz[24] anderer Verlage (Grund: kleiner Apparat). 2. Das Autorenhonorar beträgt das zwei- bis dreifache des üblichen Taschenbuchhonorars; sämtliche Autoren erhalten das gleiche Honorar. 3. Die Autoren sind vertraglich[25] nur für ein Buch gebunden und haben Mitsprache auch in den technischen Einzelheiten.[26] Profite gehen ans Buchlager, der Verleger lebt von essayistischen Arbeiten."

Als ich ihn ein paar Jahre später auf der Frankfurter Buchmesse 1968 wiedersehe, gehört er zu den bekanntesten Verlegern des Landes. Fernsehkameras umlagern seinen Stand[27] mit den schlichten, schwarzen Büchern und ihrem explosiven Inhalt. Eine neugierige Menge, zumeist junge Leute, Studenten und Intellektuelle, drängt sich ins Scheinwerferlicht. Inmitten des Trubels sitzt Wagenbach, schmal, blaß, immer noch jungenhaft.[28] Ein Tonbandgerät[29] steht zwischen ihm und einem Interviewer. Sein Haar ist noch länger. Seine Kordhosen scheinen noch verbeulter. Erneut bemerkt man diese merkwürdige Mischung von trockenem Humor, schnellem Witz und ernster Intensivität.

Wagenbach hat eine neue kontroverse Buchserie herausgebracht, die „Rotbücher". Diese politischen Bücher sind „ausschließlich der Neuen Linken und der außerparlamentarischen Opposition gewidmet". Sie sind noch billiger als die Quarthefte. Die meisten kosten nur 4,50 DM. Ich sehe mir die Titel an. Ein *Bericht über die Abschaffung der Demokratie in Griechenland* von Jean Meynaud, Professor an der Universität von Montreal, fällt ins Auge.[30] Daneben steht Professor Wilfried Gottschalchs *Parlamentarismus und Rätedemokratie*. Es wird von Wolfgang Dreßens *Antiautoritäres Lager und Anarchismus* flankiert. Gleich zweimal ist Ernesto Che Guevara vertreten: einmal mit ökonomischen Schriften,[31] *Ökonomie und neues Bewußtsein*, zum anderen mit Ratschlägen[32] über Guerillamethoden, *Guerilla — Theorie und Methode*.

Wagenbach gehört zu den ersten Verlegern, die ihren Stand schließen,

---

[24] **der Satz** rate, price
[25] **vertraglich** by contract
[26] **Einzelheiten** details
[27] **umlagern seinen Stand** besiege his booth
[28] **jungenhaft** boyish

[29] **das Tonbandgerät** tape recorder
[30] **fällt ins Auge** catches one's attention
[31] **ökonomische Schriften** writings on economics
[32] **der Ratschlag** advice, suggestion

nachdem die Messeleitung[33] die Hallen beim Protest der Studenten
gegen Finanzminister Strauß und Verleger „faschistischer" Autoren
durch die Polizei sperren läßt.[34]

VON DER SPD INS ANTIAUTORITÄRE LAGER

Wir sitzen im kühlen Herbstsonnenschein auf einer Bank vor den
Messehallen. Kurz erinnern wir uns an unser erstes Gespräch in Berlin
und den Wirtschaftsminister Schiller, der den Kontakt hergestellt
hatte. „Ja, zwischen Schiller und mir hat es inzwischen einige Meinungsverschiedenheiten gegeben", sagt Wagenbach leichthin.[35] Im Laufe
unserer Unterhaltung wird deutlich,[36] wie weit sich Wagenbach in
den letzten Jahren von der SPD distanziert hat. Wie so mancher der
jüngeren Intellektuellen steht er mitten im Lager der außerparlamentarischen Opposition. Die „Rotbücher" betrachtet er als seinen Beitrag,[37]
an der Veränderung der Gesellschaft mitzuwirken und das antiautoritäre
Selbstbewußtsein zu stärken.

Ich höre, daß er nicht mehr beim Bayerischen Rundfunk tätig ist.
„Da bin ich längst rausgeflogen.[38] Auf meine politischen Monats-
kommentare legte man da keinen Wert mehr", sagt er nicht ohne
Bitterkeit. „Die Leute sagen, daß ich ein Mutprotz[39] bin. Das ist nicht
wahr. Ich gebe zu, Egoist zu sein und ambitioniert. Dieser Egoismus
besteht darin, daß ich nur Bücher mache, die mir gefallen. Es tut mir
kein bißchen leid,[40] wenn andere Verleger viel Geld verdienen. Als
Verleger kann man Bücher machen, die das Publikum lesen will. Oder
man kann Bücher machen, die das Publikum lesen soll. Man kann sogar
beides tun. Mir macht es besonderen Spaß,[41] Bücher herauszubringen,
die sonst niemand druckt,[42] sei es aus ökonomischen, politischen oder
literarischen Gründen."

---

[33] **die Messeleitung** management of the fair
[34] **durch . . . sperren lassen** close up by...
[35] **leichthin** lightly, casually
[36] **im Laufe . . . wird deutlich** in the course of... it becomes clear
[37] **der Beitrag** contribution
[38] **rausfliegen** (*coll.*) get fired
[39] **der Mutprotz** person flaunting his courage, courageous show-off
[40] **leid tun** be sorry
[41] **mir macht es besonderen Spaß** for me it is a special kind of fun
[42] **drucken** print

Er beugt sich weit nach vorn, eine typische Wagenbach-Haltung, und fährt fort. „Zum Beispiel halte ich den Wiener Autor Ernst Jandl für wichtig. Deshalb machte ich eine Platte[43] von ihm, auf der er seine experimentellen Sprechgedichte liest. Unlängst habe ich Wolf Biermanns Gedichte *Mit Marx- und Engelszungen*[44] publiziert. Sie sind der Neuen Linken gewidmet und enthalten Gedichte wie ‚Drei Kugeln für Rudi Dutschke'. Wahrscheinlich hätte das sonst hier keiner gemacht. Interessant ist nun aber, daß ich in der ganzen Bundesrepublik keine Schallplattenfirma[45] finden konnte, die diese Gedichte — von Biermann gesprochen und gesungen — als Platte herausbringen wollte. Die Deutsche Grammophongesellschaft, Telefunken und Philips lehnten das aus politischen Gründen ab. Biermann sei ja Kommunist, meinten sie. Ja, unsere Demokratie ist kurz. Daß es bei uns freie Meinungsäußerung gibt, ist einfach falsch. Kommunistische oder sozialistische Gedanken werden nicht publiziert. Ich weiß zum Beispiel, daß mein Telefon seit Monaten überwacht[46] wird." — Ich sehe ihn ungläubig an. — „Ja, seit den Notstandsgesetzen ist das bei uns juristisch möglich!"

Er beugt sich noch weiter nach vorn. „Was ich Ihnen jetzt sage, werden Sie bestimmt nicht drucken in Amerika", sagt er herausfordernd.[47] „Man muß sich diesen Staat bei uns ansehen; sehen, was er gemacht hat. Dann findet man ihn abschaffenswert.[48] Trotz der Studentenrevolten wird gar nicht daran gedacht, die Hochschulreform durchzuführen. Das Establishment reagiert überhaupt nicht. Die NPD existiert bei uns, weil 30 bis 40 Prozent des Volkes faschistisch denken. Die Studenten machen dieses Moment nur sichtbar. Denn das faschistische Element ist nicht nur auf die NPD beschränkt. Denken Sie an Strauß oder Guttenberg, Kiesingers rechte Hand. Die Studenten haben recht, wenn sie sagen, Kapitalismus führt zum Faschismus."

---

[43] **die Platte** record
[44] **Engelszungen** (*play on words*) angel's tongues. *It refers to Friedrich Engels (1820–1895), German socialist, who together with Karl Marx (1818–1883) created the theory of dialectic materialism, wrote* The Communist Manifesto, *and helped found the First International.*
[45] **die Schallplattenfirma** record company
[46] **überwachen** watch over (as by wire tapping)
[47] **herausfordernd** provokingly
[48] **abschaffenswert** worthy of abolition

Mit Marcuse und der außerparlamentarischen Opposition befürwortet er eine komplette ökonomische Reform. Er vertritt[49] die gleiche
Antikonsumideologie. „Wohin hat der Konsum diese Gesellschaft
gebracht? Zur Fettlebe![50] Unsere Ökonomie erzeugt[51] Bedürfnisse,
statt sich nach den Bedürfnissen der Menschen zu richten." Auch die
bekannte Formel, daß der Kapitalismus auf der Ausbeutung der
Dritten Welt basiert, wird von ihm vorgetragen. „Die Margarine
kostet bei uns nur 50 Pfennig das Pfund. So billig kann sie aber nur
sein, wenn die afrikanischen Arbeiter in den Kokospflanzungen[52]
unterbezahlt sind. Die Neue Linke betrachtet die Frage nach dem
Bruder in Afrika oder Indien als moralisches Argument gegen den
Kapitalismus. Ihr globales Denken spiegelt sich in einem Sozialismus
mit globaler Strategie wider."

Das kubanische Beispiel hat gezeigt, erklärt er, daß immer Revolution
gemacht werden kann und man nicht zu warten braucht, bis die
Bedingungen dazu gegeben sind. „Als erste Lehre lernte die Neue
Linke in Frankreich, daß ein hochindustrialisierter Staat durch Streiks
von zwei bis drei Monaten zusammenbrechen kann. Als zweite Lehre
eröffnete sich die Perspektive, daß man zur Revolution nicht notwendigerweise die Arbeiter braucht, die kein politisches Bewußtsein
haben, sondern Revolution auch mit der Intelligenz gemacht werden
kann. Auch durch streikende Techniker und Wissenschaftler läßt
sich der Kapitalismus auf die Knie zwingen."

Und was dann?

Wagenbach mustert mich kritisch. „Solche Fragen nach einem
möglichst definitiven Zukunftsstaat zeigen nur Unfreiheit, Angst und
mangelndes Geschichtsverständnis.[53] Die Französische Revolution von
1789 brach bekanntlich wegen Mehlmangel[54] in Paris aus. Es zeichnet
also die APO aus, daß sie, neben einigen Grundforderungen — Demokratisierung, Beseitigung der imperialistischen Ausbeutung, Veränderung

---

[49] **vertreten** stand for, advocate
[50] **die Fettlebe** (*coll.*) gluttony, living
high on the hog
[51] **erzeugen** produce, generate

[52] **die Kokospflanzung** coconut plantation
[53] **mangelndes   Geschichtsverständnis**
deficient understanding of history
[54] **der Mehlmangel** shortage of flour

der Besitzverhältnisse[55] —, sich stets weigerte, solche definitiven Staatsmodelle zu entwickeln. Wie kann man das, ohne die jeweilige[56] geschichtliche Situation zu kennen? Die APO ist eben[57] keine Elite. Sie denkt demokratischer als diejenigen, die sie befragen und von Antiautoritären einen autoritären Bewußtseinsakt verlangen."

[55] **Veränderung der Besitzverhältnisse** change of distribution of wealth

[56] **jeweilig** respective
[57] **eben** quite certainly

Wagenbachs Quarthefte

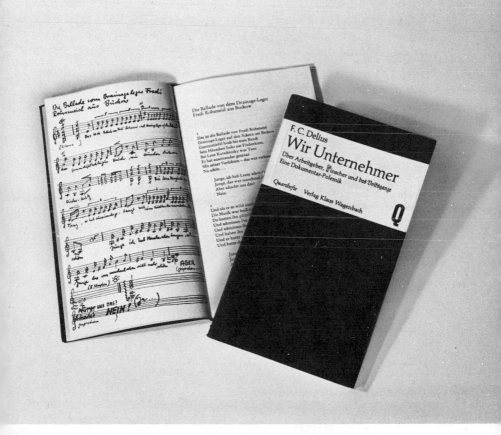

Sicher ist für Wagenbach nur, daß die Rätedemokratie sich strikt auf demokratischen Grundlagen aufbaut. Bereitwillig[58] gibt er zu, daß die Studentenbewegung, die keinen Personenkult toleriert, an einem Organisationsproblem leidet. „Das große Thema im antiautoritären Lager ist, wie eine verbindliche[59] Organisation zu erzielen[60] ist und die Rätestruktur zugleich als demokratische Struktur durchsichtig gemacht werden kann."

Er ist überzeugt, daß dem Kapitalismus in Amerika das gleiche Problem der sozialen Reform bevorsteht, aber der Kampf in einem durch Kolonialkriege brutalisierten Land ganz andere Dimensionen annehmen wird. Er hat Amerika vor ein paar Jahren teils als Tourist, teils als Vortragsreisender[61] an Universitäten bereist. Doch schon bei der Einreise glaubte er, das „momentane faschistische Klima" zu spüren. Ärgerlich über die Frage nach seiner Hautfarbe, schrieb er säuberlich[62] „green" auf das Formular. Aber auch sonst zeigt er sich wenig beeindruckt von dem Land, dessen Mittelstand er „stumpf" findet,[63] ohne Beziehung zum Staat und ohne „soziales Verständnis". Die Elendsviertel der Großstädte deprimierten ihn ebenso wie die Leute mit den Gewehren, die die United Fruit Company von New Orleans bewachen oder die Mahnung:[64] Geh nicht nach zehn in den Central Park!

„Im antiautoritären Lager sind wir geradezu freiheitssüchtig.[65] Ein neuer Egoismus der Bedürfnisse macht sich bemerkbar. Diese Generation will ihre Bedürfnisse verwirklicht sehen. Der Mensch hat ein Recht darauf, egoistisch zu sein, solange er die Freiheit anderer nicht beschränkt", betont Wagenbach. „Zum Beispiel wird es Zeit, daß dem Katholizismus, wie er sich in den Homosexuellen- und Abtreibungsgesetzen manifestiert, gesetzlich ein Ende gemacht wird", setzt er aufgebracht hinzu.

Wie groß die Distanz, wie unüberbrückbar[66] der Gegensatz zwischen außerparlamentarischer Opposition und den Kommunisten ist, macht

---

[58] **bereitwillig** willingly
[59] **verbindlich** binding
[60] **erzielen** realize, achieve
[61] **Vortragsreisender** traveling lecturer
[62] **säuberlich** neatly

[63] **dessen Mittelstand er stumpf findet** whose middle class strikes him as dull
[64] **die Mahnung** warning, reminder
[65] **freiheitssüchtig** addicted to freedom
[66] **unüberbrückbar** irreconcilable

er mit einem Beispiel aus der Praxis klar. ,,Die SED[67] wollte die Erklärung der außerparlamentarischen Opposition zum Ersten Mai umsonst abdrucken.[68] Aber als sie den Text sah, wollte sie so viel herausnehmen, so viel zensieren, daß die APO auf das Angebot verzichtete.''

Er zündet sich eine Zigarette an, guckt bekümmert[69] auf die Messehalle und meint, daß es wohl Zeit ist, zurückzugehen zu seinem Laden.

Auch ich war bekümmert. Wagenbach, einst SPD-Streiter[70] und Freund hoher SPD-Politiker, hatte sich genötigt gefühlt,[71] Partei und Parteifreunde abzuschreiben und das Banner der APO zu schwingen. Das stimmte bedenklich.[72] Das war zutiefst beunruhigend.

---

[67] **SED = Sozialistische Einheitspartei Deutschlands.** *East Germany's Socialist Unity Party, a successor of the Communist Party, is still functioning in West Berlin and participating in municipal elections.*

[68] **umsonst abdrucken** print without charging

[69] **bekümmert** troubled, distressed

[70] **der Streiter** champion

[71] **sich genötigt fühlen** feel obliged

[72] **das stimmt bedenklich** that puts one into an apprehensive mood

Dritter Teil

Avantgardisten und andere dynamische Zeitgenossen

13. Norbert Kricke: Raumplastiken[1]

KRICKE: Das ist Schwung,[2] Bewegung, Harmonie, Vielfalt, Überraschung, Kraft, Dynamik, Grazie, Eleganz!

Ob hier vom Bildhauer[3] gesprochen wird oder vom Werk?

Von beiden. Selten hat ein Künstler das Essentielle seiner Persönlichkeit so akkurat in seinen Arbeiten ausgedrückt wie Norbert Kricke.

Wahrscheinlich würde Kricke, ein stämmiger,[4] mittelgroßer,
robuster Mann mit explosiven Gesten, unruhigen dunklen Augen,
einem pfiffigen[5] Lächeln, derben Händen und gemütlichem Berliner
Dialekt, mit dem er das Informelle seines Betragens unterstreicht,
das Wort Eleganz zurückweisen. Aber wenn er, die ewige Zigarre in
der Hand, impulsiv vom Sofa aufspringt, um mir das Prinzip seines
Wasserwaldes zu erklären, wird daraus eine tänzerische Pantomime
von überraschender Eleganz. In steter Bewegung demonstriert er
zugleich die Komposition, Struktur, Technik und den ästhetischen
Effekt seines Wasserwaldes.

Wahrscheinlich würde Kricke die zweifelhaft gewordenen Bezeich-
nungen[6] „Grazie und Eleganz" ebenfalls für seine Raumplastiken
(auch Drahtplastiken[7] genannt, weil sie zumeist aus runden Stahlröhren[8]
komponiert sind) ablehnen. Trotzdem kann man für diese Raumplastiken, die sich ohne Anfang und ohne Ende, frei und spielerisch, aber

---

[1] **die Raumplastik** spatial sculpture
[2] **der Schwung** swing, dash
[3] **der Bildhauer** sculptor
[4] **stämmig** sturdy
[5] **pfiffig** mischievous
[6] **die Bezeichnung** term
[7] **die Drahtplastik** wire sculpture
[8] **die Stahlröhre** steel pipe

dennoch diszipliniert im Raum verströmen, kaum bessere Charakteri-sierungen finden. Es sei denn,[9] man wagte den in der Moderne[10] ebenso verpönten Begriff[11] „Schönheit".

Dynamik, Kraft, Bewegung, das haben andere Plastiken auch. Aber Grazie und Eleganz sind heute in der Kunst so rare Eigenschaften, daß sie durchaus Anspruch auf Originalität haben.

Kricke ist erfinderisch. Möglicherweise ist er der Eigenwilligste[12] unter den deutschen Bildhauern. Im Unterschied zu den jüngeren Zero-Künstlern[13] konzentriert er die ganze Kraft seiner schöpferischen Energien auf seine Plastiken. Bei Kricke gibt es keine Gags, keine Happenings, keine Manifeste. Er ist ein Einzelgänger. Er braucht keine Gruppe. Was er schafft, wächst bei ihm ganz und gar von innen heraus. Da Kricke aber auch der prominenteste und bestbezahlte unter den deutschen Bildhauern ist, zählen ihn manche der Jungen bereits zum „künstlerischen Establishment". Für seine Raumplastiken zahlen industrielle Auftraggeber[14] und reiche Sammler in aller Welt ohne zu zögern 200 000 Mark. Viel mehr bekommt auch Calder, auch Moore[15] nicht.

Ohne sich der Übertreibung schuldig zu machen,[16] läßt sich behaupten, daß Krickes Arbeiten in jeder maßgeblichen Kunstsammlung vertreten sind — vom Museum of Modern Art in New York bis zur Privatsammlung der Baronin Alix de Rothschild in der Normandie. Es gibt keine größere internationale Kunstausstellung, sei es die Weltausstellung in Seattle (1962), die Biennalen oder die *documentas* in Kassel,[17] wo Krickes Raumplastiken nicht den Kreis bewundernder Kunstliebhaber und Kritiker erweitern.[18]

Als Empfänger des „Graham Prize for advanced studies in the

---

[9] **es sei denn** unless, except
[10] **die Moderne** contemporary art
[11] **verpönter Begriff** frowned-upon concept
[12] **der Eigenwilligste** the most individualistic one
[13] **Zero-Künstler** artists belonging to the group "Zero"
[14] **industrielle Auftraggeber** industrial firms that commission works of art

[15] *Alexander Calder (1898–), American sculptor known for his mobiles; Henry Moore (1898–), one of the foremost English sculptors.*
[16] **ohne sich der Übertreibung schuldig zu machen** without becoming guilty of exaggeration
[17] **documenta in Kassel** *An international art exhibition in Kassel.*
[18] **erweitern** enlarge

Fine Arts", der mit 10000 Dollar dotiert[19] ist, kam Kricke 1958 zum ersten Mal nach Amerika. Seitdem war er oft in diesem Land, das auf ihn wie auf viele andere europäische Künstler eine große Anziehung ausübt. Auch in der Heimat gab es Ehren, darunter 1963 den Großen Kunstpreis des Landes Nordrhein-Westfalen für Bildhauerei. Zu bemerken ist noch, daß man Krickes spektakulären Raumplastiken und Wasserspielen in Deutschland, besonders im Rheinland, häufig auf Straßen und Plätzen und vor Fassaden von Industriefirmen, Banken, Versicherungsgesellschaften,[20] Stadttheatern und Schulen begegnet.

PROFESSOR KRICKE

Kricke ist Düsseldorfer, trotz seines Berliner Jargons. Er wurde 1922 in Düsseldorf geboren, wuchs in Berlin auf, ging von der Schulbank in den Krieg, wurde Flieger,[21] studierte an der Berliner Hochschule bei Bildhauer Professor Richard Scheibe[22] und kehrte 1947 nach Düsseldorf zurück. Sein geräumiges Haus, eine stattliche bürgerliche Villa mit einem großen, von Krickeschen Raumplastiken gezierten[23] Garten, liegt nur wenige Schritte vom Rhein. Seit einigen Jahren selbst Professor, lehrt er eine Meisterklasse[24] für Bildhauerei an der Düsseldorfer Akademie. Er hat nur eine Handvoll von Schülern, die er sich selbst aussucht. Zur Zeit sind es fünf, manchmal weniger. Kricke, der nur kurze Zeit auf der Berliner Akademie verbrachte, ist im Grunde Autodidakt.[25] „Jeder Künstler muß seinen eigenen Weg finden", meint er im Hinblick auf die eigenen Erfahrungen. „Deshalb richte ich mich bei der Auswahl meiner Schüler nicht nach[26] den Arbeiten, die sie mir vorlegen, sondern nach ihrer Einstellung zur Kunst und zum Leben überhaupt."

Einer seiner Studenten sagt mir, daß Professor Kricke, im Gegensatz zu manchen anderen Professoren, nicht im geringsten daran interessiert

---

[19] **dotiert** worth
[20] **die Versicherungsgesellschaft** insurance company
[21] **der Flieger** pilot
[22] *Richard Scheibe (1879–1964), noted German sculptor of the realistic school.*
[23] **geziert** adorned
[24] **die Meisterklasse** class of advanced *or* graduate students
[25] **der Autodidakt** self-educated person
[26] **sich richten nach** be guided by

Norbert Kricke

Unten: Raumplastik

Raumplastik
„Mannesmann"
(Detail), rostfreier
Stahl, 7 Meter hoch,
Mannesmann-Hochhaus,
Düsseldorf

Raumplastik „Große
Reux", Edelstahl,
7,5 Meter hoch

ist, in den Arbeiten der Schüler die Resonanz der Werke des Lehrers zu
entdecken. Kricke ist stolz darauf, daß es unter seinen Schülern keine
Epigonen gibt. Was er zu vermitteln[27] sucht, sind Erfahrung und eine
Konzeption der Kunst.

Krickes Konzeption heißt: Raum und Bewegung.

LINIE = BEWEGUNG

Das statische Element in der Plastik ist von Bildhauern zu allen
Zeiten attackiert worden. Schon die berühmte Laokoon-Gruppe,[28]
die ungefähr ein Jahrhundert v.Chr.[29] entstand, drückt Bewegung aus.
„Gefrorene Musik" nannte das später ein deutscher Klassiker. Auch
Calders Skulpturen sind der Bewegung verschrieben. Mit seinen
Mobiles sucht er sogar eine physikalische Lösung. Leichter machen
es sich die Kinetiker, sie motorisieren ihre Skulpturen einfach.

Für Kricke ist Bewegung in der Linie inhärent. Wie ein Pfeil stößt sie
bei ihm in den Raum vor,[30] aggressiv, blitzschnell, brutal, überraschend!
Das Auge kann gar nichts anderes tun, als seinen stählernen Linien,
Kurven, scharfen Winkeln[31] und komplexen Biegungen[32] zu folgen.
Der unaufhörliche Fluß der Bewegung[33] — nicht selten sind es viele
gleichzeitige Bewegungen —, der sich nach dramatischer Ballung im
Raum,[34] im Unendlichen auflöst,[35] das ist die Essenz der Krickeschen
Plastiken!

Will man seine komplizierten, ungehemmten Sinfonien aus Stahl
beschreiben, greift man instinktiv zum Vokabular der Musik. Als
schnelles, übersehbares[36] Allegro, in dem das Leitmotiv der Linien,
Windungen und Winkel aufklingt,[37] steigen seine Kompositionen
aufwärts. In Bogen, Biegungen und Winkeln schweben sie der Mitte
entgegen,[38] ballen sich hier zu einem energiegeladenen, vor Kraft

---

[27] **vermitteln** communicate
[28] *A Greek marble statue, now in the
Vatican, depicting the death struggle
of Laocoön and his two sons with
sea serpents sent by Athena.*
[29] **v.Chr. = vor Christo** B.C.
[30] **vorstoßen** push forward
[31] **der Winkel** angle
[32] **die Biegung** curve, bend

[33] **der unaufhörliche Fluß der Bewegung**
incessant flow of movement
[34] **die Ballung im Raum** agglomeration
in space
[35] **im Unendlichen auflösen** dissolve
in the infinite
[36] **übersehbar** comprehensible at a glance
[37] **aufklingen** start, sound up
[38] **schweben … entgegen** float toward

berstenden, das Auge verwirrenden[39] Krescendo von Formen, Bewegung und Gegenbewegung, kontrapunktischen Schleifen[40] und Knoten, das in einem kurzen, spielerischen Scherzo ein Echo findet, und sich dann überraschend als erlösendes[41] Allegro im Raum verliert.

DAS ERLEBNIS[42] *RAUM*

Im Gegensatz zu Antoine Pevsner[43] und anderen Künstlern, die sich mit der Frage des Raums in den zwanziger Jahren beschäftigten und ihn als „neues plastisches Element", als „Substanz" oder „Material" interpretierten, behandelt Kricke Raum als Raum. Für ihn ist Raum nicht eine Substanz, die sich in eine Plastik einkerkern[44] läßt, sondern das Erlebnis des Unbegrenzten, des Unendlichen. Dieses Raumerlebnis gilt es mitzuteilen. Er bringt es zu Bewußtsein, indem er seine Plastiken mit den Eigenschaften des Raumes versieht:[45] Schwerelosigkeit,[46] Immaterialität, ununterbrochene Bewegung. Zusammen vermitteln sie das Gefühl des Unendlichen.

So wird denn der Ausdruck der Bewegung, die Linie — ohne Anfang und ohne Ende — bei Kricke wie früher schon bei den deutschen Romantikern zum Symbol des Raumes, der Unendlichkeit.

Wo die Wurzel dieser Phantasien aus Draht und Röhren liegt? Wo das Konzept der Raumplastiken begann? Vielleicht im Unterricht bei Richard Scheibe, der die traditionelle figürliche Bildhauerkunst lehrte. Bereits damals interessierte sich Kricke mehr für die abstrakten Skelette aus Draht als ihre tönernen Hüllen.[47] Vielleicht begann seine Faszination mit Raum aber auch schon während seiner Fliegerjahre. Auf jeden Fall nahmen seine Drahtskelette bald eigene Formen an, die mit dem Gefühl unserer Zeit, unserem „space age", durchaus identifizierbar sind.

---

[39] **verwirren** confuse, bewilder
[40] **die Schleife** loop
[41] **erlösend** releasing
[42] **das Erlebnis** experience, event
[43] *Antoine Pevsner (1886–1962), Russian-French abstract constructivist painter and sculptor.*

[44] **einkerkern** imprison
[45] **mit den Eigenschaften des Raumes versehen** equip with the qualities of space
[46] **die Schwerelosigkeit** weightlessness
[47] **tönerne Hüllen** coverings, bodies of clay

RAUMPLASTIKEN UND RAUMPLASTIKEN

Am Anfang, das war etwa 1949, waren die Raumplastiken streng linear, rhythmisch, rechtwinklig[48] geometrisch. Dann wurden die Winkel spitzer, die Kompositionen kühner, die Linien flüssiger, ihre Kreuzungen komplizierter, die Rhythmen schneller. Wie zackige Blitze[49] schießen die Linien vertikal, horizontal und diagonal durch den Raum.

Erstmalig taucht 1952 bei der „Raumplastik Grün" (ein mutig im Raum schwebender grün gestrichener Schnörkel[50]) die freie Kurve auf. Aus dieser ersten Kurve entwickelt Kricke einen phänomenalen, geradezu unerschöpflichen Reichtum der Formen.

Von nun an benutzt er gern gebündelte[51] Drähte! Drei! Sieben! Fünfzehn! Gemeinsam läßt er sie in graziösen Kurven, Schleifen, Knoten aufwärtsstreben, teilt sie, bringt sie zusammmen, schickt sie separat in entgegengesetzte Richtungen,[52] vereinigt und verstrickt sie zu dichten, unentwirrbaren[53] Ballungen und löst sie mit spielerischer Eleganz auf.[54] Immer wieder erfindet Kricke Überraschungen: die unerwartete Wendung, unglaubliche Verknotungen und Auflösungen, die gekurvte Linien dynamisch in den Raum schleudern! Kaum ist es faßbar, was sich in Krickes Plastiken alles zur gleichen Zeit abspielt![55]

Schon im März 1957 schreibt John Anthony Thwaites im *Arts Magazine*:

Die Linien bündeln sich, steigen, um dann frei im Raum zu wandern. Ihre Kurven können auf kein mathematisches Prinzip reduziert werden. Sie sind rein intuitiv. Der Rhythmus, den sie bilden, ist etwas, was man kaum analysieren kann. Er gleicht dem altchinesischen Prinzip des universalen Rhythmus, durch westliche Wissenschaft und westliche Sensibilität wieder interpretiert.

---

[48] **rechtwinklig** rectangular
[49] **wie zackige Blitze** like jagged flashes of lightning
[50] **gestrichener Schnörkel** painted curlicue
[51] **gebündelt** bundled, grouped together
[52] **schickt sie . . . in entgegengesetzte**

Richtungen sends them . . . in opposite directions
[53] **unentwirrbar** inextricable
[54] **auflösen** dissolve
[55] **was sich alles . . . zur gleichen Zeit abspielt** what all happens . . . at the same time

FLÄCHENBAHNEN[56]

Um diese Zeit experimentiert Kricke — minus dritte Dimension — mit der Bewegung auf einer Ebene.[57] „Flächenbahnen" nennt er diese flachen Plastiken, die er aus seinen Stahlröhren zu unregelmäßigen Flächen zusammenschweißt.[58] Aus den Flächenbahnen entstehen eine Reihe von Arbeiten für architektonische Aufgaben, darunter Reliefs für das Stadttheater Gelsenkirchen und das Apostelgymnasium in Köln.

Es dauert nicht lange, bis die Flächenbahnen einen dreidimensionalen Charakter erhalten und zu Raumplastiken neuer Prägung[59] werden. Kricke nimmt größere Teile der Flächen und baut sie so aufeinander auf, daß sie sich überschneiden. Nach allen Seiten ragen diese Flächen in die Luft,[60] möglichst in gegensätzliche Richtungen!

Wie von einem mächtigen Sturm hin und her gerissen[61] scheinen diese Flächenmassen! Bei aller Leichtigkeit, bei aller Bewegung, wirken diese Raumplastiken, die ihre Autorität der Massivität der Flächen verdanken, am monumentalsten. Bis zu sieben Meter hoch sind diese eindrucksvollen Stahlskulpturen (drei Tonnen Stahl), die auf der Weltausstellung in Seattle und der *documenta* Aufsehen erregten.[62]

Aber auch diese Formen erfahren bald eine dramatische Wandlung. Die Journale berichten, daß Krickes Brieftauben,[63] die er züchtet und beobachtet, dieser neuen Phase der Kurven und Rundungen[64] als Inspiration dienten. Gleich, ob diese Vermutung den Tatsachen entspricht[65] oder nicht, — jetzt werden die Flächen durchbrochen, gekurvt, ineinander und miteinander verschlungen. Die Masse der Flächenteile wird aufgelöst. Isolierte Linien tauchen wieder auf. Es entstehen gleichzeitig aufsteigende und auseinanderlaufende Bewegungen komplexester Art, die an frühere Arbeiten erinnern.

---

[56] **die Flächenbahn** "area face," surface area
[57] **die Ebene** plane
[58] **zusammenschweißen** weld together
[59] **die Prägung** imprint
[60] **in die Luft ragen** jut (protrude) into the air
[61] **hin und her gerissen** torn back and forth

[62] **Aufsehen erregen** cause a stir *or* sensation
[63] **die Brieftaube** carrier pigeon
[64] **die Rundung** roundness
[65] **gleich, ob diese Vermutung den Tatsachen entspricht** no matter whether this supposition corresponds with the facts

RAUMKEIMLINGE[66]

Interessant ist der nächste Schritt. Denn gerade aus dieser reichsten Instrumentation der Formen führt der Weg zurück zur elementarsten Einfachheit, zu Krickes subtilsten und zartesten linearen Inventionen, den „Raumkeimlingen". Als Bewegung zum Licht charakterisieren diese Raumkeimlinge das Wachstum als solches.[67] Von reiner Harmonie und fast rührender Grazie sind diese frei in den Raum wachsenden Plastiken. Hier ist nichts gebündelt, nichts künstlich kompliziert! Hier gibt es keine komplexen Ballungen, kein emotionelles Hin- und Herreißen! Wie junge, nach Licht strebende Pflänzchen recken sich die Plastiken empor. — In Wirklichkeit gleichen diese naiv erscheinenden Formen perfektionierten Tänzern. Hinter der simplen Geste, der selbstverständlichen Harmonie der Bewegung stecken lange Jahre des Studiums, der Erfahrung und intensiver Arbeit.

Auch bei den Raumkeimlingen gibt es kein Unten und Oben, wohl aber die Gleichzeitigkeit der Bewegung.[68] Doch ist sie behutsamer geworden, weniger aggressiv. Fast scheint sie organisch gewachsen und daher harmonischer.

Kricke liebt diese Raumkeimlinge, diese empfindsamsten und abgeklärtesten Geschöpfe[69] seiner dynamischen Phantasie!

WASSERWÄLDER UND WASSERRELIEFS

Auch seine Wasserspiele[70] stehen unter dem Konzept Raum und Bewegung. Auch hier macht sich die innere Beziehung des Künstlers zur Natur, des ewigen Werdens und Wachsens, Aufflammens und Verlöschens,[71] bemerkbar. Wie das Element Raum so läßt er auch das Element Wasser selbst sprechen.

Kricke erwähnt die Wasserspiele gar nicht. Wir kommen durch Zufall auf das Thema. Er will wissen, was im Moment neu ist in der amerikanischen Kunst. Während ich ihm daraufhin von der „environ-

---

[66] **der Raumkeimling** spatial seedling
[67] **das Wachstum als solches** growth as such
[68] **die Gleichzeitigkeit der Bewegung** simultaneity of movement

[69] **die abgeklärtesten Geschöpfe** the most sophisticated creations
[70] **das Wasserspiel** fountain
[71] **das Aufflammen und Verlöschen** flaming up and becoming extinguished

mental art" Frank Stellas und Al Helds[72] erzähle, lacht er kurz auf und springt temperamentvoll vom Sofa.

„Das habe ich doch schon vor zehn Jahren gemacht", informiert er mich mit blitzenden Augen. „Mein Wasserwald, den Sie hier in Düsseldorf durchwandern können, ist ,environmental art'!" Er beginnt diesen Wasserwald mit tänzerischer Agilität zu beschreiben, nein vorzuführen,[73] indem er mimisch die Plätze der drei Meter hohen Plexiglassäulen[74] innerhalb der asymmetrischen Komposition bestimmt. Er reckt sich in die Höhe, um zu zeigen wie das Wasser in den Säulen bis zum Rand aufsteigt,[75] und fällt zitternd in sich zusammen, um zu demonstrieren wie es außen als vibrierender Wasserschleier hinunterrieselt.[76] Zwischendurch mimt er Besucher, die im Wald der Wassersäulen spazierengehen.

Am liebsten möchte ich am Ende der imposanten Schau „Bravo" rufen oder Beifall klatschen. Aber ich applaudiere nicht. Kricke schiebt die Zigarre in den entgegengesetzten Mundwinkel und fragt, ob ich schon mal ein Wasserrelief gesehen habe. „Ein Wasserrelief?" frage ich zweifelnd. Er freut sich sichtlich, daß er etwas Neues zu bieten hat. Er stellt sich in Pose, um mir diese Erfindung zu erklären, die er sich für Walter Gropius'[77] Universitätsprojekt in Bagdad ausgedacht hat. Ich bin froh über diese konkrete choreographische Erklärung, denn ich kann mir unter einem „Relief aus Wasser" nichts vorstellen. Krickes Wasserrelief-Pantomime wird von technischen Kommentaren ergänzt. Er geht einen unregelmäßigen Raum ab,[78] der das Betonbassin darstellt, hebt die Hand zum Nabel und gibt damit die Höhe an.[79] Dünne Betonmauern[80] teilen das Bassin in Kammern von verschiedener Größe und Höhe. Bei Flut ist der Wasserspiegel[81] glatt. Das Wasser

---

[72] *Frank Stella (1936–) is also known for his shaped canvases; Al Held (1928–) teaches painting at Yale University.*

[73] **vorführen** perform

[74] **die Säule** column

[75] **bis zum Rand aufsteigen** rise up to the brim

[76] **als vibrierender Wasserschleier hinunterrieseln** trickle down as a vibrating veil of water

[77] *Walter Gropius (1883–1969), noted German-American architect, director of the **Bauhaus** from 1919 to 1928. A U.S. resident from 1937, he taught architecture at Harvard until 1953.*

[78] **abgehen** pace off (an area)

[79] **angeben** indicate

[80] **dünne Betonmauern** thin concrete walls

[81] **der Wasserspiegel** water level

bedeckt alle Mauern. Dann tritt Ebbe ein, das heißt, das Abflußventil[82] in der flachsten Kammer öffnet sich. Langsam sinkt jetzt das Wasser auch in den anderen Kammern, bis alle Mauern sichtbar werden. Da jede Kammer nur so viel Wasser hält wie sie umschließt, sind die Wasserspiegel in den einzelnen Kammern von unterschiedlicher Höhe und bilden ein Wasserrelief! Ist die niedrigste Mauer sichtbar geworden, schließt sich das Ventil, das Wasser flutet zurück und das charmante Spiel kann von Neuem beginnen.

Krickes Frau hat uns Tee und Kuchen gebracht. Sie ist jung, apart, freundlich und eine gute Zuhörerin. Zum Abschluß wühlen wir alle drei in Krickes Fotomappe nach passenden Fotos zur Illustration des „Kapitels Kricke". Die Auswahl der Fotos seiner Arbeiten fällt uns nicht schwer.[83] Zu einer längeren, lebhaften Diskussion kommt es jedoch bei der Auswahl des „Künstler-Porträts". Was Kricke mag, gefällt seiner Frau nicht. Was sie passend findet, sieht er mit Skepsis an. Schließlich entscheide ich mich für ein ziemlich naturgetreues Konterfei,[84] auf dem Kricke spontan die Hand vor den Mund gehoben hat. Seine Frau hat Bedenken.[85] Er weiß nicht recht ob . . . oder ob nicht. Ich bleibe dabei. Die spontane Bewegung, das Besinnliche,[86] das überraschende Element, das alles ist echter Kricke!

All das erinnert an seine Raumplastiken. An den Schwung, die erfinderische Gleichzeitigkeit der Bewegung und jene erstaunliche Sensibilität, die aus simplen, runden Röhren das Gefühl des Unendlichen zaubert[87] — und konkreten Stahl in abstrakte Poetik wandelt.

---

[82] **das Abflußventil** drain valve
[83] **fällt uns nicht schwer** is not difficult for us
[84] **naturgetreues Konterfei** true to life likeness

[85] **Bedenken haben** have reservations
[86] **das Besinnliche** pensive quality
[87] **zaubern** create by way of magic

14. Heinz Mack:
Monumente des Lichts

FÜR den Amerikaner sind Besuche in deutschen Kunstgalerien gewöhnlich nicht besonders aufregend — bis er auf die gleißenden,[1] Licht einfangenden, Licht reflektierenden, mit den Varianten des Lichts spielenden, die Unruhe des Lichts sichtbar machenden Objekte von Heinz Mack stößt.

Aus Aluminium, Plexiglas, Stahl, Spiegeln, Wasser und anderem lichtreflektierendem Material sind seine Monumente des Lichts. Bewegt, wie die Oberfläche[2] des Wassers, schimmern und vibrieren seine silbernen Lichtfontänen, Lichtreliefs, Lichtmauern und Lichtflügel.[3] Runde Rotoren aus Aluminium und Plexiglas, von denen einige durch Motoren betrieben sind,[4] kreisen wie silberne Sonnen, sich von Minute zu Minute verändernd, um sich selbst.[5]

Mack, der neben Kunst auch Philosophie studiert hat, betrachtet das Licht als ästhetische Kategorie. Klar formuliert er seine künstlerischen Absichten: ,,Gegenstände zu machen, deren Erscheinungsweise[6] immateriell ist; hierzu dient mir — vor allem anderen — das Licht und die Bewegung.''

Eigentlich müßte man für Macks ,,dynamische Strukturen'', die er als ,,neue Vitalität der malerischen Nuance'' auffaßt, eine neue Kategorie erfinden. Nicht als erster bemerkte Kunstkritiker John

---

[1] **gleißen** glisten
[2] **die Oberfläche** surface
[3] **der Lichtflügel** light wing
[4] **betrieben sind** are driven

[5] **um sich selbst** around themselves
[6] **die Erscheinungsweise** manner of manifestation

Canaday in der *New York Times* zur Ausstellung von Macks Arbeiten in der Howard Wise Gallery (1964), daß sie Elemente der Malerei und Plastik[7] verbinden.

Es ist kein Zufall, daß in einer Zeit, wo das Neue, das Spontane, das Zufällige[8] zur Definition der Kunst geworden ist, die an keine Tradition gebundenen amerikanischen Künstler die Führung übernommen haben. Das geschah schon in den fünfziger Jahren. Wie einst Paris so wurde nun New York zum Mekka der Künstler, Kunsthändler[9] und Kunstliebhaber.

Im Jahr 1964 begab sich auch Mack auf die Pilgerfahrt in die neue Kunstmetropole. Fast drei Jahre hat er hier „gearbeitet und geliebt", wie er sagt. Ob er dieses Amerika-Erlebnis brauchte, um endgültig das Traditionelle abzuschütteln, wer weiß es! Ob er die Konfrontation mit dem Spontan-Zufälligen der amerikanischen „informellen Kunst" suchte, um sich seiner disziplinierten Kunstform noch bewußter, noch intensiver zu verschreiben,[10] wer vermag das zu sagen! Sicher ist, daß Mack das Artikulierte zu einer Zeit nach Amerika brachte, da das Unartikulierte gefeiert wurde.

EHREN[11] UND PREISE

Kaum 38 Jahre alt, wurde Heinz Mack zum Mitglied der Akademie der Künste gewählt. Eine Ehre, die sonst nur älteren Herren zuteil wird.[12] Lange zuvor aber waren seine gegenstandsfreien,[13] dynamischen bildnerischen[14] Strukturen in den maßgeblichsten öffentlichen und privaten Kunstsammlungen der Welt zu finden. In Amerika begegnet man seinen luminösen Lichtphantasien in New Yorks Museum of Modern Art, im Carnegie-Institute von Pittsburgh, im Walker Art Center von Minneapolis, in der Albright-Knox Art Gallery in Buffalo und in den Sammlungen von Peggy Guggenheim und der Rockefeller Stiftung. In London leuchten und strahlen Mack-Strukturen in der

---

[7] **Malerei und Plastik** painting and sculpture
[8] **das Zufällige** the accidental
[9] **der Kunsthändler** art dealer
[10] **sich verschreiben** pledge *or* sell oneself to

[11] **die Ehren** honors
[12] **zuteil werden** assign, allocate
[13] **gegenstandsfrei** nonobjective
[14] **bildnerisch** sculptural

Tate Gallery und im Victoria and Albert Museum und in Paris im Musée d'Art Moderne. Mack ist in Japan, Holland, Irland, in Brüssel, Mailand, Rom, Wien, Zagreb und Dutzenden von deutschen Galerien vertreten. Seine Wassermauern glitzern und vibrieren sogar in Senegal, in einem durch die Entwicklungshilfe der Bundesrepublik erbauten Krankenhaus.

Auch an internationalen Preisen fehlt es nicht. Als Siebenundzwanzigjähriger erhielt er den Kunstpreis der Stadt Krefeld, 1965 den italienischen Marzotto-Preis und 1963 mit der Gruppe „Zero", deren Mitgründer[15] er ist, den Großen Preis der Biennale von San Marino und 1966 den Ersten Preis der Biennale von Paris.

Der frühe Erfolg ist dem Künstler keineswegs zu Kopf gestiegen. Wäre ihm die öffentliche Anerkennung versagt geblieben, vielleicht wäre er nicht ganz so fröhlich, nicht ganz so mutig, nicht ganz so unbeschwert,[16] nicht ganz so sicher, nicht ganz so zugänglich,[17] nicht ganz so voll von „unmöglichen" Ideen, die nun dank seines Prestiges fast alle ausführbar[18] geworden sind.

Mack strahlt etwas Positives, etwas Bejahendes aus,[19] das sich aufs Angenehmste[20] mit der Freude am Spielerischen und Phantastischen verbindet. Am liebsten läuft er im himmelblauen Sweater und weißen Jeans herum. Und es dauert nur Sekunden, bis er sich entscheidet, in seinen weißen „Jag" zu springen, um zur Eröffnung einer Ausstellung nach Turin oder Paris zu sausen. Wie seine Werke ist Mack selbst voll von Dynamik und Bewegung. Es macht Spaß, mit ihm zusammen zu sein. Den weizenblonden Schopf, ein Kompromiß zwischen Beatle- und Cäsarenfrisur, leicht nach vorn gebeugt,[21] setzt er seine Zuhörer bald mit tiefen philosophischen Gesprächen über ästhetische Probleme, bald mit seinen kindlich tollen Einfällen[22] für künstlerische Happenings in Erstaunen.

Zum Beispiel arbeitete er monatelang an den Werken für eine

---

15 **der Mitgründer** cofounder
16 **unbeschwert** easy-going
17 **zugänglich** approachable
18 **ausführbar** feasible
19 **etwas Bejahendes ausstrahlen** radiate something positive

20 **aufs Angenehmste** in a most pleasant way
21 **den weizenblonden Schopf . . . leicht nach vorn gebeugt** the wheat-blond head of hair . . . slightly bent forward
22 **tolle Einfälle** zany ideas

Eurovision-[23]Kunstausstellung, um sie am Schluß des halbstündigen Fernsehprogramms einzeln im Rhein zu versenken, in der Luft zu zerreißen oder in der Erde zu begraben.[24] Die Idee dabei war, auf dramatische Weise zu zeigen, daß seine Arbeiten nur für diese Gelegenheit[25] gemacht worden waren und keinem sekondären kommerziellen Zweck dienten.

Oder: Ein von Korken getragener Silberpfeil[26] von der Größe eines Frachtdampfers[27] schwimmt den Rhein hinunter nach Holland. Etwas aus einem Märchenbuch? Nein, eine Idee von Mack!

DAS SAHARA-PROJEKT

Nichts könnte phantastischer sein als sein geliebtes Sahara-Projekt: zugleich Symbol seines Kredos von der Befreiung der Kunst! In den großen Räumen der Natur soll der artifizielle Raum der Kunst als „Reservation der Kunst" eine neue Freiheit erlangen.

„Morgen aber werden wir auf der Suche nach einer neuen Dimension der Kunst auch neue Räume aufsuchen müssen, in denen unsere Werke eine unvergleichliche Erscheinung gewinnen werden," schreibt er 1961 in *Zero 3* prophetisch. „Solche Räume sind: der Himmel, das Meer, die Antarktis, die Wüsten.[28] In ihnen werden die Reservate der Kunst wie künstliche Inseln ruhen." Hier soll „Licht im Licht und das Licht im Raum sichtbar" werden. In diesem artifiziellen Kunstgarten der Wüste leuchten und vibrieren Lichtstelen[29] dank der Sonnenreflexion mit solcher Intensität, daß „das Kleid von intensivem Licht[30] die Materialität der technischen Konstruktion überspielt". Zwischen Meer und Wüste stellt sich der Künstler eine hundert Meter lange Spiegelmauer vor, die den Betrachter[31] mit einer Situation konfrontiert, „in der er sich unausweichlich selbst begegnet".[32] Lichtreliefs aus polierten Metallen wachsen als lichtreflektierende Tafeln[33] in den blauen Himmel

---

[23] **die Eurovision** European TV
[24] **in der Erde begraben** bury in the ground
[25] **die Gelegenheit** occasion
[26] **der Silberpfeil** silver arrow
[27] **von der Größe eines Frachtdampfers** of the size of a freighter
[28] **die Wüste** desert
[29] **die Lichtstele** pillar of light

[30] **das Kleid von intensivem Licht** the cloak of intense light
[31] **der Betrachter** viewer
[32] **in der er sich unausweichlich selbst begegnet** in which he inescapably comes face to face with himself
[33] **die Tafel** slate, surface, sheet

und „bewirken die eigentliche Artikulation[34] des Lichtes durch die in sie hineingeprägten Reliefstrukturen;[35] somit ist es nicht das Metall, das zur Erscheinung kommt, sondern das Relief des Lichtes selbst ist es, das die Materialität des Metalls überstrahlt."[36]

In dieser surrealistischen Zauberlandschaft[37] schwimmen Stelen im Meer, die ständig ihre Position und damit ihre Gruppierung wechseln. Im Blau des Himmels schweben Silberballone, die unsichtbare Netze tragen, in denen lichtreflektierende Membranen aufgehängt sind.

Durch die Bewegung der „Himmelsgardine",[38] aber auch nur ihrer einzelnen Teile, ändern sich nicht nur die Raumverhältnisse.[39] Es wird auch die jeweilige Lichtreflexion wechseln . . . So kann der artifizielle „Stern", der soeben noch heftig vibrierte, allmählich im Himmel „untergehen",[40] um ebenso plötzlich wieder zu erscheinen.

Soviel über Macks Tagträume.

Unmöglich? Unrealisierbar? Nicht für Mack. „Nur wenn wir den Mut haben, die totale Reservation [der Kunst] zu verwirklichen, dürfen wir erwarten, daß das Schöne[41] eine neue Ausstrahlung über die Welt gewinnt", schreibt er zur Antwort auf diese und ähnliche Fragen.

LICHT UND BEWEGUNG

Heinz Mack wurde 1931 in Lollar in Hessen, einem Ort von 500 Seelen, geboren. Von 1951 bis 1953 studierte er an der Staatlichen Kunstakademie in Düsseldorf. Der für seine Tierplastiken bekannte Bildhauer Ewald Mataré[42] lehrte dort. Wahrscheinlich ist es ein glücklicher Zufall, daß seine Klasse voll war. Außerdem studierte Mack Philosophie an der Universität von Köln. Besonders interessierten ihn Hegels Dialektik und Husserls[43] Phänomenologie. Nachdem er

---

[34] **bewirken die eigentliche Artikulation** effect the real articulation
[35] **durch die in sie hineingeprägten Reliefstrukturen** by means of the reliefs impressed upon them
[36] **überstrahlen** outshine, overpower
[37] **die Zauberlandschaft** magic landscape
[38] **die Himmelsgardine** sky curtain
[39] **ändern sich nicht nur die Raumver-** hältnisse not only the contents (relations) of the space are changed
[40] **allmählich im Himmel untergehen** gradually sinking into the sky
[41] **das Schöne** the beautiful
[42] *Ewald Mataré (1887–1965), German expressionist sculptor.*
[43] *Edmund Husserl (1859–1938), German philosopher, founder of the philosophy of phenomenology.*

Heinz Mack in seinem Studio

Zero der neue Idealismus

Zero
ist die Stille. Zero ist der
Anfang. Zero ist rund. Zero dreht sich.
Zero ist der Mond. Die Sonne ist Zero.
Zero ist weiss. Die Wüste Zero. Der Himmel
über Zero. Die Nacht - . Zero fliesst. Das Auge
Zero. Nabel. Mund. Kuss. Die Milch ist rund. Die
Blume Zero der Vogel. Schweigend. Schwebend. Ich
esse Zero, ich trinke Zero, ich schlafe Zero, ich wache
Zero, ich liebe Zero. Zero ist schön. dynamo dynamo
dynamo. Die Bäume im Frühling, der Schnee, Feuer,
Wasser, Meer. Rot orange gelb grün indigo blau violett
Zero Zero Regenbogen. 4 3 2 1 Zero. Gold und
Silber, Schall und Rauch Wanderzirkus Zero.
Zero ist die Stille. Zero ist der Anfang.
Zero ist rund. Zero ist
Zero

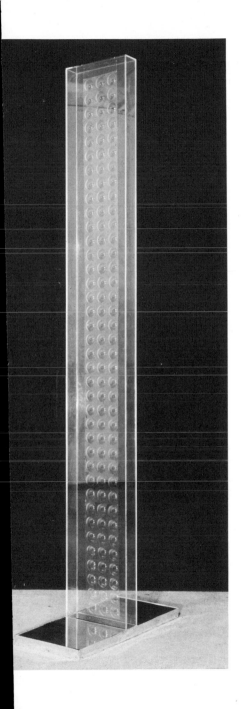

Links: Monumento of Tears,
Plexiglas

Unten: Die drei Grazien, Edelstahl poliert

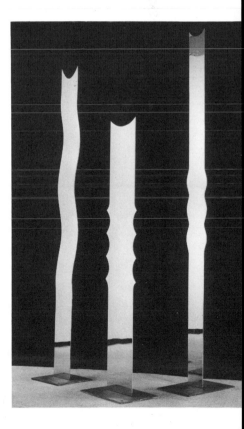

1956 sein Philosophisches Staatsexamen abgelegt hatte, begann er mit polierten Metallen zu experimentieren, in denen das vibrierende Licht die Farbe der Umwelt reflektierte. Schon um diese Zeit malt er nur schwarze oder weiße Bilder! Denn er versucht, „durch äußerste malerische Disziplin" die Farbe zu „entmaterialisieren" und sie in Aktion zu bringen.

Durch Zufall entdeckt er eine „unerwartete Möglichkeit, ästhetische Bewegung sichtbar zu machen". Er hatte aus Versehen[44] auf eine dünne Metallfolie getreten, die auf einem Sisalteppich[45] lag. „Als ich die Folie aufhob, hatte das Licht Gelegenheit,[46] zu vibrieren. Da der Teppich mechanisch hergestellt war, blieb natürlich auch der Abdruck[47] mechanisch und dekorativ; die Bewegung des reflektierten Lichtes war völlig gleichgültig und langweilig.[48] Meine Metallreliefs, die ich besser Lichtreliefs nennen möchte, und die allein durch den Druck der Finger geformt werden, benötigen anstelle[49] der Farben das Licht, um zu leben. Spiegelblank poliert, genügt ein geringes Relief, um die Ruhe des Lichtes zu erschüttern[50] und in Vibration zu bringen. Die mögliche Schönheit dieser Gebilde[51] wäre ein reiner Ausdruck der Schönheit des Lichtes", philosophiert er bereits 1958.

Das ist der Durchbruch zu seinen von ihm so genannten „dynamischen Strukturen".

DIE GRUPPE ZERO

Noch etwas anderes geschieht 1958. Etwas, was für die gesamte Kunstwelt von Bedeutung[52] werden sollte. Zusammen mit seinem Freund Otto Piene, gleichfalls Student der Künste und Philosophie, gründete er die „Gruppe Zero", zu der bald danach Günther Uecker stieß. Die inzwischen international bekannte Gruppe proklamiert einen „neuen Idealismus". Sie will eine verantwortbare[53] Kunst!

[44] **aus Versehen** by mistake, inadvertently
[45] **der Sisalteppich** fiber (sisal) rug
[46] **die Gelegenheit haben** have a chance
[47] **der Abdruck** imprint
[48] **gleichgültig und langweilig** indifferent and boring
[49] **benötigen anstelle** need *or* require instead of

[50] **um die Ruhe des Lichtes zu erschüttern** in order to shake up the calm of the light
[51] **das Gebilde** creation
[52] **die Bedeutung** significance
[53] **verantwortbar = verantwortlich** responsible

In erster Linie beschäftigt sie eine neue Konzeption des Raums. Vibration, der in Schwingung geratene Raum vom Licht selbst gemalt, das ist es, was Zero anstrebt! Licht und Bewegung, das ist es, was Zero von allen anderen Gruppen, Kunstrichtungen, Schulen und Stilen unterscheidet,[54] und den Zeroisten in der Geschichte der Kunst einen Platz neben epochemachenden Gruppen wie „Die Brücke" oder „Der blaue Reiter"[55] sichern wird.

Fest steht heute schon, daß Zero nach Expressionismus und Bauhaus[56] die erste und bisher einzige deutsche Gruppe ist, die internationale Bedeutung erlangen konnte.

Zero begann damit, daß Mack und Piene und einige ihrer in Düsseldorf lebenden Freunde keine Galerie fanden, die ihre Arbeiten zeigen wollte. So entschlossen sie sich, Pienes geräumiges Atelier[57] als Galerie für ihre nur aus Vernissagen[58] bestehenden „Nachtausstellungen" zu benutzen. Zu ihrer Überraschung kamen eine Menge Leute. „Alles, was sich gesellschaftlich, künstlerisch oder geistig für Kunst interessierte, war da", erinnert sich Mack, wie wir im hellen Sonnenschein in einem Restaurantschiff auf dem Rhein beim Mittagessen sitzen. Die Nachtausstellungen, die zunächst keine bestimmte Richtung vertraten, reflektierten bald die Kunstauffassung[59] ihrer Gründer. Bewegung und bewegte Objekte, Vibration, oder wie Mack es formuliert, „die Ruhe der Unruhe", wurde der Gruppe ebenso zum Leitmotiv wie die Beschäftigung[60] mit dem Licht.

„Aus dem praktischen Abenteuer entstand der Wunsch, das Angewandte als Theorie, als Manifest niederzulegen",[61] erzählt Mack. Zusammen mit Piene gab er die Katalogzeitschrift *Zero* heraus. Es ist nur zu drei Ausgaben gekommen. Aber in diesen drei *Zero*-Katalogen

---

[54] **unterscheiden** differentiate
[55] *Die Brücke* (1905–1913) was a group of expressionist painters, founded in Dresden by Kirchner, Heckel and Bleyl. *Der Blaue Reiter* (1911–1914) was a community of expressionist artists who worked in Munich, among them Kandinsky, Marc, Macke, and Jawlensky.
[56] *The Bauhaus* was a renowned art academy for *"Bau und Gestaltung"* founded in 1919 in Weimar; closed by Hitler in 1933.
[57] **geräumiges Atelier** roomy studio
[58] **die Vernissage** opening of an art show
[59] **die Kunstauffassung** conception of art
[60] **die Beschäftigung** preoccupation, engrossment
[61] **das Angewandte . . . niederzulegen** to write down the applied (method)

wird die ganze Kunstrichtung definiert. Sie geben ebenso über das Kredo Auskunft wie über die Quellen und Einflüsse, die Anregungen[62] und Impulse, die zum „neuen Idealismus" führten. Zudem umreißen[63] sie klar das Verhältnis von Natur und Mensch, Technik und Kunst, das die Zero-Künstler „reharmonisieren" wollen.

Für die Generation, die den Krieg als Kind miterlebt hatte, war nicht der Krieg das „entscheidende Erlebnis", sondern die Gegenwart mit ihren „kosmonautischen Abenteuern", in der „der Mensch in der Lage ist, die Erde zu verlassen, die Schwerkraft[64] zu überwinden!" erklärte Piene einmal im Gespräch. „Uns interessiert das Licht, uns interessieren die Elemente, Feuer, Luftströmungen,[65] die unbekannten Möglichkeiten, eine hellere Welt zu entwerfen."

Moholy-Nagy[66] und sein Motto „Vision in Motion — Motion in Vision" und das Bauhaus interessieren sie. Zu den Künstlern, die sie persönlich kennen und respektieren, gehören Yves Klein und sein Monochrom, Jean Tinguely mit seinen kinetischen Strukturen und Lucio Fontana,[67] der auf seine eigene originelle Weise ein neues Verhältnis zum Raum schafft, indem er provozierend die Leinwand aufschlitzt![68] Aber auch Calders Mobiles spielen für die Zero-Künstler eine Rolle und Mondrians[69] späte Boogie-Woogie-Bilder, in denen dynamische Form statische Geometrie ablöst.

DISZIPLINIERTE KUNST UND TEAMARBEIT

So sehr die Zero-Künstler das geplante, wohldurchdachte Experiment pflegen,[70] so wenig schätzen sie den „künstlerischen Zufall". Ihr Akzent

---

[62] **die Anregung** stimulation, stimulus
[63] **umreißen** outline
[64] **die Schwerkraft** gravity
[65] **die Luftströmung** air current
[66] *Laszlo Moholy-Nagy (1895–1946), Hungarian nonobjective painter; taught at the **Bauhaus** and later moved to America.*
[67] *Yves Klein (1928–1962), French painter, founder of the movements "Monochrome" and "L'Immatérial". Jean Tinguely (1925–), Swiss artist, known for his kinetic structures.*

Lucio Fontana (1899–1968), Argentinian abstract-expressionist artist concerned with the synthesis of color, movement, and space.
[68] **aufschlitzen** slash open
[69] *Piet Mondrian (1872–1944), Dutch constructivist painter; his theory on art was influential in the **Bauhaus** movement.*
[70] **das wohldurchdachte Experiment pflegen** cultivate the well-thought-through experiment

liegt nicht auf dem Spontanen, sondern auf dem Überlegten und Kontrollierten. Sie streben eine verantwortbare Kunst an, die von klaren Prämissen und Konzepten ausgeht. Sie wollen das Humane, nicht das Primitive, das Disziplinierte, nicht das Zufällige!

Zero setzte sich damit in Gegensatz zur ,,informellen Kunst" der Tachisten, unter denen Jackson Pollock[71] hervorragte, und dem primitiven Protest der französischen ,,Neuen Realisten" und amerikanischen Pop-Bewegung.

Mack drückt das so aus: ,,Die gegenwärtige[72] prominente Malerei, die den Manierismus einer geometrischen Abstraktion überwand, befindet sich, nachdem sie ihre hervorragendsten Vertreter längst gefunden, in einer zerstörerischen Konzeptions-, d. i. Kopflosigkeit."[73]

Bei so viel Philosophieren über die Kunst drohte freilich die Gefahr, daß der neue Idealismus an der eigenen Theorie ersticken würde. Auch dazu äußerte sich Mack. Und er hat Recht behalten, wenn er feststellt: ,,Theoretische Reflexion ist nur dann für den Künstler verhängnisvoll,[74] wenn sie spekulativ ist, d. h. wenn nicht die Sensation des ereigneten Bildes vorausgeht[75] und auch wieder folgt. Ich habe nie gezögert, über meine malerische Arbeit nachzudenken."

Zero war nie eine organisierte Gruppe von Künstlern oder gar eine ,,Schule", sondern eine lose Gemeinschaft Gleichdenkender,[76] bisweilen an die vierzig, die sich um Mack, Piene und Uecker sammelten. ,,Zero", erklärt Mack die Wahl des Namens, ,,das bedeutet: unbesetzt von Inhalten! Das bedeutet: offene Zone, ungesicherter Raum! Alles sollte möglich sein. Zero, das war die Zone des Unberührten!"[77]

Als Team zeichneten die drei für manche Gemeinschaftsarbeiten. Gemeinschaftlich verfaßten sie die Manifeste und sogar Gedichte.

---

[71] *Jackson Pollock (1912–1956)*, *American painter.*

[72] **gegenwärtig** current

[73] **in einer zerstörerischen Konzeptions-, d. i. das ist) Kopflosigkeit** in a destructive conceptionless, that is, mindless, phase

[74] **verhängnisvoll** fatal

[75] **d. h.** (= **das heißt**) **wenn . . . des ereigneten Bildes vorausgeht** that means, if . . . of the occurred (actual) picture precedes

[76] **eine lose Gemeinschaft Gleichdenkender** a loose community of people who think alike

[77] **das Unberührte** the untouched, virginal

In Krefeld, wo Mack, Piene und Uecker zusammen eine Ausstellung hatten, entstand die lyrische Zero-Definition in einem Kaffeehaus. Abwechselnd sagte jeder einen Satz, der dann notiert wurde.

Zusammen arbeiteten die drei an Lichtmühlen,[78] Wasser- und Lichtfontänen und Windspielen[79] für architektonische Projekte und andere Zwecke. Zusammen veranstalteten sie „Ein Fest des Lichtes" (Düsseldorf, 1961), auf dem Mack seine ersten sensationellen Lichtdynamos zeigte. Ihr Wunsch, mit der Kunst auf die Straße zu gehen, wurde zur Zero-Demonstration des Lichtes, einem der ersten Happenings! Auf der Rheinwiese glitzerten Wälder von Aluminiumfahnen[80] in der Nacht. Es gab kinetische Nagelscheiben,[81] transparente Ballons, Feuerwerk und eine Delegation hübscher Mädchen von der Modeschule in Zero-Kostümen! „Das Ganze war als Provokation gedacht", kommentiert Mack mit einem amüsierten Lächeln.

ZERO = INTERNATIONALER ERFOLG

Publikum und Presse waren begeistert. Und es dauerte nicht lange, bis Zero auch die Aufmerksamkeit der Kunstkreise auf sich zog. Tatsächlich wurde der Gruppe sehr bald ein im Nachkriegsdeutschland noch nie dagewesener Erfolg beschert. Gründer und Gruppe stellten in so vielen europäischen Galerien und Museen aus, daß sie nicht alle aufgezählt werden können. Der Erfolg begleitete sie auch nach Amerika, wo Zero in Washingtons Gallery of Modern Art und in New Yorks Howard Wise Gallery einzog. Sogar ein Zero-Film, *0 × 0 = Kunst*, wurde 1963 über die Gruppe gedreht.

Mit dem Ruhm liefen die Aufträge[82] ein. Mack entwirft 1963 eine Lichtmauer für die National City Bank in Dallas und eine Lichtmauer für Antwerpen. In New York fragt man nach neuen kinetischen Objekten und 22 Lichtstelen. Er läßt sich ein Wandrelief für eine Bank in London einfallen,[83] eine Wasserplastik für Dinslaken und einen Lichtturm, der den Raum vor dem Museum von Eindhoven verschönern[84] soll. Es

---

[78] **die Lichtmühle** light mill
[79] **das Windspiel** aeolian harp
[80] **Wälder von Aluminiumfahnen** forests of aluminum flags

[81] **die Nagelscheibe** disk studded with nails
[82] **der Auftrag** commission
[83] **sich einfallen lassen** think of, invent
[84] **verschönern** beautify

kamen Einladungen zu Vorträgen. Die Universität von Philadelphia wollte über sein Sahara-Projekt hören. Im Londoner I.C.A. Club hielt er mehrere Vorträge über seine Lichtprojekte und ästhetischen Theorien. Außerdem wurde er Mitarbeiter an der Buchedition *La Lune en Rodage*, die ein Verlag in Basel herausgab.

So erfolgreich waren Zero und Zero-Künstler, daß sie in anderen Ländern Nachahmung[85] inspirierten. In Holland bekannte sich die „informelle Gruppe" zu[86] Zeros ästhetischen Grundsätzen[87] und nannte sich deshalb „nul". Es folgte die „gruppo n" in Mailand und die „gruppo t" in Padua. Zeroisten waren in Jugoslawien zu finden und in Paris, wo sie sich als „Nouvelles tendences" etablierten.

Wenn all das die Zero-Leute natürlich freute, so beunruhigte sie es auch. „Die Presse wurde immer freundlicher", berichtet Mack. „Die Gefahr des Etablierens drohte in zunehmendem Maße.[88] Es war höchste Zeit, daß sich die Gruppe auflöste und jeder seine eignen Wege ging. Wir gaben eine letzte Zero-Ausstellung im Bahnhof Rolandseck bei Bonn. Tatsächlich wurde daraus ein Fest, zu dem 2500 Gäste kamen. Unser Motto war und ist: „Zero ist tot. Es lebe Zero!"

Es besteht keine Frage, daß der neue Idealismus, den Zero symbolisiert, in den einzelnen Künstlern weiterlebt.

Daß die Zero-Künstler sich vielleicht gerade deshalb durch außergewöhnliche Leistungen auszeichneten, weil sie innerhalb der Gruppe die Möglichkeit hatten, Ideen und Anregungen auszutauschen, geht indirekt aus Macks Bemerkungen zum deutschen Kunstleben hervor. „Im Gegensatz zu Amerika ist eine Kunstausstellung bei uns kein blendendes gesellschaftliches Ereignis.[89] In New York trifft man bei den Vernissagen die Elite der Gesellschaft. Bei uns nicht. Dazu kommt, daß es im Nachkriegsdeutschland kein kulturelles Zentrum gibt. Wir haben keinen Platz, wo Kontakte von Künstler zu Künstler oder von Künstler zu Publikum hergestellt werden können. So gibt es einfach keine Chance, daß sich das Publikum an Kunst gewöhnt."

---

[85] **die Nachahmung** copying
[86] **bekannte sich . . . zu** embrace, acknowledge
[87] **der Grundsatz** principle
[88] **in zunehmendem Maße** to an increasing degree
[89] **blendendes gesellschaftliches Ereignis** dazzling social event

Mack ist deprimiert von dem „ungeheuren Materialismus in der Welt und in Deutschland". Dennoch hat ihn Amerika begeistert. Kritisch äußert er sich jedoch über den „amerikanischen Chauvinismus" auf dem Gebiet der Kunst. „Die *New York Times* schrieb zum Beispiel ekstatische Artikel über die metaphysische Bedeutung von Frank Stellas ,shaped canvasses', ohne dabei zu erwähnen, daß Castellani[90] das bei uns schon seit zehn Jahren macht", beklagt er sich.

Doch Mack, der schon 1962 begriff, daß „die Kunst nicht mehr unsterblich"[91] ist, und „nichts mehr die Dauer des Himmels" hat, dem wir „so nahe sind", spricht viel lieber über Zukunftspläne als über Vergangenes.[92]

Unter anderem will er ein Bühnenbild[93] für ein Ballett entwerfen. Ein Drehbuch[94] fürs englische Fernsehen muß in wenigen Wochen fertig sein. Für die Botschaft in Brüssel arbeitet er an einer großen Reliefplastik. Frankfurt hat ihn mit einer Wasserplastik beauftragt, und für die Stadt Düsseldorf soll er eine Ausstellung namens „Avantgardia" organisieren.

Zudem beschäftigt ihn die Weltausstellung in Osaka. Er gehört zu einer Arbeitsgruppe von vier Leuten, der die Arbeit am deutschen Pavillon übertragen[95] wurde. Als Thema schwebt Mack vor, den Stand der Technik auf spielerische Weise mit superkinetischen Objekten und Computern zum Spielen[96] darzustellen. Daß Licht und Bewegung das künstlerische Leitmotiv ist, versteht sich von selbst.[97]

Ob man vor den silbern funkelnden Lichtreliefs, Rotoren oder Lichtschleiern steht, die alle durch Macks Magie von eigenem Leben erfüllt sind, stets spürt man[98] neben der tänzerischen Dynamik eine Reife, die als Gegenbewegung einen Rhythmus von überlegener Sophistikation entwickelt.

---

[90] *Enrico Castellani (1930–) Italian artist.*
[91] **unsterblich** immortal
[92] **Vergangenes** things past, of the past
[93] **das Bühnenbild** (stage) set
[94] **das Drehbuch** film script

[95] **übertragen** assign
[96] **zum Spielen** to be played with, for playing
[97] **versteht sich von selbst** goes without saying, is understood
[98] **stets spürt man** one always senses

Mack, der Licht bildnerisch poetisiert, versteht sich auch auf[99] die Malerei mit Worten:

> „Ich weiß nicht, ob das schnelle Licht
> das Gold mehr als das Silber liebt —
> aber ich weiß, daß es im Silber gern
> sich ruhen sieht
>
> Ich weiß nicht, ob alle Sterne schöner sind
> als eine goldene Sonne —
> aber ich weiß, daß Silber meine Farbe ist;
> mein Sternbild[100] sagt es

*   *   *

> Ich weiß auch nicht, ob schwarze Nächte schöner sind
> als lichterfüllte Tage —
> doch weiß ich wohl, daß meine Silberträume sich
> im Tageslicht erkennen müssen
>
> Ob Silber kalt ist, ob es warm ist,
> wer weiß es? —
> doch weiß ich gut, wie hell
> die Silberfeuer in mir brennen

Mack

[99] **versteht sich auch auf** also knows, understands well   [100] **das Sternbild** astrological sign

15. Günther Uecker:
Entmaterialisierte Nägel[1]

FAST hätte ich Günther Ueckers Atelier in Düsseldorf nicht gefunden. Versteckt[2] zwischen Reihen von Garagen liegt es in der dunkelsten Ecke eines Hinterhofes. Wie ein Nest hockt es einsam auf einem Dach, zu dem eine schmale, steile, offene Treppe führt. Die isolierte Lage hat seinen Grund. Uecker wurde aus seiner letzten Behausung[3] vertrieben, weil er zu viel Krach machte. Die Nachbarn beschwerten sich über sein dauerndes Hämmern.[4]

Mit einem breiten Lächeln kommt mir Uecker entgegen. Er ist ein geschmeidiger, schlanker Mann, mit unruhigem Geist, unruhigen Händen und forschenden Augen im schmalen, blassen Gesicht, die Dinge zu sehen vermögen, die andere nicht sehen. Trotz seines Hangs zum Philosophieren und Intellektualisieren — er ist mit Taoismus und Zen-Buddhismus ebenso vertraut wie mit den Mystikern und Rudolf Steiners[5] Anthroposophie — wirkt er jungenhaft und zu phantasievollen Späßen bereit.

Stolz zeigt er mir sein geräumiges Atelier. Mit seinen Hämmern, elektrischen Kabeln, Kästen von Nägeln, auseinandergenommenen[6] Motoren und sonstigen Werkzeugen[7] sieht es wie eine Werkstatt aus. Uecker hat das Ganze weiß angestrichen. Weiß ist seine Zone, seine

---

[1] **entmaterialisierte Nägel** immaterialized nails
[2] **versteckt** hidden
[3] **die Behausung** abode
[4] **dauerndes Hämmern** continuous hammering

[5] *Rudolf Steiner (1861–1925), Goethe scholar and founder of anthroposophy.*
[6] **auseinandergenommen** taken apart
[7] **sonstige Werkzeuge** other tools

Lieblingsfarbe[8] könnte man sagen! Alle seine Arbeiten sind weiß. Weißstrukturen nennt er sie. Er hat darüber ein Buch geschrieben. Aus unzähligen weiß bespritzten Nägeln auf Holz mit Leinwand bespannt[9] setzen sich seine Nagelbilder und Objekte zusammen. Er beansprucht[10] die Bezeichnung „Kunst" gar nicht für seine Arbeiten. „Ob das Kunst ist, das sollen andere bestimmen", meint er gleichgültig.

NAGELBILDER, KINETISCHE STRUKTUREN

In strenger symmetrischer Ordnung sind die Nägel der ersten Nagelbilder angeordnet.[11] Später entwickeln sich daraus freie organische Strukturen. Als unruhig fließende Strömungen ergießen sich die Nagelfelder[12] über weiße Flächen. In Spiralenform wachsen Nägel zu Kreisen, die wie Windhosen[13] zu wirbeln scheinen. Auf runden Scheiben[14] spielen Licht und Schatten bewegte Spiele und geben Nägeln und Scheibe eine neue irreale Realität, auch wenn sie nicht motorisiert sind. Exotische Pflanzen aus dem Meer oder Weltraum könnten seine gigantischen benagelten Kugeln[15] sein. Faustgroße Versionen davon sprießen als attraktiv gruppierte Phantasieblumen, manchmal durch Spiegel symmetrisch verdoppelt, in seinen Lichtkästen.[16]

Imposant und unvergeßlich ist ein mannshoher[17] kinetischer Zylinder, über und über mit langen Nägeln bedeckt. Durch einen Motor aktiviert, beginnt er wie ein Fetisch wild um sich selbst zu kreisen. Mit zunehmender Geschwindigkeit[18] läßt sich ein eigentümlicher Klang hören. Die Struktur der Nägel ist nicht länger erkennbar. Ihre Konturen entmaterialisieren sich. „New Yorker Tänzer" nennt Uecker dieses Objekt, das eine Inspiration New Yorks ist.

„Ich war zum ersten Mal 1964 zur Zero-Ausstellung in Amerika", sagt er an seinem Tänzer bastelnd.[19] „New York ist eine merkwürdige

---

[8] **die Lieblingsfarbe** favorite color
[9] **mit Leinwand bespannt** covered with canvas
[10] **beanspruchen** claim
[11] **sind ... angeordnet** are arranged
[12] **ergießen sich die Nagelfelder** fields of nails flood
[13] **die Windhose** tornado

[14] **die Scheibe** disk
[15] **benagelte Kugeln** globes studded with nails
[16] **der Lichtkasten** light box
[17] **mannshoch** man-sized
[18] **mit zunehmender Geschwindigkeit** with increasing speed
[19] **basteln** fumble around

Stadt. Es hinterläßt den Eindruck, daß alle Leute tanzen: Eine Art
Tanz auf dem Vulkan! Mein Vater-Tänzer existiert inzwischen in sechs
verschiedenen Versionen." Uecker war gern in New York, dessen
Hochhäuser er als „Kathedralen" empfand. *Esquire* gehört ebenso zu
seiner ständigen Lektüre[20] wie *Art International*, in dem mehrere
Artikel über ihn erschienen sind.

Irgendwo im Raum steht ein benagelter Tisch, ein gespenstisch
weißer Fernsehapparat. Wie dicker Schimmel[21] bedecken die weißen
Nägel diese Gegenstände unseres Alltags, die dadurch eine neue
Wirklichkeit erhalten. Denn ein benagelter Tisch, so stellt man
einigermaßen erstaunt fest, ist kein Tisch, kein Gegenstand der Zivilisation, sondern ein Objekt von Uecker! „Überwuchert[22] von Nägeln
mache ich aus dem Objekt der Banalsphäre ein Prestigeobjekt",
kommentiert der Künstler vergnügt. „Auf diese Weise persifliere[23]
ich die von Gegenständen verstellte Umwelt."[24] Er macht eine kurze
Pause. „Möchten Sie einen ‚drink'?" fragt er dann unvermittelt.
Versunken in die Ueckersche Welt nicke ich und bin ein bißchen
überrascht über die Whiskyflasche, die er mir in die Hand drückt.
Gläser hat er leider nicht, entschuldigt er sich mit einem leichten Lachen.
Abwechselnd trinken wir aus der Flasche. Er sehr lässig und geübt,[25] ich
recht ungeschickt mit Husten und Kleckern.[26]

Kommunikationsfreudig beginnt er von seinen „Terrorobjekten"
zu sprechen. Er weiß genau, daß Nägel eine aggressive Wirkung auf den
Betrachter haben. Gerade das hat er im Sinn.[27] Er will den Betrachter
engagieren, will ihn mit der Poesie der von ihm geschaffenen weißen
Welt konfrontieren. Und es stimmt, nach einer Weile werden die
Nägel, diese vulgären vorfabrizierten[28] Elemente seiner Arbeiten, zu
integrierten Teilen der Objekte, zu einer Substanz, die auf die Psyche
wirkt.

---

[20] **ständige Lektüre** steady reading
matter
[21] **der Schimmel** mould
[22] **überwuchert** overgrown
[23] **persiflieren** mock, ridicule
[24] **von Gegenständen verstellte Umwelt**
environment obstructed by objects

[25] **lässig und geübt** casually and expertly
[26] **mit Husten und Kleckern** with
coughing and spilling
[27] **im Sinn haben** have in mind
[28] **vorfabriziert** prefabricated

DIE BEDEUTUNG VON WEISS

Weiß hat für Uecker metaphysische Bedeutung. „Eine weiße Welt ist, glaube ich, eine humane Welt, in der der Mensch seine farbige Existenz erfährt, in der er lebendig sein kann. Diese Weißstrukturen können eine geistige[29] Sprache sein, in der wir zu meditieren beginnen. Der Zustand[30] Weiß kann als Gebet[31] verstanden werden, in seiner Artikulation ein spirituelles Erlebnis sein", erklärte er 1961 in einem Vortrag. Weiß ist für ihn aber auch „die neue Welt der kleinen Nuancen", Symbol der Reinheit[32] und der Stille. Nicht zuletzt reflektiert Weiß das Licht besser als jede andere Farbe. Durch den Lichtwechsel[33] geraten die Weißstrukturen in „Schwingung". Lichtwechsel sowie der Standwechsel[34] des Betrachters sorgen für ständig variierende Schatteneffekte der Nägel, also für „dauernde Veränderung". Artikulation des Lichtes durch Bewegung, das ist das Ziel! Das ist es, was ihn mit der Gruppe Zero zusammenbringt. Heinz Mack und Otto Piene sind Gleichgesinnte, mit denen Uecker heute noch eine enge Freundschaft verbindet.

KUNST = KOMMUNIKATION

Auf meiner Wanderung durch das Atelier stoße ich gegen einen seiner benagelten Kuben. Bei der Berührung gibt der meterhohe Kubus einen grunzenden Laut von sich.[35] Überrascht fahre ich zurück.[36] Uecker freut sich über meine Reaktion. Auf solche spontanen Reaktionen des Betrachters hofft er! Er ist überzeugt, daß Kunst nicht durch passives Betrachten Sinn bekommt, sondern sich durch und mit dem Betrachter als „lebendiger Akt" verwirklicht. In seiner nonchalanten, nichts-zu-wichtig-nehmenden Art erzählt er mir, daß dieser Kubus noch andere Eigenschaften hat. Er enthält ein Tonband,[37] auf dem jeder Hammerschlag,[38] der zu seiner Vollendung führte, aufgenommen ist. Bei

[29] **geistig** spiritual
[30] **der Zustand** condition
[31] **das Gebet** prayer
[32] **die Reinheit** purity
[33] **der Lichtwechsel** change of light
[34] **der Standwechsel** change of position
[35] **gibt ... einen grunzenden Laut von sich** utters *or* gives forth a grunting tone *or* sound
[36] **zurückfahren** recoil, draw back with a start
[37] **enthält ein Tonband** contains a recording tape
[38] **der Hammerschlag** strike of the hammer

Oben: Happening: Metallraum. Mit Mikrofonverstärkern versehene Nägel geben den Laut der Fußtritte des Besuchers wieder.

Günther Uecker, an seinen benagelten Tisch gelehnt.

Oben: Environmental Art: zur Umwelt wird Ueckers „Lichtregen" und sein aus benagelten Quadraten komponierter „Zero-Garten".

Links: Nagel, 1,77 Meter hoch: Symbol Ueckerschen Schaffens

Ausstellungen spielt Uecker das Tonband ab und läßt den Kubus die
Geschichte seiner eigenen Entstehung[39] erzählen!

Für Uecker ist Kunst nicht Spiegel des Leidens oder Seelen-
zustandes[40] des Künstlers, nicht „Spiegel persönlicher oder gesellschaftlicher Proteste oder Errungenschaften", sondern Kommunikationsmittel. Der Künstler ist der Erfinder dieser Kommunikationsmittel, die
das Erlebnis im Betrachter hervorrufen. Das unmittelbare Erlebnis kann
nur durch Teilnahme erreicht werden. „Ich benutze mechanische
Mittel, um die subjektive Geste zu überwinden, zu objektivieren, eine
Situation der Freiheit zu schaffen", schreibt er einmal. „Die Mechanik
als Gestaltungsmittel[41] bietet uns großartige Möglichkeiten, ästhetische
Informationen zu realisieren." Durch seine Objekte will er den Menschen
zu intensiverer Wahrnehmung[42] stimulieren.

Seine kinetischen Objekte, mit denen er sich seit 1963 beschäftigt,
sprechen nicht nur das Auge an, sondern alle Sinne. Er baut akustische
Geräte[43] in sie ein, macht Ozonentwickler aus ihnen und versieht sie
mit Hebeln, Rädern und Knöpfen, die zum Spielen und Manipulieren
einladen.

Mit den Produkten der Umwelt, die er wie einst Kandinsky[44] und
Mondrian als „zugehörig[45] zum Menschen" betrachtet, will er den
Menschen mit seiner Umwelt in Harmonie bringen. Die Auseinandersetzung mit gegenwärtigen Strukturen soll in eine neue Realität führen,
die dem Menschen die Einheit mit dem Universum zu Bewußtsein
bringt. Seine Strukturmittel will der Künstler dabei als „Sprache
unserer geistigen Existenz" verstanden wissen. Die Nägel sind für ihn
ein gutes Medium, Sphären zu zeigen, die da sind; aber für das Auge
nicht wahrnehmbar. Er spricht den Betrachter keineswegs nur auf
emotionelle Weise an.

[39] die Entstehung genesis
[40] der Seelenzustand psychological condition
[41] das Gestaltungsmittel means of creation
[42] die Wahrnehmung awareness, per-
ceptibility
[43] das Gerät gadget

[44] *Wassily Kandinsky (1866–1944),
Russian abstract painter, who in 1911
founded the "Die blaue Reiter"
group in Munich; one of the foremost
figures in twentieth-century art.*
[45] zugehörig belonging to, being part
of

„Um die geistige Wirklichkeit und die Gegenständlichkeit[46] zugleich zu erfassen, dient die Wiederholung am besten", erklärt er geduldig. Ähnliche Gedanken beschäftigten ihn schon früher. „Den Ablauf[47] einer Bewegung sichtbar zu machen, als Zustand einer Lebendigkeit,[48] an der der Mensch teilnimmt in schöpferischer Wiederholung,[49] in Monotonie, ist in der Tat eine erregende Aktion, die wie ein Gebet geistig erlebt werden kann."

Uecker fühlt sich als Dirigent dieses schöpferischen Prozesses, an dessen Ende die „Durchdringung[50] der gegenständlichen Welt" steht. Bewußt fordern seine Objekte die Aktivität des Betrachters heraus, durch die sie lebendig werden. Denn erst wenn der Betrachter seinen Standpunkt wechselt, geraten Ueckers Objekte in Schwingung und artikulieren das Licht! Erst wenn er die Objekte berührt, geben sie Laute und Gerüche von sich! Erst wenn er den Hebel zieht, beginnt sein Tänzer zu tanzen!

VOM ILLUMINIERTEN NAGEL ZU LICHTPLANTAGEN

In einer Ecke entdecke ich einen riesigen eisernen Nagel, Symbol des Ueckerschen Schaffens.[51]

„Dieser Nagel ist genauso groß wie ich. Ein Meter siebenundsiebzig", sagt Uecker und postiert sich neben sein gleichgroßes Produkt. „Ich ließ ihn von einer Fabrik machen. Er ist innen hohl. Dieser Nagel war der Anfang einer ganzen Serie von Einfällen", berichtet er. Den zweiten Nagel schlitzte er in der Mitte auf, baute eine Neonröhre[52] ein und nannte ihn „Neonnagel". Gruppen dieser Lichtnägel entwickelten sich zu „Lichtregen" und „Lichtplantagen".[53] Aus zwei Dutzend neun Fuß hohen illuminierten Aluminiumröhren, in verschiedenen Höhen aufgeschlitzt, produziert er den „Lichtregen", von dem nur dünne Lichtfäden[54] sichtbar sind. Wie die aus 36 zwölf Fuß hohen Lichtröhren komponierte „Lichtplantage" ladet auch der „Lichtregen" zum

---

[46] **die Gegenständlichkeit** objectivity
[47] **der Ablauf** progress
[48] **der Zustand der Lebendigkeit** state of animation, liveliness
[49] **die schöpferische Wiederholung** creative repetition

[50] **die Durchdringung** penetration
[51] **das Symbol des . . . Schaffens** symbol of . . . creative work
[52] **die Neonröhre** neon light tube
[53] **die Lichtplantage** light plantation
[54] **der Lichtfaden** thread of light

Spaziergang innerhalb der Komposition ein.[55] „Environmental Art" nennt man das heute, wenn Kunst zur Umwelt wird. Und es kann nicht genug hervorgehoben werden, daß Uecker und andere Deutsche lange vor der Zeit, da diese Art der Kunst zur Kunstkategorie wurde, damit experimentierten. Wie seinem Freund Mack fehlt es Uecker nicht an phantastischen, ans Sensationelle grenzenden[56] Einfällen.

VON LICHT ARTIKULIERENDEN FILMEN, DRACHEN[57] UND ANDEREN HAPPENINGS

„Es macht mir Spaß, etwas zu machen, was man nicht erwartet", vertraut der Künstler mir an.

Es begann mit den Versuchen[58] der Artikulation des Lichtes durch Bewegung. Dabei kam ihm die Idee, aus Licht und Reflektionsmedien einen Film zu machen, der seine Theorie visuell zum Ausdruck brachte. Daraus wurde die erste Demonstration eines mechanischen Films. Mit feststehender Kamera nahm er den Film auf.[59] In einem dunklen Raum wurde die Kamera auf einen Strukturenwald gerichtet, in dem durch rotierende und vibrierende Lampen hervorgerufene Lichtbewegungen zu sehen sind. Personen in lichtreflektierenden Kostümen oder Kostümteilen — wie zum Beispiel Röhren an Armen und Beinen — tragen lichtreflektierende Objekte durch den Raum, lassen sie rotieren oder werfen sie sich zu. Schwarzgekleidete,[60] nicht sichtbare Träger tragen andere Personen, die durch die Luft zu fliegen scheinen. Sie laufen durch den Raum und unterbrechen den Lichtstrahl[61] einer Fotozelle, die ein akustisches Gerät aktiviert und einen Ton erzeugt.[62] Lichtquellen, Reflektionsgegenstände, Mikrofone und Menschen vereinigen sich zu einer Situation, „wo alles sich im Gegenstandslosen verliert und als Gestalthaftes wieder auftaucht,[63] als dasselbe und doch nicht dasselbe".

---

[55] **zum Spaziergang einladen** invite for a walk
[56] **ans Sensationelle grenzend** bordering on the sensational
[57] **der Drachen** kite
[58] **der Versuch** experiment
[59] **aufnehmen** photograph
[60] **schwarzgekleidet** dressed in black

[61] **unterbrechen den Lichtstrahl** interrupt the light beam
[62] **erzeugen** produce
[63] **sich im Gegenstandslosen verlieren und als Gestalthaftes wieder auftauchen** be lost in (nonobjective) shapelessness and emerge as something with shape

Daraufhin dachte sich Uecker ein Lichttheater aus.[64] Diesmal installierte er mitten im Instrumentarium einen rotierenden Teller, auf dem zwanzig bis zweihundert Menschen stehen konnten, die fortwährend mit optischen Ereignissen beschossen wurden. Auf der *documenta III* arbeitete er erstmalig mit zwei Kameras, die sich gegenseitig beschossen. Das originelle Resultat: doppelte, spiegelbildartige[65] Filmstreifen mit gleichzeitigen[66] Themen.

In einer Galerie übernagelt er mit Mack ein Klavier. Das heißt, Uecker nagelt und Mack hält dem sensationslüsternen[67] Publikum einen Vortrag über die metaphysische Bedeutung des Aktes. Ein anderes Mal fiel es Uecker ein, Nägel über den Fußboden zu streuen und einige mit winzigen Mikrofonen zu versehen, die zur Verwunderung der Besucher den vielfach verstärkten[68] Laut ihrer Fußtritte wiedergaben!

Gewiß erwartete keiner, daß der Künstler einen Drachen machen würde — noch dazu mit Ueckerschem Porträt! Tatsächlich flogen Uecker-Drachen sehr flott über die Rheinwiese und gaben ihr für kurze Zeit eine neue Dimension.

Lange hatte ihm ein ,,Totalspektakel" vorgeschwebt; 1967 wurde es in Düsseldorf Realität. Seine Experimente mit Spektralfarben resultierten in einem Lichttempel, der farbige Schatten erzeugte! Blitzmaschinen[69] machten die Formation von Lichtblitzen in der Luft sichtbar! Lichtmaschinen, Krachmaschinen und Bewegungsmaschinen ergaben ein ,,Orchester des totalen Terrors", das alle Sinne gleichzeitig erregte und, wie sein Schöpfer es ausdrückt, ,,die Psyche strapazierte".[70]

Großen Spaß machte ihm die ,,Ausstellung der persönlichen Atmosphäre" in Baden-Baden. ,,In dieser lebenden Exhibition waren mein Freund, der Maler Gerhard Richter, und ich die Akteure. Wir beide richteten uns in einem Raum der Galerie häuslich ein.[71] Wir stellten unser Bett auf, kochten Kaffee, schliefen, aßen . . . Mit einem Wort, wir lebten dort, wie wir uns vorstellten — mitten unter den

---

[64] **sich ausdenken** think up
[65] **spiegelbildartig** like a mirror image
[66] **gleichzeitig** simultaneous
[67] **sensationslüstern** sensation-hungry
[68] **verstärkt** amplified

[69] **die Blitzmaschine** lightning machine, strobe
[70] **strapazieren** strain
[71] **sich häuslich einrichten** make oneself at home

Betrachtern! Interessant war die Reaktion des Publikums. Statt sich das Spektakel anzusehen, dachten die Besucher, sie hätten sich in ein privates Zimmer verirrt[72] und verließen schleunigst[73] die Stätte."

AUS SEINEM LEBEN

Uecker ist ebenso mitteilsam[74] wie seine Objekte. Man könnte ihm stundenlang zuhören,[75] wenn er mit natürlicher Offenheit über seine Ideen und sein Leben spricht. Er wurde 1930 in Wendorf in Mecklenburg geboren. In Wismar und später an der Kunsthochschule Berlin-Weißensee, also Ost-Berlin, wurde er gründlich in realistische Malerei und dialektischen Materialismus eingeweiht.[76]

„Ich habe eigentlich immer gezeichnet", erinnert er sich. „Selbstverständlich wuchs ich mit der Malerei des sozialistischen Realismus auf. Ich war 1963 kurz nochmal in der DDR. Inzwischen hat sich das alles ein wenig gelockert. Als ich 1952 nach West-Berlin kam, war ich immerhin 21 Jahre alt und hatte noch nie einen Kandinsky gesehen! Man fühlte damals, daß etwas an der Kunst fehlte. In Westdeutschland bekam ich meine ersten künstlerischen Impulse. Als Werkstudent[77] studierte ich von 1952 bis 1956 an der Düsseldorfer Akademie. In diesen Jahren holte ich dann meine Schwester schwarz[78] über die Grenze", erzählt er. Uecker ist mit dem verstorbenen französischen Maler Yves Klein verschwägert.[79]

Es überrascht kaum, daß der gesellige[80] Künstler keine einsame Eremitenexistenz führt, sondern verheiratet ist und zwei Kinder hat. Auch seine Wohnung, zwei Stockwerke[81] mitten in der Stadt, ist weiß gestrichen und voll von den avantgardistischen Arbeiten seiner Freunde. Kaum haben wir die Wohnung betreten, strömen stereophonische Töne durchs Zimmer. Uecker hat selbst einmal eine Nagelsinfonie komponiert. Er liebt Musik, besonders Beatle-Schlager![82] Er geht gern

---

[72] **sie hätten sich in ein privates Zimmer verirrt** they had gotten lost in somebody's private quarters
[73] **schleunigst** as quickly as possible
[74] **mitteilsam** communicative
[75] **stundenlang zuhören** listen for hours
[76] **gründlich eingeweiht werden** become thoroughly initiated

[77] **der Werkstudent** student who works to finance his education
[78] **schwarz** illegal
[79] **verschwägert sein** be related by marriage
[80] **gesellig** sociable
[81] **das Stockwerk** floor
[82] **der Schlager** hit

ins Kino, tanzt gern, trinkt gern, reist gern, am liebsten[83] im Jet. Besonders nach New York. Uecker fühlt sich in dieser Welt samt Computern, Maschinen, Automaten und Atomen durchaus zu Hause. Auch die Freude am Leben teilt er mit den Zero-Künstlern! „Zero: wir leben" — „Zero: wir sind für alles für", heißt es in einer Zero-Proklamation. Daß er sich als Teil dieser technologischen Welt fühlt, macht Uecker durch seine Objekte klar.

DER LEERE MENSCH

Jedoch entdeckt er in der sich stets verändernden neuen Gesellschaft einen neuen Menschentyp: den leeren Menschen!

„Was mich innerlich sehr berührt", schreibt er 1965 über seine amerikanischen Erfahrungen, „ist, daß es einen neuen Menschen gibt. Einen neuen Menschen, der leer ist. Der vom europäischen traditionsgebundenen Standpunkt äußerlich ist.[84] Und ich glaube, das ist der einzige Mensch, der überleben[85] kann. Die anderen Menschen sind verfallen und der Selbstvernichtung unterlegen."[86] Diesem leeren, lebensfähigen Menschen ist er „besonders häufig in Amerika" begegnet. „Das hat mich dort so fasziniert", gesteht er.

Uecker ist der Meinung, daß man diesen Menschen noch erreichen kann. Man kann ihn füllen! „Die Kommunikationsmittel sind einfach lebensnotwendig für diesen leeren Menschen. Die Kunst ist heute nicht mehr der Vollzug des Betrachtens[87] vor einem vollkommenen Gegenstand, sondern die Kunst selber ist ein lebendiger Akt geworden. Sie verwirklicht sich im leeren Menschen." Wie nahe ihm die amerikanische Welt ist, geht aus einem in den *Düsseldorfer Heften* publizierten Gespräch hervor.

„Wir können die Lebensbedingungen dieses neuen Menschen sofort akzeptieren. Wir sind eine neue Generation. Wir finden das wunderbar. Das hat man uns ja immer in Deutschland vorgeworfen, daß wir die Kommunikationsmittel, Presse, Fernsehen und alles mögliche gebrauchen. Warum

---

[83] **am liebsten** best of all
[84] **äußerlich sein** be superficial
[85] **überleben** survive

[86] **der Selbstvernichtung unterlegen** subject to self-destruction
[87] **der Vollzug des Betrachtens** the act of viewing

sollten wir dabei Skrupel haben? Wir benutzen sie als Instrumente, wie ich
Nägel benutze, das ist eine Selbstverständlichkeit. Und als wir jetzt nach
Amerika kamen, wo das alles selbstverständlich ist, war es für uns einfach
das Zuhause."

Das sind unorthodoxe Ansichten. Zumindest in Deutschland, wo
Technik gern im Gegensatz zu Kultur als etwas Negatives verurteilt[88]
wird. Zutiefst erschauern[89] werden einige Kunsthistoriker und Kunst-
professoren, wenn sie Ueckers Meinung über die Sterblichkeit der
Kunst hören. „Wir leben in einer pluralistischen Welt. Künstlerische
Impulse entstehen gleichzeitig an vielen Orten. Diese Ähnlichkeiten[90]
haben nichts mit Epigonentum zu tun. Weil die Strömungen sich
dauernd verändern und schnell ableben,[91] gibt es keinen Akademismus
mehr! Es ist einfach Quatsch,[92] heute Kunstwerke mit Ewigkeitswerten
zu behaften!"[93] betont er temperamentvoll.

Ueckers internationaler Erfolg begann 1964. In dem Jahr, als er
den Kunstpreis von Nordrhein-Westfalen gewann und sein Tänzer
in New Yorks Howard Wise Gallery die Kritiker begeisterte, sah man
seine Objekte in Londons Tate Gallery, New Vision Gallery und Redfern
Gallery, sowie in Kopenhagen, Helsinki, Paris, Mailand, Den Haag,
Rotterdam, Amsterdam, Antwerpen, in der *documenta III* und
Pittsburgh (University of Pennsylvania). Seine Weißstrukturen reisten
aber auch nach Rom, Venedig, Brüssel, Stockholm, Zagreb, Basel,
Washington, Buenos Aires, Auckland und Formosa. Eine permanente
Bleibe[94] fanden sie im Musée Royal des Beaux Arts in Paris,
Londons Tate Gallery, New Yorks Museum of Modern Art, Minne-
apolis' Walker Art Center, Buffalos Albright Knox Gallery, in zwei
japanischen Museen, in Brüssel, Eindhoven und vielen deutschen
Galerien.

Gleich, ob Uecker in der Zukunft Nägel, Aluminiumröhren, Kuben
oder sonst etwas als Kommunikationsmittel benutzt, er gehört zu
denen, die etwas zu sagen haben und sich Gehör verschaffen.[95]

---

[88] **verurteilen** condemn
[89] **erschauern** shudder
[90] **die Ähnlichkeit** similarity
[91] **schnell ableben** die fast
[92] **der Quatsch** (*coll.*) nonsense

[93] **mit Ewigkeitswerten behaften** burden
   with eternal values
[94] **die Bleibe** home, shelter
[95] **sich Gehör verschaffen** make oneself
   heard

16. Peter Schamoni:
Onkel des jungen deutschen Films

SEIT einigen Jahren tut sich wieder was im deutschen Film. Sogar sehr viel. Die Bundesrepublik hat ihre eigene Nouvelle Vague! Es gibt kaum ein internationales Festival, bei dem die deutschen Jungfilmer (so werden die jungen Filmregisseure[1] offiziell genannt) nicht vertreten sind und Preise in Empfang nehmen. Und es überrascht keinen, daß 1968 beim Filmfestival in New Yorks Lincoln Center Alexander Kluges *Artisten in der Zirkuskuppel:*[2] *ratlos*[3] und Werner Herzogs *Lebenszeichen*[4] besondere Aufmerksamkeit erregten.

Mit den traditionellen Routine-Filmen, ihren Sonnenuntergängen, Abendglocken, tränenreichen[5] Küssen und Happy-End-Klischees ist es vorbei. ,,Papas Kino[6] ist tot", verkündeten schon 1962 respektlos sechsundzwanzig junge deutsche Filmleute bei den Festspielen in Oberhausen. Es waren zumeist preisgekrönte Kurzfilmregisseure,[7] Autoren, Produzenten, Komponisten und Filmkritiker. In einem Manifest erklärten sie Anspruch darauf, einen neuen deutschen Spielfilm[8] zu schaffen. ,,Dieser neue Film braucht neue Freiheiten: Freiheit von den branchenüblichen[9] Konventionen, Freiheit von der Beeinflussung

---

[1] **der Filmregisseur** movie director
[2] **die Zirkuskuppel** circus top *or* dome
[3] **ratlos** helpless, at a loss
[4] **das Lébenszeichen** sign of life
[5] **tränenreich** tearful, lachrymose
[6] **das Kino** cinema

[7] **der Kurzfilm** short documentary movie
[8] **der Spielfilm** feature film
[9] **branchenüblich** customary in that line of business

durch kommerzielle Partner, Freiheit von Bevormundung[10] durch Interessengruppen. — Der alte Film ist tot. Wir glauben an den neuen." Zu den sechsundzwanzig Unterzeichnern gehörten Peter Schamoni, Alexander Kluge, Rob Houwer, Franz Josef Spieker, Hans Jürgen Pohland, Ferdinand Khittl, Edgar Reitz, Haro Senft, Herbert Vessely und andere. Das sind heute berühmte, glanzvolle Namen im deutschen Film. Damals konnten diese Außenseiter allerdings nur über die deutsche Filmmisere diskutieren. Sie hatten Ideen, aber kein Geld. Die Produktion eines Spielfilms kostet mindestens 500000 Mark. Banken und private Geldgeber hatten wenig Lust, die Erstlingswerke[11] unbekannter Regisseure zu finanzieren. „Es war in der Tat sehr schwierig, überhaupt zu beweisen, daß es in Deutschland einige junge Regisseure gibt, die das Medium Film lieben und sich bemühen, etwas Qualität in den Filmbetrieb[12] zu bringen und eigene Ideen zu verwirklichen",[13] erinnert sich Peter Schamoni.

„Es ergab sich ganz zwanglos,[14] daß sich die Leute, die Kurzfilme gemacht hatten und sich von Oberhausen her kannten, zusammenfanden", berichtet er. Mit ihrem Manifest und dem Vorschlag[15] zur Gründung einer junge Talente fördernden Film-Stiftung zogen die Oberhausener zum Bundesinnenministerium.[16]

Bonn zeigte Interesse; 1965 entstand das „Kuratorium junger deutscher Film", das Erstlingsfilme mit einer Summe von 300000 Mark subventionierte. Aber auch auf die Schulung des Filmnachwuchses[17] drängten[18] die Oberhausener. Zwar gab es die Hochschule für Gestaltung[19] in Ulm, wo der Literat und Jurist Alexander Kluge und Edgar Reitz über den Film dozierten. Aber warum, fragten die Jungfilmer ihre Regierung, gibt es keine Film- und Fernsehakademien in Berlin und München? Auch das verwirklicht, sorgten sie für eine Serie von Bundesfilmpreisen[20] (der höchste Preis bringt 450000 Mark), die

[10] **die Bevormundung** tutelage, browbeating
[11] **das Erstlingswerk** first production
[12] **der Filmbetrieb** movie business
[13] **verwirklichen** realize
[14] **es ergab sich ganz zwanglos** it happened quite informally
[15] **der Vorschlag** suggestion, proposal
[16] **das Bundesinnenministerium** federal interior department
[17] **der Nachwuchs** young talent
[18] **drängen auf** press for
[19] **die Hochschule für Gestaltung** academy for applied arts
[20] **der Bundesfilmpreis** federal film prize

besonders talentierten und verdienten Jungfilmern die Finanzierung ihrer nächsten Filmprojekte ermöglichen.[21]

Die Oberhausener hatten sich nicht verrechnet.[22] Ein ganzes Heer einfallsreicher junger Leute schien nur auf die finanzielle Unterstützung des Staates gewartet zu haben. Sie überraschten durch eine Flut von erfrischend unkonventionellen Autorenfilmen. Filme also, bei denen der Regisseur zugleich Autor, Dichter, Reporter, Kameramann, Produzent und Cutter ist. Diese Filme sind oft von großer künstlerischer Sensitivität, experimenteller Abenteuerlichkeit, kühnen Improvisationen und höchst individuellen Aussagen[23] über die Wirklichkeit. Als Spiegel des Bewußtseins analysieren sie die Probleme des Lebens in einer autoritären, traditionsgebundenen Gesellschaft, durch die die ersten antiautoritären Blitze zucken.

Wo immer vom jungen deutschen Film gesprochen wird, taucht der Name Peter Schamoni auf. Mit seinem jüngeren Bruder Ulrich ist

[21] **ermöglichen** make possible   [23] **die Aussage** statement
[22] **verrechnen** miscalculate

Peter Schamoni

er für die ersten erfolgreichen neuen Filme verantwortlich. Peter Schamoni ist nicht nur als Regisseur, Produzent und Autor hervorgetreten, sondern spielte auch als einer der Oberhausener Ideologen bei der Geburt des neuen Films, besonders bei der Gründung des Film-Kuratoriums, eine entscheidende Rolle.

Der 1934 in Berlin geborene Peter Schamoni wohnt in München. Im Künstlerviertel[24] Schwabing hat er eine geräumige, mit linearen modernen Möbeln und ausgefallenen[25] Antiquitäten eingerichtete Wohnung. Die Wände sind mit Zeichnungen, Aquarellen, Grafiken und Gemälden von Max Ernst geradezu tapeziert.[26] Mit seiner Sammlung des Surrealisten, über den er einmal einen Kurzfilm gemacht hat, könnte er sich in jeder Galerie der Welt sehen lassen.

Der große, schlanke Sohn des Filmregisseurs, Kameramanns und Cutters Dr. Victor Schamoni ist kein temperamentvoller Künstlertyp. Kühl, ruhig und sachlich, erscheint er fast so konventionell wie sein gutgeschneiderter[27] Anzug. Als Intelligenzler neigt er eher zur Reflexion und Skepsis als zu impulsiven Aktionen und phantasievoller Verspieltheit.[28] An den Universitäten von Münster und München hat er Kunst-, Literatur- und Theatergeschichte studiert. Nebenbei war er Schauspieler, Journalist und Regieassistent. Mit Kurzfilmen, die er selbst schrieb, inszenierte[29] und produzierte, begann er seine Karriere. Von den annähernd dreißig Filmen sind viele mit Preisen ausgezeichnet worden. Darunter *Brutalität in Stein*, ein filmischer Kommentar über Hitlers architektonische Barbareien, der Max-Ernst-Film *Entdeckungsfahrten ins Unbewußte*[30] und ein äußerst lebendiger und origineller Bericht über den im Krieg zerstörten und danach wiederaufgebauten Dresdner Zwinger.[31] Mit liebevoller Präzision registriert Schamoni beides, den prunkvollen Barockbau mit seiner kostbaren Gemälde-

---

[24] **das Künstlerviertel** part of town where artists live
[25] **ausgefallen** exceptional, way out of the ordinary
[26] **mit Zeichnungen, Aquarellen . . . Gemälden geradezu tapeziert** practically papered with drawings, water colors . . . oil paintings
[27] **gutgeschneidert** well-cut

[28] **die Verspieltheit** playfulness
[29] **inszenieren** direct
[30] **Entdeckungsfahrten ins Unbewußte** expeditions into the unconscious
[31] **Zwinger** *A famous baroque palace built by the German architect Matthäus Daniel Pöppelmann (1662–1736) in the years 1711–1722.*

sammlung und die Reaktionen auf den Gesichtern der ostdeutschen Besucher.

Von den Kurzfilmen zu preisgekrönten[32] Spielfilmen wie *Schonzeit für Füchse,*[33] *Alle Jahre wieder* und *Zur Sache, Schätzchen* war der Übergang[34] schnell gemacht. Wollte Schamoni doch in jedem Fall „filmische Dokumente zum Verständnis unserer Zeit" schaffen.

„Der Durchbruch für den jungen Film kam 1966", erzählt er, nachdem wir uns, ein Glas Whisky in der Hand, an einem runden weißen Tisch niedergelassen haben. Während unseres Gesprächs huscht seine Mutter, eine kleine, dunkelhaarige Frau in kokettem Minirock, mehrere Male durch die Zimmer.

„Zum erstenmal seit fünfundzwanzig Jahren erhielt damals ein deutscher Film wieder einen offiziellen Biennale-Preis. Es war Alexander Kluges *Abschied von gestern,* der den Silbernen Löwen von San Marco erhielt. Im gleichen Jahr gewann beim Cannes Festival Volker Schlöndorffs *Der junge Törless,* nach einem Roman von Robert Musil, den Preis der internationalen Filmkritik [FIPRESCI]. Aber auch *Es,* der Film meines Bruders Ulrich, fand in Cannes Beifall und erntete fünf Bundesfilmpreise zu Hause. Die beiden Regisseure waren damals genau 26 Jahre alt. Auf der internationalen Berlinale[35] bekam ich für *Schonzeit für Füchse,* den ich nach einer Geschichte von Günter Seuren machte, den Silbernen Bären und zwei Bundesfilmpreise. Der Film behandelt die Kluft zwischen Vätern und Söhnen und das Problem der Anpassung[36] der Jungen. — Wir alle haben viel von Frankreich, besonders von Jean-Luc Godard, aber auch von Polen und der Tschechoslowakei gelernt. Schlöndorff war bei Alain Resnais Assistent. Jean-Marie Straub hat bei Jean Renoir gelernt. Was wir wollen, ist, die Situation in der Bundesrepublik filmisch so zu gestalten, wie wir sie sehen. Das Ganze muß echt und unverkrampft sein. Das Schöne ist, daß es im jungen deutschen Film eine ganze Skala von Temperamenten, von Begabungen[37] gibt, und die Filme sehr unterschiedlich sind.

Oben: In *Schonzeit für Füchse* wird das Generationsproblem unter die Lupe genommen.

Linke Seite oben: Drei Millionen Besucher sahen den von Peter Schamoni produzierten Film *Zur Sache, Schätzchen.* Die 27 jährige Regisseurin May Spils gibt ihren Hauptdarstellern Werner Enke und Uschi Glas letzte Anweisungen.

Linke Seite unten: Szene aus dem Film *Quartett im Bett,* in der der ehemalige Präsident der Bundsrepublik Heinrich Lübke persifliert wird.

Deshalb gibt es tatsächlich nicht etwa eine ideologisch festgebildete Gruppe oder Clique, die ihre Interessen verfolgt, sondern ganz verschiedene Richtungen. Jeder macht seinen Film. Einer macht einen literarischen Film, einer macht einen freieren, experimentellen Film." Er betont, daß der junge deutsche Film nichts mit „underground" Filmen zu tun hat. „Weil wir jahrelang Kurzfilme gemacht haben und keine Amateure sind, stellen wir uns dem Publikum.[38] Ich arbeite mit Kameraleuten, die was können,[39] Schauspielern, die was können. Bei mir gibt es keine dilettantische Amateurarbeit. Den Platz, den wir uns erobert haben, müssen wir ausbauen." Daß andere Jungfilmer Laien bevorzugen und Freunde in ihren Filmen beschäftigen, die sich selbst spielen und auf diese Weise Spontaneität und realistische Akzente erzielen,[40] führt er als Beispiel der verschiedenen Arbeitsweisen[41] an.

„Wie ich meine Dokumentarfilme vorbereitet habe, so bereite ich auch meine Spielfilme gründlich vor. Wir drehen[42] eigentlich nie in Ateliers. Bei uns gibt es keine falschen Attrappen.[43] Wir filmen alles im Original. Wir wollen die Wirklichkeit so zeigen wie sie ist. Meine Filme sind der Versuch einer Dokumentation zum Verständnis unserer Umwelt. Daß es dabei nicht immer problematisch zuzugehen braucht, ist klar."

Obwohl es nicht seine Absicht ist, politische Filme zu machen — weil man mit einem Film-Argument keine Politik beeinflussen kann —, deprimiert es ihn sehr, daß die Engagierten es oft so schwer haben. „Sozialkritische Themen finden schlecht den Weg zum Publikum", bemerkt er resigniert. Da er das echte Engagement der Studenten bewundert und ihr Unbehagen[44] an der deutschen Politik teilt, versucht er, dieses Unbehagen filmisch auszudrücken. Er macht kritische Filme, die sich gegen die offizielle Politik und einzelne Politiker richten. In einem musikalischen Satyrspiel[44a] über Studenten, Künstler und Hippies,

---

[38] **stellen wir uns dem Publikum** we face the public
[39] **die was können** who know something
[40] **erzielen** obtain, achieve
[41] **die Arbeitsweise** working method
[42] **drehen** film

[43] **falsche Attrappen** dummy sets, false trappings
[44] **ihr Unbehagen . . . teilt** shares their uneasiness
[44a] **das Satyrspiel** playlet, following Greek tragedies, in which the tragic themes are burlesqued.

das er frech *Quartett im Bett* nennt, werden beispielsweise Springer, Lübke und Schütz[45] persifliert. „All das geschieht auf leichte, charmante zugleich aber aggressive Art", meint er.

„Im Wettstreit mit dem Fernsehen kommt man ohne es zu wollen auf gewagtere Themen und ausgesprochene Tabus. Jedoch sprechen gerade diese problematischeren Themen die Intellektuellen und die breite Schicht der Studenten besonders an."[46] Er führt einige dieser Themen an: Abtreibung in dem Film *Es*. Die Antibabypille in *Die goldene Pille*. Die Gegenüberstellung[47] der verlogenen Moral der Alten und der schrankenlosen[48] Freiheit der Jungen: *Alle Jahre wieder*. Die Gefahren einer autoritären Erziehung: *Der junge Törless*. Ein Siebzehnjähriger erschießt seinen wohlwollenden[49] Vater, weil ihn Papas gutgemeinte Klischees und bürgerliche Gutmütigkeit anwidern[50]: *Tätowierung*. Die Zerstörung der falschen Illusionen von Helden und Heldenverehrung[51]: *Mit Eichenlaub und Feigenblatt*[52]. Oder auf der heiteren Seite: eine Jungfrau[53] aus Bamberg, die nach Schwabing fährt, um diesem Zustand ein Ende zu machen: *Engelchen*.

Wollte man die Filmthemen der Jungfilmer alle auf einen Nenner bringen,[54] was bei der Unterschiedlichkeit der Talente und Ambitionen schwer ist, ließe sich ihr Anliegen eventuell als Anklage zusammenfassen. Es ist die bittere Anklage und Reaktion einer desillusionierten, rebellischen Jugend, der die Gesellschaft zwar eine an materiellen Gütern reiche Welt als Erbe hinterlassen hat, die aber fatalerweise um das Geschenk der Liebe betrogen wurde.

Nicht ohne Stolz hebt Schamoni hervor, daß viele dieser künstlerisch gelungenen Filme auch große Kassenerfolge[55] wurden. Der erfolgreichste aller bisherigen Filme ist der von ihm produzierte und von May Spils geschriebene und inszenierte Film *Zur Sache, Schätzchen*. Über drei

---

45 *Newspaper publisher Axel Springer; former President of the Federal Republic Heinrich Lübke; West Berlin's mayor Klaus Schütz.*
46 **ansprechen** appeal
47 **die Gegenüberstellung** confrontation
48 **schrankenlos** boundless, unbridled
49 **wohlwollend** benevolent
50 **anwidern** disgust

51 **die Heldenverehrung** hero worship
52 **mit Eichenlaub und Feigenblatt** with oak-leaf cluster (*favorite emblem of German military medals*) and fig leaf
53 **die Jungfrau** virgin
54 **auf einen Nenner bringen** find one common denominator
55 **der Kassenerfolg** box-office success

Millionen Bundesbürger sahen sich in einem Jahr die Filmkomödie über die lustig und verantwortungslos in den Tag hineinlebenden jungen Leute[56] von Schwabing an. Franz Josef Spiekers Film *Wilder Reiter GmbH*[57] hat 2,5 Millionen Mark eingespielt. Und Rob Houwer verdiente 5 Millionen in einem Jahr. „Die Erfolge haben das Tor weit aufgestoßen für Außenseiter", kommentiert Schamoni. „Bei uns kann tatsächlich jeder unbekannte junge Mann mit einer Idee einen Film machen. Natürlich sind viele Jungfilmer mit ihren Experimenten auf die Nase gefallen.[58] So bleibt das Risiko bei jedem Film, den man in Angriff nimmt, groß. Und für die meisten hängt es vom letzten Film ab, ob der nächste Film eine Chance hat, gemacht zu werden."

[56] **in den Tag hineinlebende junge Leute** drifters
[57] **GmbH = Gesellschaft mit be-**schränkter **Haftung** company with limited liability
[58] **auf die Nase fallen** fall on one's face

17. George Moorse:
Ein Amerikaner in
Schwabing

ZU den einfallsreichen[1] und prominenten deutschen Jungfilmern zählt auch George Moorse. Dabei ist er Amerikaner. Er wurde 1936 in Long Island, New York, geboren. Auch er lebt in Schwabing, nicht weit von Schamoni. Auch er hat eine geräumige Wohnung. In seiner Wohnzimmerecke leuchten zwei knallgelbe[2] Couches unter Bildern mit indischen Motiven. Eine weiße Kugellampe hängt fast bis zum Fußboden herunter. Anstelle von Stühlen dekorieren weiße zottelige Felle[3] den Raum.

Mit seinen langen, dunklen Haaren und strumpflosen Beinen scheint Moorse viel besser ins Schwabinger Künstlerviertel zu passen als Schamoni. Sein leicht gebräuntes, offenes, männliches Gesicht ist attraktiv. Es könnte das Gesicht eines Sportlers oder Filmschauspielers sein. Er sprüht eine Wärme und Vitalität aus,[4] die um so mehr wirkt,[5] da sie durch Intelligenz und Humor vertieft und gesteigert wird.

Den gleichen Charme, die gleiche Wärme strömt sein Film *Liebe und so weiter* aus, bei dessen Premiere ich am Abend zuvor war. Wie Moorse selbst ist dieser satirische Film über viel liebende, wenig tuende Hippies und strebsame[6] Künstler, die die Liebe genauso ernst nehmen wie ihre

---

[1] **einfallsreich** imaginative
[2] **knallgelb** glaring yellow
[3] **zottelige Felle** shaggy fur rugs

[4] **aussprühen** emit, spark
[5] **um so mehr wirken** affect all the more
[6] **strebsam** aspiring, ambitious

Karrieren, voller Frohsinn und Schwung. Ohne in oberflächlichen Betrachtungen[7] steckenzubleiben, analysiert er die Welt und Charaktere dieser jungen Paare bis zur Enthüllung. Ja, man merkt es sofort: Das ist ein typischer Autorenfilm, der auf persönlichen Erfahrungen und Erlebnissen basiert. Ein Film, der eine individuelle Vision der Wirklichkeit vermittelt!

Moorse hat Philosophie und Altphilologie studiert und treibt sich seit 1958 in Europa herum.[8] Er hat in Holland Filme gemacht, in Griechenland und Barcelona Bücher geschrieben und in Zagreb, Rom und London gelebt. Er kennt ganz Europa. Seine deutsche Frau, Barbara, ist Rechtsanwältin. Er spricht mehrere Sprachen und ein sehr annehmbares Deutsch. Sogar die Drehbücher für seine Filme und Drehbücher für andere Regisseure schreibt er auf Deutsch!

Wir unterhalten uns auf Englisch, weil das schneller geht und weniger anstrengend ist für ihn. Er ist mitteilsam. Dann und wann durch meine Fragen angeregt, redet er übers Filmen, über sich, Deutschland und was sich sonst noch so ergibt.[9] Was hier wiedergegeben wird, ist freie, manchmal sehr freie — aber sinngemäße[10] Übersetzung.

,,Ich begann als Schriftsteller. Zuerst schrieb ich — wie wohl jeder junge Mensch das tut — Gedichte. Eine Sammlung meiner Kurzgeschichten kam in Amerika bei Delacorte heraus. Eine Zeitlang habe ich bei der Grove Press in New York gearbeitet. Nein, nichts als Autor. Ich machte dort alles mögliche. Als ich genug Geld gespart[11] hatte, ging ich nach Europa. Nach Griechenland! . . . Ich bin mitten zwischen Farmen in Long Island aufgewachsen und hatte schreckliche Angst vor New York. Ich wohnte am Washington Square und studierte. Schon damals erschienen mir Universitäten als stupide Institutionen . . .

,,In Griechenland schrieb ich Geschichten für Männer-Journale. Ich hatte auch mal etwas in Harper's Bazaar. Dann ging ich mit einer Gruppe von Studenten nach Jugoslawien und lebte eine Weile in Zagreb. In Barcelona schrieb ich einen Roman, den ich *Skin City* nannte.

---

[7] **oberflächliche Betrachtungen** superficial observations
[8] **sich herumtreiben** wander about
[9] **was sich sonst noch so ergibt** whatever else happens to come up
[10] **sinngemäß** according to its meaning
[11] **sparen** save

New Directions kaufte ihn, brachte ihn aber nie heraus. Für Freunde schrieb ich Drehbücher in Rom und Holland. Seit 1963 mache ich selbst Filme. Insgesamt[12] habe ich sechs Spielfilme gedreht. Ich schreibe sie, führe Regie,[13] bin Produzent und Cutter und manchmal auch Schauspieler. Für mich ist das Filmemachen viel befriedigender als das Schreiben. Ich hasse das Schreiben und die damit verbundene Isolierung, die entsetzliche Einsamkeit! Ich habe mich bewußt in den Film hineingeschockt. Als Schriftsteller war ich wie ein Nachtwandler.[14] Jetzt diktiere ich, was ich schreibe. Das ist ein ganz anderes, viel anregenderes Gefühl. Gewöhnlich schreibe ich meine Drehbücher nach eigenen Ideen. Eine Ausnahme war *Der Findling*, der von Heinrich von Kleist[15] inspiriert wurde. Es ist meine Wirklichkeit, also eine dem Zuschauer unbewußte Wirklichkeit, die ich optisch darzustellen suche. Vieles kommt aus meinem engsten Umkreis,[16] aus Gesprächen mit Freunden, eigenen Beobachtungen und Erlebnissen. Ich recherchiere meine Themen gründlich, dokumentiere, improvisiere und füge meine Informationen über die Gesellschaft dann zusammen.[17] Das braucht nicht in Form einer traditionellen Story zu sein. Das läßt sich auch als Collage machen! Zumeist arbeite ich mit demselben Kameramann und dem gleichen Komponisten. Einige der Darsteller[18] sind in allen meinen Filmen. Die anderen suche ich mir zusammen. Oft sind es Freunde, die sich selbst spielen. Amateure bringen eine erstaunliche Frische und Unbefangenheit[19] in den Film. Ich zwinge meinen Darstellern nicht gern fremde Charaktere auf. Mir ist es lieber, wenn Leute Rollen spielen, die an der Peripherie ihres eigenen Charakters liegen. — Filmmachen ist eine kollektive Angelegenheit, Teamarbeit. Meiner Ansicht nach gehören Filme zum biologischen Teil menschlicher Erfahrungen. Als kollektive Erfahrung bringt der Film die Magie des Exorzismus zurück! Der Roman berührt tiefer. Filme sind wie Pillen, sie bieten eine einfache, sofortige Stimulanz! ...

---

[12] **insgesamt** altogether
[13] **Regie führen** direct
[14] **der Nachtwandler** sleepwalker
[15] *Heinrich von Kleist (1777–1811), German dramatist and novelist.*

[16] **engster Umkreis** closest circle, surroundings
[17] **zusammenfügen** put together
[18] **der Darsteller = Schauspieler** actor
[19] **die Unbefangenheit** ingeniousness, artlessness

Oben: George Moorse

Rechts: In *Liebe und so weiter* läßt George Moorse die rebellische Jugend zu Wort kommen. Im Protestmarsch Claudia Brehmer (*links*) und Rolf Zacher mit Guevara-Bild

Rechte Seite: Szene aus dem Film *Kuckucksjahre*

„Warum ich nach Deutschland kam? . . . Ich ließ mich aus zwei Gründen in Deutschland nieder. Wie Sie wissen, ist meine Frau Deutsche. Zum anderen ist mir hier die Möglichkeit zum Filmen gegeben. Ich kann mit Subventionen vom ,Kuratorium junger deutscher Film' rechnen, mit Bundesfilmpreisen und Geldern der Ford-Stiftung. Zum Beispiel wurde *Der Findling* vom Literarischen Kolloquium Berlin und dem Bayerischen Rundfunk[20] finanziert. Mit dem Bundesfilmpreisgeld von 350 000 Mark konnte ich *Kuckucksjahre* beginnen, für die ich allerdings noch weitere 250 000 Mark privat beschaffen mußte. Der Farbfilm *Liebe und so weiter*, den ich in vier Tagen schrieb und in einem Monat drehte, hat 800 000 Mark gekostet. Er wurde vom Bayerischen Rundfunk als Fernsehfilm finanziert. An den Einnahmen aus Kinoaufführungen[21] bin ich prozentual beteiligt. Außerdem besteht hier immer

[20] **der Rundfunk** radio network
[21] **Einnahmen aus Kinoaufführungen** profit *or* revenue from movie-house performances

die Gelegenheit zu einer französischen oder italienischen Koproduktion. Dazu kommt noch, daß ich des öfteren eingeladen werde, an der Berliner Film- und Fernsehakademie zu lehren! . . . Nein, es macht mir nichts aus,[22] hier zu leben. Vom Antiamerikanismus merke ich wenig. Es stimmt natürlich, daß die jungen Leute Amerika gegenüber skeptisch sind. Sie sehen die Brutalität in Vietnam und entwickeln eine Aversion gegen uns. Aber im allgemeinen wird der Europäer nie so antiamerikanisch sein wie er antideutsch ist. Deutschland ist für mich eine große Kartoffelsuppe. Es ist in jeder Beziehung somnambul! Jetzt versuchen die Antiautoritären endlich, eine bürgerliche Demokratie auf die Beine zu stellen. Hier existiert einfach keine bürgerliche Demokratie. Der Gedanke eine Art Sozialismus zu kreieren, hat durch die Tschechenkrise[23] einen schweren Schlag bekommen.[24] Die intellektuellen Liberalen sind recht pathetische Gestalten.[25] Mit Begeisterung stürzten sie sich in diese Jugendbewegung.[26] Aber keiner hat die geringste praktische Erfahrung. Die Studenten entdecken gerade, daß Polizisten zurückschlagen und sind überrascht! . . . Ja, ich habe Kontakt mit dem SDS. Ich versuche auch, mit meinen Filmen etwas zum Verständnis der Situation beizutragen.[27] Die NPD? Einige Leute am Rande[28] brauchen so etwas wohl. Bedürfnisse dieser Art können aber auch in den regulären Parteien gedeckt werden, zum Beispiel in der CDU oder der CSU . . .

,,Mein erster Spielfilm? Das war ein echter experimenteller Film. Er hieß *Zero in the Universe* und wurde 1965 in Holland produziert. *Der Findling*, der 1967 folgte, erntete auf der Weltausstellung in Montreal großen Beifall bei den Kritikern. Kleist schildert das Europa der letzten Jahrhunderte in seiner militärisch-bürgerlichen Epoche. Brutale politische Kämpfe sind an der Tagesregel.[29] Ein feudalistischer Gang bekämpft den anderen. Europa ist ein finsterer Ort. Demokratie besteht nicht mal zum Schein, nicht mal als Vorwand![30] *Kuckucksjahre*

---

[22] **es macht mir nichts aus** I don't mind

[23] *This refers to the invasion by Russian troops during the summer of 1968.*

[24] **hat einen schweren Schlag bekommen** was hard hit

[25] **die Gestalt** figure

[26] **die Jugendbewegung** youth movement

[27] **beitragen** contribute

[28] **am Rande** on the fringe

[29] **die Tagesregel** order of the day

[30] **der Vorwand** pretense, pretext

sind ganz und gar aus eigenen Ideen, Vorstellungen, Erlebnissen und Phantasien entstanden. Thema ist die Pop Euphorie und Hysterie, die sich von England aus auf den Kontinent verbreitete. Statt einer Handlung gibt es Vignetten, Sketche, lose aneinandergereihte Szenen,[31] die ihre eigene Geschichte in Bildern erzählen . . . Zwei junge Leute spielen Tischtennis — in einem Flugzeug, bis der Pilot, der von den Ping-pongbällen bombardiert wird, die Maschine in einen Sturzflug[32] steuert. In einer anderen Szene steht Che [Guevara] auf einem Balkon und hält eine Rede. Er gestikuliert wild und schreit — für niemand. Der Platz unter ihm ist leer. Oder: Jemand rast mit einem weißen Jaguar davon.[33] Er sagt vorher, daß er nicht autofahren kann, es aber schon irgendwie gehen wird. Das Auge sieht den Jaguar durch einen dichten Dschungel gleiten, der in Wirklichkeit — bei näherer Betrachtung[34] — eine grüne Hecke ist! Oder: Eine Kellnerin rennt hinter einem Mann her, der seine Rechnung nicht bezahlt hat. Von weitem sieht das aus, als ob ein merkwürdiges doppeltes Ungeheuer[35] durch die Straßen saust. Diese optischen Täuschungen[36] sind sehr lustig. Mit solcherlei Späßen wird die Realität als solche in Frage gestellt![37] Vieles war reine Impro-visation. Es gab eine Reihe von herrlichen Zufällen und Überraschungen. Im Mittelpunkt steht übrigens ein etwas verrückter junger Mann, der sich entschließt, Schriftsteller zu werden. Seine reiche Schweizer Freundin setzt den Parasiten schließlich vor die Tür. Die reiche Schweizerin ist wirklich eine Schweizerin, und der junge Gammler[38] ein schwedischer Künstler. In Holland war die Reaktion auf den Film fabelhaft. Die Deutschen reagierten anders. Das deutsche Publikum ist schwerfällig und gehemmt.[39] Es kann sich nicht gehenlassen . . . 1964 hatte ich etwas Ähnliches als Kurzfilm gemacht. *Inside Out* war ein Film über Hippies. Es war der erste psychedelische Film hier. Deshalb erregte er gewaltiges Aufsehen in Europa und bekam in Deutschland

---

[31] **lose aneinandergereiht** loosely strung together
[32] **der Sturzflug** nose dive
[33] **davonrasen** race off
[34] **bei näherer Betrachtung** at closer inspection

[35] **das Ungeheuer** monster
[36] **die optische Täuschung** optical illusion
[37] **in Frage stellen** question
[38] **der Gammler** drifter, hippie
[39] **schwerfällig und gehemmt** slow (clumsy) and inhibited

das Prädikat ‚Besonders wertvoll'.[40] Ich filmte die Welt um uns herum genauso wie sie war, genauso wie ich die Dinge sah. Das meiste daran war improvisiert. Eine Gruppe von jungen Leuten hatte sich zusammengefunden, und alle spielten mit. Tom Stoppard, der später das Stück *Rosencrantz und Güldenstern* schrieb, war dabei. Derek Marlowe, Autor von *A Dandy in Aspic*, machte mit und Pamela Badyk, die dann zum ‚Living Theatre' ging. Ich selbst hatte auch eine Rolle.

„Mein nächster Film ist rein biographisch. Er handelt von[41] alten Phantasien und Frustrationen. Das Thema existiert bei mir auch als Roman. *Pleasure Palace* ist am besten mit einem Love-in in einem Fleischwolf[42] zu vergleichen. Ich plane zwei Szenen, jede wird eine halbe Stunde dauern. Das Ganze filme ich in demselben Raum. Es ist die Geschichte eines Mannes, der seinen eignen Geist und Verstand[43] zu erforschen sucht und herausfindet, daß Einsamkeit — Isolation von der Gesellschaft — nicht möglich ist. Dialoge tauchen auf und verebben. Stimmen überschneiden[44] sich. Mehrere Stimmen sind zugleich hörbar...

„Danach bereite ich einen Gruselfilm,[45] einen richtigen Schocker[46] über außersinnliche Wahrnehmungen,[47] also ESP, vor! Den Winter benutze ich zu Forschungsarbeiten. Es soll eine Art Spionagegeschichte[48] werden. Die Idee ist die: wenn Sinn und Verstand offen sind dringt der allgemeingültige Konsensus in ihn ein. Das Problem ist nun, daß der angestrebte Idealzustand vom offenen Sinn keineswegs problemlos ist! ... Vielleicht werde ich die Handlung durch Lyrik weiterführen...

Ja, sicher gehe ich eines Tages nach Amerika zurück! Nein, ich komme mir nicht vor[49] wie im Exil. Ich fühle mich nicht als Exilierter. Die Grenzen sind nicht mehr so scharf. Außerdem versteht man heute, daß alles dasselbe ist, alles dieselbe Welt!"

---

[40] **wertvoll** worthy, valuable
[41] **er handelt von** it is about, it treats
[42] **der Fleischwolf** meat grinder
[43] **Geist und Verstand** mind and reason
[44] **überschneiden** overlap
[45] **der Gruselfilm** horror film *or* movie

[46] **der Schocker** thriller
[47] **außersinnliche Wahrnehmungen** extrasensory perception (ESP)
[48] **die Spionagegeschichte** spy story
[49] **ich komme mir nicht vor** I do not feel

18. Johannes Wasmuth: Kultur im Bahnhof

WER glaubt, Amerika allein ist das Land der unbegrenzten Möglichkeiten, irrt sich. Erfolgsgeschichten gibt es auch in Deutschland. Daß Ruhm und Reichtum[1] gewissermaßen[2] auf der Straße liegen, beweist der spektakuläre Aufstieg von Johannes Wasmuth vom simplen Schaufensterdekorateur[3] zum Kunstgaleriebesitzer[4] und planenden Genius des kulturellen Zentrums in Bonn. Trotz seiner jungen Jahre ist Wasmuth fast so prominent wie die Künstler, die bei ihm ein und aus gehen. Sogar im Film ist er und seine Kunstgalerie im Bahnhof Rolandseck bei Bonn (er besitzt außerdem die Galerie „pro" in Bad Godesberg) verewigt[5] worden.

Johannes Wasmuth, das deutsche Wunderkind, erreichte das alles, ehe er seinen dreißigsten Geburtstag feierte. Gewiß kam der Erfolg nicht von allein. Wasmuth hat, was man haben muß, um vorwärts zu kommen:[6] Ideen, dazu den Mut, diese Ideen zu verwirklichen, und Selbstvertrauen.[7]

Vor allem hat er Ideen. Viele. Viele ausgefallene![8] Wer zum Beispiel würde daran denken, aus einem alten Bahnhof, der noch in Betrieb[9] ist, eine Kunstgalerie zu machen? Wasmuth dachte nicht nur daran;

---

[1] **der Reichtum** riches
[2] **gewissermaßen** so to speak, to a certain degree
[3] **der Schaufensterdekorateur** window dresser
[4] **der Kunstgaleriebesitzer** art gallery owner

[5] **verewigen** immortalize
[6] **um vorwärts zu kommen** in order to get ahead
[7] **das Selbstvertrauen** self-confidence
[8] **ausgefallen** outlandish, bizarre
[9] **noch in Betrieb** still in operation

er tat es auch! Wem würde es wohl einfallen, Konrad Adenauer von einem der bedeutendsten Maler, nämlich Oskar Kokoschka,[10] malen zu lassen und das Porträt dem Bundestag zu schenken, ohne einen Pfennig in das Projekt zu stecken, aber andererseits einen endlosen Strom freier Publicity dafür zu ernten? Ein idealistischer Träumer? Ein gerissener[11] Geschäftsmann? Ein Genie für Werbung[12] und Public Relations?

Wahrscheinlich ist Wasmuth all das in einer Person. Dieser große, blonde, stattliche Mann, der ein bißchen zu dick ist für sein Alter und leicht verträumt aus wasserblauen Augen in die Welt guckt, ist ohne Zweifel ein Idealist. Denn nur Idealisten können so unmögliche Träume träumen! Daß er zugleich ein geschickter Geschäftsmann ist, geht aus seinen langwierigen, komplizierten Transaktionen hervor. Und für Werbung hat er ein angeborenes Talent.

„LIVING THEATRE" UND KÜNSTLER AUS DEM OSTEN

Wasmuth ist den Freuden des Lebens durchaus zugetan.[13] Er ißt gern, liebt Sekt, hat gern Gäste — die Zahl spielt keine Rolle —, die er alle fürstlich und fürsorglich bewirtet.[14] Er versteht es, sensationelle Parties und elegante Bankette zu geben, möglichst mit viel Prominenz. „Fürst" nennt ihn scherzhaft seine Haushälterin Rosalka, die über ihr abenteuerliches Leben ein Buch geschrieben hat. Er hat in der Tat fürstliche Allüren.[15] Das kostet Geld. Aber Wasmuth weiß offensichtlich das Angenehme mit dem Geschäftlichen zu verbinden. Mit seinem sicheren Talent für Public Relations zieht er genau die Talente an, die in den Zeitungen von sich reden machen. Das umstrittene amerikanische „Living Theatre" hat er gleich dreimal eingeladen, in seiner nicht nur Ausstellungen dienenden Galerie aufzutreten.[16] Marcel Marceau, König der Pantomimen, war bei ihm. Es gab Dichterlesungen[17]

---

[10] *Oskar Kokoschka (1886–   ), Austrian painter, one of the founders of German expressionism.*
[11] **gerissen** shrewd
[12] **die Werbung** advertising
[13] **zugetan** devoted to
[14] **fürstlich und fürsorglich bewirten** entertain royally and with special care
[15] **fürstliche Allüren** princely manners *or* habits
[16] **auftreten** perform
[17] **die Dichterlesung** author's reading

von Nicolas Nabokov und Martin Walser und Konzerte mit den bekanntesten Namen des europäischen Musiklebens. Lange bevor Bonn an Beziehungen zu den Ostblockstaaten dachte, waren bei Wasmuth Künstler aus Rumänien, Polen und Ungarn anzutreffen. All das brachte viel Publikum, Presse und Geld ins Haus und machte seinen Bahnhof Rolandseck innerhalb von zwei, drei Jahren zu einem Begriff[18] im deutschen Kulturleben.

Trifft man Wasmuth, der sich nur im dunkelblauen Anzug sehen läßt, ist man von seiner Bescheidenheit[19] überrascht. Selbst sein Quartier, hoch oben im Dach des Bahnhofs, ist von spartanischer Einfachheit. Nichts, aber auch gar nichts an ihm erinnert an einen glatten Madison-Avenue-Menschen. Obgleich er schon wegen seiner Größe und seines Umfanges[20] schwer zu übersehen ist, hält er sich sogar bei den eigenen Veranstaltungen[21] im Hintergrund. Iwan nennen ihn seine Freunde. Der Name paßt. Iwan (die russische Form von Johannes), darunter stellt man sich einen großen, gutmütigen Bären vor.

Unterhält man sich mit ihm, ist man ebenso von seiner Kenntnis der Kunst beeindruckt wie von seiner Liebe zu den Künstlern und impulsiven Hilfsbereitschaft.[22] Jemand hat ihm eine Wohnung in Paris geschenkt. Kaum erwähne ich eine mögliche Reise dorthin, schon drückt er mir die Schlüssel zu dieser Wohnung in die Hand. Die Witwe eines Malers ist wochenlang bei ihm zu Gast. Hat ein Künstler kein Dach über dem Kopf, findet er bei Wasmuth Unterkunft.[23] Da er selbst großzügig[24] ist, helfen ihm auch andere gern. Frau Furtwängler, Witwe des verstorbenen Dirigenten Wilhelm Furtwängler,[25] stiftete der Galerie einen kostbaren Flügel. Maler, die bei ihm ausstellen, schenken ihm Arbeiten. Junge musische Menschen,[26] die sich im steifen, amusischen Bonn nicht recht wohl fühlen, siedeln sich in seiner Nachbarschaft an und schenken ihm ihre Zeit. Sie helfen bei tausend kleinen, aber

---

[18] **zu einem Begriff machen** give it a well-known name
[19] **die Bescheidenheit** modesty
[20] **der Umfang** bulk
[21] **die Veranstaltung** event
[22] **die Hilfsbereitschaft** readiness to help, goodwill

[23] **die Unterkunft** shelter
[24] **großzügig** generous
[25] *Wilhelm Furtwängler (1886–1954)*, one of Germany's most celebrated conductors.
[26] **musische Menschen** artistically inclined people

notwendigen Dingen, sei es, beim Ausschicken von Einladungen oder beim Aufspüren[27] eines unbekannten Talentes.

Seine Konkurrenz und Künstler, die nicht bei ihm ausstellen, meinen, daß er seine Freunde ausnutzt.[28] Aber die Freunde scheinen sich eher von dem laufenden Strom seiner Einfälle bereichert zu fühlen. Bei Iwan ist immer etwas los! Unter seiner erfinderischen Führung ist die Galerie nicht nur Schauplatz kultureller Ereignisse geworden, sondern auch gesellschaftlicher Sammelpunkt.[29] Das ist etwas, was es in Deutschland in dieser Form noch nicht gegeben hat.

Wasmuths Pläne sind noch ehrgeiziger. Schon denkt er daran, die umliegenden Gebäude am Rhein zu pachten[30] und sie an Künstler zu vermieten. Eine internationale Künstlerkolonie soll dieser Bahnhof Rolandseck werden! Aus Amerika sollen sie kommen, aus Prag und Paris — eine Art Vereinte Nationen der Künstler!

VON KINDERN UND KÜNSTLERN

Wenn Johannes Wasmuth aus seinem Leben erzählt, hat man oft das Gefühl, ins Land der modernen Fabel geraten zu sein. Iwan erblickte 1936 in einem kleinen Ort im Osten Westfalens das Licht der Welt. Er sah keine höhere Schule,[31] kein Gymnasium. Er ging in die kaufmännische Lehre[32] und wurde 1953 Schaufensterdekorateur in Düsseldorf. Damals ahnte[33] niemand, daß damit der erste entscheidende Schritt zum Aufstieg gemacht war. Denn bald ereignete sich etwas, was sein Leben in eine andere Bahn lenkte.[34] Kinder kamen, arme, obdachlose[35] Kinder ohne Aufsicht, und sahen ihm bei der Arbeit zu. Er vertrieb ihnen die Zeit, indem er buntes Papier, Kreide, Scheren und Material, das ein Schaufensterdekorateur im Schubfach hat, unter sie verteilte. Erst war es eine Handvoll von Kindern, die sich täglich bei ihm einfand. Dann kamen sie zu Dutzenden.

Zutiefst erstaunt und erschüttert, daß es in Düsseldorf so viele

---

[27] **aufspüren** track down
[28] **ausnutzen** use, take advantage of
[29] **gesellschaftlicher Sammelpunkt** social center, gathering place
[30] **pachten** lease
[31] **die höhere Schule** higher education

[32] **die kaufmännische Lehre** business apprenticeship
[33] **ahnen** suspect
[34] **in eine andere Bahn lenken** switch onto another track
[35] **obdachlos** homeless

vernachlässigte[36] Kinder gab, unterrichtete er die Behörden davon. Die Beamten vom Wohlfahrtsamt hörten interessiert zu. Doch Rat wußten[37] sie auch nicht. Was sollte die Behörde mit den Kindern anfangen? Sicher, Kindergärten waren die Antwort. Aber die kosten Geld, und Geld war besonders knapp in dieser Zeit.

Wasmuth ließen die Kinder keine Ruhe. Etwas mußte getan werden. Er ging zu seinen Freunden und sammelte Geld und Kleidung. Am meisten Mitleid[38] hatten die Künstler. Die waren zwar selbst arm, gaben aber Bilder, Plastiken und Zeichnungen. Man mußte sie nur verkaufen. Aber wie? So geschah es, daß Wasmuth mit den gesammelten Arbeiten seine erste Kunstausstellung veranstaltete. Sie brachte 10 000 Mark ein. Eine Menge Geld, aber nicht genug zur Errichtung[39] eines Kindergartens. Mutiger geworden, wandte er sich bei den Vorbereitungen der nächsten Kunstaustellung an weltberühmte Künstler wie Hans Arp. Es kam eine erstaunliche Summe zusammen. Mit rund 200 000 Mark auf der Bank hatte er mehr Erfolg im Gespräch mit den Behörden. Stadt und Land machten nun ihrerseits Gelder zum Bau von vier Kindergärten flüssig. Ein Unternehmen von 2 Millionen Mark wurde daraus!

Geistliche beider Konfessionen sollten die Aufsicht führen. Aber die Integration von Katholiken und Protestanten im streng katholischen Rheinland stellte ein neues Hindernis dar.[40] Die katholische Kirche schaltete sich ein.[41] Nur der Papst konnte über so eine kühne Auflockerung entscheiden! Kurz entschlossen fuhr Wasmuth zum Vatikan, wo damals der fortschrittlich gesinnte Papst Johannes XXIII. residierte. Die Entscheidung fiel: dem Düsseldorfer Integrationsprojekt wurde ein Probejahr[42] bewilligt. Ein wahres Pionierstück im Rheinland, wo es bis heute Bekenntnisschulen[43] gibt!

Wie zu erwarten, wurde dem Schaufensterdekorateur mit dem sozialen Gewissen ein leitender Posten in den Kindergärten angeboten. Doch Wasmuth hatte andere Pläne.

---

[36] **vernachlässigt** neglected
[37] **Rat wissen** know what to do, have a solution
[38] **das Mitleid** pity
[39] **die Errichtung** establishment

[40] **ein Hindernis darstellen** present an obstacle
[41] **sich einschalten** get into the act
[42] **das Probejahr** year of probation
[43] **die Bekenntnisschule** denominational school

GALERIE „PRO" UND BAHNHOF ROLANDSECK

Durch seine Arbeit mit den Kindern hatte er so viele Künstler kennengelernt, die mit ihrer Kunst eine Brücke zum Sozialen geschlagen hatten, daß er sich entschied, bei den Künstlern zu bleiben. Und 1964 war es soweit.[44] In Bad Godesberg bei Bonn, wo es viele reiche Leute gibt, aber wenig Kunstgalerien, machte er die Galerie „pro" auf.

Ein Jahr später entdeckt er zufällig den alten wilhelminischen Bahnhof Rolandseck aus dem Jahre 1856. Etwa zehn bis fünfzehn Autominuten von Bad Godesberg entfernt liegt er an einer der schönsten und romantischsten Stellen am Rhein. In dem Prachtbau wandelte

[44] **war es soweit** the time had come

Oben: Der wilhelminische Bahnhof Rolandseck bei Bad Godesberg am Rhein

Links: Johannes Wasmuth mit Nagelbildern von Günther Uecker, die seine Schlafzimmerwand und Decke schmücken

Linke Seite: Blick auf die romantische Rheinlandschaft vom Balkon des Kulturbahnhofs

einst Friedrich Nietzsché[45] ruhelos umher, tanzte Englands Königin
Viktoria,[46] und die rumänische Königin Elisabeth schrieb hier ihre
Gedichte. Auf den Gleisen warteten elegante Privatzüge auf Kaiser
Wilhelm I.[47] und Bismarck; und Alexander von Humboldt[48] verkündete,
daß der Blick von der Bahnhofsterrasse der „siebtschönste[49] der Welt"
ist.

Heute brausen täglich an die 400 Züge durch den Bahnhof. Aber
nur 44 halten. Wenige Passagiere steigen hier in die Züge ein. Wie
ausgestorben liegt der riesige, dreistöckige[50] Bau mit seinen breiten
Balkonen und verzierten Gittern,[51] der von den einst so eleganten
Hotels am Rhein kaum zu unterscheiden ist. Seine unbenutzten Büros
und großen Wartesäle I. und II. Klasse sind wie geschaffen für intime
Ausstellungen, Konzerte, Theater und Feste! Wasmuth ist begeistert
von der Lage des Bahnhofs inmitten parkartiger Anlagen[52] am Rhein,
dem Blick auf den breiten belebten Fluß und die grünen Hügel mit der
Ruine Drachenfels im Hintergrund! Die pompöse Auffahrt,[53] die der
letzte Kaiser benutzte, wenn er das Rheinland besuchte, erlaubt
genügend Platz zum Parken.

Ja, das wäre eine Galerie! Wasmuths Freunde schütteln die Köpfe.
Es ist ausgeschlossen,[54] an diesen Bahnhof, der der Bundesbahn
gehört, heranzukommen. Wasmuth erkundigt sich trotzdem. Die Sache
geht an den Bundesbahnpräsidenten und den Verkehrsminister. Nach
einiger Zeit geschieht das Unglaubliche: die Bundesbahn ist bereit,
den Bahnhof an Wasmuth für 1000 Mark im Monat zu vermieten.

Sofort beginnen Wasmuth und seine Freunde das verwahrloste[55]
Gebäude zu restaurieren. Sie streichen[56] die Wände weiß, reparieren,
bauen elektrische Leitungen ein und Öfen,[57] denn die Räume waren

---

[45] *Friedrich Nietzsche (1844–1900),
   German Philosopher.*
[46] *Viktoria(1819–1901),queen of England
   and Ireland(1837–1901).*
[47] *William I (1797–1888), emperor of
   Germany (1871–1888).*
[48] *Alexander von Humboldt (1769–
   1859), German naturalist.*
[49] **siebtschönste** the seventh most beautiful

[50] **dreistöckig** three-storied
[51] **verzierte Gitter** ornamental wrought
   iron
[52] **parkartige Anlagen** parklike grounds
[53] **die Auffahrt** driveway, ramp
[54] **ausgeschlossen** out of the question
[55] **verwahrlost** run down, dilapidated
[56] **streichen** paint
[57] **der Ofen** stove

nicht heizbar. Die häßlichen Wartesäle werden mit Kronleuchtern und schweren blauen Vorhängen in festliche Säle verwandelt. In diesem Provisorium jagt eine Kunstausstellung die andere.[58] Daneben füllen Konzerte, Theaterabende, Dichterlesungen und Feste das Programm. Immer wieder identifizieren sich glanzvolle Namen mit dem Bahnhof Rolandseck. Der Bahnhof ist berühmt, ehe die weiße Farbe an den Wänden trocken ist. Die Zero-Künstler feiern das Ende von „Zero"[59] mit einem letzten Fest bei Wasmuth. Es wird eine phantastische Angelegenheit mit einem Sonderzug,[60] der die Gäste direkt auf dem Bahnhof deponiert, drei Kapellen, Licht-Shows, Fernsehen, Presse, viel Sekt und 2500 Gästen, darunter die Spitzen[61] aus Kreisen der Kunst, Wirtschaft, Regierung und Gesellschaft und viele uneingeladene Neugierige.[62]

KUHHANDEL MIT DER BUNDESBAHN[63]

Nun zeigt sich Wasmuths Geschäftssinn. Er interessiert das Land Rheinland-Pfalz an seinem Kulturbahnhof. Gewiß, als Privatmann könnte er eine vorzügliche Galerie daraus machen. Aber mit Unterstützung des Landes könnte man ein internationales Kulturzentrum schaffen, wie es selbst Berlin und München nicht haben! Außerdem ist dieser wilhelminische Bahnhof ein architektonisches Juwel, das unter Denkmalschutz gehört.[64] Es gibt Debatten im Bundestag. Wasmuths Name erscheint immer wieder in der Presse. Schließlich ist das Land bereit. Nur fehlt das Geld zum Kauf. So kommt es zu einem außerordentlichen Handel mit der Bundesbahn. Rheinland-Pfalz bekommt den Bahnhof für ein Stück Land, auf das die Bundesbahn ein Auge geworfen hat.[65]

Als Bahnhofsbesitzer übernimmt das Land automatisch alle

---

[58] **jagt eine Kunstausstellung die andere** one art exhibition follows the other
[59] *The "Zero" community of artists concerned with light and movement; see Chapter 14.*
[60] **der Sonderzug** special train
[61] **die Spitzen** the heads

[62] **uneingeladene Neugierige** uninvited curiosity seekers
[63] **Kuhhandel mit der Bundesbahn** horse trade with the federal railway
[64] **unter Denkmalschutz gehören** rate protection as a historical monument
[65] **auf das . . . ein Auge geworfen hat** which . . . would like to have

Unterhaltungs- und Instandsetzungskosten.[66] Verwalter Wasmuth braucht keinen Pfennig Miete zu zahlen!

Jetzt wird seine Phantasie besonders rege. Er formt einen Beirat,[67] dem es an internationalem Glanz nicht fehlt. Oskar Kokoschka gehört dazu, Marcel Marceau, Nicolas Nabokov, Frau Furtwängler und Außenminister Walter Scheel, Kunstsammler und Vorsitzender der FDP. Nur Wasmuth konnte so ein Komitee zusammenstellen! Ein Architekt wird engagiert, der ihm bei den Renovierungsarbeiten hilft. Sie kosten etwa 750 000 Mark. Unten im Bahnhof, einst Schuppen für Equipagen und Kohle, ist Platz für drei Lokale: eine Taverne englischen Stils, ein französisches Restaurant mit entsprechendem Dekor und französicher Cuisine und ein gemütliches Wiener Café. Nicht zufrieden damit, gleitet sein Auge schon über die stattlichen Häuser in der Nähe. Das wird seine Künstlerkolonie werden!

KOKOSCHKA MALT ADENAUER

Mittlerweile hat er noch einen anderen Einfall.[68] Konrad Adenauer war fast 90 Jahre alt, und es existierte kein gutes Porträt von ihm. Jemand wie Kokoschka müßte den Exkanzler malen! Wasmuth setzt sich mit Kokoschka in Verbindung. Für 200 000 Mark erklärt sich der Maler einverstanden. Wasmuth denkt nach. Wenn eine Zeitschrift die exklusiven Rechte bekäme, Kokoschka beim Malen des „Alten" zu fotografieren, wäre das eine größere Summe wert. Eine Zeitschrift findet sich. Nur Adenauer ist nicht begeistert. Er ist mit seinen Memoiren beschäftigt und hat keine Zeit, einem Maler Modell zu stehen.[69] Doch er läßt sich überreden. Die Begrüßung zwischen den beiden alten Herren ist kühl. Autoritäre Politiker sind dem Künstler nicht besonders sympathisch. Adenauers Kontakte mit Kunst und Künstlern sind nicht der Rede wert. Was niemand voraussah, geschah. Die beiden vergaßen ihre prinzipiellen Vorurteile[70] und verstanden sich glänzend.[71] Kokoschka entdeckte, daß Adenauer einen guten Tropfen Wein

---

[66] **Unterhaltungs- und Instandsetzungs-kosten** maintenance and reparation costs
[67] **der Beirat** advisory committee
[68] **der Einfall** brain storm
[69] **Modell stehen** pose, sit for (a portrait)
[70] **das Vorurteil** prejudice
[71] **sich glänzend verstehen** get along splendidly

liebte und einen erfrischenden Sinn für Humor hatte. Und Adenauers Respekt vor dem zehn Jahre Jüngeren wuchs von Pinselstrich zu Pinselstrich. Als das Gemälde fertig war, waren die beiden Freunde. Was Wasmuth davon hatte? Publicity — und das Honorar, das Kokoschka ihm schenkte. Aber wenn man ihn besser kennt, merkt man, daß für ihn mit dieser Episode ein innerliches Erlebnis verbunden war, das auch den Idealisten in ihm befriedigte. Tatsächlich ist das Kokoschka-Porträt das interessanteste Bild des inzwischen verstorbenen Staatsmannes, der Deutschlands Schicksal von 1949 bis 1963 als Kanzler durch die schwierigste Periode der jüngsten Geschichte steuerte.

Kurz darauf denkt Wasmuth an ein Porträt de Gaulles von Salvador Dali. Auch von dem ehemaligen französischen Staatschef gibt es kein gutes Porträt. Es wird Zeit, findet er, daß eins beauftragt wird. Dali verlangt 600 000 Mark. Außerdem kann so etwas den deutsch-französischen Beziehungen kaum schaden, erklärt der Galerist praktisch. Die Publicity hat er heute kaum noch nötig.

KUNSTPREIS DURCHS ESTABLISHMENT UND EIN ANTIFILMPREIS

Durch seine Freundschaften mit jungen Künstlern — er ist dauernd auf der Suche[72] nach neuen Talenten — weiß Wasmuth, daß es vielen, selbst älteren und namhaften, nicht immer besonders gut geht. Auch da schafft er Hilfe.

Mit seinen Beziehungen zur Regierung und Wirtschaft gelang es ihm, die Stiftung[73] eines Kunstpreises von 10 000 Mark für verdiente Personen des internationalen künstlerischen Lebens durchzusetzen. Als einem der ersten Künstler wurde der Preis dem Maler und Filmpionier Hans Richter zu seinem 80. Geburtstag vom Vorsitzenden des Wirtschaftsrates[74] der CDU in Wasmuths Kulturbahnhof feierlich verliehen.

Ein „typischer Freund des Establishments", kritisieren Wasmuths Feinde, die den Neuling[75] vielleicht um die führende Rolle im hauptstädtischen Kunstleben beneiden. Ein Festival Zentrum will er aus

---

[72] **auf der Suche** on the lookout
[73] **die Stiftung** foundation, donation
[74] **der Wirtschaftsrat** economic council
[75] **der Neuling** newcomer

Bonn machen, das sich bisher nur weniger kultureller Aktivitäten rühmen konnte.

Die neue Aufgabe hindert ihn jedoch keineswegs daran, sich auch „Antiestablishment" aufzuführen.[76] Seine neueste Idee ist ein Antifilmpreis, mit dem jene Filme ausgezeichnet werden sollen, die von den offiziellen Festivals ausgeschlossen[77] sind.

KUNST UND SOZIALES

Wasmuth und ich sitzen auf der breiten Bahnhofsterrasse und genießen[78] den malerischen Blick auf Rhein und Drachenfels. „Ja, bis die Renovierungsarbeiten abgeschlossen sind, bin ich hier sehr angebunden. Aber dann . . ." Man sieht, wie seine Gedanken in die Ferne schweifen. „Dann möchte ich Amerika wiedersehen! New York interessiert mich brennend. Ein Anwalt in Washington hat mich eingeladen, ihn zu besuchen. Er hat von meinen Kindergärten gehört und will Genaueres darüber wissen, weil es ja in der amerikanischen Hauptstadt die gleichen Probleme gibt." Er macht eine Pause und fährt dann fort. „Vielleicht sollte man aus Rolandseck eine internationale Stiftung machen. Ich weiß, daß die Regierung da mitmachen würde."

Wasmuths Blick folgt den Wolken. „Ich denke oft über die Vergänglichkeit[79] nach. Deshalb hänge ich an nichts.[80] Irgendwie müßte man Kunst und Soziales[81] koordinieren. Wir befinden uns in einer großen technischen Epoche. Für Künstler ist das ein schlechter Zeitabschnitt. Seit meinen Erfahrungen mit den Kindern interessiert mich außerdem das Problem der Selbsthilfe. Damals habe ich gelernt, daß am Ende aller sozialen Bemühungen die Selbsthilfe stehen muß. Ich glaube, daß auch die Kunst nach dem Dialog mit dem Sozialen verlangt. — Künstler und Kinder, das scheint meine Welt zu sein!" Er lacht über diese Feststellung und fügt dann ziemlich ernst hinzu: „Aber am wichtigsten ist es, daß man sich selbst verwirklicht!"[82]

---

[76] **aufführen** behave
[77] **ausschließen** exclude
[78] **genießen** enjoy
[79] **die Vergänglichkeit** transitoriness

[80] **an nichts hängen** be attached to nothing
[81] **Soziales** social concerns
[82] **sich selbst verwirklichen** realize one's own potential

Ist das alles nur die zum Handwerk[83] eines Public Relations Experten gehörige Pose?

Träumte Wasmuth, dieser geschickte und erfolgreiche Impresario der Künstler und Kinder, den richtigen Traum?

Inzwischen machte er noch eine andere Galerie in Bonn auf. Außerdem will er eine Bücherreihe mit Satiren herausgeben.[84] Durch die Publikation dieses Aufsatzes in Amerika hofft er auf Kontakte mit jungen Malern. Hatte ihn der schnelle Erfolg zum Opportunisten gemacht?

„Ich träume praktische Träume", meint er ruhig.

[83] **das Handwerk** craft, trade   [84] **herausgeben** publish

19. Gunter Sachs:
Deutschlands Playboy

WENN man unter Bundesbürgern den Namen Gunter Sachs erwähnt, kann man einer impulsiven Reaktion gewiß sein. Entweder furchen sich ernste Stirnen in kritische Falten über diesen reichen Nichtstuer, oder man erntet ein breites Schmunzeln.[1] „Ach ja, dieser Playboy, der neulich mit der Dingsda,[2] dieser italienischen Filmschauspielerin . . . na, Sie wissen schon . . ." In der Stimme liegt oft Bewunderung und nicht selten sogar ein gewisser Stolz darüber, daß ein Deutscher im internationalen Jet Set Vollmitglied[3] ist. Denn bei den Vereinten Nationen sind die Bundesbürger ja nur Beobachter.

Playboys waren in deutschen Landen immer rare Artikel. Es ist symptomatisch, daß Don Juan nicht Deutscher war. Nach den leichtlebigen[4] Prinzen, Fürsten und Königen des achtzehnten Jahrhunderts, wäre im neunzehnten Jahrhundert höchstens der bayerische Ludwig als Playboy von Format zu verbuchen. Aber schon vor hundert Jahren standen die Playboys in Deutschland nicht hoch im Kurs.[5] König Ludwig I.,[6] der schöne, temperamentvolle Damen wie Lola Montez[7] und Gemälde von ihnen sammelte, mußte abdanken.[8]

Auch Sachs, Erbe der Kupplungs-[9] und Motorenwerke Fichtel

---

[1] **schmunzeln** grin, smirk
[2] **die Dingsda** so-and-so
[3] **das Vollmitglied** member in good standing
[4] **leichtlebig** carefree, fast living
[5] **nicht hoch im Kurs stehen** not rate highly

[6] *Louis I (1786–1868), king of Bavaria from 1825 to 1848.*
[7] *Lola Montez (1818–1861), Irish dancer who claimed to be Spanish.*
[8] **abdanken** resign
[9] **die Kupplung** transmission

und Sachs, der größten Zweitaktmotorenfabrik[10] der Welt, sammelt hochexplosive Damen. Darunter etwa Brigitte Bardot, deren Ehemännersammlung[11] er ziert. Eine Gemäldegalerie hat er auch: „Das Modern Art Museum München" in der Villa Stuck. Dort werden allerdings keine Porträts gesammelt, sondern internationale Avantgardisten. Als „Musée engagé" will es mitten in der „dialektischen Auseinandersetzung[12] der Kunst" wirken. Etwas seltsam berührt es freilich, daß Sachs zu einem Zeitpunkt Mäzen spielt, da die Kunst das Private und Exklusive zugunsten[13] des Kollektiven, einer Kunst für die Massen abstreift!

Daß Sachs nicht nur bekannte Schönheiten und unbekannte Mannequins im Kopf hat, vermutet man dann und wann.[14] Etwa wenn man liest, daß er in Bilbao den 1. Preis für einen Dokumentarfilm über St. Tropez erhielt, oder die Photokina[15] ihm eine Auszeichnung verleiht.

Gehört Sachs vielleicht auch zu den Deutschen mit Ideen?

"Sachs ist gar kein typischer Deutscher. Er wurde in der Schweiz erzogen und lebt in Frankreich", meint sein Sekretär, Hanswerner Schwenk. „Sachs ist international."

Ein Deutscher, der nicht nur international denkt wie die Leute vom Gemeinsamen Markt, sondern ein internationales Dasein[16] praktiziert? Das könnte interessant sein. Gunter Sachs hat mich zum Lunch eingeladen.

Also auf nach[17] Paris. Kaum ist der Entschluß gefaßt, stellen sich Bedenken ein. Wenn dieser Playboy nun wirklich nur ein eitler Frauenjäger und oberflächlicher Publicity-Sucher ist?

Es ist der teuerste Lunch meines Lebens. Mit Taxis, Trinkgeld[18] und Rundflugschein[19] München-Paris kommt der Spaß auf rund

---

[10] **der Zweitaktmotor** two-cycle motor *or* engine
[11] **die Ehemännersammlung** collection of husbands
[12] **die Auseinandersetzung** discussion
[13] **zugunsten** in favor of
[14] **vermutet man dann und wann** one suspects now and then

[15] **Photokina = Internationale Foto- und Kino-Ausstellung** *A biennial exhibition held in Cologne.*
[16] **das Dasein** existence
[17] **also auf nach** therefore on to
[18] **das Trinkgeld** tip
[19] **der Rundflugschein** round-trip plane ticket

hundert Dollar. In München regnet es in Strömen.[20] Doch wie Paris in Sicht kommt, ist der Himmel klar, die Luft milde.

Die breite Avenue Foch zweigt vom Etoile ab. In einem der teuren Mietshäuser hat Sachs sein Appartement. Die Illustrierte *Stern* hat einmal darüber berichtet — im Vierfarbendruck.

Ein dienstbarer Geist[21] — alles andere als ein kokettes französisches Kammerzöfchen[22] — öffnet die Tür zu einem Foyer mit einer dekorativen Spiegelwand. Die Doppeltür zu einem großen, mit Antiquitäten, Bildern, Licht und Musik erfüllten Raum steht offen. Schon ist Sachs in weißen Levis und offenem hellblauen Hemd im Blickfeld.[23] Er ist groß, schlank, fast muskulös und beweglich. Weder kann er lange auf demselben Fleck stehen, noch hält er es lange auf demselben Sitzplatz aus. Selbst beim Lunch in der gemütlichen Bibliothek springt er mehrere Male impulsiv auf, um eine Situation zu dramatisieren. Doch hat seine Mobilität nichts Nervöses an sich. Vielmehr drückt sie Energie, Enthusiasmus und eine überschäumende Vitalität aus. Sein Haar ist lang. Koteletten[24] rahmen sehr männlich attraktive, etwas grobe Züge,[25] die beim ersten Blick von einer generösen Nase, bei längerer Betrachtung aber von enormen leuchtenden blauen Augen dominiert werden. Es sind aufmerksame, vertrauensvolle und daher faszinierende Augen.

Man könnte den gutaussehenden jungen Mann, der da um elf Uhr vormittags Sektgläser füllt, für einen Schauspieler halten.

Wir sitzen in einer mit rotem Seidendamast bezogenen Sofaecke, die gut und gern zwanzig Gäste akkommodieren kann. Auf dem Cocktailtisch davor lenkt eine amorphische Bronzeplastik von Etienne Martin den Blick auf sich.[26] Hinter dem Sofa überwältigt eine drei Meter lange Geigenexplosion auf schwarzem Grund[27] den Raum. Armans aus wirklichen Geigensplittern[28] bestehendes *Allegro furioso* machte auf einer der *documentas* große Furore.[29]

---

[20] **in Strömen regnen** rain buckets
[21] **der dienstbare Geist** domestic servant
[22] **das Kammerzöfchen** cute chambermaid
[23] **im Blickfeld** in viewing range
[24] **Koteletten** sideburns
[25] **grobe Züge** coarse features
[26] **auf sich lenken** attract

[27] **die Geigenexplosion auf schwarzem Grund** violin explosion on a black background
[28] **Armans aus wirklichen Geigensplittern** Arman's (*French painter born in Nice 1929*) picture of genuine violin fragments
[29] **Furore machen** make a splash

Sachs erzählt von seiner Familie. Die Sachsschen Motorenwerke in Schweinfurt, die vor allem Kupplungen, Stoßdämpfer[30] und Zweitaktmotoren herstellen, wurden 1895 von seinem Großvater Dr. Ernst Sachs, der auch den Freilauf[31] erfand, gegründet. Der Vater seiner Mutter war einer der Söhne des Gründers der Opel-Autowerke. „Von diesen vier Söhnen sind drei von Wilhelm II. geadelt worden.[32] Der Vierte, der der kaiserlichen Einladung zum Mittagessen nicht folgte, weil er etwas anderes vorhatte, blieb schlicht Herr Opel", berichtet

[30] **der Stoßdämpfer** shock absorber
[31] **der Freilauf** freewheel bicycle transmission, coaster brake

[32] **geadelt werden** become ennobled

Playboy
Gunter Sachs
mit
Spielgefährtinnen

Sachs belustigt. Als stellvertretender Aufsichtsratsvorsitzender[33] der väterlichen Fabrik, in der er nie gearbeitet hat, fährt er alle zwei Wochen zu Besprechungen[34] nach Schweinfurt. Er hat noch einen Bruder in der Schweiz, der auch im Aufsichtsrat ist. Als Mitglied der Erbengemeinschaft[35] bezieht Sachs etwa eine Million Mark im Jahr.

Weniger bekannt ist, daß der 1932 in Schloß Mainberg bei Schweinfurt geborene Millionärssohn aus eigener Initiative eine sechsstellige Summe dazuverdient.

Wenn Sachs spricht, fällt einem ein profunder Optimismus im Ton auf. So spricht kein gelangweilter Millionär, kein Society Snob, sondern ein offener Mensch, der gelernt hat, auf existentielle Situationen mit eigenen Meinungen, eigenen Grundsätzen und eigenen Erkenntnissen[36] zu reagieren.

Sachs wurde in der Schweiz erzogen. In Lausanne studierte er Nationalökonomie und höhere Mathematik. „Leider kann man mit Integralgleichungen[37] nicht gesellschaftlich glänzen", meint er unbefangen. Ich tröste ihn damit, daß Mathematik zum logischen Denken erzieht und sich diese Eigenschaft sehr bald im Gespräch bemerkbar macht.

Noch als Student heiratet er eine französische Literaturstudentin. Sie lassen sich in Lausanne nieder, weil beide dort auf die Universität gehen. Ein Sohn wird geboren, der heute unter die Teenager zählt. 1958 stirbt die junge Frau. Um diese Zeit nimmt sich sein Vater das Leben. Nicht genug damit, verliebt sich Sachs bald darauf in ein bildschönes Mädchen aus Köln, das schwer an einem Tumor an der Wirbelsäule[38] erkrankt. Die berühmtesten Ärzte der Welt, zu denen Sachs sie schleppt, geben sie auf. Das Beste, was zu erhoffen schien, war eine Operation, die zu einer Lähmung der unteren Körperhälfte geführt hätte. Sachs läßt das nicht zu.[39] Er sucht weiter und findet einen Professor in Heidelberg, der das Mädchen rettet.

---

[33] **stellvertretender Aufsichtsratsvorsitzender** deputy chairman of the board
[34] **die Besprechung** conference
[35] **die Erbengemeinschaft** inheritance trust

[36] **eigene Grundsätze und eigene Erkenntnisse** one's own principles and own convictions
[37] **die Gleichung** equation
[38] **die Wirbelsäule** spine
[39] **zulassen** permit, allow

„Zwei Jahre dauerte dieser seelische Terror", erinnert er sich. „Die Ärmste hatte entsetzliche Schmerzen. Oft schrie sie nachts auf. Dieses Leiden mitanzusehen, ging über meine Kräfte. Ich dachte, ich würde wahnsinnig.[40] Als Therapie machte ich meinen ersten Film über das Dorf, in dem wir lebten."

„Und dann heirateten Sie das Mädchen?"

Sachs sieht mich erstaunt an. „Nein. Wir trennten uns. Liebe und Sex sind sehr empfindliche Dinge. Nach diesen beiden schlimmen Jahren ging es einfach nicht mehr mit uns[41] ..."

„Und dann kamen viele andere?"

„Ich bin kein Don Juan. Ich brauche keine neuen Eroberungen, um mich zu bestätigen. Wenn ich eine Frau liebe, bin ich nur für sie da. Ich habe jahrelang mit den gleichen Frauen gelebt", verteidigt er sich. „Im übrigen begann ich damals Bilder zu sammeln. Es ergaben sich Freundschaften mit Künstlern wie Fautrier, Yves Klein, Dali und anderen. Wenn ich aber mit Soraya tanzen ging, interessierten sich die Gazetten mehr dafür."

Er ging aber auch mit Tina Onassis tanzen, Playboy Rubirosas Witwe Odile Rodin, der Begum und einem endlosen Strom von Mannequins, Filmsternchen und Stars, der in B.B. kulminierte. Die Presse hatte sich daran gewöhnt, ihn als Hohlkopf hinzustellen.[42]

Sachs lächelt bitter. „In jenen Jahren dichtete mir die Presse schon eine Affäre an,[43] wenn ich zufällig neben einer hübschen Frau stand." Um diese Zeit eröffnete er sein erstes Modegeschäft[44] für junge Leute in St. Tropez, das er „Micmac" nannte.

„Wieso interessieren Sie sich eigentlich für Mode?"

„Da ich Frauen liebe, möchte ich sie auch gern gut angezogen sehen. Die Entwürfe macht ein junger Designer. Aber wir besprechen sie miteinander. Inzwischen gibt es achtzehn Micmacs. Eins in Rio und eins in New York bei Bloomingdale. Am ersten Tag setzten wir

---

[40] **wahnsinnig werden** go crazy
[41] **ging es einfach nicht mehr mit uns** we could not make a go of it anymore

[42] **als Hohlkopf hinstellen** represent as empty-headed
[43] **andichten** ascribe
[44] **das Modegeschäft** dress shop (boutique)

dort 7000 Dollar um. Die Geschäfte sind so erfolgreich, daß wir nun in St. Moritz mit Micmac Wintermoden begonnen haben."

Ich staune. Die Playboy-Schablone[45] schmilzt wie Butter in der Sonne. Plötzlich erinnere ich mich, irgendwo gehört zu haben, daß er auch eine Grundstücksmaklerfirma[46] und ein Exportgeschäft[47] in der Schweiz besitzen soll.

„Außerdem war ich damit beschäftigt, Filme über St. Tropez und eine religiöse Sekte in den Neuen Hebriden, das ist eine Inselgruppe östlich von Australien, zu machen. Dieser Film erhielt in Deutschland das Prädikat ‚Wertvoll‘." Es folgten Dokumentarfilme über Pelikane in Afrika und den Kampf der Schwarzen. Und es war ein Sachs-Film, der das Cannes Fimfestival von 1967 beschloß. Sachs betont, daß der letzte Film vom Festivalkomitee mit besonderer Sorgfalt ausgesucht[48] wird, weil das Publikum zu diesem Zeitpunkt völlig übersättigt ist.[49]

„Finanzieren Sie Ihre Filme alle selbst?"

Sachs nickt und lehnt sich weit zurück. „Ich liefere die Ideen und das Drehbuch. Ich bin Kameramann und Filmcutter und kommentiere die deutschen und französischen Versionen."

„Und was kostet so ein Film?"

„Der St. Tropez-Film hat 15000 Dollar gekostet."

„Arbeiten Sie lange an diesen Filmen?"

„Das kommt drauf an.[50] An den Pelikanen in Afrika drehten wir, bis wir den Pelikanen ähnlich sahen.[51] Genaugenommen waren es fünf Monate. Dabei arbeiteten wir mit vier Kameras."

Auch die Filme, die in europäischen Kinos als Vorspann[52] laufen und im deutschen, französischen und englischen Fernsehen gesendet werden, erwiesen sich als lukrativ.

Wenn Sachs vom Filmen spricht, schwingt etwas Dringendes,[53] eine Intensität in seiner Stimme, die sonst nicht bemerkbar ist.

„Filmen ist etwas enorm Kreatives", begeistert er sich. „Es hat

---

[45] **die Schablone** cliché
[46] **die Grundstücksmaklerfirma** realestate firm
[47] **das Exportgeschäft** export business
[48] **mit besonderer Sorgfalt aussuchen** choose with special care
[49] **übersättigt sein** be satiated
[50] **das kommt drauf an** that depends
[51] **ähnlich sehen** look like
[52] **als Vorspann laufen** run as a short with the regular feature
[53] **etwas Dringendes** something urgent

unglaublich viele Dimensionen, mehr als andere Kunstformen. Sie sollten das auch mal versuchen", empfiehlt er leichthin. Er kann sich scheinbar nicht vorstellen, daß es Leute gibt, die nicht gleich 15 000 Dollar zum Filmmachen parat haben.[54]

Ob ich einen seiner Filme sehen möchte? Man merkt, daß es ihm wichtig ist, das Playboy-Image zu durchlöchern.[55]

Das elegante, in grünem Samt und Gold gehaltene Billardzimmer ist zugleich Vorführraum.[56] Im Projektionsraum dahinter hilft Sachs beim Einspannen[57] des Filmstreifens.

Minuten danach hat er uns mit seiner Laterna magica nach St. Tropez verzaubert. Meer, Hafen, einheimische[58] Charakterköpfe, fröhliche Urlauber,[59] exzentrische Paare, Blüten und Bikinis, all das wirbelt bunt und zum Greifen nahe vor uns vorüber. Sachsens Filmkommentar ist leger und spritzig[60] wie dieser aus Frohsinn und Aktivität komponierte Zelluloidstreifen, der wenig mit den traditionellen langweiligen Dokumentarfilmen zu tun hat.

„Am liebsten wäre man dort", murmelt Sachs neben mir, als ein besonders hübsches Mädchen auftaucht. Es steckt in einem jener einfachen Kleidchen, die ganz auf die Schönheit der Trägerin angewiesen sind.[61] „Leider tut das Kleid überhaupt nichts für sie", bemerke ich.

Sachs blickt mich überrascht an. Offensichtlich gefällt ihm das Kleid. „Es ist von Pucci", sagt er nur.

Stunden später kommt er auf das Thema zurück. „Sie haben recht mit dem Kleid. Ich habe es mir an einer durchschnittlichen Frau vorgestellt ... es tut wirklich gar nichts für sie."

Sein nächstes Filmprojekt ist ein surrealistischer Spielfilm. Das Drehbuch *The Wager* hat er in Zusammenarbeit mit einem Amerikaner verfaßt. Die Handlung, in der Psychologisches und Psychopathisches examiniert werden, handelt von einem narzistischen, ihre Liebhaber

---

[54] **parat haben** have at hand
[55] **durchlöchern** puncture
[56] **der Vorführraum** movie viewing room
[57] **hilft . . . beim Einspannen** helps inserting

[58] **einheimisch** native
[59] **der Urlauber** vacationer
[60] **leger und spritzig** casual and spirited
[61] **angewiesen sein** depend on

vernichtenden Mädchen mit einem Sphinxkomplex. Sollte er bei dem Stoff ursprünglich[62] an B.B. gedacht haben?

Nachdem ich im Korridor zwei Lichtensteins[63] entdecke, nimmt mich Sachs auf eine Kunstführung durch die Wohnung. Es freut ihn sichtlich, daß ich etwas von moderner Kunst verstehe. Er beginnt bei zwei vorzüglichen Fautriers,[64] dem dynamischen Vertreter des Neuen Realismus und Liebhaber vieler schöner Frauen. Sachs besitzt fünfunddreißig seiner Arbeiten. Neben den Fautriers erkenne ich einen Fontana. Die aufgeschlitzte Leinwand leuchtet im aggressivsten Grün. „Ich habe diesen Fontana vor vielen Jahren für 2000 Mark gekauft. Alles lachte über den dummen Sachs. Heute ist er das Zehnfache wert",[65] kommentiert er zufrieden.

Eine ganze Wand ist Surrealisten wie Yves Tanguy, Victor Brauner und Max Ernst gewidmet. Ein blauer gespenstischer Chirico[66] hängt wichtig über dem Kamin. Im Schlafzimmer nimmt eine Madonna von Dali den Ehrenplatz über dem breiten Bett ein. Einige dutzend Guaschen von Wols[67] verströmen ihre phantasievolle Zartheit[68] im halbrunden Raum. Überall trifft man auf die massiven Plastiken Etienne Martins — Synthesen graziler Bewegung und primitiver Kraft!

Plastiken von Norbert Kricke, Arbeiten von Mathieu, Yves Klein, Marc Tobey, Hans Hartung, Fritz Hundertwasser, Francis Bacon, Karl Appel und anderen Künstlern sind über Wohnungen in Deauville, im Turm des Palasthotels von St. Moritz und seinem Münchner Museum verstreut. Denn in Deutschland hat er keine Wohnung, sondern nur ein Jagd[69] in Oberbayern.

Gunter Sachsens Kollektion ist eine sehr persönliche Sammlung. Deshalb gibt es nichts, was ihre inhärente Einheit stört. Der französische Kritiker Pierre Restany zählt ihn mit Recht zu den wahren Kunstliebhabern, die mit „der Kunst ihrer Zeit zu leben verstehen".

[62] **ursprünglich** originally
[63] *Paintings by Roy Lichtenstein (1923–), American painter associated with the movement of pop art.*
[64] *Jean Fautrier (1898–1964), French non-figurative painter.*
[65] **das Zehnfache wert** worth ten times as much
[66] *Giorgio de Chirico (1888–), Italian surrealist painter.*
[67] *Wols (Wolfgang Schulze), German artist who lived and died in Paris (1913–1951), one of the creators of "Art Informel."*
[68] **die Zartheit** tenderness, fragility
[69] **die Jagd** hunting grounds

Beim Lunch findet er, daß wir genug über Sachs geredet haben. „Sind Sie Löwe? Horoskopisch gesehen?" will er wissen. Fast tut es mit leid, ihm sagen zu müssen, daß er sich geirrt hat. — „Ich bin Wassermann",[70] antworte ich schnell. „Und Sie?"

„Skorpion, eine recht komplizierte Natur. Wissen Sie, daß Rubirosa zu den Wassermännern gehörte? Er war vielleicht der charmanteste Mensch, dem ich begegnet bin. Man mußte diesen Mann einfach gern haben. Bei seiner Beerdigung[71] herrschte echte Trauer. Aus Amerika waren sämtliche Kennedys gekommen."

Natürlich kennt Sachs die Kennedys. Er war einmal bei ihnen in Hyannis Port. Für diesen deutschen Weltbürger sind Länder, Grenzen und Nationalitäten ohne Bedeutung. Ob er sich mit französischen Bankiers und rheinischen Industriellen in Portugal trifft, mit griechischen Reedern und italienischen Filmleuten in St. Moritz oder mit Künstlern und Freundinnen in Rom oder New York, das spielt bei ihm nicht die geringste Rolle. Dieses globale Gefühl teilt er mit der Studentengeneration.

„Kümmern Sie sich auch um[72] deutsche Politik?"

„Nur bedingt.[73] Ich gehöre keiner Partei an. Aber es gibt ein paar Politiker, die ich besonders schätze. Zum Beispiel Schiller.[74] Mit seiner geschickten Wirtschaftspolitik half er Deutschland aus einer ernsten Krise. Er pumpte zur richtigen Zeit Geld in die Wirtschaft und zog zur richtigen Zeit die Bremse an."[75]

„Seine Kritiker sagen, daß das Problem damit nur aufgeschoben[76] wurde."

„Gegen das Aufschieben läßt sich an sich nichts sagen", entgegnet er etwas ungeduldig. „Es ist erstaunlich, wie viele Probleme sich dadurch lösen lassen. Denn mit der Zeit ändern sich nicht selten die Ursachen und Bedingungen,[77] die wirtschaftliche Krisen verursachen."

„Hoffentlich haben Sie recht."

[70] **der Wassermann** Aquarius
[71] **die Beerdigung** funeral
[72] **kümmern Sie sich auch um** do you also concern yourself with
[73] **nur bedingt** only in a restricted way

[74] *Karl Schiller, economic affairs minister.*
[75] **die Bremse anziehen** pull the brake
[76] **aufschieben** postpone
[77] **Ursachen und Bedingungen** causes and conditions

„Nur Dummköpfe ändern ihre Meinung nie."

„Und die Studenten? Würden Sie mit ihnen auf die Barrikaden gehen?"

Spontan wirft er die Hände in die Luft. „Wenn sie nur bessere Vorschläge bringen würden! Sich hinstellen und sagen, es muß anders werden, das ist nicht genug! Man müßte das Gefühl haben, sie wollen die Welt wirklich verbessern."

Auf meine Frage, wie ein vielseitiger Mensch[78] wie er zu dieser Playboyrolle kam, zögert er mit der Antwort. Es ist scheinbar eine Frage, die er sich selbst des öfteren gestellt hat. Er betont, daß er nur zweimal geheiratet hat, einmal als Witwer.

„Zum Teil ist daran wohl die Boulevardpresse schuld.[79] Es ist viel Falsches, viel Halbwahres über mich gedruckt worden. Im Laufe der Zeit wurde mein Image so miserabel, daß es dem Ansehen[80] unserer alten traditionsgebundenen Firma schadete. Deshalb trat ich eine Zeitlang aus dem Aufsichtsrat aus. Warum sich mein Image inzwischen geändert hat, kann ich Ihnen genausowenig sagen. Vielleicht waren es die Filme, vielleicht die Kunstgalerie! Jedenfalls scheine ich nun etwas ernster genommen zu werden. Ich selbst habe mich kaum geändert. Ich habe immer so gelebt, wie ich es für richtig hielt. Ein richtiger Luftikus[81] war ich nie. Und im Grunde habe ich mich immer um unsere Firma gekümmert. Jetzt habe ich fast Angst,[82] für zu voll genommen zu werden. Ich habe gern Leute um mich, die mit mir argumentieren. Jasager kann ich nicht ausstehen."[83]

Sechs Stunden mit Sachs sind vergangen. Der Playboy hat sich als starke, lebensbejahende Persönlichkeit, als freier Geist mit vielseitigen Neigungen und Fähigkeiten entpuppt.[84]

Ein deutscher Journalist schrieb einmal, daß der Playboy im Begriff sei,[85] sich zum Herrn zu entwickeln. Das war als Kompliment gemeint! Zum Herrn nur? Merkte der Schreiber denn nicht, daß dieser Ana-

---

[78] **vielseitiger Mensch** versatile person
[79] **schuld sein** be at fault
[80] **das Ansehen** reputation
[81] **der Luftikus** windbag
[82] **Angst haben** be worried

[83] **Jasager kann ich nicht ausstehen** I cannot bear yes men
[84] **sich entpuppen** reveal, turn out to be
[85] **im Begriff sein** be about to

chronismus überhaupt nicht zur Natur, zur gegenwartsbesessenen[86] Lebensauffassung des von ihm Porträtierten paßt? Herr — Dame, das sind Stempel von gestern. Sachs aber lebt in der Welt von heute. Leiden-schaftlich.[87] Aus dem intimen Engagement mit der Gegenwart bezieht er seine Einfälle, seine vitale Lebenskraft, die wie ein Magnet auf seine Umgebung wirkt![88]

Bevor er mir zum Abschied meinen Schirm reicht, vollführt[89] er ein paar tänzerische Schritte. Der Schirm wird zum Florett.[90] Ich trete spielerisch zur Seite. Es folgt ein kurzes pantomimisches Gefecht[91] . . .

[86] **gegenwartsbesessen** obsessed with the here and now
[87] **leidenschaftlich** passionately
[88] **auf seine Umgebung wirken** affect the people around him
[89] **vollführen** execute
[90] **das Florett** foil
[91] **das Gefecht** fencing match

20. Max Dietl:
Mit Schere und Psychologie

MÜNCHEN. Eine muntere Cocktailparty. Jung und Alt sind bunt durch-einandergemischt. Da gibt es junge hübsche Dinger in Hosen und losen Nerzpullovern[1] und vollschlanke[2] Damen in zu engen italienischen Strickkostümen und teuren, einfachen schwarzen Kleidern. Überall schimmern Brillanten, Rubine und Smaragde.[3] In einem Kreis von Verehrern steht die Filmschauspielerin Maria Schell, schlicht in schwarz. An ihrer Seite zieht ein imposanter Mensch mit Bart gelang-weilt an seiner Pfeife. Es ist ihr Mann. Die nicht besonders dünne Maria lächelt in die Luft, kräuselt kokett das hübsche Näschen[4] und benimmt sich wie im Film.

Auf der anderen Seite des Raumes hält ein gutaussehender Herr in gutsitzendem[5] Anzug Hof. Er ist groß, schlank und steht sehr gerade. Sein schmales aristokratisches Gesicht wird von einem blonden Schnurrbart akzentuiert. Er sieht aus wie die vornehmen, gepflegten Männer auf deutschen Sektreklamen.[6] Ein bißchen erinnert er an den imposanten Kommandeur Whitehead, der in Amerika „Schweppes" seinen maskulinen Charme leiht.

Neugierig erkundige ich mich bei dem Kolumnisten Jochen Willke, der alle Welt kennt, wer dieser Mann ist. Willke sieht mich erstaunt an. „Den kennen Sie nicht?"

[1] **der Nerz** mink
[2] **vollschlank** more full than slender, well-rounded
[3] **der Smaragd** emerald
[4] **kräuselt kokett das hübsche Näschen** coquettishly wrinkles her pretty little nose
[5] **gutsitzend** well-fitting
[6] **die Sektreklame** champagne adver-tisement

„Sollte ich? Gehört er zum Münchner Adel, zur Industrie oder . . .“
Willke lacht. „Dieser Mann wurde 1967 zum bestangezogenen[7]
deutschen Mann gewählt.“

„So etwas gibt es in der Bundesrepublik?“

„Ja, seit einigen Jahren. Die Zeitschrift *Er* macht jedes Jahr unter
ihren Lesern eine Umfrage.[8] Wer die meisten Stimmen bekommt,
erhält den Preis: die Goldene Nelke. Als Konkurrenten hatte Max
Dietl immerhin Leute wie den eleganten Exverteidigungsminister der
Bundesrepublik Gerhard Schröder, den ehemaligen[9] Vorsitzenden der
FDP Erich Mende, als schöner Erich bekannt, und den Filmschauspieler
Curd Jürgens. Er schlug sie alle. Natürlich gehört auch Dietl zur
deutschen Prominenz. Sie sehen ihn auf allen wichtigen Gesellschaften.[10]
Vom respektlosen *Spiegel* bis zur ehrwürdigen *Frankfurter Allgemeinen
Zeitung* gibt es kaum ein Blatt oder Magazin, in dem nicht ein Artikel
über Dietl erschienen ist. Im Fernsehen macht er mit seinen fabelhaft
sitzenden Anzügen eine besonders gute Figur.“

„Und was macht Herr Dietel?“

„Dietl ist Schneider, Deutschlands bester, teuerster und größter.
Aus Anfertigung[11] und Verkauf von Herren- und Damenkleidung
nimmt er jährlich drei Millionen ein. Die Prominenz kommt aus
Hamburg, Berlin, Hannover und Düsseldorf zu ihm. Auch aus England
und Amerika kommen die Kunden! Wissen Sie“, unterbricht sich
Willke plötzlich, „der wäre vielleicht etwas für Ihr Buch über die
einflußreichen Deutschen. Dietl beeinflußt bei uns nicht nur die Herrenmode, sondern gehört zu den Statussymbolen unserer Wohlstandsgesellschaft[12] wie die von Chauffeuren gefahrenen Mercedesse auf den
Autobahnen. Ein Anzug mit Dietl-Etikett[13] ist ein Statussymbol wie
eine Jacht in Korsika, ein Haus am Strande Portugals oder ein Jaguar.
Es versteht sich, daß Dietl seinen grauen Jaguar von einem Chauffeur
fahren läßt.“

„Und was kostet so ein Statussymbol von Dietl?“

---

[7] **bestangezogenen** best-dressed
[8] **die Umfrage** opinion poll
[9] **ehemalig** former
[10] **die Gesellschaft** party
[11] **die Anfertigung** making, producing
[12] **die Wohlstandsgesellschaft** affluent
society
[13] **das Etikett** label

„Ich glaube, er nimmt jetzt 1 200 Mark für einen Anzug. Von der Stange[14] bekommt man schon etwas für 200 Mark. Mit diesen Preisen kann der Durchschnittsschneider nicht konkurrieren.[15] Deshalb gehen die meisten Schneider bei uns pleite.[16] [Von 1956 bis 1967 ist die Zahl der Schneiderbetriebe[17] von 49 000 auf 26 000 zusammengeschrumpft.]

[14] **von der Stange** off the rack, ready-made
[15] **konkurrieren** compete
[16] **pleite gehen** (*coll.*) go bankrupt
[17] **der Schneiderbetrieb** tailor's workshop *or* business

Max Dietl

Nur Dietl verdient Millionen und gewinnt sämtliche Preise, die das Schneiderhandwerk[18] zu vergeben hat."

„Mit Nadel und Faden kann ich mir diesen eleganten Mann kaum vorstellen. Wie kam er denn zur Schneiderei?"[19]

„Das fragen Sie ihn lieber selber! Am besten, ich stelle ihn Ihnen vor!"[20]

An einen Schneider im Buch hatte ich zwar nicht gedacht. Aber wer konnte ahnen, daß es in der Bundesrepublik einen Schneider vom Format[21] dieses Dietl gibt? Jemand, der aussieht wie ein Graf, reich ist wie ein rheinischer Industrieller, sein Handwerk versteht wie kein anderer und dazu als lebendes Statussymbol herumläuft!

Mit vollendeter Eleganz küßt mir Dietl die Hand. Seine Stimme ist gedämpft, fast leise, und weich. Ein leichter Münchner Dialekt gibt seiner Sprache etwas fließend melodisches und gemütliches.

Ich frage ihn nach seinem Start.

Er sagt mir, daß er eigentlich Lehrer werden wollte; dann aber wie sein Vater und Großvater das Schneiderhandwerk erlernte. „Erst nach dem Krieg habe ich mich selbständig gemacht.[22] Ich fing ganz klein an. Heute beschäftige ich rund hundert Schneider, fünfunddreißig davon sind Damenschneider. Ja, auch Damen lassen bei mir arbeiten. Neben dem Geschäft für Herrenkleidung haben wir auch einen Damensalon und seit 1965 eine Boutique . . . Wissen S' gnä' Frau",[23] sagt er mit seiner sanften Stimme, „am besten wär's, wenn S'[24] sich das selber mal anschauen würden!"

Wir verabreden uns[25] für den nächsten Tag.

Dietls Geschäft in der Residenzstraße ist leicht zu finden. Es liegt direkt gegenüber vom Nationaltheater und nur ein paar Schritte von der Residenz. In den Schaufenstern entdecke ich neben geschmackvollen Krawatten, Seidenschals, Hemden und Manschettenknöpfen (schlicht aber teuer) auch einen nerzgefütterten[26] Mantel.

[18] **das Schneiderhandwerk** tailor's trade
[19] **die Schneiderei** tailoring
[20] **vorstellen** introduce
[21] **das Format** caliber
[22] **sich selbständig machen** go into business for oneself
[23] **wissen S' gnä' Frau** = wissen Sie gnädige Frau
[24] **wär's wenn S'** = wäre es wenn Sie
[25] **sich verabreden** make a date
[26] **nerzgefüttert** mink-lined

„Ja, die gehen gut",[27] kommentiert Dietl später. „Sie kosten 2750 Mark und entsprechen genau dem Geschmack unserer Kunden: einem unauffälligen[28] Luxus!"

Das Geschäft selbst ist ein luxuriöser Traum von Kronleuchtern, Perserteppichen, Spiegeln, grauen Samtvorhängen[29] und mit schwarzem Leder gepolsterten Stühlen. Auf den Rückenlehnen[30] schimmert — einem fürstlichen Wappen gleich — ein großes, goldenes stilisiertes „D".

Vom Geschäft führt eine dekorative breite Treppe in den eleganten Empfangssalon im ersten Stock. Hier ist die Maßschneiderei[31] zu Hause. Selbst die Ankleidekabinen, von Dietl in intime Salons verwandelt, haben das gleiche Dekor: viel grauer Samt, schwarzes Leder und eine Handvoll ausgesucht schöne antike Möbel und englische Kupferstiche.[32] Jedes Stück zeugt vom guten und teuren Geschmack des 1914 geborenen Besitzers.

„Ich habe hier eine Atmosphäre geschaffen, wie sie meine Kunden von zu Hause gewöhnt sind. Ich umgebe sie mit geschmackvollen Dingen, damit sie sich zu Hause fühlen. Das stellt sofort Vertrauen her.[33] Wenn man mit der Eitelkeit der Menschen zu tun hat, muß man ein großer Psychologe sein", philosophiert Dietl. „Man muß im Gefühl haben,[34] wer was will. Man muß die Mentalität eines Kunden erfassen können. Die meisten wollen nicht Sklave vom Anzug sein. Sie wollen sich rühren können. Die Mode[35] wird heute vom Auto und Flugzeug diktiert. Aber es gibt auch Männer, die gern Opfer der Mode sind."

Dietl hat seine eigene Modephilosophie. Er will die reichen Deutschen nicht wie Modeaffen[36] kleiden, sondern schlicht und vornehm wie Mercedes-Autos. Auch seinen Anzügen soll man das Baujahr nicht ansehen. Deshalb ändert er seine Linie nie radikal. Wie die Mercedes-Leute strebt er eine schlanke, konservative Silhouette an, die einige Jahre vorhält.[37]

---

[27] **die gehen gut** they sell well
[28] **unauffällig** inconspicuous
[29] **der Samtvorhang** velvet drape
[30] **die Rückenlehne** back of a chair
[31] **die Maßschneiderei** custom tailoring
[32] **der Kupferstich** engraving, etching

[33] **das Vertrauen herstellen** establish confidence
[34] **im Gefühl haben** have a feeling for
[35] **die Mode** fashion
[36] **der Modeaffe** clothes horse, dandy
[37] **vorhalten** last

Dietl ist der Ansicht, daß die deutschen Männer, deren Vorbild in der Herrenmode die Engländer waren, nun aufholen.[38] Er gibt zu, daß das Interesse der Männer an der Mode seinem Geschäft zugute kommt.[39] Dietl hat nicht den Ehrgeiz, modischer Vorreiter[40] zu sein. Er liebt auffallende Kleidung nicht, auch nicht an jungen Leuten. Von modischen Einfällen wie Nehrujacken und Maokragen hält er überhaupt nichts. „Wir machen das auch", kommentiert er trocken, „aber wir propagieren das nicht. Alles Extreme kommt und vergeht rasch. Denn wenn dann alle dasselbe extreme Jackett anhaben, ist es nicht mehr extrem. Dann muß man sich schon wieder etwas anderes einfallen lassen." Farbe und Phantasie in Form von stilisierten Trachtenanzügen[41] erlaubt er nur für Haus, Sport und Reise. Und stilisierte Trachtensmokings[42] mit Samt und Seidenrevers kommen für ihn nur für Landhausfeste[43] und Feste auf Schlössern, bei denen er selten fehlt, in Frage.

„Der Anzug muß zur Umgebung passen", erklärt er. „Das ist eine der Grundbedingungen fürs Gutangezogensein."[44]

Nach Dietl gehören zum Minimum der Garderobe für den gutangezogenen Mann zwei Straßenanzüge mit Weste, einer vielleicht aus Flanell und einer mit Streifen, eine Sportkombination, ein Reisemantel (möglichst Kamelhaar), ein Regenmantel, ein dunkler, offizieller Mantel und Anzug sowie Frack[45] und Smoking.

Seine besten Kunden lassen sich zehn bis fünfzehn Anzüge im Jahr machen. „Das sind Leute, die Freude am Anziehen haben. Diese Freude geht durch alle Berufe." Wie alle Schneider, weiß auch Dietl von schwierigen Kunden zu berichten. Er berät sie mit der Behutsamkeit eines Arztes. Er hilft ihnen bei der Auswahl der Stoffe, die er selbst in London und Italien einkauft. Er sagt ihnen diplomatisch, warum das Jackett länger oder kürzer sein sollte und wie sich Fett, schiefe Schultern oder zu kurze Beine kaschieren[46] lassen. Er sorgt dafür, daß dasselbe

---

[38] **aufholen** come along, be up to snuff
[39] **zugute kommen** benefit
[40] **der Vorreiter** avantgardist
[41] **der Trachtenanzug** Bavarian-style suit
[42] **der Smoking** tuxedo

[43] **das Landhausfest** country-house party
[44] **das Gutangezogensein** being well-dressed
[45] **der Frack** tailcoat
[46] **kaschieren** hide, camouflage

Stoffmuster[47] nicht zweimal in München spazierengeht und dasselbe Karo nicht doppelt in der Hamburger Börse[48] auftaucht.

Sogar gesellschaftliche Ratschläge gibt er. Etwa, was man zu Ordensverleihungen[49] trägt oder Hochzeiten am Tag. (Auf keinen Fall Frack, sondern Cutaway mit grauer Weste!)

„Primär muß der Anzug sich bewähren",[50] sagt Dietl, der aussieht, als sei er der Titelseite einer Zeitschrift entstiegen. Er trägt einen braunen Anzug mit hellen dünnen Streifen, ein hellblaues Hemd, braun-blau gestreifte Krawatte und Taschentuch. „Meine alten Kunden hören auf mich. Aber mitunter kommen neue Leute mit ihren eigenen Vorstellungen zu mir. Wenn einer absolut auf einer modischen Ausgefallenheit[51] besteht, sage ich ihm dann: Na, bitt' schön, aber das Etikett mit meinem Namen möcht' ich dann lieber nicht einnähen!" Mit dieser sanften Drohung bringt der Meister die meisten Reichen und Einflußreichen dazu, ein diskreteres Muster und einen konservativeren Schnitt zu akzeptieren. Denn das Etikett ist vielen seiner statussuchenden Kunden fast so wichtig wie der Anzug.

Dietl, der den individuellen Geschmack pflegt,[52] findet, daß die deutschen Männer gut angezogen sind. „Die meisten wollen sich international kleiden. Sie stehen im merklichen Gegensatz zu den Italienern, die am Schnitt des Anzugs sofort als Italiener erkennbar sind. Farbe spielt bei uns eher in Süddeutschland eine Rolle, wo der Einfluß Frankreichs und Italiens spürbar ist, als in Norddeutschland. Der Hamburger Börsenanzug ist in Anlehnung[53] an die englische Tradition fast immer grau oder von gedeckter Farbe."

Dietl hat das stattliche Haus, in das er 1950 als Untermieter[54] einzog, längst gekauft, erweitert und umgebaut. Einen Teil seines Erfolges führt er darauf zurück, daß er die Werkstatt direkt im Haus hat. „Psychologisch ist der Kontakt mit den Kunden für Schneider und Angestellte außerordentlich wichtig. Die Angestellten wollen auch

---

47 das **Stoffmuster** fabric design
48 die **Börse** stock exchange
49 die **Ordensverleihung** decoration-bestowal ceremony
50 **sich bewähren** prove itself, stand the test

51 die **Ausgefallenheit** extravagance
52 **pflegen** cultivate
53 **in Anlehnung** by association
54 der **Untermieter** subtenant

wer sein. Sie wollen mitmachen. Der Schneider sieht das, was er macht, am Kunden. So wird eine alte Handwerkstradition gepflegt. Das drückt sich in der Leistung aus. Es ist heute schwer, wenn nicht unmöglich, Leute zu finden, die das Schneiderhandwerk erlernen wollen. Da ich in der Lage bin, gut zu bezahlen, sind meine Schneider stolz darauf, für mich zu arbeiten. [Eine Zeitschrift berichtete, daß viele seiner Schneider das Gehalt von Ministerialräten haben.] Weil es kaum männlichen Nachwuchs im Schneiderhandwerk gibt, sind 67 Prozent der Herrenschneider Einmannbetriebe. Im statistischen Durchschnitt hat ein Schneider nur einen Gehilfen. Drei oder vier Schneider im Betrieb gelten[55] als optimal. Die jungen Leute zieht es in die Industrie und Verwaltung, wo sie Ansehen,[56] Aufstiegsmöglichkeiten[57] und soziale Sicherheit haben." Klar umreißt er das Dilemma des Durchschnittsschneiders: er kann nicht mit der Konfektion[58] konkurrieren. Während die Konfektion einen Anzug in zehn Stunden produziert, braucht der Maßschneider vierzig bis fünfzig Stunden dazu

Bei Dietl muß der Kunde in der Regel drei Wochen auf seinen Anzug warten. Er muß außerdem Zeit für zwei Anproben[59] und eine Fertigprobe finden. Für den Ausländer auf Reisen fertigt er einen Anzug in zwei Tagen an. „Da werden alle Arbeiten verschoben, auch wenn noch so viel zu tun ist", lächelt er.

Es ist klar, daß Dietl einen Teil seines Erfolges seinem Aussehen verdankt.[60] Er selbst ist, wo immer er geht und steht, seine beste Reklame. Bei Interviews im Fernsehen und für Magazine ist er selbst das eleganteste Fotomodell. „Das ist natürlich ein großer Vorteil",[61] meint er bescheiden. „Die Leute sehen wie gut so ein Anzug sitzen kann." Sein Aussehen hat allerdings nichts mit den vielen Preisen, Goldmedaillen, Staatspreisen und Trophäen zu tun, die er für seine Leistungen im Schneiderhandwerk verliehen bekommen hat.

Nicht so gesprächig ist der freundliche Schneidermeister, wenn man

[55] **gelten** are considered to be
[56] **das Ansehen** esteem, respect
[57] **die Aufstiegsmöglichkeit** possibility for advancement, promotion
[58] **die Konfektion** ready to wear *or* factory-made clothes
[59] **die Anprobe** fitting
[60] **seinem Aussehen verdanken** owe to his looks
[61] **der Vorteil** advantage

ihn nach den Namen seiner Kunden fragt. Die eitlen Bankiers und
Politiker, die ihre Figuren heimlich bei Dietl umhüllen lassen, können
ruhig schlafen. Dietls Lippen sind versiegelt. Er nennt Filmschauspieler
wie O. W. Fischer und Heinz Rühmann, den Krupp-Erben Arndt von
Bohlen und Halbach, Wieland Wagner, den *Spiegel*-Herausgeber
Rudolf Augstein und andere Prominente. Er erzählt sogar, daß die
Frau von Franz Josef Strauß bei ihm arbeiten läßt. Und ihr Mann?
Dietl schüttelt den Kopf und spricht von den Kessler-Zwillingen oder
Marlene Dietrich, die einen Frack und vieles andere bei ihm machen ließ.

Gar nicht gern spricht Dietl über Politik. Nein, er gehört keiner
Partei an. Nein, im Krieg war er nicht, weil er mit dem Herzen zu tun
hatte.[62] Ja, er und seine Frau gehen wählen. Aber das ist alles. Viel
lieber spricht er vom Theater, das er lieber hat als Opern, von alten
Meistern, die er liebt (Rembrandt und Spitzweg,[63] die Modernen
versteht er nicht), Antiquitäten (er liebt Barock) und seinem Bungalow[64]
mit dem eingebauten Schwimmbassin in Bogenhausen. Am liebsten
aber spricht er von seiner Frau, einer herzlichen, charmanten Blondine,
die Smaragde liebt, und seinen beiden Kindern. Nein, er hat kein
Sommerhaus. Er mag nicht immer in den gleichen Ort fahren. Gern
geht er nach Bad Reichenhall, wo er viel Grünes um sich hat und Ruhe.
Sein Lieblingssport ist Schwimmen. Aber manchmal denkt er daran,
Golf zu spielen.

Dietl ist ein Mann ohne Hobby.

„Ich freue mich, daß ich kein Hobby habe. Denn sehen S' mein
Hobby ist mein Beruf. Für mich ist es faszinierend, mit so vielen verschiedenen Menschen zusammenzukommen. Da sie zumeist Niveau
haben,[65] ist der Umgang[66] mit ihnen durchaus befriedigend. Ich finde,
daß ich einen schönen Beruf habe."

Wenn man Dietls Imperium in der Residenzstraße sieht und das
zufriedene Lächeln, mit dem er seine Frau betrachtet, weiß man, daß
er die volle Wahrheit sagt.

---

[62] **mit dem Herzen zu tun haben** have a heart ailment

[63] *Carl Spitzweg (1808–1885), Bavarian genre painter.*

[64] **der Bungalow** one-storied house

[65] **Niveau haben** be above the average, educated

[66] **der Umgang** association

Freudig kommt einem zu Bewußtsein,[67] daß man es mit einem der wenigen glücklichen und beneidenswerten Menschen zu tun hat, deren Beruf zugleich Lebensinhalt[68] ist. Mit Schere und Psychologie hat Dietl das erreicht, was nicht jedem gegeben ist, der auf der Höhe des Erfolgs steht — Zufriedenheit.[69]

[67] **zu Bewußtsein kommen** realize, become conscious of something

[68] **der Lebensinhalt** purpose of life

[69] **die Zufriedenheit** contentment

21. Praeceptor Germaniae Karl Jaspers: Die Stimme des Philosophen

KARL JASPERS, Deutschlands eminenter Philosoph und Mitbegründer der modernen Existenzphilosophie, starb im Februar 1969 im Alter von 86 Jahren. Die ,,Unmöglichkeit des Möglichen'', das Ende des Seins,[1] war damit für alle seine Freunde und Gegner zur existentiellen Tatsache geworden.

Seine väterlich mahnende,[2] oft unbequeme kritische Stimme ist in der Bundesrepublik nicht mehr zu hören. Doch sind die von ihm aufgezeigten Möglichkeiten, zur wirklichen Demokratie zu finden, weder von Politikern noch Bürgern vergessen. Die politischen Warnungen, pessimistischen Analysen über die Bundesrepublik und erstaunlich akkuraten Prognosen sprechen von der geistigen Unabhängigkeit[3] des rigorosen Existenzphilosophen, der Freiheit und Demokratie ebenso liebte wie sein Land und seine Landsleute.

Jaspers, der das Wort Existentialismus ablehnte, betrachtete seine Philosophie wie Kierkegaard[4] als Ausdruck der Existenz. Er lebte seine Philosophie. Er nahm Anteil[5] an allem, was die menschliche Existenz anging, auch an der Politik. Er teilte sich mit. Kommunikation

---

[1] **das Sein** being
[2] **mahnen** admonish
[3] **die Unabhängigkeit** independence

[4] *Søren   Kierkegaard   (1813–1855) Danish philosopher.*
[5] **Anteil nehmen** take part

von Mensch zu Mensch ist das Kernstück[6] seiner Existenzphilosophie.
Sie ist das Kernstück seines langen, aktiven Lebens. Was er mitteilte
in seinen vielen Schriften, Vorträgen, Artikeln und Fernsehinterviews
war die existentielle Erkenntnis,[7] daß der Mensch die Wahl und
Entscheidung zwischen verschiedenen Möglichkeiten hat. Nichts ist
notwendig. Auch nicht in der Geschichte. Hitler war nicht kausale
historische Notwendigkeit. Der Mensch kann das Steuer herumwerfen.
„Jeder Einzelne[8] wählt, unbewußt oder bewußt, auf welchem
Weg er leben, denken, handeln und sterben will." Da wir aber über
die Resultate unserer Entscheidungen im Ungewissen[9] sind, erfüllt
uns eine ständige profunde Unruhe[10] und Sorge.

Es ist dieses Element, was die Philosophie, die die menschliche
Existenz in den Mittelpunkt stellt und alle Fragen nach Sein und Welt
darauf bezieht,[11] von den klassischen Philosophen des Idealismus
von Plato bis Hegel unterscheidet.

Karl Jaspers' Weg zur Philosophie war ebenso ungewöhnlich wie
seine Rolle als kritischer Existenzphilosoph, der in den letzten Jahrzehnten zu den einflußreichsten Persönlichkeiten der Bundesrepublik
zählte. Er hatte die Philosophie von den akademischen Fesseln befreit,
indem[12] er das öffentliche Leben zum Thema philosophischer Diskussionen machte. Immer wieder erhob er die Frage nach der Einheit
von Politik und Ethik. Er selbst urteilte[13] „sittlich[14]-politisch." Wenig
störte es ihn, daß der Professor dabei zum Schriftsteller und politischen
Journalisten wurde. Aber es störte andere. Sein politischer Bestseller
Wohin treibt die Bundesrepublik?[15] (1966) startete eine Debatte, die
noch heute im Gange ist.[16]

Durch seine diversen Publikationen war der individualistische
Philosoph lange zuvor zur öffentlichen Institution, zum akademischen
Star geworden. Neben seinen philosophischen Schriften hatte er über

---

[6] **das Kernstück** essence, heart
[7] **die Erkenntnis** perception, cognition
[8] **jeder Einzelne** each individual
[9] **im Ungewissen** in uncertainty
[10] **die Unruhe** uneasiness, anxiety
[11] **beziehen** relate
[12] **indem** by

[13] **urteilen** judge
[14] **sittlich** ethical, moral
[15] *Wohin treibt die Bundesrepublik?*
*Where Is the Federal Republic
Heading?* (Munich: Piper, 1966).
[16] **im Gange ist** is going on

die Atombombe, Universitätsreform, Wiedervereinigung, Psychologie und Psychotherapie geschrieben, eine Philosophie der Geschichte *Vom Ursprung und Ziel*[17] *der Geschichte* konzipiert und Kommentare zur Entwicklung der Wissenschaft gegeben. Dazu kamen kritische Porträts über Sokrates, Plato, Augustin, Descartes, Schelling,[18] Spinoza, Kant, Nietzsche, Max Weber,[19] Leonardo, Strindberg, van Gogh, Buddha, Konfuzius und Jesus.

Karl Jaspers wurde 1883 in Oldenburg geboren. Er studierte drei Semester Jura und wechselte dann zur Medizin über. Als wissenschaftlicher Assistent an der Psychiatrischen und Neurologischen Klinik der Universität Heidelberg bereitete er seine *Allgemeine Psychopathologie* vor, die 1913 herauskam. Dann erst wandte er sich der Philosophie zu.[20] Kierkegaard und Max Weber waren entscheidende Einflüsse. Schon sein erster Band,[21] *Die geistige Situation der Zeit* (1931), war eine Sensation. Erstmalig hatte ein Philosophieprofessor eine Staatskrise unter moralischen und politischen Aspekten analysiert. Außerdem war seine Prognose richtig. Zwei Jahre später kam Hitler an die Macht. Kurz darauf erschien sein Hauptwerk *Philosophie*, in dem es ihm um Weltorientierung und Existenz-Erhellung[22] ging. Als Professor lehrte und schrieb er in Heidelberg bis 1937. Er gehörte zu den wenigen Intellektuellen, die mit dem Nazi-Regime keine Kompromisse schlossen. An der Seite seiner jüdischen Frau verteidigte er beharrlich[23] die Tradition westlicher Zivilisation und verlor seinen Posten. In den folgenden Jahren dachte er viel über die Gründe nach, die zur Nazi-Katastrophe geführt hatten. Das Buch *Von der Wahrheit* konnte freilich erst nach 1945 publiziert werden.

Unter Jaspers' Leitung[24] wurde die Universität Heidelberg 1945 neu gegründet. Aber seine Ideen zur geistigen Rekonstruktion fanden

---

[17] **Ursprung und Ziel** origin and end
[18] *Friedrich Wilhelm Joseph von Schelling (1775–1854), German idealistic philosopher whose "objective idealism" regarded nature-philosophy and spirit-philosophy as equal factors in the system of philosophy.*
[19] *Max Weber (1864–1920), German economist, formulated the theory of a*

Sozialwissenschaft free of value judgments, as opposed to Sozialpolitik.
[20] **sich zuwenden** turn to
[21] **der Band** volume
[22] **die Erhellung** explanation, enlightenment
[23] **beharrlich** tenacious
[24] **die Leitung** direction

weder bei den Amerikanern noch bei Kollegen Unterstützung. 1948
nahm er eine Professur an der Universität von Basel an, wo er als un-
abhängiger Denker seine Suche nach der Wahrheit fortsetzte und sein
tiefes Verständnis für die geistigen und moralischen Bedürfnisse unserer
Zeit offenbarte.[25]

Als Erzieher gab der Empfänger des Friedenspreises des Deutschen
Buchhandels (1958) ein hervorragendes Beispiel persönlicher Integrität.
Mutig und ohne Rücksicht[26] auf Prestige nahm er zu den existentiellen
Problemen Stellung.

Weil er das Nachdenken[27] wichtiger fand als bloßes Wissen, er-
munterte[28] er die Menschen zum eigenen Philosophieren. Ob die
„Aneignung[29] der Philosophie" den Völkern beim Überwinden einer
Katastrophe hilft, oder „ob sie nur Einzelne fähig macht, hell zu
erleiden,[30] was kommt", das wußte auch er nicht zu sagen.

[25] **offenbaren** reveal
[26] **die Rücksicht** consideration
[27] **nachdenken** think, meditate
[28] **ermuntern** encourage

[29] **die Aneignung** appropriation, adop-
tion
[30] **hell erleiden** suffer *or* sense keenly

Karl Jaspers

Er wollte weder Staatsmann noch Politiker sein. Als Beobachter, „der nicht ohne Angst mit seinem Herzen dabei ist", suchte er die Realität zu illuminieren und zu beurteilen und damit Klarheit und Besinnung[31] zu bringen. Wenn es um geistige Freiheit und die Substanz der Demokratie ging, kannte er keine Kompromisse.

„WOHIN TREIBT DIE BUNDESREPUBLIK?"

Obwohl sein aufsehenerregendes Buch *Wohin treibt die Bundesrepublik?* beim Publikum und besonders bei der Jugend großen Beifall fand, verstanden nicht alle seine von echter Sorge zeugende Kritik. Nicht wenige Bonner Politiker verdammten den Bestseller als unfairsten und schärfsten Angriff eines Deutschen auf die Bundesrepublik.

Wütend und unsachlich[32] beschrieb Karl J. Newman, Professor für Politologie, in der von der Bundesregierung herausgegebenen Zeitschrift *Das Parlament* Jaspers' Bücher als „gefährlich". Zwar könnte man seine Lehre im Seminar als „wertvollen Beitrag[33] zum menschlichen Denken" tolerieren, aber nicht, wenn sie „mit Hilfe der Massenmedien das antidemokratische Denken in der Bundesrepublik machtvoll" fördert.[34] Will der Professor zensieren, was das Volk hören darf und was nicht?

Symptomatisch ist, daß Newman nicht als einziger die Kritik an der parlamentarischen Demokratie im allgemeinen und am Bonner Establishment und seinen Politikern im besonderen als „antidemokratisch" oder „anarchistisch" diskreditierte. Dabei konnte es selbst böswillig gesinnten[35] Lesern kaum entgehen, daß der freiheitsliebende Philosoph verzweifelt für die Rettung und Erhaltung[36] der Demokratie plädierte, die er in der Bundesrepublik durch eine Parteienoligarchie bedroht sah. Statt dem Staat zu dienen, stellte Jaspers fest, hat die Oligarchie der Parteien den Staat usurpiert und identifiziert sich mit ihm.

„Der Bevölkerung der Bundesrepublik geht es wirtschaftlich so gut wie noch nie", konstatiert der Philosoph am Anfang seiner kritischen

---

[31] **die Besinnung** consciousness, deliberation
[32] **unsachlich** personal, not objective
[33] **wertvoller Beitrag** valuable contribution

[34] **fördern** foster, promote
[35] **böswillig gesinnt** malicious-minded
[36] **Rettung und Erhaltung** recovery and preservation

Studie. ,,Trotzdem gibt es eine Unruhe." Etwas stimmt nicht[37] im Staat. Der Bürger hat das Vertrauen zu seiner Regierung verloren. Die Regierung traut dem Bürger nicht. Statt einer politischen Konzeption hat die Regierung einen krassen Materialismus gefördert. Statt die Bürger zu mitdenkenden und mitwirkenden Demokraten zu erziehen, haben sich die Politiker isoliert und das Volk über die Vorgänge[38] im Staat im dunkeln gelassen.

Zwar heißt es im Grundgesetz:[39] alle Gewalt geht vom Volk aus.[40] Aber in der Realität sieht das anders aus, erklärt Jaspers besorgt. Die Stimme des Volkes wird nur alle vier Jahre bei den Wahlen gehört. Und auch dann nur beschränkt. Denn es kann nur Personen wählen, die schon vorher von den Parteien gewählt worden sind.

,,Es werden Wege beschritten, an deren Ende es weder eine Demokratie noch einen freien Bürger geben würde, vielleicht ohne daß die, die sie gehen, dieses Ende wollen", warnt er ernst.

Für ihn besteht kein Zweifel: die Parteioligarchie führt zum autoritären Staat, der autoritäre Staat zu Chaos und Anarchie und zum Ruf nach dem ,,starken Mann" oder direkt zur Diktatur.

Als Elemente, die die Demokratie akut gefährden,[41] erkennt er das Fehlen einer politischen Opposition, Große Koalition und Notstandsgesetze. Nachdem sich die Sozialdemokraten der herrschenden CDU/CSU anpaßten, um an die Macht zu kommen, blieb das Volk ohne demokratische Denkerziehung[42] durch den offenen geistigen Kampf der Parteien. Wo die Opposition als Faktor der politischen Willensbildung[43] des Staates aufhört, muß auch das demokratische Denken im Volk aufhören und damit die Freiheit, verkündet der Philosoph. Ein parlamentarischer Staat, der wie die Bundesrepublik in Jahrzehnten keinen Machtwechsel[44] sah, erscheint ihm als Demokratie fragwürdig.

---

[37] **etwas stimmt nicht** something is wrong
[38] **Vorgänge** goings on, proceedings
[39] **das Grundgesetz** basic law, bill of rights
[40] **alle Gewalt geht vom Volk aus** all authority (of the government) emanates from the people

[41] **gefährden** endanger
[42] **die demokratische Denkerziehung** education in democratic thinking
[43] **die politische Willensbildung** shaping of the political will
[44] **der Machtwechsel** change of power (*Jaspers died before the* SPD-FDP *came into power in Oct. 1969*)

Lange vor Dezember 1966 antizipiert er schon die Allparteien-Regierung! Mit einer Großen Koalition sieht er die Reste der Demokratie in einer autoritären Regierung und Parteienoligarchie verschwinden. Denn in dem Augenblick, wo alle Parteien gemeinsam die Verantwortung tragen, trägt keine die Verantwortung. Ohne die Kontrolle einer Opposition stellen sie eine absolute Macht dar. Das Resultat ist, daß sich die Politiker mehr für die Stabilisierung der Macht der Parteien interessieren als für innen- und außenpolitische Ziele.[45] Unter dem patriotischen Vorwand, die Sicherheit der Bundesrepublik stehe auf dem Spiel,[46] werden schließlich Notstandsgesetze beschlossen.

Mit dieser Deduktion hatte Jaspers wieder eine Voraussage gemacht, die später eintraf. Hart und unerbittlich bekämpft er diese Gesetze, die es dem Staat ermöglichen, im Fall eines Krieges oder inneren Notstandes die demokratischen Grundrechte aufzuheben[47] (Streikrecht, Informationsfreiheit, Meinungsäußerung). Sie „sichern[48] nicht das Volk, sondern die Regierung", war sein bitterer Kommentar. Hand in Hand damit gehen Zensur und Geheimhaltung.[49] Das politische Denken im Leben der Bevölkerung wird bewußt gelähmt.[50] Am tiefsten beunruhigt es ihn, daß das Volk mit Hilfe der Notstandsgesetze ungefragt „wie eine Schafherde zur Schlachtbank"[51] in den Krieg getrieben werden kann. Sarkastisch bezeichnet er den inneren Notstand als „Fiktion" von Politikern und Unternehmern, die vor Debatten Angst haben und den Notstand als Schlüssel zu absoluter Macht betrachten.

„Das Notstandsgesetz raubt dem Volk die ihm gebliebenen, dann aber nicht mehr legalen Mittel des Widerstandes.[52] Es ist ein Instrument zur Versklavung." Das sind harte Worte. In Bonn ist man außer sich.[53] Aber eine große Anzahl von Professoren und Studenten stimmten mit Jaspers überein, als sie 1968 — vergeblich! — gegen die Notstandsgesetze

---

[45] **innen- und außenpolitische Ziele** goals in domestic and foreign politics
[46] **auf dem Spiel stehen** be at stake
[47] **aufheben** abolish, repeal
[48] **sichern** safeguard
[49] **Zensur und Geheimhaltung** censorship and secrecy
[50] **lähmen** paralyze
[51] **die Schlachtbank** slaughter block
[52] **der Widerstand** resistance
[53] **außer sich sein** be beside oneself

protestierten. Vom Establishment wurden sie prompt zu Linksradikalen und Anarchisten gestempelt.

Jaspers betont, daß es zu diesem bedenklichen[54] politischen Zustand nicht durch Zufall kam. Einerseits sind dafür die von den Alliierten eingesetzten alten Politiker verantwortlich, die sich mit Fachleuten[55] (Offizieren, Politikern, Beamten, Professoren, Richtern) aus der Hitler-Zeit umgaben. Durch die politische, sittliche und geistige Mitwirkung dieser ehemaligen Nazis im neuen Staat geriet nicht nur ein autoritärer Geist ins Fundament der Bundesrepublik, sondern auch manche Lüge. Statt die Vergangenheit durch Anerkennung der Schuld und ehrliche Umkehr[56] zu bewältigen, wurde sie verschwiegen und verfälscht.[57] So kam es zu der Legende, daß es in „Deutschland eigentlich nie Nazis gegeben hat". Stillschweigend[58] wurden ehemalige Nazis schon unter Adenauer in öffentlichen Ämtern[59] toleriert. Später, nachdem sie sich von ihrer moralischen Schuld als „politischem Irrtum" selbst frei-gesprochen[60] hatten, drängten sie sich selbstbewußt in die Regierung. Daß sich niemand darüber empörte, stimmt Jaspers besonders pessi-mistisch.[61] Der Preis, folgert er, war eine allgemeine sittlich-politische Korruption und unzuverlässige Demokratie.

Zum anderen führte das zu sehr auf Sicherheit bedachte[62] Grund-gesetz zur gegenwärtigen Situation. Das Grundgesetz war unter dem Trauma der Erinnerung an die Nazi-Katastrophe entstanden. „Es fehlt ihm der Sinn für das Wesen der großen Politik, für die Ungewißheit der Freiheit im Sturm der Geschichte. Die Freiheit gedeiht im Wagnis,[63] in der Wahrhaftigkeit gegen sich selbst, in der sittlichen Verantwortung."

Um den Bundesbürger von der autoritären Tradition zu befreien, schlägt Jaspers Umkehr und Wandel der Denkungsart vor. „Eine der größten Gefahren ist das Dulden seitens der Untertanen,[64] die in ihrem

---

[54] **bedenklich** serious, grave
[55] **Fachleute** experts
[56] **ehrliche Umkehr** honest change, conversion
[57] **verfälschen** falsify
[58] **stillschweigend** tacitly, silently
[59] **öffentliche Ämter** public offices
[60] **freisprechen** acquit, absolve

[61] **pessimistisch stimmen** put one into a pessimistic mood
[62] **auf Sicherheit bedacht** mindful of security
[63] **im Wagnis gedeihen** prosper in bold venture *or* chance, risk
[64] **das Dulden seitens der Untertanen** tolerance on the side of the subjects

Dasein zufrieden sind, solange sie teilhaben am Wohlstand. Sie fühlen sich nicht mitverantwortlich für den Gang der Politik, sondern sind gefügig."[65] Immer wieder betont er, daß die Ereignisse von 1933 kein historisch notwendiger Naturvorgang[66] waren, sondern durch freie deutsche Bürger herbeigeführt wurden. Deswegen heißt sein erstes Gebot: aktive Mitwirkung des Bürgers am Aufbau des neuen Staates, für den er verantwortlich ist. Von der Schulbank an muß das unabhängige demokratische Denken durch systematische politische Erziehung — öffentliche Diskussion, Meinungsaustausch, gemeinsame Entscheidungen — gefördert werden.

Möglichkeiten, die Parteioligarchie zu brechen, sieht er in der freien Bildung neuer Parteien (das Verbot von Parteien verwirft er als undemokratisch), der Wiedereinführung[67] des Referendums, einem direkt vom Volk gewählten Bundespräsidenten und der Organisation von Räten, die als politische Ratgeber[68] und bei der Nominierung der Kandidaten eine Rolle spielen.

Jaspers' Gedanke von den aus dem Volk kommenden Räten lebt bei der außerparlamentarischen Opposition in Form der von unten her aufgebauten Rätedemokratie wieder auf. Das ist einer der Gründe, warum er von Vertretern der Rechten und Verteidigern des Establishments gern als „Wegweiser"[69] der Linken charakterisiert wurde. „Herbert Marcuse hat die Jasperschen Gedankengänge der Linken akzeptabel gemacht", schreibt Newman unter dem Motto „Marcuse ergänzt[70] Jaspers' Aufruf zur Anarchie". „Er griff zunächst dessen Argument auf, daß eine unehrliche Establishment-Demokratie in Deutschland alle gesunden Keime[71] ersticke. Auch er fordert Umkehr." Es ist überflüssig zu erwähnen, daß Jaspers nie zur Anarchie aufgerufen hat, die er, weil sie zur Diktatur führt, als Feind der Demokratie betrachtete.

Im Gegensatz zur Linken befürwortet[72] der Philosoph mit Adenauer, den er im allgemeinen nicht zu den exemplarischen Demokraten rechnet,

---

[65] **gefügig** pliable, docile
[66] **der Naturvorgang** natural phenomenon
[67] **die Wiedereinführung** reinstatement
[68] **der Ratgeber** counselor

[69] **der Wegweiser** guide, signpost
[70] **ergänzen** supplement, amend
[71] **gesunde Keime** sound origins, germs of ideas
[72] **befürworten** support, approve

Wiederaufrüstung und Bundeswehr. „Der Gedanke einer Neutralisierung Gesamtdeutschlands ohne deutsche Armee war eine Illusion." Nicht einverstanden ist er jedoch mit dem Wiederaufleben des alten Offiziersgeistes.[73] Im freien Staat der Demokratie sind die Offiziere nicht als privilegierte Klasse anzusehen, sondern als Bürger in Uniform.

Streng warnt er davor, durch militärische oder wirtschaftliche Stärke Druck auf andere Staaten auszuüben. Eine solche Haltung gefährdet den Frieden, auch wenn man den Krieg nicht will. Mit Sorge erfüllt ihn eine Bundeswehr, die nicht mehr in der NATO verankert ist. Eine selbständige Bundeswehr ist zusammen mit der Armee der DDR eine Gefahr. „Wir stehen vor uns selber mit einer aus unserer Erfahrung entspringenden Furcht . . . Regierung und Armee der Bundesrepublik könnten noch einmal einem Wahn verfallen.[74] Wir haben dies doch erlebt: den Glauben gegen Tatsachen . . . die Magie des Extrems . . . den Rausch[75] . . ."

Skeptisch macht er darauf aufmerksam, daß das Parlament noch nicht begriffen hat, daß die Kontrolle der Bundeswehr zu den wichtigsten Aufgaben gehört.

Nicht zufrieden mit der teils konzeptionslosen, teils provozierenden Außenpolitik der Bundesrepublik urteilt er: „Die Bundesrepublik gefährdet den Frieden. Sie treibt eine ‚Politik der Stärke‘, um eines Tages durch Gewalt oder durch den Druck militärischer Macht, die den Krieg zur Folge haben kann, ihr Ziel zu erreichen." Wer heute außenpolitisch denkt, muß an den Untergang[76] der Menschheit denken, mahnt er. Seit der Atombombe ist der Frieden, anders als je, „bedingungslos[77] zu wollen". Politische Freiheit duldet keine Gewalt, sondern fordert immer neue „Verständigung" und „sittlich-politische Verläßlichkeit".[78]

Nur zwei Staaten haben vollkommene Souveränität: die USA und Rußland. Nur sie können über einen Weltkrieg entscheiden. Als dritte Großmacht antizipiert er China, das in einer Weltrevolution die „Völker

---

[73] **das Wiederaufleben des alten Offiziersgeistes** revival of the old officer's class spirit
[74] **einem Wahn verfallen** lapse into madness *or* delusion
[75] **der Rausch** intoxication, delirium
[76] **der Untergang** ruin, destruction
[77] **bedingungslos** unconditionally
[78] **die Verläßlichkeit** reliability

Asiens, Afrikas, Südamerikas . . . das europäisch-nordamerikanische Abendland[79] mit Rußland überwinden will." Die europäischen Staaten haben keine wahre Souveränität. Selbst ein geeintes Europa würde keine Großmacht bilden. Wohl aber könnten Europa und Amerika, durch gleiche kulturelle, religiöse und demokratische Grundlagen verbunden, gegenüber der restlichen Welt gemeinsame Außenpolitik betreiben.

Was kann die Bundesrepublik in diesem engen Rahmen außenpolitisch tun? Sie muß vor allem das Ergebnis[80] des durch „Hitlerdeutschland vom Zaun gebrochenen[81] Krieges", nämlich die neuen Staatsgrenzen als Faktum anerkennen. Denn es handelt sich nicht um Strafe, „sondern um Gewalt, die der Gewalt gefolgt ist". Auch dieser Schritt dient der Bewältigung[82] der Vergangenheit und der Umkehr. Die Wiedervereinigung (auch in „Frieden und Freiheit") und der Anspruch auf die territorialen Grenzen von 1937 sind eine „Provokation der östlichen Staaten und verstärken das Mißtrauen im Westen". Wenn die Bundesrepublik den Frieden will, muß sie die Oder-Neiße-Linie anerkennen und die DDR als sowjetischen Satellitenstaat als Realität akzeptieren.

Statt auf Wiedervereinigung zu dringen, sollte sie ihre Kontakte mit Ostdeutschland und den Ostblockstaaten verstärken und durch wirtschaftliche Hilfe eine Liberalisierung im Innern begünstigen.[83] Im Unterschied zur Linken setzt der Philosoph sich nicht für eine Anerkennung der DDR ein[84] solange die Berliner Mauer existiert. Vor allem aber muß die Bundesrepublik eine breite Basis des Vertrauens schaffen und Satellitenstaaten und die DDR davon überzeugen, daß ihnen von ihr keine Gefahr droht.

Politikern, die gegen den Status quo rebellieren — und dazu gehören außer den Freien Demokraten und der APO von Brandt bis Strauß fast alle —, sagt er brutal, daß „der Friede die Anerkennung des Status quo verlangt". Entrüstet[85] greift er Politiker wie Franz Josef Strauß an,

---

[79] **das Abendland** Occident
[80] **das Ergebnis** result
[81] **vom Zaun brechen** create an opportunity to provoke

[82] **die Bewältigung** coming to terms, overcoming
[83] **begünstigen** promote, favor
[84] **sich einsetzen** stand for
[85] **entrüstet** indignant

die von der „absoluten Souveränität des nationalen Staates" träumen und Amerika gegenüber selbständig sein wollen. „Eine nationale Politik, die die eigene Staatsnation absolut setzt", erscheint ihm als „selbstmörderisch", weil sie zur Isolierung der Bundesrepublik führen muß. „Würden USA und Rußland allen anderen Staaten die Atombombe verbieten, wäre es im Interesse der Bundesrepublik, dem (als Freund und Bundesgenosse) zuzustimmen."[86] Die Verbindung Amerikas und Rußlands geschieht nicht „über ihren Kopf hinweg", wie Strauß und andere Politiker es formulieren, sondern über die Köpfe aller Staaten. „Der Gegensatz von USA und Rußland in allen Fragen politischer Freiheit, die Notwendigkeit ihrer Koexistenz, die nach dem Auftreten Chinas nicht mehr bloße Redensart[87] ist, sondern glaubwürdig wird, gibt die Sicherheit, daß unsere Innenpolitik, Erziehung, Geistigkeit,[88] unsere Sitten und Lebensformen frei gelassen bleiben und allein an uns liegen."[89] Die Sicherheit der nichtatomaren Mächte liegt darin, daß die Atommächte keinen Krieg miteinander führen dürfen und wollen. Gegen andere Staaten können sie nur mit konventionellen Waffen vorgehen. Die Möglichkeit konventioneller Kriege bleibt bestehen.[90] Dagegen kann nur eine bedingungslose Friedenspolitik schützen.[91]

Statt sich in einer illusionären Wiedervereinigungspolitik und vergeblichen Ansprüchen auf absolute Souveränität festzufahren,[92] rät Jaspers den Politikern, sich einzugliedern[93] in die westliche Welt und sich zu bescheiden.[94] Die Alternative ist Isolierung.

Der Philosoph wußte sehr wohl, daß seine Kritik der bundesdeutschen Demokratie in Bonner Kreisen wenig Beifall finden würde. „Was ich darstelle, halte ich am Maßstab der Realität und des Freiheits- und Friedenswillens für logisch und zwingend, obgleich es angesichts der gegenwärtigen Meinungen absurd erscheint", bemerkte er nicht ohne Resignation. Dafür applaudierten Schriftsteller, Professoren,

---

[86] **zustimmen** concur
[87] **die bloße Redensart** mere phrase
[88] **die Geistigkeit** intellectual life
[89] **an uns liegen** depend on us
[90] **bleibt bestehen** persists, prevails
[91] **schützen** protect

[92] **festfahren** get stuck
[93] **eingliedern** become part of, incorporate
[94] **sich bescheiden** practice moderation, be satisfied

Studenten und sonstige Intellektuelle um so lauter. Gemeinsam stellten sie den Zustand her, den Jaspers unter dem Begriff lebendige Demokratie verstand. Als verantwortungsbewußte Demokraten forderten sie andere Bürger durch öffentliche Diskussionen zum Mitdenken auf. Darüber hinaus zwangen[95] sie eine Anzahl von Politikern, Farbe zu bekennen[96] und machten auf diese Weise manche undemokratischen Tendenzen sichtbar.

An giftigen Verleumdungen[97] des Philosophen fehlte es nicht.

,,Es geht hier gar nicht um den Mann und Gelehrten[98] Karl Jaspers'', schrieb Newman, ,,sondern um den Effekt seiner politischen Schriften. Wir wissen jetzt, wer die Bundesrepublik wohin treibt...''

Angeblich trieb Jaspers, der ,,Befürworter[99] der Anarchie'', der die ,,Politik als Kampf sieht'', die Bundesrepublik in den Radikalismus. Ein anderer Kritiker genierte sich[100] nicht, hypokritisch zu klagen: ,,Wie vergiftet muß die politische Atmosphäre eines Landes sein, in dem ein solches Buch zum Bestseller wird?'' Gewiß, die Schreiber, die die Ideen des Philosophen mit Absicht falsch interpretierten, verraten ihre Gesinnung.[101] Denn der Erfolg des Buches spricht genau für das Gegenteil. Man stellt fest, daß die Atmosphäre in der Bundesrepublik noch recht unvergiftet und demokratisch sein muß und Jaspers' Analyse der Establishment-Demokratie offene Ohren fand.

So ist es denn kein Wunder, daß Newman, hingerissen von blinder Hysterie, die unglaubliche Anklage erhebt,[102] daß die Unruhe in der Bundesrepublik, von der Jaspers spricht, gar nicht existierte, sondern erst durch seine politischen Schriften verursacht[103] wurde.

Man sieht, Jaspers hatte in der Tat Grund, am demokratischen Talent seiner Landsleute zu zweifeln. Trotzdem hatte er Hoffnung für die parlamentarische Demokratie. Denn sonst hätte er sich kaum die Mühe gemacht, fortlaufend[104] seine Einsichten mitzuteilen und demo-

---

[95] **zwingen** force
[96] **Farbe bekennen** show one's colors, commit oneself
[97] **die giftige Verleumdung** poisonous defamation *or* slander
[98] **der Gelehrte** scholar
[99] **der Befürworter** proponent

[100] **sich genieren** be ashamed
[101] **verraten ihre Gesinnung** betray their conviction
[102] **die unglaubliche Anklage erheben** raise the incredible charge
[103] **verursachen** cause
[104] **fortlaufend** continuously

kratische Erziehung und aktive Teilnahme der Deutschen am politischen Leben wie sauer Bier anzupreisen.[105]

Das Volk[106] verstand ihn. Nicht verstanden wurde er von den im autoritären Denken Verstrickten, die jede Kritik an der Demokratie als antidemokratisch verurteilen. Davon, so zeigte es sich,[107] gab es besonders in Bonn recht viele. Jaspers' Sorge war also durchaus berechtigt.[108]

Als Existenzphilosoph war er sich selbst und seiner Lehre bis zum letzten Atemzug treu geblieben. Seine Philosophie war Ausdruck seiner Existenz. Seine Existenz war Ausdruck seiner Philosophie.

Nur ein Praeceptor Germaniae, der sein Volk und die Demokratie aus tiefstem Herzen liebte, wird so rücksichtslos[109] die Wahrheit sagen. Solange er das tat, wußte man, daß er die Demokratie in der Bundesrepublik nicht aufgegeben hatte.

---

[105] **anpreisen** try to sell
[106] **das Volk** the people
[107] **so zeigte es sich** so it turned out

[108] **berechtigt** justified
[109] **rücksichtslos** relentlessly

DISKUSSIONSTHEMEN

Vorschläge für Diskussionen und schriftliche Arbeiten

Prolog

Studenten: Die außerparlamentarische Opposition

1. Wogegen richtet sich der Protest der deutschen Studenten im allgemeinen und im besonderen?
2. Pressekonzentration und Pressefreiheit: Stehen diese Begriffe im Konflikt? Warum? Warum nicht?
3. Welche Unterschiede erkennen Sie zwischen den Führern der deutschen und amerikanischen Studentenbewegung?
4. Aus West-Berlins freier wurde eine kritische Universität. Wie kam es zu dieser Entwicklung?
5. Kann die außerparlamentarische Opposition ihre Ziele auch innerhalb der bestehenden Parteien durchsetzen? Äußern Sie Ihre Meinung.
6. Analysieren Sie den Begriff der permanenten Revolution.
7. Läßt sich die Demokratie allein durch das Zerschlagen autoritären Denkens regenerieren?
8. Die APO sieht in der Rätedemokratie eine demokratische politische Lösung. Könnten dieselben Resultate durch eine Reform des parlamentarischen Systems erreicht werden?
9. Beschreiben Sie das Verhältnis der deutschen Studenten zu den Arbeitern.
10. Was sind die Gefahren der antiautoritären Revolution? Worin besteht der positive Beitrag? Was sind ihre Chancen?

1. Kapitel

Franz Josef Strauß: Der kontroversielle „starke Mann"

1. Berichten Sie über die Vergangenheit und den Einfluß des CSU-Vorsitzenden.
2. Strauß wird von seinen Gegnern oft als Demagoge charakterisiert. Ist diese Bezeichnung berechtigt? Warum? Warum nicht?

3. Im Hauptquartier der CSU: Beschreiben Sie die propagandistischen Vorbereitungen zur Wahl.
4. Die Europäisierung der deutschen Frage: Vehikel zur Wiedervereinigung oder politischer Trick? Geben Sie Ihre Meinung.
5. Welche Rolle spielt die „technologische Lücke" in Straußens Programm?
6. Angenommen ein Politiker wie Strauß würde sich in Ihrem Staat als Kandidat für den Senat aufstellen lassen. Aus welchen Gründen würden Sie für ihn (gegen ihn) stimmen?

2. Kapitel

Willy Brandt: Lebendige Demokratie

1. Die europäische Friedensordnung: Traum oder Möglichkeit?
2. Wie hat die Vergangenheit den Politiker beeinflußt?
3. Was versteht der Sozialdemokrat unter „Lebendiger Demokratie"?
4. Was gefällt Ihnen an Brandt, was nicht?

3. Kapitel

Karl Schiller: Wirtschaftliches Wachstum nach Maß

1. Erklären und untersuchen Sie Schillers Weltbild und politische Philosophie.
2. Wie unterscheidet sich seine Einstellung zum Kommunismus von der des CSU-Vorsitzenden?
3. Was versteht Schiller unter Wachstum nach Maß? Welche Rolle spielt Keynes in diesem Konzept?
4. Welche Funktion hat die „konzertierte Aktion"?
5. Warum ist wirtschaftliches Wachstum ein gesellschaftliches Muß?
6. Würden Sie einen Präsidentschaftskandidaten unterstützen, der die Eigenschaften Schillers hat?

4. Kapitel

Gerhard Stoltenberg: Wissenschaftliche Forschung als „revolutionär verändernde Kraft"

1. Erklären Sie, was mit Forschung und Wissenschaft als politischem Element gemeint ist.
2. Welches sind die Schwerpunkte der deutschen Forschung?
3. Berichten Sie über Stoltenbergs Interpretation der technologischen Lücke und seine Ideen zur Antwort auf die amerikanische Herausforderung.

4. Der „brain drain" und seine Gründe.
5. Ist die deutsche Kritik am Atomsperrvertrag berechtigt oder nicht?

5. Kapitel

Ralf Dahrendorf: Kämpfer für Politik der Liberalität und offene Gesellschaft

1. Mit welchen Mitteln sucht Dahrendorf die Malaise der deutschen Demokratie zu bekämpfen?
2. Wie stellt sich der Professor eine Friedenspolitik vor?
3. Warum befürwortet die FDP die paritätische Mitbestimmung der Arbeiter in den Fabriken nicht?
4. Was versteht er unter „offener Gesellschaft"?
5. Haben Sie den Eindruck, daß die FDP eine Alternative zur SPD oder CDU/CSU darstellt?

6. Kapitel

Klaus Schütz: Politiker von Beruf

1. Berichten Sie über Schütz' Weg zur Politik.
2. West-Berlin hat mehrere Probleme. Welche Lösungen strebt der Bürgermeister an?
3. Schütz und West-Berlins protestierende Studenten: Geben Sie Ihren Kommentar zu diesem Thema.
4. Was unterscheidet den jungen Politiker von seinen älteren Kollegen?

7. Kapitel

Adolf von Thadden: Das ganze Deutschland soll es sein!

1. Wie wird die NPD finanziert?
2. Wie stellt sich Thadden die Wiedervereinigung vor?
3. Welche Nachteile hat das Nazi-Image für die NPD? Welche Vorteile?
4. Thadden ist der Vater der NPD. Bestehen Meinungsverschiedenheiten zwischen ihm und seiner Partei? Geben Sie Beispiele an.
5. Warum lehnt die NPD Deutschlands Alleinschuld am Krieg ab?
6. Was hat die Kulturpolitik der NPD mit der der Nazis gemeinsam?
7. Erklären und kommentieren Sie die Staatsmythologie.
8. Würden Sie die Nationaldemokraten als konservative Rechte oder als Neonazis klassifizieren?
9. Stellt die Wiederbelebung des Nationalismus durch die NPD eine akute Gefahr für die junge Demokratie dar? Geben Sie Ihre Meinung.

8. Kapitel

Martin Walser: Geistige Abenteuer und Eloquenz

1. Wer sind seine Helden? In was für einer Welt leben sie?
2. Aus welchen Gründen zweifelt der Schriftsteller am parlamentarischen System?
3. Warum begann Walser, sich politisch zu betätigen?
4. Schreiben als Notwendigkeit. Was hat Walser darüber zu sagen?
5. Prousts Einfluß: Wie unterscheidet sich Walsers Konzept von der Zeit von dem Prousts?
6. Was ist das Charakteristische am Walserschen Stil?
7. Ist Brecht schon historisch? Untersuchen Sie Walsers These.
8. Erklären Sie, was der Autor mit „Bewußtseinstheater" meint.

9. Kapitel

Peter Hacks: Poetisches Theater und Sozialismus

1. Hacks interpretiert die Geschichte und ihre Helden marxistisch. Geben Sie Beispiele dafür an.
2. Auf welche Weise kritisiert er die sozialistische Gegenwart? Mit welchen Folgen?
3. Wie charakterisiert der Dramatiker die Rolle des Künstlers in der Gesellschaft?
4. Was läßt sich über seine Sprache sagen?
5. Ist es fair, Hacks als Brecht-Epigonen zu bezeichnen? Wie unterscheidet sich seine Auffassung vom Theater von der seines Lehrers?
6. Hacks ging von Westdeutschland nach Ostdeutschland. Was waren die inneren Motive?
7. Wie beurteilt der Dichter die Frage der Wiedervereinigung?

10. Kapitel

Uwe Johnson: Der stille Intellektuelle

1. Gehört der Schriftsteller zu den Engagierten? Ihre Meinung.
2. Seine Einstellung zur protestierenden Jugend Amerikas und zu Vietnam. In welcher Hinsicht stimmen Sie mit ihm überein?
3. Welche Schritte führen seiner Meinung nach zur Wiedervereinigung? Was hat er über das ostdeutsche Regime zu sagen?
4. Beschreiben Sie Ihre Eindrücke von Uwe Johnson in Form eines impressionistischen Porträts.

5. Wodurch unterscheidet sich das Leitmotiv seiner Romane von den Themen anderer deutscher Schriftsteller?
6. Wie drückt sich seine profunde Skepsis in seinen Schriften aus?
7. Mit welchen künstlerischen Stilmitteln verwickelt der Autor den Leser in die Möglichkeiten des Romanschreibens?
8. Kann Illusion Wirklichkeit werden? Wie behandelt Johnson dieses Thema?

11. Kapitel

Offener Brief an Günter Grass

1. Aus welchem Grund lehnt Grass die Bezeichnung „engagiert" für sich ab?
2. Was bewegte den Schriftsteller zur politischen Aktivität?
3. Was bedroht, seiner Meinung nach, die westlichen Demokratien am meisten?
4. Berichten Sie über seine Kritik an Adenauer.
5. Grass zweifelt an der Wirkung seiner politischen Reden. Glauben Sie, daß politisch aktive Schriftsteller in Amerika einflußreicher sind als in der Bundesrepublik?
6. Sollte ein Schriftsteller, der sich so intensiv politisch betätigt wie Grass, Amateurpolitiker bleiben? Oder sollte er zum Testen seiner Ideen und Vorschläge den Sprung in die politische Arena wagen? Geben Sie Ihre Meinung.

12. Kapitel

Klaus Wagenbach: Bücher ohne Rücksicht auf Pässe und Profit

1. Nach welchen Prinzipien sucht sich Wagenbach seine Autoren aus?
2. Wie steht es mit der Macht- und Profitverteilung in seinem Verlag?
3. Warum findet der junge Verleger den Staat „abschaffenswert"?
4. Stimmen Sie mit Wagenbach überein, daß die Frage nach dem Zukunfts- staat Unfreiheit und Angst verrät? Warum? Warum nicht?
5. Kann allzuviel Freiheit wirklich zur Unfreiheit führen? Ihre Meinung.

13. Kapitel

Norbert Kricke: Raumplastiken

1. Mit welchen Eigenschaften lassen sich Bildhauer und Plastiken identi- fizieren?
2. Wie kam es zu dem Konzept der Raumplastiken?

3. Wie teilt der Künstler das Erlebnis Raum in seinen Plastiken mit?
4. Was symbolisieren seine Raumkeimlinge?
5. Beschreiben Sie Krickes plastische Interpretation von „environmental art".
6. Sie wollen Krickes Wasserrelief kopieren. Wie würden Sie das tun?

14. Kapitel

Heinz Mack: Monumente des Lichts

1. Aus welchen Materialien gestaltet Mack seine Monumente des Lichts?
2. Mack betrachtet das Licht als ästhetische Kategorie. Welche künstlerische Absicht hofft er mit Hilfe des Lichts zu verwirklichen?
3. Wie reagiert der Künstler auf das Spontan-Zufällige der informellen Kunst?
4. Welche Idee liegt dem Sahara-Projekt zugrunde?
5. Wie entdeckte er, daß sich „ästhetische Bewegung" sichtbar machen läßt?
6. Was strebte die Gruppe Zero an?
7. Unter welchen Einflüssen standen die Zero-Künstler?
8. Berichten Sie vom internationalen Erfolg der Gruppe und dem Grund zur Auflösung.

15. Kapitel

Günther Uecker: Entmaterialisierte Nägel

1. Welche Wirkung haben Ueckers Nagelbilder auf den Betrachter?
2. Was versteht der Künstler unter der metaphysischen Bedeutung von Weiß?
3. Kunst als Kommunikationsmittel! Fassen Sie Ueckers Gedanken dazu zusammen.
4. Wie wird ein Betrachter zum Teilnehmer am schöpferischen Prozeß?
5. Ueckers Theorie vom leeren Menschen. Geben Sie Ihren Kommentar.
6. Betrachten Avantgardisten wie Uecker and Mack die zeitgenössische Kunst als unsterblich? Warum nicht? Ihre Meinung dazu.

16. Kapitel

Peter Schamoni: Onkel des jungen deutschen Films

1. Wer subventioniert die deutschen Jungfilmer? Welche indirekten Subventionen stehen zur Verfügung?
2. Was ist ein sogenannter Autorenfilm?

3. Welche Themen sind für die Jungfilmer von besonderem Interesse?
4. Wer sind die Jungfilmer? Woher kommen Sie? Wer hat sie beeinflußt?
5. Kann man den jungen deutschen Film mit den amerikanischen „underground" Filmen vergleichen? Warum nicht?

17. Kapitel

George Moorse: Ein Amerikaner in Schwabing

1. Warum sind Filme mit improvisierten Dialogen und Amateurschauspielern oft besonders erfolgreich?
2. Erinnern Sie die Szenen aus den *Kuckucksjahren* an einen anderen Film dieser Art?
3. Warum kam George Moorse nach Deutschland?
4. Wie sieht der junge Amerikaner die Deutschen und ihre Demokratie?
5. Moorse will einen Film machen, in dem ESP eine Rolle spielt. Denken Sie sich eine Filmfabel aus, die etwas mit ESP zu tun hat.

18. Kapitel

Johannes Wasmuth: Kultur im Bahnhof

1. Wie kam der junge Schaufensterdekorateur dazu, eine Kunstausstellung zu veranstalten?
2. Beschreiben Sie den historischen Bahnhof Rolandseck, seine Lage, seine Vergangenheit und seine Zukunft.
3. Erzählen Sie die Geschichte des besten Adenauer-Porträts.
4. Wasmuth: Träumer, geschickter Geschäftsmann, beides? Welchen Eindruck haben sie gewonnen?

19. Kapitel

Gunter Sachs: Deutschlands Playboy

1. Sachs kann von seinen Millionen leben. Warum, glauben Sie, verdient er noch Geld dazu?
2. Playboys sind dafür bekannt, daß sie außer Frauen auch Kunst sammeln. Was für eine Kunstsammlung hatte König Ludwig von Bayern? Finden Sie Sachs' Kunstsammlung akzeptabel? Welche Künstler würden Sie sammeln?
3. Abgesehen von seinen Millionen, erscheint Ihnen Sachs als „typischer" Deutscher? Warum? Warum nicht?

4. Playboys haben Spaß, aber auch Probleme. Was für einen Ruf haben sie in Deutschland? Unter Bürgern? Unter Journalisten? Was halten Sie von Playboys?

20. Kapitel

Max Dietl: Mit Schere und Psychologie

1. Warum muß ein erfolgreicher Schneider zugleich Psychologe sein?
2. Dietls Modephilosophie. Stimmen Sie mit seinen Ansichten überein? Warum? Warum nicht?
3. Wie geht es den deutschen Schneidern im Zeitalter des Wirtschaftswunders?
4. Was kauft der deutsche Mann, der sich einen Anzug bei Dietl machen läßt?

21. Kapitel

Karl Jaspers: Die Stimme des Philosophen

1. Erklären Sie Jaspers' Theorie von kausaler historischer Notwendigkeit.
2. Berichten Sie über das Leben des Philosophen und seine Existenzphilosophie.
3. In welcher Gefahr befindet sich die Bundesrepublik?
4. Worauf führt der Philosoph die undemokratische Entwicklung zurück?
5. Auf welche Weise hofft er, die autoritäre Tradition zu brechen?
6. Welche Bedenken teilt Jaspers mit der APO? Worin unterscheiden sich die Geister?
7. Entschieden kritisiert der Philosoph die „Politik der Stärke". Was sind seine Argumente?
8. Welche Kritik wurde gegen die politischen Ansichten des Philosophen erhoben?
9. Wie stellt sich der eminente Denker die Rolle der Bundesrepublik in der Welt vor?

VOKABULAR

This vocabulary has been composed with the specific and limited objective of encouraging the student's maximum involvement with the contents of the book. Therefore, the following words are not listed: cognates, words whose meaning can be deduced from the context, words that appear only once and have been explained in the footnotes, and words the German language student, after a year of study can reasonably be expected to know. It is anticipated that in the pursuit of independent study the student at this level will use both his imagination and a paperback dictionary.

Nouns appear with their articles and genitive and plural endings.

Weak verbs are given in their infinitive form; strong verbs with vowel changes.

Separable prefixes are hyphenated.

In the text the following abbreviations occur with frequency:

APO	außerparlamentarische Opposition
CDU	Christlich Demokratische Union
CSU	Christlich Soziale Union
CDU/CSU + SPD	Große Koalition
DDR	Deutsche Demokratische Republik (Ostdeutschland)
EWG	Europäische Wirtschaftsgemeinschaft
FDP	Freie Demokratische Partei
NPD	Nationaldemokratische Partei Deutschlands
SDS	Sozialistischer Deutscher Studentenbund
SED	Sozialistische Einheitspartei Deutschlands
SPD	Sozialdemokratische Partei Deutschlands
SPD + FDP	kleine oder Minikoalition

der Abbau, –s, –ten reduction
ab-bilden to portray, depict
das Abenteuer, –s, – adventure
ab-fallen, fiel ab, abgefallen; fällt ab to fall away (off); decrease
der Abflug, (e)s, ∶e takeoff
der Abgeordnete, –n, –n representative
ab-hängen, i, a (von) to depend (on)
das Abkommen, –s, – agreement
ab-legen to lay aside; pass (exam)
ab-lehnen to reject
ab-leiten to derive
ab-lösen to relieve; replace
ab-reißen, i, i to tear down
die Abrüstung, –, –en disarmament
die Absage, –, –n renunciation
ab-schließen, o, o to conclude
ab-schütteln to shake off
abseits outside (of), apart (from)

ab-setzen to sell; drop (off)
die Absicht, –, –en intention
der Abstand, –(e)s, ∶e distance; contrast; perspective
ab-streifen to relinquish, shed
die Abteilung, –, –en department
die Abtreibung, –, –en abortion
ab-tun, tat ab, abgetan to put off; dismiss
abwechselnd in turn
ab-weisen, ie, ie to reject
ab-zeichnen to stand out; delineate
der Abzug, –(e)s, ∶e withdrawal
adrett neat, smart, trim
ahnen to guess, suspect
ähnlich similar
akkurat accurate, exact
allerdings to be sure
allgemein generally; **allgemeingültig** generally valid

329

das Amt, –(e)s, ⁻er office, position, post
an-bieten, o, o to offer
der Anblick, –(e)s, –e sight
andauernd continuously
ändern to alter, change
anders(artig) different
die Andeutung, –, –en allusion, hint
an die close to
aneinandergereiht joined together, arranged in a row
an-erkennen, a, a to recognize
die Anforderung, –, –en demand
an-führen to cite; lead
angeblich alleged(ly)
angeboren inborn, innate
das Angebot, –(e)s, –e offer
angebunden tied down
an-gehören to belong (to)
die Angelegenheit, –, –en affair
angenehm pleasant
angesichts in view of
an-greifen, griff an, angegriffen to attack; **angreiferisch** aggressive
an-hören to listen to
die Anklage, –, –n accusation
die Ankleidekabine, –, –n dressing room
an-kommen, kam an, angekommen (auf) to arrive; depend (on); be a matter (of)
die Ankunft, –, ⁻e arrival
der Anlaß, –(ss)es, ⁻(ss)e cause, occasion
an-laufen, ie, au; äu to begin to run
das Anliegen, –s, – interest, demand, concern
die Annäherung, –, –en rapprochement
an-nehmen, nahm an, angenommen; nimmt an to accept; assume; **sich annehmen** to take care (of)
an-ordnen to arrange; order
sich an-passen to accommodate oneself, conform, adjust
an-reden to address
an-regen to inspire
anschaulich concrete; visual
an-schließen, o, o to join

an-sehen, a, e; ie to consider, regard
an-setzen to start
die Ansicht, –, –en opinion
an-siedeln to settle
an-sprechen, a, o; i to appeal (to); start a conversation
der Anspruch, –s, ⁻e claim
anständig proper, decent
an-stellen to do; cause mischief
anstelle or **an Stelle (von)** instead (of)
die Anstellung, –, –en employment
an-streben to strive (for)
an-streichen, i, i to paint
anstrengend exhausting, strained
an-treten, a, e; tritt an to enter; begin
an-vertrauen to confide
an-wenden, wandte or **wendete an, angewandt** or **angewendet (auf)** to apply (to)
anwesend present
die Anzahl, – number
an-ziehen, zog an, angezogen to attract; dress
der Anzug, –(e)s, ⁻e suit
an-zünden to light
apart odd, uncommon; interesting
die Arbeitslosigkeit, – unemployment
ärgern to annoy
die Armbinde, –, –n arm band
die Art, –, –en kind, manner; way
das Atelier, –s, –s studio
atemberaubend breathtaking
die Atempause, –, –n respite, breathing space
das Attentat, –(e)s, –e attempt on someone's life; assassination
der Aufbau, –s buildup, construction
auf-brauchen to use up, consume
auf-drängen to force (something) on someone; **sich aufdrängen** to obtrude
auf-erlegen to impose (upon)
auf-fallen, ie, a; ä to strike
auf-fassen to understand
auf-fordern to call upon, urge, ask
auf-führen to perform; behave
die Aufgabe, –, –n task
aufgebracht upset
aufgeschlossen open-minded

auf-greifen, griff auf, aufgegriffen to pick up, take up
aufgrund or auf Grund on the basis of
auf-heben, o, o to cancel out; neutralize
auf-horchen to prick up one's ears
auf-hören to stop, cease
auf-klären to enlighten, inform
die Auflockerung, –, –en relaxation
auf-lösen to dissolve; disband
aufmerksam machen (auf) to call attention (to)
auf-nehmen, nahm auf, aufgenommen; nimmt auf to take up, receive; die Aufnahme, –, –n reception
aufrecht sincere, upright
aufrecht-erhalten, ie, a; ä to maintain
sich aufregen (über) to become excited (at)
die Aufrichtigkeit, – sincerity
auf-rücken to move up (to), advance
der Aufruf, –(e)s, –e calling up, summons; address
die Aufrüstung, –, –en armament
auf-rütteln to shake up
der Aufsatz, –es, ⁻e essay
aufschlußreich informative, conclusive
der Aufschwung, –(e)s, ⁻e rise, impetus
das Aufsehen, –s attention, sensation; Aufsehen erregen to cause a sensation
auf-setzen to put on
auf sich haben to be about
die Aufsicht, –, –en supervision
auf-steigen, ie, ie to rise
auf-stellen to establish, put up
auf-tauchen to emerge, arise; appear, come up
auf-teilen to divide (into)
der Auftrag, –(e)s, ⁻e order, commission; mission
auf-treten, a, e; tritt auf to appear
der Auftrieb, –(e)s, –e boost
auf-trumpfen to boast
auf-wachsen, u, a; ä to grow up
die Aufwertung, –, –en revaluation

auf-wischen to wipe up
auf-zählen to enumerate
aus-bauen to improve, enlarge
die Ausbeutung, –, –en exploitation
aus-brechen, a, o; bricht aus to break out; burst forth
die Ausbreitung, –, –en expansion
der Ausdruck, –s, ⁻e expression
die Auseinandersetzung, –, –en dispute; debate
ausführlich detailed, full
die Ausgabe, –, –en expenditure; edition
aus-gehen, ging aus, ausgegangen (von) to start (from)
ausgesucht exquisite
ausgezeichnet excellent
der Ausgleich, –(e)s, –e balance
die Auskunft, –, ⁻e information
das Ausland, –(e)s foreign country
die Auslieferung, –, –en delivery
aus-lösen to trigger, release, cause
der Ausruf, –(e)s, –e exclamation
aus-schließen, o, o to exclude
der Ausschuß, –(ss)es, ⁻(ss)e committee
aus-sehen, a, e; ie (wie) to look (like)
außen outside
der Außenminister, –s, – Secretary of State
die Außenpolitik, – foreign policy
außer besides; extra; außer sich sein to be beside oneself
äußer- outer, outward, external; äußerst extremely
außerdem moreover, besides
sich äußern to comment, utter
außerordentlich extraordinary
aus-statten to provide, supply (with), furnish
die Austellung, –, –en exhibition
aus-strahlen to radiate, emanate
der Austausch, –es exchange
aus-tragen, u, a; ä to settle (dispute)
die Auswahl, – selection
auswärtig foreign, out of town
aus-weichen, i, i to evade
aus-zeichnen to honor, award; sich auszeichnen to distinguish oneself

der **Autodidakt**, –en, –en self-educated person
avancieren be promoted

sich ballen to concentrate
die Bande, –, –n gang
barsch harsh
der Bauer, –n *or* –s, –n peasant
beabsichtigen to plan, intend
beachten to take notice (of)
der Beamte(r), –en, –en official
beanspruchen to claim
beauftragen to commission
bedauern to regret
bedecken to cover
das Bedenken, –s, – reflection, consideration; **die Bedenken** (*pl.*) second
thoughts, reservations
bedeutend important, significant
die Bedingung, –, –en condition
bedrohen to threaten
bedrückt sad, depressed
das Bedürfnis, –ses, –se need
beeindrucken to impress
beeinflussen to influence
sich befassen (mit) to occupy oneself
(with)
befehlen, a, o; ie to order, command
befördern to carry, forward; promote
befriedigen to satisfy
befürworten to favor, support, advocate
begabt talented, gifted
begegnen to meet (with); counteract
sich begeistern to be enthusiastic
about
die Begeisterung, – enthusiasm
begleiten to accompany
sich begnügen to be satisfied, content
begreifen, begriff, begriffen, to understand, comprehend
begrenzen to limit
der Begriff, –s, –e idea, concept
die Begründung, –, –en reason, argu-
mentation
behandeln to treat
die Beharrlichkeit, –, –en perseverance, persistence

behaupten to maintain; **sich behaupten** to assert oneself
beherrschen to master
behutsam cautious, gentle
der Beifall, –(e)s applause
beinah(e) almost
der Beitrag, –(e)s, ⁚e contribution;
dues
bei-treten, a, e; **tritt bei** to join
bekannt machen (mit) to acquaint
(with), introduce; **bekanntmachen**
disclose, reveal
bekennen, a, a to admit, acknowledge;
sich bekennen to acknowledge,
stand by
beklagen to deplore, lament; **sich beklagen** to complain
bekunden to state
beleben to bring to life, animate
belebt bustling, busy
belegen to occupy; certify
die Beleidigung, –, –en offense, insult
beleuchten to throw light on, illumi-
nate
beliefern to supply
belohnen to reward
bemerken to remark, note; **die Bemerkung**, –, –en remark; **bemerkbar** noticeable
sich bemühen (um) to trouble; try
hard
**sich benehmen, benahm, benommen;
benimmt** to behave
beneiden (um) to envy, be envious (of)
benutzen to use
beobachten to observe
beraten, ie, a; ä to advise, counsel
die Beraubung, –, –en deprivation
berechnend calculating
beredt eloquent
der Bereich, –s, –e, realm, scope; sec-
tor
bereit ready; **die Bereitschaft**, –,
readiness, preparation
bereits already
berichten to report
berichtigen to correct
berufen, ie, u to call; **sich berufen
(auf)** to refer (to)

berühmt famous; **die Berühmtheit, –,
–en** renown, fame
berühren to touch
beschaffen to obtain, procure
(sich) beschäftigen to employ, occupy; be absorbed, be busy
bescheiden modest
bescheren to give, bestow (upon)
beschließen, o, o to conclude; decide
sich beschränken to limit oneself
beschreiten, beschritt, beschritten to follow; walk on
die Beschuldigung, –, –en accusation
sich beschweren to complain
beseitigen to eliminate
besetzt occupied
besitzen, besaß, besessen to have, own, possess
besonder- special
besorgt sein to be worried
besprechen, a, o; i to talk over, discuss
der Bestandteil, –(e)s, –e ingredient
bestätigen to confirm
bestehen, bestand, bestanden to consist (of); exist; insist; pass
bestellen to order
die Besteuerung, –, –en taxation
bestimmen to determine
sich betätigen to take an active part
sich beteiligen to participate
der Beton, –s, –s or **–e** concrete
betonen to stress, emphasize
betrachten to consider, regard
betragen, u, a; ä to amount (to); **sich betragen** to behave
betreten, a, e; betritt to enter
der Betrieb, –(e)s, –e operation; business, plant, factory
betrügen, o, o to cheat, deceive
beunruhigen to disturb; **sich beunruhigen** to be disturbed or worried
beurteilen to judge
der Beutel, –s, – bag
die Bevölkerung, –, –en population
bevor-stehen, stand bevor, bevorgestanden to be near, approaching; be in store (for)
bevorzugen to prefer

bewahren to preserve
bewältigen to come to terms (with)
(sich) bewegen to move; prevail upon someone (to do something)
beweglich active; mobile; **die Bewegung, –, en** movement, motion
beweisen, ie, ie to prove
bewerten to evaluate, rate
bewirken to bring about, effect
bewirtschaften to manage
die Bewunderung, – admiration
bewußt conscious; **das Bewußtsein, –s** consciousness; **zu(m) Bewußtsein kommen** to dawn on a person, become conscious of
bezeichnen to designate, call; characterize
beziehen, bezog, bezogen to occupy; obtain; **sich beziehen (auf)** to refer (to)
die Beziehung, –, –en relation(ship); **in dieser Beziehung** in this respect
der Bezug, –(e)s, ∵e acquisition; reference; **mit Bezug auf** or **in bezug auf** with regard to
bezwecken to intend
die Biegung, –, –en bend, curve
der Bierkrug, –(e)s, ∵e mug
bieten, o, o to offer
das Bild, –(e)s, –er picture, painting
bilden to form
der Bildhauer, –s, – sculptor
die Bildung, –, –en education; formation
bisher up until now; **bisherig** previous
bisweilen at times
bitten, bat, gebeten to ask, request; beg
die Bittschrift, –, –en petition
blaß pale
der Blick, –(e)s, –e view; sight; look, glance; **blicken** to look
blitzen to lighten; shine, flash
bloß mere
der Boden, –s soil, ground; floor
bodenlos bottomless; excessive
der Bodensee Lake Constance
der Bogen, –s, – or ∵ arch, curve

borgen to borrow
die Börse, –, –n stock market; der Börsenbericht, –(e)s, –e stock-market report
bösartig malicious
die Botschaft, –, –en embassy; message
brauchbar useful
bremsen to put on the brakes, restrain; stop
das Brikett, –(e)s, –s or –e (coal) briquette
der Bruch, –(e)s, ∴e break; fracture
die Bühne, –, –n stage
der Bund, –(e)s, ∴e federation; Bundes– federal
sich bündeln bunch together
das Bündnis, –ses, –se alliance
bunt colored, colorful
das Büro, –s, –s office
der Bürger, –s, – citizen; der Bürgermeister, –s, – mayor; das Bürgerrecht, –(e)s, –e civil right(s); die Bürgerschaft, –, –en townspeople; bürgerlich middle class
büßen to pay for, do penance

dabei besides; while doing so; at that
das Dach, –(e)s, ∴er roof
dagegen on the other hand; against
damalig, damals then, at that time
darstellen to (re)present
darüber over or about that; darüber hinaus beyond that; darunter under it; among
das Dasein, –s existence
die Datenverarbeitung, –, –en data processing
dauern to last, take; dauernd constant, lasting
dazu-kommen, kam dazu, dazugekommen to arrive at, be added to
die Debatte, –, –n debate; zur Debatte stehen to be at issue
sich decken to coincide (with), be identical
sich dehnen to stretch, extend
das Denkmal, –s, ∴er monument, memorial; der Denkmalschutz, –es

protection of monuments
die Denkungsart, –, –en way of thinking
dennoch nevertheless
deponieren to deposit
deprimieren to depress
derb solid, robust
die Devisen (pl.) foreign exchange
diejenigen those
dienen to serve
diffamieren to vilify, smear, defame
der Diskont, –s, –e discount, rebate
die Doktrin, –, –en doctrine, dogma
donnern to thunder, roar
dozieren to lecture
der Draht, –(e)s, ∴e wire
der Drang, –(e)s, ∴e urge, craving; (sich) drängen to urge, drive; crowd
drehen to film; turn, rotate
dreistöckig three-storied
dringen, a, u; ä (auf) to insist (on)
die Dringlichkeit, – urgency
drohen to threaten
der Druck, –(e)s pressure
drucken to print
dulden to tolerate
dunkel dark
durchführbar practicable, feasible
durchkreuzen to thwart, cross
der Durchschnitt, (e)s, – average
durchschreiten, durchschritt, durchschritten to step through
durch-setzen to effect, carry through
durchsichtig transparent
durchsuchen to search through; raid
das Dutzend, –s, –e dozen

die Ebbe, –, –n low tide
echt genuine
die Ecke, –, –n corner
die Ehe, –, –n marriage; ehe before
ehemalig former
eher rather; sooner
der Ehrgeiz, –es ambition; ehrgeizig ambitious
ehrlich honest
ehrwürdig venerable
eifrig eager
die Eigenschaft, –, –en quality

die Eigensucht, – love of self, egotism
eigentlich actual(ly)
eigenwillig willful, individualistic
die Eile, – hurry
der Einband, –(e)s, ∵e binding, cover (of a book)
ein-bringen, brachte ein, eingebracht to get, yield, net
der Eindruck, –(e)s, ∵e impression
einerseits on the one hand
der Einfall, –(e)s, ∵e invasion; idea
ein-fallen, ie, a; ä to occur (to)
einfallsreich inventive
ein-fangen, i, a; ä to catch, seize
der Einfluß, –(ss)es, ∵(ss)e influence
der Eingriff, –(e)s, –e invasion; interference
die Einheit, –, –en unity
sich einigen to agree
die Einigung, – unification; agreement
das Einkommen, –s, – income
ein-laden, u, a; lädt ein to invite
ein-leiten to initiate, start
einmalig unique
der Einmannbetrieb, –(e)s, –e one-man business or operation
der Einmarsch, –es, ∵e marching in, entry, invasion
ein-nähen to sew in
ein-richten to set up, establish; furnish
die Einsamkeit, – loneliness, solitude
der Einsatz, –es, ∵e use; insertion
ein-schlagen, u, a; ä to follow (a course), enter upon
einschließlich inclusive
einschneidend decisive
ein-setzen to install; sich einsetzen (für) to stand up (for)
die Einsicht, –, –en insight; understanding
einst once
ein-stellen to drop, discontinue
die Einstellung, –, –en attitude
ein-treffen, traf ein, eingetroffen; trifft ein to arrive; happen
ein-treten, a, e; tritt ein (für) to join; commence; intercede for; step in

ein und aus gehen to come and go
einverstanden sein to agree, concur
einzeln individual(ly), single
ein-ziehen, zog ein, eingezogen to move in
einzig only, sole; einzigartig unique
der Einzug, –(e)s, ∵e entrance
eisern iron; hard, strong
eitel vain
eklatant striking
das Elendsviertel, –s, – slum
der Empfang, –(e)s, ∵e reception
der Empfänger, –s, – recipient; empfänglich responsive (to)
empfindlich, empfindsam sensitive
sich empören to be outraged, indignant
endgültig final(ly), conclusive; at last
eng narrow, small; close; tight
entdecken to discover
die Entflechtung, –, –en distentanglement, breaking-up, splitting
entfliehen, o, o to flee
entgegen-setzen to contrast; entgegengesetzt opposite
entgegen-kommen, kam entgegen, entgegengekommen to meet
entgegen-treten, a, e; tritt entgegen to oppose
entgegnen to reply, retort
entgehen, entging, entgangen to fail to notice
enthalten, ie, a; ä to contain
die Enthüllung, –, –en revelation
entlassen, ie, a; ä to dismiss
sich entpuppen reveal itself, turn out to be
sich entrüsten to become indignant
(sich) entscheiden, ie, ie to decide; make up one's mind; entscheidend decisive(ly)
sich entschließen, o, o to decide, determine; make up one's mind
die Entschuldigung, –, –en apology
entsetzt horrified
die Entspannung, –, –en relaxation
entsprechend corresponding, matching; suitable
entspringen, a, u (aus) to arise (from)

entstehen, entstand, entstanden to
   come about, originate
entsteigen, ie, ie to climb out of
die Enttäuschung, –, –en disappoint-
   ment
entwerfen, a, o; i to design
(sich) entwickeln to develop
entziehen, entzog, entzogen to withdraw, remove
der Epigone, –n, –n follower, imi-
   tator
das Erbe, –s inheritance; heritage;
   der Erbe, –n, –n heir
erblicken to see, behold
das Erdbeben, –s, – earthquake
sich ereignen to happen, occur
erfahren, u, a; ä to learn; experience
erfassen to grasp, recognize; size up;
   understand
die Erfindung, –, –en invention, dis-
   covery
der Erfolg, –(e)s, –e success
erfolgen to take place
erforderlich necessary, required
erforschen to investigate, explore,
   search
(sich) erfreuen to enjoy
ergänzen to complete, amend
das Ergebnis, –ses, –se result
erhalten, ie, a; ä to receive; maintain
(sich) erheben, o, o to rise; raise
erheblich considerable
erhöhen to raise
sich erholen to recover
erinnern to remind; sich erinnern to
   remember
erkennen, a, a to recognize, realize
sich erkundigen to inquire
erlangen to acquire, reach
erleben to experience; witness
ermahnen to admonish
die Ermäßigung, –, –en reduction
ermuntern to encourage
die Ernährung, – food, nutrition
ernennen, a, a to appoint
erneue(r)n to renew
der Ernst, –es, – earnestness, serious-
   ness
ernten to reap, harvest

ernüchtert disenchanted; die Ernüchterung, – disillusionment
erobern to conquer
erörtern to discuss
erraten, ie, a; ä to guess
erreichen to obtain; attain, reach
erringen, a, u to obtain with difficulty, achieve
die Errungenschaft, –, –en achievement
der Ersatz, –es substitute, replace-
   ment
erschauen to see, perceive
erscheinen, ie, ie to appear, seem
erschöpfen to exhaust, drain
erschreckend terrifying
erschüttert .shocked, shaken
erstarren to become rigid, stiffen
erstaunen to astonish, surprise; be
   astonished
ersticken to smother, stifle; suffocate
das Erstlingswerk, –(e)s, –e first production (play or book)
erstrebenswert desirable
erst recht all the more, more than
   ever
erwähnen to mention
erwarten to expect
erwecken to awaken; arouse
sich erweisen, ie, ie to prove to be
erweitern to expand, enlarge
erwerben, a, o; i to acquire; earn
erzeugen to produce
die Erziehung, – upbringing; education
etabliert established
das Etikett, –(e)s, –e or –s label, tag
etwa perhaps, maybe; about
eventuell perhaps, possibly; if necessary
ewig constant; eternal
das Exemplar, –s, –e copy (of a
   book); specimen, sample

die Fabrik, –, –en factory
der Fackelträger, –s, – torchbearer
der Faden, –s, ∷ thread
die Fähigkeit, –, –en ability, capability

die **Fahne, –, –n** flag, banner; colors
der **Fahrstuhl, –s, ⸚e** elevator
der **Fall, –(e)s, ⸚e** fall; case
die **Falte, –, –n** wrinkle, fold
färben to color; tinge
faßbar conceivable
die **Faust, –, ⸚e** fist
fegen to sweep
fehlen to be lacking, be a lack of, be missing *or* absent
feiern to celebrate
der **Feind, –(e)s, –e** enemy, foe; **feindlich** hostile
die **Feindseligkeit, –, –en** hostility, animosity
feinfühlig sensitive
die **Ferien** (*pl.*) vacation
die **Ferne, –, –n** distance
das **Fernsehen, –s** television
fertig werden (mit) to be able to handle *or* cope with
die **Festigkeit, –** firmness, stability
fest-setzen to establish
fest-stehen, stand fest, festgestanden to be certain
fest-stellen to determine, state, ascertain
der **Fetisch, –es, –e** fetish
der **Filmschauspieler, –s –** movie actor
der **Filzstift, –(e)s, –e** felt-tip pen
finster dark, sinister
flach flat, shallow
die **Fläche, –, –n** surface, area, plane
die **Flagge, –, –n** flag, banner; colors
der **Fleck, –(e)s, –e** *or* der **Flecken, –s, –** place, spot
fliegen, o, o to fly; rush; **fliegen auf etwas** *or* **jemand** (*coll.*) to fall for something *or* someone
fließen, o, o to flow; **fließend** fluent
flott fast; fluent
die **Flucht, –, –en** flight, escape
(sich) flüchten to flee, escape
der **Flüchtling, –s, –e** refugee
der **Flughafen, –s, ⸚** airport
flüssig liquid, fluid
flüstern to whisper
folgern to conclude, deduce

fordern to demand
fördern to promote
forsch vigorous; dashing, smart
forschen to investigate; do research
fort-fahren, u, a; ä to continue, proceed; depart
der **Fortschritt, –(e)s, –e** progress
fort-setzen to continue, pursue
der **Frack, –(e)s, ⸚e** *or* **–s** tailcoat
die **Frage, –, –n** question; **die Frage erheben** to raise the question; **eine Frage stellen** to ask a question; **etwas in Frage stellen** to question, doubt, be questioned; **nicht in Frage kommen** be out of the question
fragwürdig questionable
der **Fraktionsführer, –s, –** party chairman (in parliament)
der **Frauenjäger, –s, –** ladies' man
frech impudent, bold, fresh
freilich to be sure
freiwillig voluntary
fremd foreign; unfamiliar
der **Fremdenhaß, –(ss)es** xenophobia
frenetisch frenetic, frenzied
freudig happy, joyous
der **Friede, –ns, –n** *or* der **Frieden, –s** peace
der **Frohsinn, –(e)s** cheerfulness
führen to lead
das **Fundament, –(e)s, –e** foundation, basis
fünffüßige Jamben (*pl.*) iambic pentameter
funkeln to sparkle, scintillate
die **Furcht, –** fear
der **Fürst, –en, –en** prince
fußen (auf) to rest (upon), based (on)

der **Gang, –(e)s, ⸚e** walk; hall; **im Gang(e)** in full swing, going on
ganz whole, complete(ly)
die **Garderobe, –, –n** wardrobe
die **Gasse, –, –n** alley; (narrow) street
das **Gebäude, –s, –** building
das **Gebet, –(e)s, –e** prayer
das **Gebiet, –(e)s, –e** area, domain; field
gebildet educated, cultured

das Gedächtnis, –ses, –se   memory
gedämpft   muted, subdued
der Gedankenaustausch, –es   exchange of ideas
gedeckt   muted (colors)
geduldig   patient
geeignet   suitable, suited
die Gefahr, –, –en   danger
der Gefangene, –n, –n   prisoner, captive; das Gefangenenlager, –s, – prisoners' camp
das Gefängnis, –ses, –se   prison
gefurcht   wrinkled
gegen   against, counter
das Gegengewicht, –(e)s, –e   counterbalance
der Gegensatz, –es, ⁀e   opposite, contrast; im Gegensatz zu   as opposed to, in contrast to; gegensätzlich   oppositional
gegenseitig   each other, one another
der Gegenstand, –(e)s, ⁀e   object
das Gegenteil, –(e)s, –e   opposite, contrary; im Gegenteil   on the contrary
gegenüber   opposite; as opposed to
gegenwärtig   present
der Gegner, –s, –   opponent, adversary
das Gehalt, –(e)s, ⁀er   salary
das Geheimnis, –ses, –se   secret
das Gehöft, –(e)s, –e   farmbuildings
gehören   to belong to
der Gehorsam, –s   obedience
die Geige, –, –n   violin
der Geist, –es, –er   spirit; intellect, mind
geladen   charged, loaded
gelangen   to arrive at
gelassen   composed, calm
die Gelegenheit, –, –en   opportunity
gelehrt   learned; der Gelehrte, –n, –n scholar, intellectual
gelingen, a, u   to succeed
gelten, a, o; i   to be true (of); matter; considered to be
das Gemälde, –s, –   painting
gemäß   according to
gemeinsam   together, in common, mutual
die Gemeinschaft, –, –en   community

gemütlich   comfortable
genießen, o, o   to enjoy
der Genosse, –n, –n   associate; comrade
genügen   to suffice
gepolstert   upholstered
gerade   just; direct
geraten, ie, a; ä   to get into
geräumig   roomy
die Gerechtigkeit, –   justice
das Gericht, –(e)s, –e   court
gering   small, little, slight
gesamt   entire, all; whole
das Geschenk, –(e)s, –e   present, gift
die Geschichte, –, –n   history; story; geschichtlich   historical
geschickt   skillful, clever(ly)
geschmackvoll   tasteful
geschmeidig   limber, graceful
die Gesellschaft, –, –en   society; party
das Gesetz, –es, –e   law; das Grundgesetz, –es, –e   basic law, constitution
der Gesichtspunkt, –(e)s, –e   viewpoint
gesinnt   minded
die Gesinnung, –, –en   way of thinking, conviction
das Gespenst, –es, –er   specter, ghost
gesprächig   talkative
das Gesprächsthema, –s, –themen   topic of conversation
gestalten   to form, shape
die Geste, –, –n   gesture
gestreift   striped
getreulich   faithful(ly)
gewählt   choice, selected; elected
die Gewalt, –, –en   power; force, violence; gewaltig   great, tremendous
das Gewebe, –s, –   web, netting; fabric
das Gewehr, –(e)s, –e   rifle
die Gewerkschaft, –, –en   trade union
das Gewicht, –(e)s, –e   weight; importance
gewiß   certain(ly)
das Gewissen, –s, –   conscience
sich gewöhnen (an)   to get used (to)
der Glanz, –es   splendor; brightness
glänzen   to shine, sparkle
glanzvoll   brilliant
glatt   smooth, even

glaubwürdig credible
gleich same, equal; alike, similar; no matter if . . .; **zur gleichen Zeit** at the same time
gleichen to be like, resemble
gleichermaßen in like manner, likewise
gleichgesinnt like-minded, compatible
gleichgültig indifferent; **die Gleichgültigkeit,** – inertia, indifference
gleich-setzen to equate
gleichwertig equal
gleichzeitig simultaneous, at the same time
der Grad, –(e)s, –e degree
der Graf, –en, –en count
der Grafiker, –s, – graphic artist
greifen, griff, gegriffen to touch; grasp, catch, seize, reach
die Grenze, –, –n border, frontier
grob crude, coarse, rough; rude
großartig magnificent
die Größe, –, –n size, quantity; power
der Grund, –(e)s, ¨e reason, basis; bottom; **im Grunde** basically
gründen to found
die Grundlage, –, –n basis, fundamentals; foundation
gründlich thorough
der Grundstein, –(e)s, –e cornerstone
die Guasch, –, –en gouache
gucken to look, peep
gültig valid
der Gürtel, –s, – belt
gutgelaunt in a good mood, goodhumored
gütig good, kind, gracious
gutmütig good-natured

der Hafen, –s, ¨ port, harbor
der Hahn, –(e)s, ¨e rooster
halten, ie, a; ä to keep, hold; **halten für** to consider; **halten von** to think, have an opinion
die Haltung, –, –en attitude; posture
der Handel, –s trade, commerce
handeln to act; **handeln von** to be about; **sich handeln um** to be a question of

die Handlung, –, –en plot, action; deed; **die Handlungsweise, –, –n** way of acting, conduct
der Hang, –(e)s, ¨e inclination, disposition
harsch rough, hard
hart hard, stern
hauen to beat, lash
häufig frequent(ly)
der Hauptmann, –(e)s, –leute captain
das Hauptquartier, –(e)s, –e headquarter(s)
die Hauptstadt, –, ¨e capital
der Hebel, –s, – lever
heben, o, o to raise, lift
heftig violent(ly); vehement
heikel delicate
heilbar curable
heilig sacred, holy
heimlich secret(ly)
die Heimschule, –, –n boarding school
der Held, –en, –en hero
hell light, clear, bright
hemdsärmelig shirt-sleeved
heran-kommen, kam heran, herangekommen to come near *or* close
herauf-beschwören, o, o to conjure up, evoke
die Herausforderung, –, –en challenge, provocation
heraus-geben, a, e; i to edit; publish
herbei-führen to bring about
die Herkunft, – descent, extraction
herrschen to rule; prevail; **die Herrschaft, –** control, rule
her-stellen to bring about; manufacture
herum-schieben, o, o to push around
hervor-heben, o, o to stress
hervorragend outstanding, prominent
hervor-rufen, ie, u to cause, evoke
hervor-treten, a, e; tritt hervor to distinguish oneself
heulen to howl
die Hilfe, –, –n help, aid
hinaus-schleppen to drag out
hinaus-schmeißen, i, i to throw out; **hinausgeschmissenes Geld** (*coll.*) wasted money

der Hinblick: in *or* **im Hinblick auf**
with *or* in regard to, in view of
hindern (an) to prevent (from)
der Hintergrund, –(e)s, ∷e background
der Hinterhof, –(e)s, ∷e backyard
hin-weisen, ie, ie (auf) to point out
or to
hinzu-fügen to add to, append
hinzu-setzen to add; join
das Hochhaus, –es, ∷er high-rise
building, skyscraper
höchstens at the most
hocken to sit, squat
der Hof, –(e)s, ∷e court; courtyard
höflich polite
der Höhepunkt, –s, –e zenith, climax
holpern to jolt, rumble
der Hügel, –s, – hill
huschen to whisk
sich hüten (vor) to beware (of)

die Illustrierte, –n, –n (illustrated)
magazine
immerhin nevertheless
im übrigen moreover, furthermore
indessen in the meantime; however
sich irren to be mistaken, err
der Irrsinn, –(e)s insanity, madness

das Jahr, –(e)s, –e year; **das Jahrzehnt,** –(e)s, –e decade
die Jambe, –, –n *or* **der Jambus,** –,
–ben iamb
je ever, at any time; in any case
jeweilig respective
die Jugend, – youth
der Junggeselle, –n, –n bachelor

kämpfen to fight; strive
der Kanzler, –s, – chancellor
die Kapelle, –, –n band, orchestra
das Karo, –s, –s check, plaid
die Karriere, –, –n career
keineswegs not at all, by no means
die Kenntnis, –, –se knowledge
der Kerl, –s, –e guy, real man
der Kern, –(e)s, –e kernel, nucleus;
core, essential point

klagen to complain
klappern to clack, rattle
klatschen to clap, applaud
kleben to paste, stick
klettern to climb
klingen, a, u to sound
die Kluft, –, ∷e gap
klug smart, intelligent
knapp close, barely sufficient; scarce
der Knöchel, –s, – knuckle
der Knochen, –s, – bone
der Knopf, –(e)s, ∷e button
der Knoten, –s, – knot
knüpfen to tie, connect (with)
kommen, kam, gekommen to come,
arrive
das (*or* **der) Komplott,** –(e)s, –e conspiracy
die Konkurrenz, –, –en competition
der Konsum, –s consumption
konzipieren to draw up, plan, con-
ceive
korrumpieren to corrupt
der Krach, –(e)s, –e *or* ∷e noise, din;
quarrel
die Kraft, –, ∷e force, strength
krähen to crow
das Kredo, –s, –s creed, confession of
faith
die Kreide, –, –n chalk
kreieren to create
der Kreis, –es, –e circle
der Kreml, –s Soviet regime
der Kreuzzug, –(e)s, ∷e crusade
der Krieg, –(e)s, –e war
kritzeln to scribble
der Kronleuchter, –s, – chandelier
der Kubus, –, – *or* **Kuben** cube
die Kugel, –, –n globe, ball
kühn daring, bold
sich kümmern (um) to look after,
care (for)
der Kunde, –n, –n client, customer
die Kunst, –, ∷e art; **der Künstler**
artist; **künstlerisch** artistic
künstlich artificial
die Kupp(e)lung, –, –en transmission

lächerlich ridiculous

die Lage, –, –n situation, position
das Lager, –s, – camp; storehouse;
(*fig.*) party, side
lähmen to paralyze
der Landesverräter, –s, – traitor (to
one's country)
der Landsmann, –(e)s, –leute compa-
triot
die Landwirtschaft, –, –en agriculture
(sich) langweilen to bore, be bored
langwierig lengthy, tedious
lärmen to make noise
lassen, ie, a; ä to let, refrain from
die Last, –, –en burden, load
der Lauf, –(e)s, ∵e course; die Laufbahn, –, –en career; laufen, ie, au;
äu walk, run
die Laune, –, –n mood, humor; launig humorous
lauschen to listen to; take careful note
of
lauten to sound, read, say
lebend alive
die Lebensauffassung, –, –en outlook
on life
lebensbejahend optimistic
die Lebensmittel food
das Leder, –s, – leather
leer empty
die Lehrkraft, –, ∵e qualified teacher
leichthin casually
leiden (unter) to suffer (from)
die Leidenschaft, –, –en passion
leider unfortunately
leihen, ie, ie to lend; sich leihen to
borrow
der Leim, –(e)s, –e glue
die Leinwand, – canvas; screen
die Leistung, –, –en achievement; das
Leistungsprinzip, –s, –ien achievement system
leiten to guide, lead; manage; der
Leiter, –s, – director; manager
lenken (auf) to direct (to), call attention (to); steer
leuchten to give light, shine
der Liebling, –s, –e darling; das Lieb-
lings- favorite
liefern to supply, furnish

die Linie, –, –n line; in erster Linie
above all
locker loose
lockern to loosen; sich lockern to
relax
löffeln to spoon up
der Lohn, –(e)s, ∵e wages; reward
das Lokal, –(e)s, –e restaurant
(sich) lösen to solve; loosen; dissolve,
break off
die Loslösung, –, –en disengagement,
detachment
die Lücke, –, –n gap
der Luftikus, –, –se windbag
die Lüge, –, –n lie
lustig funny, amusing; sich lustig
machen über to make fun of

die Macht, –, ∵e power
die Magnifizenz, –, –en chancellor of
a university
malen to paint
malerisch picturesque
der Mangel, –s, ∵ lack
der Manschettenknopf, –(e)s, ∵e cuff
link
das Märchen, –s, – fairy tale
der Marktplatz, –es, ∵e marketplace
das Maß, –es, –e measure; nach Maß
custom-made, made to order
maßgeblich decisive, influential, au-
thoritative
die Maßnahme, –, –n measure; pre-
caution
die Mauer, –, –n wall
das Maul, –(e)s, ∵er mouth (of ani-
mals); das Maul halten (*sl.*) to keep
one's trap shut
der Mäzen, –s, –e patron (of the arts)
die Mehrheit, –, –en majority
die Meinungsumfrage, –, –n opinion
poll
die Menge, –, –n lot, quantity, mass;
crowd
die Menschenjagd, –, –en manhunt
das Menschentum, –s humanity,
mankind
merkwürdig peculiar, strange
die Messe, –, –n fair; mass

messen, a, e; i to measure
das Mietshaus, –es, ̈er apartment building, tenement house
minder less
der Minderwertigkeitskomplex, –es, –e inferiority complex
mißglücken to fail, not succeed, miscarry
das Mißtrauen, –s, – suspicion, distrust
die Mitbestimmung, – joint decision-making, codecision
das Mitglied, –(e)s, –er member
das Mitleid, –(e)s pity, compassion
mitsamt together with
mit-teilen to inform; communicate
das Mittel, –s, – means; **mittels** by means of
mittlerweile in the meantime
mit-tragen, u, a; ä to share
mit-wirken to take part, contribute
die Mode, –, –n fashion
möglicherweise possibly, perhaps
das Monochrom, –s single-color painting
mühsam troublesome, difficult; **mühselig** laborious
mündig emancipated, of age
der Mundwinkel, –s, – corner of the mouth
munter lively, cheerful
murmeln to murmur
murren to grumble
das Muster, –s, – model; design
der Mut, –(e)s courage

der Nabel, –s, – navel
die Nachahmung, –, –en imitation
nach-denken, dachte nach, nachgedacht to think, reflect, meditate
die Nachfrage, – demand
nach-geben, a, e; i to give in (to)
nach und nach little by little
der Nachwuchs, –es young generation
die Nadel, –, –n needle
der Nagel, –s, ̈ nail
nahezu nearly
nähren to nourish, feed
namhaft renowned, well known

(sich) neigen to be inclined (to), incline, tend
die Nelke, –, –n carnation
(sich) nehmen, nahm, genommen; nimmt to take
neugierig curious
nicken to nod
die Niederlage, –, –n defeat
sich nieder-lassen, ie, a; ä to settle; sit down
die Not, –, ̈e need
nötig necessary
das Notstandsgesetz, –es, –e emergency law
notwendigerweise necessarily; **die Notwendigkeit, –** necessity
die Nouvelle Vague (*Fr.*) = **die Neue Welle** New Wave
nüchtern sober(ly)
nutzen *or* **nützen** to use; help

obendrein moreover, in addition, what is more
oberflächlich superficial
oberst- uppermost, highest
(sich) offenbaren to become evident, reveal
offenkundig well-known, evident
offensichtlich evident(ly), apparent(ly)
ohnehin anyway, anyhow, besides
das Opfer, –s, – sacrifice; victim
die Ordnung, – order, arrangement
der Ort, –(e)s, –e *or* ̈er place, site

die Pappe, –, –n cardboard; **der Pappteller, –s, –** paper plate
die Parole, –, –n password; motto
die Partei, –, –en party; **der Parteitag** party convention
die Parzelle, –, –n plot, allotment
passen to fit; suit
die Pauke, –, –n (kettle)drum
peinlich embarrassing
persiflieren to caricature, satirize
die Pfeife, –, –n pipe
pfeifen, pfiff, gepfiffen to whistle
der Pfeiler, –s, – pillar
die Pflicht, –, –en duty
die Phantasie, –, –n imagination

pilgern to go on a pilgrimage
der Pilz, –es, –e mushroom
der Pinselstrich, –(e)s, –e stroke of the brush
plädieren to plead; **das Plädoyer, –s, –s** address, plea
(sich) plagen to torment (oneself); plague, pester, harass, bother
das Plakat, –(e)s, –e poster
der Platz, –es, ⁓e room; seat; place; square
platzen to burst
predigen to preach
preisen, ie, ie to praise
die Preisgabe, – surrender
preußisch Prussian
das Produktionsverfahren, –s, – manufacturing technique *or* process
protegieren to patronize, promote
der Prozeß, –(ss)es, –(ss)e trial; law suit
prüfen to examine

die Quelle, –, –n source
quittieren to acknowledge

das Rad, –(e)s, ⁓er wheel; bicycle
der Rahmen, –s, – frame(work)
randlos rimless
rasant rapid(ly); racy
rasch quick(ly)
der Rat, –(e)s, –schläge advice, counsel; **der Rat, –(e)s, ⁓e** councillor, council
die Rate, –, –n installment
das Rätsel, –s, – puzzle, riddle
rauben to rob, deprive
der Rauch, –(e)s smoke
rauh raw, coarse
der Raumfahrzeugträger, –s, – spaceship launcher
die Räumung, –, –en clearing, removal
reagieren to react
rechnen (mit) to count (on)
das Recht, –(e)s, –e law; right, justice; **mit Recht** rightly so; **recht behalten** to be right in the end

(sich) rechtfertigen to justify (oneself)
der Rechtsanwalt, –(e)s, ⁓e lawyer, attorney
der Redakteur, –s, –e editor
die Rede, –, –n speech; **der Redefluß, –(ss)es, ⁓(ss)e** flow of words; **der Rede wert sein** to be worth mentioning; **eine Rede schwingen** (*coll.*) to make a speech; **von etwas die Rede sein** to talk about something
die Redewendung, –, –en idiom, phrase
der Redner, –s, – speaker; **rednerisch** rhetorical
das Rednerpult, –(e)s, –e rostrum
der Reeder, –s, – shipowner
der Referent, –en, –en assistant; adviser
das Regal, –s, –e shelf
rege active, lively
regelmäßig regular(ly)
regieren to rule, govern; **die Regierung, –, –en** government, regime
reichen to hand, give; suffice
die Reihe, –, –n rank; row
(sich) reimen to agree (with), rhyme
rein pure, clean
reisen to drive, travel
reißen, i, i to tear
reizen to provoke, incite, challenge
die Reklame, –, –n advertising, propaganda
der Rennfahrer, –s, – racing cyclist *or* motorist
renommiert famous, respected
die Resonanz, –, –en concurrence, resonance
retten to save, rescue, salvage
das Rezept, –(e)s, –e prescription, recipe
sich richten (nach) to be directed; take into consideration, go along with
die Richtung, –, –en direction, trend
riechen, o, o to smell
der Riese, –n, –n giant
die Röhre, –, –n tube, pipe
der Rohstoff, –(e)s, –e raw material

der Roman, –s, –e novel
die Rubrik, –, –en column, heading
die Rücksicht, –, –en consideration
der Rücktritt, –(e)s, –e resignation
der Ruf, –(e)s, –e call, reputation
ruhen to rest
der Ruhm, –(e)s fame
sich rühmen to boast (of)
sich rühren to move, stir
rührend touching, pathetic
der Rundfunk, –(e)s broadcasting, radio (network)
rütteln to shake

der Saal, –(e)s, Säle hall; der Saalordner, –s, – usher
die Sache, –, –n matter; thing; zur Sache to the point
sachlich objective(ly)
der Sachschaden, –s, ⸚ property damage
salopp casual
sammeln to collect, gather
sämtlich all, entire
sanft gentle
satt satisfied, satiated
der Sattel, –s, ⸚ saddle
die Säule, –, –n pillar, column
sausen to rush, dash
schaden to hurt
schaffen (weak) to do, accomplish; schaffen, schuf, geschaffen to create
der Schall, –(e)s, –e or ⸚e sound
die Schandmauer, –, –n wall of shame
sich scharen to gather
scharf sharp(ly); severe(ly)
das Schätzchen, –s, – sweetheart
schätzen to estimate; esteem
das Schauspiel, –(e)s, –e play, drama; der Schauspieler, –s, – actor
scheinen, ie, ie seem, appear; shine
das Scheinwerferlicht, –(e)s, –er headlights; limelight
scheitern to fail
die Schere, –, –n scissors
(sich) scheuen to be reluctant, be afraid

die Schicht, –en, –en level, class, rank
das Schicksal, –(e)s, –e fate, destiny
schieben, o, o to push
schief lopsided, sloping; crooked; schiefstehend sloping
das Schild, –(e)s, –er sign(board)
schimpfen to complain, scold, gripe
der Schirm, –(e)s, –e umbrella
die Schlacht, –, –en battle
die Schlagfertigkeit, – repartee
die Schlagzeile, –, –n headline
schlank slim, slender; auf seine schlanke Linie achten to watch one's weight
schleppen to drag
schleudern to hurl
schlicht simple, plain, modest
schließlich after all
das Schloß, –(ss)es, ⸚(ss)er castle; lock
der Schluß, –(ss)es, ⸚(ss)e conclusion, end
der Schlüssel, –s, – key
schmal narrow, slender
schmeicheln to flatter
schmelzen, o, o; i to melt
(sich) schmücken to decorate
schmunzeln to grin, smirk
der Schnurrbart, –(e)s, ⸚e mustache
schöpferisch creative
der Schrecken, –s, – terror
schreiten, schritt, geschritten to step, stride
der Schriftsteller, –s, – writer
die Schuld, –, –en guilt; debt; schuld sein (an) to be blamed (for); be guilty of
der Schuppen, –s, – shed
schüren to stir up, poke
der Schütze, –n, –n rifleman
schützen (vor) to protect (from)
der Schützling, –s, –e protégé
schwach weak, feeble
die Schwankung, –, –en vacillation, fluctuation
schweben to float, hover; be suspended
schweigend silent(ly)
schwenken to wave, shake (about)

der **Schwerpunkt**, –es, –e crucial point, focus
die **Schwierigkeit**, –, –en difficulty
schwinden, a, u to disappear, dwindle
(sich) schwingen, a, u to sway; vibrate
schwitzen to sweat
der **Schwung**, –(e)s, ::e vitality, élan, zest
die **Seele**, –, –n soul
der **Seemann**, –(e)s, –leute sailor
segnen to bless
das **Seidenrevers**, –, – silk lapel
der **Seidenschal**, –s, –e silk scarf
sein, war, gewesen; **ist** to be
der **Sekt**, –(e)s, –e champagne
selbst even; self
das **Selbstbestimmungsstreben**, –s striving for self-determination
selbstbewußt self-confident, proud
die **Selbstverständlichkeit**, –, –en matter of course
die **Seltenheit**, –, –en rarity
der **Seufzer**, –s, – sigh
die **Sicherheit**, –, –en safety, security
(sich) sichern to ensure, secure
die **Sicht**, – view; **auf lange Sicht** at long range, in the long run
sichtbar visible
sichtlich visibly, apparently
der **Sieg**, –(e)s, –e victory
der **Sinn**, –(e)s, –e sense, meaning; mind
die **Sippe**, –, –n kin, clan
sittlich moral, ethical
die **Skepsis**, –, – scepticism, doubt
die **Skizze**, –, –n sketch
der **Smoking**, –s, –s dinner jacket, tuxedo
der **Sockel**, –s, – base, pedestal
sogar even
sondergleichen without equal
der **Sonderzug**, –es, ::e special train
sonstig other
die **Sorge**, –, –n worry
sorgen (für) to see to (something); provide (for), take care; worry
sorgfältig careful(ly)
die **Spaltung**, –, –en splitting; division, schism
die **Spannung**, –, –en tension
sparsam used sparingly; thrifty
der **Spaß**, –es, ::e fun
spenden to bestow, dispense, give
sperren to cordon off, close
der **Spiegel**, –s, – mirror; **(sich) spiegeln** to reflect
spielerisch playful(ly)
die **Spielregel**, –, –n rule of the game
spitz pointed, sharp; die **Spitze**, –, –n point; top; head
der **Spitzname**, –ns, –n nickname
spöttisch mocking(ly), scornful(ly)
sprießen, o, o to sprout, grow
spritzen to spray
sprühen to sparkle
spüren to feel, sense
der **Staatenbund**, –(e)s confederation, federal union
die **Stadthalle**, –, –n municipal auditorium
stählern steely
der **Stamm**, –(e)s, ::e tribe
der **Stand**, –(e)s, ::e booth; class
ständig constant(ly)
der **Standpunkt**, –(e)s, –e position, point of view
(sich) stapeln to pile up
stärken to strengthen
die **Stätte**, –, –n place, abode
statt-finden, a, u to take place, occur
stattlich stately, imposing
stecken to stick; be; **stecken-bleiben**, ie, ie to get stuck
steif stiff; die **Steifheit**, – rigidity; formality
(sich) steigern to raise, increase, escalate
steil steep
steinwerfend stone-throwing
die **Stelle**, –, –n place, passage; **zur Stelle sein** to be at hand, be present
die **Stellung**, –, –en job, position; **Stellung nehmen zu** to express one's opinion
der **Stellvertreter**, –s, – deputy, substitute
stempeln to brand, stamp

stet(s) constant(ly), always
das Steuer, –s, – *or* **das Steuerrad, –(e)s,**
∴er steering wheel; **das Steuer he-**
rumwerfen to change course
die Steuer, –, –n tax(es); **die Steuer-**
senkung, –, –en tax reduction
steuern to steer
stiften to donate
die Stiftung, –, –en foundation
die Stimme, –, –n voice; vote; **stim-**
men to be right; vote
die Stimmung, –, –en atmosphere;
mood
die Stirn, –, –en *or* **die Stirne, –, –n**
forehead; **die Stirn(e) runzeln** to
frown
der Stoff, –(e)s, –e material; subject
matter; fabric
stolpern to stumble
stolz proud
stören to disturb
der Störenfried, –(e)s, –e troublemaker
der Stoß, –es, ∴e pile
stoßen, ie, o; ö to push, shove; **stoßen**
auf to come upon; **stoßen zu (je-**
mand) to join (someone)
strahlen to beam, radiate
die Strenge, – severity, sternness
strittig questionable, debatable
die Strömung, –, –en trend; stream,
current
das Stück, –(e)s, –e play; piece
der Studienrat, –(e)s, ∴e high school
teacher
stürzen to overthrow; **sich stürzen**
to throw oneself, rush
stützen to support; **sich stützen (auf)**
to rely (on)
die Subvention, –, –en subsidy
die Suche, –, –n search; **auf der Suche**
nach on the lookout for
sympathisch likable, appealing

tadeln to criticize, reprimand
das Tagebuch, –(e)s, ∴er diary
die Tagung, –, –en conference, convention
tapfer brave, courageous

das Taschentuch, –(e)s, ∴er handker-
chief
tätowieren to tattoo
die Tatsache, –, –n fact; **tatsächlich**
actual; in fact
taub deaf
der Teil, –(e)s, –e part, portion; share
teilen to share, divide
teil-nehmen, nahm teil, teilgenommen;
nimmt teil to participate
die Teilung, –, –en division
die Tendenz, –, –en inclination, pro-
pensity, tendency
teuer dear, costly
das Tischtuch, –(e)s, ∴er tablecloth
toben to roar, rave, romp
der Tod, –(e)s death; **der Todes-**
schütze, –n, –n sniper; **tödlich**
mortal(ly), fatal(ly); dangerous
der Ton, –(e)s, ∴e sound, tone
das Tor, –(e)s, –e gate
töricht foolish
tragbar bearable, acceptable, possible
tragen, u, a; ä to carry, bear; wear
trauen to trust, believe in; **sich trau-**
en to venture, dare
träumen to dream
(sich) treffen, traf, getroffen; trifft to
meet (with); hit
treiben, ie, ie to drive, push
(sich) trennen to separate
die Treppe, –, –n staircase
die Tribüne, –, –n platform
(sich) trösten to comfort, console
trostlos cheerless, drab
trotzdem nevertheless, in spite of
der Trubel, –s bustle, hubbub
die Trümmer (*pl.*) ruins, debris
tüchtig efficient, capable
tun, tat, getan; tut to do, perform;
sich tun to be going on
die Turnhalle, –, –n gymnasium

überein-stimmen to agree; **die Über-**
einstimmung, –, –en consensus,
agreement
überfällig overdue
überflüssig superfluous

überfluten to flood
überhaupt at all, altogether, generally
überheblich overbearing
überhören to ignore
überlassen, ie, a; ä to leave (to)
überleben to survive
überlegen superior
sich überlegen to consider, reflect on
übermitteln to convey
übernehmen, a, o; i to undertake; take over
die Überraschung, –, –en surprise
überreden to persuade
überschäumend exuberant
überschneiden, überschnitt, überschnitten to overlap
übertönen to drown, be louder (than)
übertragen, u, a; ä to transport, convey; communicate; translate
(sich) überwinden, a, u to overcome
(sich) überzeugen to convince
üblich usual, common
umarmen to embrace
um-bauen to remodel, rebuild
(sich) um-drehen to turn around
(sich) umgeben, a, e; i to surround
umhüllen to wrap; sheathe
die Umkehr, – reversal; return; inner change
umreißen, i, i to outline
die Umschichtung, –, –en shifting, regrouping
um-setzen to translate (into deeds)
um so all the, so much the
umsonst in vain, for nothing; gratis
der Umstand, –(e)s, ∺e circumstance
umständlich detailed, cumbersome
umstritten controversial, disputed
der Umsturz, –es, ∺e overthrow
um-wandeln to transform, change
der Umweg, –(e)s, –e roundabout way, detour
die Umwelt, – environment
unabhängig independent
unangemeldet without an appointment, unannounced
unangenehm unpleasant
unauffällig inconspicuous, unobtrusive

unbeeindruckt unimpressed
unbefangen unembarrassed
unbefristet unlimited
unbegrenzt unlimited, boundless
unbequem uncomfortable
unberechenbar unpredictable
unberührt untouched
undurchsichtig not transparent, opaque
unendlich infinite
unerbittlich inexorable, merciless
unerwartet unexpected
unfähig unable, unfit, incompetent
ungebügelt unpressed, rumpled
ungehemmt unrestrained
ungeheuer tremendous, exceedingly
ungenau inexact, inaccurate
ungenutzt or ungenützt unused
ungerecht unjust, unfair
ungestört undisturbed
ungetrübt untroubled, placid
die Ungewißheit, – uncertainty
ungewöhnlich unusual, uncommon
ungewohnt unusual, unaccustomed
unglaubwürdig incredible
ungleich unequal
das Unglück, –(e)s misfortune; der Unglücksfall, –(e)s, ∺e accident
die Unkosten, – expenses
unlängst not long ago, recently
unmittelbar direct(ly)
die Unordnung, – disorder
das Unrecht, –(e)s wrong, injustice
unregelmäßig irregular(ly)
unruhig uneasy
unsinnig foolish, absurd
unsympathisch unpleasant, distasteful
unterbrechen, a, o; i to interrupt
unter-bringen, brachte unter, untergebracht to house, shelter
die Unterdrückung, –, –en oppression
unterentwickelt underdeveloped
die Untergrundbahn, –, –en subway
unterhaltsam entertaining
die Unterhaltung, –, –en conversation
das Unternehmen, –s, – business, enterprise

(sich) **unterordnen** to subordinate (oneself); **die Unterordnung, –** subordination
der Unterricht, –s instruction, lesson
unterrichten to inform, teach
unterschätzen to underestimate
(sich) unterscheiden, ie, ie to differ; distinguish
unterschreiben, ie, ie sign
die Unterschrift, –, –en signature
unterstreichen, i, i to underscore
die Unterstützung, –, –en support
unterwürfig devoted, servile
unterzeichnen to sign
unüberwindbar insurmountable
ununterbrochen uninterrupted, consecutive(ly)
unverändert unchanged
unvergänglich immortal, everlasting
unvergleichlich incomparable, unique
unverkennbar unmistakable
unverkrampft relaxed, casual
unvermeidlich unavoidable, inevitable
unvermittelt abrupt(ly)
das Unvermögen, –s inability
unverschuldet undeserved; innocently
unwahrscheinlich improbable
unzählig innumerable
die Unzufriedenheit, – dissatisfaction
unzugänglich inaccessible
unzuverlässig unreliable
die Ursache, –, –n cause, reason
ursprünglich original(ly)
urteilen to judge

sich verabreden to make a date
sich verabschieden to say good-bye
verachten to despise
verächtlich contemptuous; contemptible
(sich) verändern to change, alter
veranschaulichen to make clear, illustrate, visualize
veranstalten to organize, arrange
die Verantwortung, –, –en responsibility
der Verband, –(e)s, ∺e association

(sich) verbergen, a, o; i to hide, conceal
sich verbeugen to bow
verbeult rumpled
verbieten, o, o to forbid, prohibit
die Verbindung, –, –en connection, relationship; alliance; fraternity
der Verbraucher, –s, – consumer
das Verbrechen, –s, – crime
(sich) verbreiten to spread, disseminate
verbringen, verbrachte, verbracht to spend, pass (time)
verbuchen to record
der Verdacht, –(e)s suspicion; **verdächtig** suspicious
verdanken to owe, be obliged
verdecken to cover, conceal
verdienen to deserve, merit; earn
der Verehrer, –s, – fan, admirer
vereinen to unite, combine
der Verfall, –(e)s decline; decay
verfassen to write, compose; **der Verfasser, –s, –** author, writer
die Verfeinerung, –, –en refinement
verfolgen to pursue
die Verfremdung, – alienation
die Vergangenheit, – past
vergebens in vain
vergeblich futile, fruitless
vergehen, verging, vergangen to go, disappear
die Vergesellschaftung, – nationalization
der Vergleich, –(e)s, –e comparison
vergnügt happy, pleased
(sich) vergraben, u, a; ä to bury (oneself)
verhaften to arrest
das Verhalten, –s behavior, conduct
das Verhältnis, –ses, –se situation; relationship
die Verhandlung, –, –en negotiation, debate
verheiraten to marry
verhindern to prevent
verhöhnen to scoff at, ridicule, jeer
der Verkehr, –s traffic
verkleiden to disguise; cover

verknautscht rumpled
verkünden to announce
der Verlag, –(e)s, –e publishing house
verlangen to demand, claim
verlassen, ie, a; ä to leave; **sich verlassen (auf)** to rely (on)
verlaufen, ie, au; äu to proceed, develop
die Verlegenheit, –, –en embarrassment, dilemma
der Verleger, –s, – publisher
verleihen, ie, ie to confer, award
der Verlust, –(e)s, –e loss, bereavement
vermieten to rent (to someone), lease
vermitteln to negotiate, mediate, convey
vermögen, vermochte, vermocht; vermag to be able to
das Vermögen, –s, – fortune; capability
vernichten to destroy
die Vernissage, –, –n opening (of an art exhibition)
die Vernunft, – reason
(sich) verpflichten to pledge, commit (oneself)
verraten, ie, a; ä to betray; reveal
die Verringerung, –, –en reduction
versagen to fail
(sich) versammeln to assemble, meet
versäumen to miss
verschieben, o, o to postpone
verschieden different; various
verschlingen, a, u to intertwine
die Verschmelzung, –, –en blending, fusion, consolidation
verschreiben, ie, ie prescribe; **sich einer Sache verschreiben** to be devoted to a cause
verschweigen, ie, ie to conceal, suppress, keep a secret
verschwinden, a, u to disappear
versenken to submerge; **sich versenken (in)** to become absorbed (in)
versichern insure; assure
versinken, a, u to immerse, be absorbed; sink
versperren to bar, obstruct

(sich) versprechen, a, o; i to promise; expect much
der Verstand, –(e)s reason; intellect
sich verständigen (mit) to come to an understanding (with)
versteinert petrified
verstimmen to annoy, upset
verstört disconcerted, troubled
verstoßen, ie, o; ö (gegen) to violate
verstreuen to spread out, scatter
(sich) verstricken to entangle
verströmen to stream forth, ooze
der Versuch, –(e)s, –e attempt; experiment; **versuchen** try, test
(sich) verteidigen to defend; **die Verteidigung** defense
verteilen to distribute
der Vertrag, –(e)s, ̈e treaty, contract
das Vertrauen, –s, – confidence, trust
vertraulich confidential
vertraut familiar
vertreiben, ie, ie to expel, drive out
vertreten, a, e; vertritt to represent; advocate
verursachen to cause, bring about
die Verwaltung, –, –en administration
(sich) verwandeln to change, transform
verwehen to blow away *or* about
verweigern to refuse
verwerfen, a, o; i to reject
(sich) verwirklichen to realize
verwirren to confuse, bewilder
verwoben interwoven
(sich) verwunden to wound, injure
verzaubern to enchant, bewitch
verzeihen, ie, ie to forgive
verzichten (auf) to renounce
die Verzweiflung, – despair, desperation
die Vielfalt, – variety, multiplicity
vielmehr rather
die Volkswirtschaft, – economics
vollendet perfect
völlig completely, totally; full
vollkommen complete; perfect
vollschlank well-rounded, plump
vor allem above all

voran-gehen, ging voran, vorange-gangen to precede
voraus-sagen to prophesy, predict
voraus-sehen, a, e; ie to foresee, antic-ipate
voraus-setzen to presuppose
die Vorbereitung, –, –en preparation
das Vorbild, –(e)s, –er model, exam-ple
vor-gehen, ging vor, vorgegangen to proceed; precede
vor-haben, hatte vor, vorgehabt to plan, intend
die Vorlesung, –, –en lecture
vornehm elegant, distinguished
der Vorreiter, –s, – avant-gardist
der Vorschlag, –(e)s, ⸚e proposal
vor-schweben to have (something) in mind
vor-sehen, a, e; ie to plan, provide for, earmark
der Vorsitzende, –n, –n chairman
vor-stellen to introduce, acquaint; sich vorstellen to imagine, con-ceive
der Vorteil, –s, –e advantage
vor-tragen, u, a; ä to lecture (on), declaim; carry forward, express (an opinion); give (a speech)
der Vorwand, –(e)s, ⸚e pretense, pre-text
vor-werfen, a, o; i to reproach
vorzüglich excellent

wachsen, u, a; ä to grow
wack(e)lig shaky, wobbly
der Waffeneinsatz, –es, ⸚e use of weapons
(sich) wagen to dare, risk
die Wahl, –, –en election; choice; der Wahlkampf, –es, ⸚e or die Wahl-schlacht, –, –en election campaign; der Wahlredner, –s, – campaign speaker
die Wahrhaftigkeit, – truthfulness
wahrnehmbar perceptible, perceiva-ble
wahrscheinlich probable, likely

die Währung, –, –en currency
der Wandel, –s change
das Wappen, –s, – coat of arms
warten to wait; warten lassen to keep waiting
wechseln to change
der Weg, –(e)s, –e path, course, way
wehen to flutter, wave, blow
weinen to cry
die Weise, –, –n way, manner
die Welt, –, –en world, earth, uni-verse; der Weltraum, –(e)s space
die Weltanschauung, –, –en philoso-phy of life, conception of the world
die Weltmachtgeltung, – importance of a world power
sich wenden, wandte, gewandt (an) to turn (to); appeal (to), address
wer who; wer sein wollen (coll.) to want to be somebody
werben, a, o; i to ask, woo, advertise
die Werbung publicity, advertisement
(sich) werfen, a, o; i to throw
das Werk, –(e)s, –e publication, opus, work; die Werkstatt, –, ⸚en work-shop; das Werkzeug, –(e)s, –e tool(s)
wertvoll valuable
das Wesen, –s, – being; essence; wesentlich essential
der Wettbewerb, –(e)s, –e competi-tion, contest
wichtig important
widerlegen to refute
(sich) wider-spiegeln to reflect
der Widerspruch, –(e)s, ⸚e contradic-tion
(sich) widmen to dedicate
wieder-auf-leben to revive
die Wiederbewaffnung, – rearmament
wieder-geben, a, e; i to render; give back, return
die Wiedergutmachung, – restitution
die Wiederherstellung, – restoration
die Wiederholung, –, –en repetition
die Wiedervereinigung, –, –en reuni-fication
wiegen, o, o to weigh
die Wiese, –, –n meadow

der Wille, –ns, –n will, determination, intent
wimmeln (von) to teem (with)
die Windung, –, –en twisting, convolution, winding
der Winkel, –s, – angle; hidden spot
winzig tiny; scanty
die Wirbelsäule, –, –n spine
wirken to have an effect; wirksam effective
die Wirklichkeit, – reality
wirr disheveled
die Wirtschaft, – economy; das Wirtschaftswunder, –s, – economic miracle
die Wissenschaft, –, –en science
die Witwe, –, –n widow
die Wohlfahrt, – welfare
der Wohlstand, –(e)s prosperity
(sich) wölben to arch, dome
die Wolke, –, –n cloud
das Wort, –(e)s, ⁓er (*unconnected words, in other cases –e*) word, term; der Wortschatz, –es vocabulary; das Wortspiel, –(e)s, –e pun; der Wortwechsel, –s, – argument, dispute
wühlen to rummage, dig
der Wunschtraum, –es, ⁓e wish, wishful thinking
die Würde, –, –n dignity, honor
wurzeln to be rooted
die Wut, – fury, anger

zählen (zu) to belong (to); count
das Zeichen, –s, – sign
zeichnen to draw; sign
der Zeigefinger, –s, – index finger
der Zeitabschnitt, –(e)s, –e period
der Zeitgenosse, –n, –n contemporary
die Zeitschrift, –, –en periodical (publication), magazine, journal; die Zeitung, –, –en newspaper
das Zelt, –(e)s, –e tent
zerreißen, i, i to tear up
zerschmettern to smash, crush
zerstören to destroy
zertrümmern to demolish, ruin
zeugen to give evidence (of)

ziehen, zog, gezogen to draw, pull
das Ziel, –(e)s, –e goal, aim
ziemlich rather; fair
zieren to adorn, decorate
zierlich graceful, dainty
zitieren to quote, cite
zitt(e)rig trembling, shaky
in Zivil in plain clothes; (*coll.*) in civvies
zögern to hesitate
der Zoll, –(e)s, ⁓e customs (office)
züchten to breed
zucken to flash, jerk
der Zufall, –(e)s, ⁓e accident, chance
zufrieden satisfied
zu-geben, a, e; i to admit
zu-gehen, ging zu, zugegangen to go on, happen
die Zugehörigkeit, – belonging, being part of
zugleich at the same time
zugrunde liegen, a, e to be the basis (for)
zu-hören to listen (to)
die Zukunft, – future
zu-lassen, ie, a; ä to allow, permit; accept
zumal especially, all the more
zumeist for the most part, mostly
zumindest at least
zu-nehmen, nahm zu, zugenommen; nimmt zu to increase, gain
zurück-drängen to push back
zurück-führen (auf) to trace back (to)
zurückhaltend reserved
zurück-kehren to return
zurück-weisen, ie, ie to reject
zusammen-brechen, a, o; i to collapse
zusammen-fassen to sum up
der Zusammenhang, –(e)s, ⁓e connection, interrelationship
zusammen-schrumpfen to shrink, dwindle, contract
(sich) zusammen-setzen to consist (of); sit together
zusammen-stellen to put together
(sich) zusammen-tun, tat zusammen, zusammengetan; tut zusammen to unite; mix, get together

zu-schlagen, u, a; ä to hit hard
zu-schreiben, ie, ie to attribute (to)
der Zustand, –(e)s, ːe condition
die Zustimmung, –, approval
zuversichtlich confident
zuvor before
die Zuwachsrate, –, –n rate of growth
zu-ziehen, zog zu, zugezogen to incur, meet with
zwar to be exact, indeed; **und zwar** namely, that is
der Zweck, –(e)s, –e purpose

zweifelhaft dubious, doubtful
zweifeln to doubt
der Zweig, –(e)s, –e branch
der Zweitaktmotor, –s, –en two-cycle engine or motor
der Zwerg, –(e)s, –e dwarf
zwingen, a, u to force, compel; **zwingend** compelling; mandatory
zwinkern to wink, blink
der Zwischenfall, –(e)s, ːe incident
der Zwischenruf, (e)s, –e interruption, exclamation; heckling